불교와 유학

불교(佛敎)와 유학(儒學)

라이용하이(賴永海) 著
김진무(金鎭戊)·류화송(柳花松) 共譯

운주사

한국어판 서문

『불교와 유학』은 전면적이고 계통적으로 불교사상과 유가학설의 상호관계를 논한 책이다. 이 책에서는 사유양식과 사상, 학술의 특징, 이론 취지 등의 측면에 있어서 불교와 유가의 동이(同異), 서로간의 영향과 침투 등을 깊이 분석하여 논술하였다. 또한 불교가 중국에 전래된 이후, 어떻게 불교가 유가의 영향을 받아 점차로 유학화 되는가를 밝히고, 동시에 불교가 중국에 자리잡은 이후 유학에 어떠한 영향을 주었으며, 유교와 도교와 어떻게 서로 융합하였고, 어떻게 유·불·도 삼교로 정립되었으며, 심성의리(心性義理)를 기치로 삼는 송명(宋明) 신유학(新儒學)의 생성에 어떠한 영향을 주었는가를 게시(揭示)하였다.

불교가 양한(兩漢)시대 중국에 전래된 이후, 중국 고대 사회의 역사적 조건과 사상·문화적 배경에 영향을 받아 점차로 중국화의 길을 걷게 된다. 학술적으로 말한다면 불교의 중국화는 바로 불교학의 유학화를 표명하고 있다고 할 수 있다. 이와 동시에 불교가 중국에 전래된 이후 중국 고대의 전통적인 학술과 사상도 점차로 변화가 발생하게 된다. 그 가운데 유가사상에 가장 커다란 영향을 끼친 것은 바로 불교의 본체론(本體論)적인 사유양식이라고 할 수 있다. 역사발전의 각도에서 말한다면, 불교사상의 윤리화(倫理化) 및 심성화(心性化)와 유가사상의 본체화로 말미암아 결국 심성본체(心性本體)를 주된 특징으로 하는 송명(宋明)의 이학(理學)과 심학(心學)이 발생하였다고 할 수 있다. 이러한 까닭으로 불교와 유학의 상호침투와 영향을 파악하는 것은 바로 중국의 학술문화의 발전을 이해하는 열쇠가 되는 것이다.

  불교와 유학의 상호관계에 대한 연구를 주된 내용으로 한 이 책은 1992년도에 세상에 첫 선을 보인 이후 대륙에서 이미 수 차례 재판(再版)되었고, 1995년도에 대만에서도 번체자(繁體字)판으로 출판되어 불교와 유학에 관계된 연구에 있어서 학술계에 많은 관심과 주의를 끌고 있다. 남경대학 철학과에서 중국철학의 박사과정을 밟고 있는 한국유학생인 김진무군이 이 책을 한국 학술계에 소개하고자 하고, 또한 중한 양국의 전통문화는 상당히 밀접하게 연계되어 있어 이 책이 양국의 학술문화 교류에 도움이 될 것으로 생각되어 기쁜 마음으로 이 서문을 쓴다.

차 례

한국어판 서문 · 5
서론 · 11

제1장 불법요지(佛法要旨)와 유학주지(儒學主旨) · 13

제2장 불본(佛本)과 인본(人本) · 23
    제1절 대승불교와 진여본체(眞如本體) · 25
    제2절 유학의 인본주의(人本主義)와 천인합일(天人合一) · 36
    제3절 불교가 유학에 가장 크게 영향을 끼친 것은 그 본체론적 사유양식이다 · 46

제3장 불성(佛性)과 인성(人性) · 53
    제1절 중국 불교의 불성론 · 56
    제2절 유가의 인성(人性), 심성(心性)학설 · 74
    제3절 유학이 불교에 가장 크게 영향을 준 것은 인성(人性), 심성론(心性論)의 사상체계이다 · 93
    제4절 송(宋) · 원(元)시대 불교의 윤리화 경향 · 104

제4장 돈오견성(頓悟見性)과 수심양성(修心養性) · 111
    제1절 반본귀극(反本歸極)과 돈오견성 · 113

제2절 성현작성(成賢作聖)과 수심양성 · 128
제3절 명심견성(明心見性)과 복성명성(復性明誠) · 136

제5장 출세(出世)와 입세(入世) · 147

제1절 전통불교의 출세주의(出世主義) · 149
제2절 유가의 입세(入世)정신 · 156
제3절 중국불교의 역출세(亦出世)와 역입세(亦入世) · 161

제6장 이학(理學)과 불교 · 177

제1절 염계(濂溪)의 학문과 불교 · 181
  1. 주돈이와 송·명 심성의리(心性義理)의 학문 · 181
  2. 주자학의 심성본체론(心性本體論)과 수·당 불교의 불성본체론(佛性本體論) · 186
  3. 주돈이의 무욕고정(無慾故靜)과 선종의 이상(離相), 무념(無念) · 189

제2절 소옹(邵雍)의 학문과 불교 · 202
제3절 횡거(橫渠)의 학문과 불교 · 214
  1. 천지지성(天地之性)과 진여불성(眞如佛性) · 216
  2. 선반(善反)과 체성(體性) · 222
  3. 민포물여(民胞物與)와 만법유심(萬法唯心) · 225

제4절 정주이학(程朱理學)과 불교 · 233

제7장 심학(心學)과 선학(禪學) · 241

제1절 육학(陸學)과 선학(禪學) · 243
  1. 심즉리(心卽理)와 심즉불(心卽佛) · 244
  2. 절기자반(切己自反)과 도막외구(道莫外求) · 249
  3. 발명본심(發明本心)과 명심견성(明心見性) · 260

제2절 왕학(王學)과 선학(禪學) · 266
  1. 양지(良知)와 불성(佛性) · 272
  2. 치양지(致良知)와 오자심(悟自心) · 282
  3. 본체공부(本體功夫)와 돈오견성(頓悟見性) · 288

제3절 송원선학(宋元禪學) · 291
  1. 육조혁명(六祖革命)에서부터 오조분등(五祖分燈)까지 · 292
    (1) 불립문자(不立文字)에서부터 불리문자(不離文字)까지 · 293
    (2) 불리문자(不離文字)로부터 단거화두(但擧話頭)까지 · 299
    (3) 달마의 면벽(面壁)으로부터 굉지의 묵조(默照)까지 · 314
  2. 유학화된 조사선과 노장화된 분등선 · 317
    (1) 돈오견성(頓悟見性)과 무증무수(無證無修) · 318
    (2) 즉심즉불(卽心卽佛)과 만류지중(萬類之中), 개개시불(個個是佛)
       · 326
    (3) 조사선의 유학화와 분등선의 노장화 · 332

제8장 불유융합(佛儒融合)과 인간불교(人間佛敎) · 339
  제1절 선종의 인간화 · 341
  제2절 근, 현대 인간불교(人間佛敎) · 346
  제3절 인간불교와 불유융합(佛儒融合) · 353

주요참고문헌 · 357
역자후기 · 361

서 론

　석가모니 부처님은 천축(天竺)에서 법고(法鼓)를 울리셨고, 부자(夫子; 孔子)는 추(鄒)나라, 노(魯)나라에서 덕음(德音)을 널리 펼치시었는데, 이 두 사상의 거장은 동방 두 고대 문명국의 종교, 문화사에 있어서 모두 하나의 새로운 기원을 열었다. 양한(兩漢)시기 불교가 동점(東漸)하면서 동방 양대 문화계통은 장구한 시간에 걸쳐 서로 영향을 주고받는 광대한 문화대교융이 시작되었다.
　불교가 중국 고대문화에 대하여 영향을 끼친 바는 대단히 넓고 깊어 중국 고대의 각종 문화, 예컨대 철학, 과학, 문학, 예술, 서예, 회화, 조각, 건축 등을 연구하는 데 있어서 불교를 빼놓을 수가 없다. 당연히 불교가 중국에 전래된 후, 불교 역시 중국 전통문화의 영향을 깊이 받아 점차로 중국화의 길을 걷게 되었다.
　불교는 중국 고대 각종 학술·문화의 상호관계 가운데 특히 유학과 가장 밀접한 관계를 이루었다. 이것은 유학이 중국 전통 학술·문화의 주류를 이룬 것 이외에도, 불교와 유학은 사유양식, 사상, 이론 취지 등의 다방면에 있어 서로 특수한 부분이 있지만 또한 적지 않은 공통점이 있기 때문이다. 이런 상황은 유학과 불교가 일단 접촉하기 시작하면서 상호간의 투쟁, 배척, 흡수, 융합 등이 나타나게 되었다. 한편으로는 불교의 영향을 받음으로서 유학이 사유양식, 수양방법 등의 방면에서 깊은 변화가 일어나게 되었고, 또 다른 한편으로는 동점한 불교가 중국 전통의 학술 분위기 아래 점차 유학화 되는 결과를 낳았다. 그러면 인도에서 발생한 불교와 중국에서 발원한 유학은 도대체 각각 어떤 특징들을 갖고 있을까? 유학은 불교의 중국화 과정 가운데 도대체 어떤 영향을 주었을까? 그리고 불교는 또 어떤 방면에서 중국의 유학에 영향을 끼쳤을까? 이러한 영향은 이론사유(理論思惟)의 각도에서 본다면 도대체 어떠한 의의가 있을까? 등등의 문제들을 이 책에서 힘이 닿는 데까지 탐구하여 논하기로 하겠다.

제1장
불법요지(佛法要旨)와 유학주지(儒學主旨)

세계의 삼대 종교 가운데 사상 내용의 풍부함과 이론사변(理論思辨)의 세밀함, 학설체계의 엄정함을 말하자면 마땅히 불교를 첫째로 들 수 있다. 불교는 팔만 사천의 법문(法門)으로 호칭되고, 그 경서전적도 마치 바다처럼 방대하고 내용이 난해하여 읽고 이해하기가 쉽지 않다. 더욱이 그 "요지(要旨)"와 "대의(大義)"를 파악하기란 더욱 쉬운 일이 아니다. 따라서 본 장에서 언급할 "불법요지(佛法要旨)"는 기껏해야 필자가 불교에 대한 일관된 견해를 논했을 뿐이니, 잘못된 점은 전문가의 손길을 기다린다.

  인도불교사를 살펴보면, 석가모니 부처님께서 창립한 불교는 인생 현실에 대한 사색으로부터 시작되었음을 알 수 있다. 경전에 따르면, 석가모니 부처님이 태자의 신분이었을 때, 그를 항상 괴롭힌 것은 생로병사(生老病死)의 문제였다. 그 가운데 "죽음"의 문제는 특히 그가 탐구하고 사색하던 핵심이었다. 그리고 그가 생·노·병·사, 이 네 가지 현상에 대해서 깊이 사색한 결과, 인생의 모든 고통의 그 근본 원인은 오온(五蘊)[1]이 화합한 가신(假身)에 대한 집착이라고 파악하였다. 만일 사람이 자신의 존재 자체가 바로 인(因)과 연(緣)으로 발생한 가상(假相)임을 충분히 통찰하여 자신에 대한 집착을 버린다면 모든 고통은 다시 존재하지 않게 되는데, 이것이 곧 해탈(解脫)인 것이다. 이러한 기본 이론을 근거로 하여 석가모니 부처님은 체계를 갖춘 일련의 수행과 해탈이론을 세웠으니, 이것이 곧 원시불교(原始佛敎)의 가장 기본적인 교의(敎義)인 연기법(緣起法)이다.

---

1) "色, 受, 想, 行, 識"을 말한다. 불교에서는 인간은 바로 이 다섯 가지 기본요소로 구성되어 있다고 본다. 그 가운데 "色"은 물리 혹은 생리현상을 가리키고, "受, 想, 行, 識"의 四蘊은 곧 감정, 이성, 심리, 사유 등 정신현상을 포괄한다.

"연기법(緣起法)"은 전체 불교학설의 초석이다. 이른바 "연기"는 바로 일체제법(一切諸法), 즉 세간의 만사만물이 모두 인(因)과 연(緣)으로 해서 일어나는 것이다. 인연으로 해서 일어난 것이기 때문에 모두 자성(自性)이 없으며 다만 하나의 가상(假相) 즉 "공(空)"일 뿐인데, 인간은 불교의 이러한 근본도리를 깨닫지 못하고 자신과 세상 만물에 이르기까지 허무하게 집착함으로 인하여 생·노·병·사가 있게 되고 각종 고통에서 벗어나지 못하게 되는 것이다.

원시불교에서 고통의 근본원인을 제거하는 길은 바로 불법을 배워서 고통이 발생한 원인을 깨닫고 불교에서 설한 가르침에 따라 수행을 하라고 하는데, 이렇게 해야 해탈의 목적에 도달할 수 있다고 여겼다. 원시불교는 이러한 과정을 "고(苦)·집(集)·멸(滅)·도(道)" 네 자로 개괄하였다.

"고·집·멸·도"는 "사제(四諦)" 혹은 "사성제(四聖諦)"라고 하는데, 이는 불교에 있어서 가장 기본적인 "진리(眞理)"이다.

"고"는 "인생개고(人生皆苦)", "일체개고(一切皆苦)"를 말한다. 위에서 언급한 생·노·병·사 이외에 "구부득고(求不得苦)", "애별이고(愛別離苦)", "원증회고(怨憎會苦)" 및 "오취온고(五取蘊苦)" 등이 있다.[2] 원시불교에서 보면, 인생 자체는 곧 고해(苦海)이고, "고해무변, 회두시안(苦海無邊, 回頭是岸)"이라고 한다.[3] 여기서 말하는 "피안(彼岸)"은 바로 불교에서 말하는 "열반(涅槃)" 또는 "입멸(入滅)"이고, 또한 "사제" 중의 제삼제인 "멸(滅)"이다.

"입멸" 혹은 해탈을 얻으려면 우선 반드시 고통을 조성한 원인을 분명히 밝혀야 하는데, 이것이 바로 "집(集)"이다. "집"의 본 뜻은 "모으다"

---

[2] 求不得苦; 욕망은 만족을 얻을 수 없는 고통, 愛別離苦; 생리사별의 고통, 怨憎會苦; 각종 원인으로 인해서 어쩔 수 없이 자기의지와 투합하지 않는 것과 함께 있는 고뇌, 五取蘊苦; 五蘊이 화합된 假身에 대한 집착을 진실한 존재로 생각함으로 인하여 조성된 각종 고통.
[3] 苦海無邊, 回頭是岸; 고해는 끝이 없으나 깨달으면 바로 피안이다.

혹은 "집합"으로, 고난의 원인을 "초래한다"는 의미이다. 원시불교에서는 인생의 고통을 조성하는 가장 근본 원인을 "번뇌"라고 보고서, "번뇌"의 가장 큰 것은 바로 "탐욕, 분노, 어리석음"의 "삼독(三毒)" 혹은 "삼대근본번뇌"라고 보았다. 이외에도 교만(慢), 의심(疑), 삿된 견해(見) 등 여러 가지 번뇌를 제시하고 있다. 번뇌로 인해서 현상(事)에 어리석고 이치(理)에 어두워지게 되며, 이것이 "미혹(惑)"으로 되어 "번뇌혹장(煩惱惑障)"을 발생시켜서 신구의(身口意)의 선업(善業)을 짓지 못하게 하는 까닭에 삼계윤회(三界輪廻)의 고통이 있게 된다.

물론, 단지 고통의 원인을 이해하였다고 하여도 아직 충분하지는 않다. 고통에서 벗어나려면 반드시 고통을 벗어나는 방법을 올바로 파악해야 하는데, 이것이 바로 "도제(道諦)"이다. "도"란 길, 혹은 과정을 뜻하는데, 다시 말하면 방법이다. 불교에서는 단지 불법의 수행에 의해서만 이 생사(生死)의 고해에서 벗어나 열반, 피안에 도달하여 "상락아정(常樂我淨)"의 경지에 들어갈 수 있다고 한다.

원시불교에서 설하는 수행방법은 많은데, 가장 핵심적인 것은 "팔정도(八正道)"4), "삼십칠도품(三十七道品)"5) 등이라고 할 수 있으며, 후에 이런 수행방법은 또 "계(戒), 정(定), 혜(慧)"를 개괄하는 "삼학(三學)"으로 진일보한다. 대승불교에 이르러서 "삼학"은 다시 "육도(六度)"6)로 진일보 발전한다.

"사제법"은 비록 원시불교 시기에 제시된 것이지만, 후대에 불교의 가장 기본적인 교의(敎義)가 되었다. 불교의 제법(諸法)을 살펴보면, 비록 호칭은 팔만사천 법문이나 그 사상의 요지와 이론의 취지는 모두 "사제"

---

4) 八正道는 여덟 가지 올바른 수행방법을 가리키는데 正見, 正思惟, 正語, 正業, 正命, 正精進, 正念, 正定 등이다.
5) 三十七道品은 四念處, 四正勤, 四神足, 五根, 五力, 七覺支, 八正道分을 포괄하는데, 이것은 "八正道"에 대해서 진일보 발전한 것이다.
6) 六度는 布施 혹은 檀那波羅蜜, 持戒 혹은 尸羅波羅蜜, 忍辱 혹은 羼提波羅蜜, 精進 혹은 毗梨耶波羅蜜, 禪定 혹은 禪那波羅蜜, 智慧 혹은 般若波羅蜜이라고 한다.

의 범주로부터 벗어나지 않으며, 무엇이 인생을 고통스럽게 하는 것인가 하는 문제와 마땅히 어떤 수행을 해야 능히 이 고해로부터 벗어나 열반, 피안에 도달할 수 있는가 하는 문제를 탐구한 것이다. 그러므로 "사제법"은 불교교리사를 관철하는 가장 기본적인 교의이다.

"사제법" 이외에 원시불교에 있어서 중요한 교의는 바로 "십이인연(十二因緣)"이다. 사제법과 마찬가지로 "십이인연"도 인생에서 착안한 것이다. 가령 사제법의 핵심이 횡적인 각도 혹은 총체적 방면으로부터 인생의 본질 및 그 해탈의 방법을 탐구해 간다고 하면, 십이인연은 바로 종적인 각도 혹은 하나 하나의 구체적인 유정(有情)의 발전과정으로부터 중생의 본질 — 인연성공(因緣性空)을 제시하기 때문에 "공을 깨달음(悟空)"으로서 해탈을 얻는다.

"십이인연(十二因緣)"[7]은 인생을 하나의 끊임없이 이어지는 과정으로 보고, 이러한 발전과정을 다시 12단계로 구체적으로 분석하였다. 일체의 유정중생은 모두 "무명(無明; 진리에 대하여 무지한 것)"에서 기원하고, "무명"으로 인하여 선악(善惡)의 제업(諸業; "行")을 지으며, 그러한 업력(業力)으로 인하여 "삼도(三途)", "육도(六度)"의 윤회에 떨어져, "오온(五蘊)"의 몸을 얻고 각종 괴로운 과보(苦報)를 받는다. 이는 과거의 업인(業因)이 현세의 고과(苦果)[8]를 초래한 것으로, 이것은 "과거현재일중인과(過去現在一重因果)"가 된다. 다시 현세의 업인〔業因; "愛", "取", "有"〕으로 인해서 미래의 고과〔"生", "老死"〕를 감수한다. 이것이 "현재미래일중인과(現在未來一重因果)"가 된다.

앞에서 서술한 열두 부분은 감과(感果)를 거치기 때문에 "인(因)"이라고 칭하며, 서로 조건이 되어지는 까닭에 "연(緣)"이 되어 "십이인연"이라 합해서 부르는 것이다. 어떠한 유정식(有情識)의 생명체라도 그것이

---

7) 十二因緣; 無明은 行을 緣하고, 行은 識을 緣하고, 識은 名色을 緣하고, 名色은 六入을 緣하고, 六入은 觸을 緣하고, 觸은 受를 緣하고, 受는 愛를 緣하고, 愛는 取를 緣하고, 取는 有를 緣하고, 有는 生을 緣하고, 生은 老死를 緣하는 것을 말한다.
8) 苦果; 識, 名色, 六入, 觸, 受의 다섯 支分을 포괄함.

아직 해탈을 얻기 전에는 모두 이 인과율에 의하여 끊임없이 윤회할 수밖에 없다. 따라서 일체의 중생은 실제상 단지 전체의 유전과정 가운데 한 부분, 한 단계이지 결코 하나의 독립한 실체 혹은 진실한 존재가 아닌 것이다. 그러므로 결코 인생은 진실하다고 볼 수 없는 것이다. 경전에 의하면, 석가모니 부처님은 바로 "십이인연(十二因緣)"을 역관(逆觀)하여, 즉 "노사(老死)"로부터 "무명(無明)"으로 역추하는 과정에 의하여 대철대오(大撤大悟)하여 "무상등정각(無上正等正覺)"을 얻어 불과(佛果)를 증득하였다고 한다.

이론적인 각도에서 보면, 이 "십이인연"의 이론적 기초는 "연기(緣起)"다. 다시 말하여 일체중생은 모두 인(因)과 연(緣)에 의하여 일어나고, 인과 연에 의하여 발생하는 것이므로, 그 자체에는 결코 자성(自性), 자체(自體)가 없는 것이다. 따라서 모든 존재는 잠시의 "가상(假相)"이고, 그 실상은 바로 "공(空)"인 것이다. 그러므로 마땅히 헛되게 집착하거나 스스로 번뇌를 만들지 말아야 할 것이다. 이와 같이 하였을 때 능히 번뇌에서 벗어나 해탈을 얻을 수 있는 것이다.

인생의 문제는 전체적인 원시불교의 출발점이며, 그 사상의 귀결은 바로 각 개인의 "해탈"이다. 그리고 해탈의 가장 기본적인 과정은 "연기성공(緣起性空)"을 깨닫는 것과 석가모니 부처님께서 제시한 각종 수행방법에 따라 열심히 수행하는 것이다.

그러나 시대의 변화에 따라서 불교 자체도 끊임없이 발전하였다. 원시불교의 수행방법 및 사상이론에 있어서 변화가 발생하였는데, 그 가운데 가장 커다란 변화는 두 가지라고 할 수 있다. 첫째, 원시불교는 개인의 해탈을 추구하였지만, 후대의 불교는 점차로 "자비광도(慈悲普度)"를 중시하게 되었다. 원시불교의 석가모니9) 부처님은 능인(能人)의 성자이며, 이른바 "나는 승가에 속해 있다.〔吾在僧數〕"는 말은 석가모니 부처님도

---

9) 석가모니의 본 뜻은 "釋迦族의 聖人"이다.

여러 비구(比丘) 중의 하나요, 다른 점은 다만 그가 일반 비구보다 더욱 수양이 있고 보다 덕행을 닦았을 뿐임을 설명하고 있는 것이다. 하지만 후대 불교에서 "불(佛)"은 점차 "십력(十力)"을 갖추고, "사무외(四無畏)"의 "초인(超人)"으로 변했으며, 심지어는 항상 편재(遍在)하며, 초월성·본체성을 갖춘 "법신(法身)"으로 성립되었다. 이러한 변화와 서로 대응하여, 후대의 불교철학도 원시불교철학과 상당히 다른 바가 있다. 예컨대 개인이 해탈을 추구하는 것과 서로 상응하여 원시불교가 강조하는 것은 "인공(人空)"이었다. 하지만 "인무아(人無我)"를 주장하고, "자비보도(慈悲普度)"의 사상에 대한 연구와 서로 상응하여, 후대의 불교는 진일보하여 제법개공(諸法皆空)을 제창하고, "법무아(法無我)"를 제시하였다. 이렇게 변화된 불교를 불교사에서는 일반적으로 대승불교(大乘佛敎)라고 칭하고, 이전의 불교를 소승불교(小乘佛敎)라고 한다.

불교의 이런 변화에 대한 인식은 앞으로 이 책의 각 장에서 논술하고자 하는 불교학과 유학의 유사점과 차이점, 상호관계 및 상호영향을 파악하는 데 있어서 지극히 중요하다. 중국불교사에 있어서 주도적 지위를 점하였던 것은 바로 대승불교이다. 따라서 대승불교 가운데 "불(佛)"의 본체화(本體化)는 그 사유양식에 있어 본체론적인 사유양식을 야기하였고, 이러한 본체론적인 사유양식과 서로 상응하는 수행방법에 있어서도 근본적인 질적 변화가 발생하였다. 즉, 점수(漸修)로부터 점차로 "돈오(頓悟)"를 제창하게 되었다. 이러한 일체의 과정은 모두 중국 전통 유학의 발생에 대단히 심각한 영향을 미쳤다.

유학의 주지(主旨)에 관해서는 일반적으로 익히 알려져 있기 때문에 상세한 논술은 피하겠다. 하지만 간략하게 말한다면 유학의 출발점과 귀결점은 모두 "인(人)"이며, 통상적인 의미에서 유학은 바로 "인학(人學)"이며, 일종의 "인(人)"에 대한 학문이라고 말할 수 있다. 다시 말해서 유학은 인간 자신의 수양에 입각한 기초 위에서 진일보하여 제가(齊家), 치국(治國), 평천하(平天下)를 제창한다. 즉, "수(修), 제(齊), 치(治), 평

(平)"의 학문이다. 이 "수, 제, 치, 평" 네 자는 유학의 가장 기본적인 사상 내용을 개괄한다고 하겠다.

　유학에서 "인간(人)"을 중시하는 것은 유가를 창시한 공자로부터 비롯된다. 공자의 중국사상사에 있어서 중요한 공헌 가운데 하나는 당시 사상계의 시야를 "천(天)"으로부터 "인간"으로 전향시킨 것에 있다. 유가에서 두 번째 성인으로 받들어지는 맹자(孟子)의 사상적 특징은 일반적인 "인(人)"에서 "인성(人性)", "심성(心性)"으로 한 발자국 깊이 들어간 것이다. 즉, 심성을 수양하는 것으로부터 시작하여 현성(賢聖)에 도달하는 것을 제시하고 있다. 이후의 유가는 기본적으로 공자, 맹자의 사유를 추종하여 심성수양을 중시여기고, 성현(聖賢)이 되는 것을 강조하였다.

　물론 개인이 성현이 되는 것이 유학의 최후 목적이라고 할 수는 없다. 유학의 최종 귀착점은 "용세(用世)", "제세(濟世)", 즉 치국, 평천하에 있는 것이고, 이는 바로 "내성외왕(內聖外王)"이 비로소 유가의 최고 경계임을 말하고 있는 것이다.

　필자는 불교와 유학의 요지와 주지는 대체로 이와 같다고 보고, 앞으로 이를 바탕으로 다시 한 걸음 나아가 불교, 유학 두 사상의 사유양식, 사상경향, 이론의 귀추 등의 측면에서 유사점과 차이점 및 불교가 중국에 전래된 후, 두 사상간의 상호영향에 대하여 보다 깊게 구체적으로 살펴보기로 하겠다.

제2장
불본(佛本)과 인본(人本)

불교와 유학의 상호관계를 연구하려면, 우선 두 사상의 내용 및 두 사상간의 유사점과 차이점을 명확히 해야 할 것이다. 불교와 유학 사이의 구별에 있어서 양수명(梁漱溟) 선생의 논술은 시사하는 바가 있다. "유가(儒家)는 인간을 떠나서 말할 수 없고, 그 입각점은 바로 인간의 입각점이며, 어떻게 말하여도 결국은 인간으로 귀결될 뿐으로, 그 이상은 없다. 불가(佛家)는 이와 반대로 인간보다 높은 입장에 서서, 종종 초인(超人)의 입장에서 말하고, 또한 인간으로 귀결되지 않고 성불(成佛)로 귀결된다. ……유가와 불가는 그 다른 점이 분명하다."[1] 이는 유학이 성불로서 그 취지를 삼는 불교와 다름을 지적한 것으로, 유학은 불교와 달리 시종 인간을 중심에 놓고, 그 출발점과 귀착점 모두 인간이므로 하나의 인간에 관한 학문이라고 할 수 있다는 것이다. 실제로 모든 유학의 사상을 살펴보면 양선생의 이러한 논술은 지극히 타당하다고 하겠다.

제1절 대승불교와 진여본체(眞如本體)

위에서 불교가 소승(小乘)으로부터 대승(大乘)으로 발전한 후, 하나의 중요한 변화, 즉 대승불교의 "불(佛)"은 이미 소승불교의 현실적인 "성인

---

[1] 「유불동이론(儒佛同異論)」, 『중국문화(中國文化)와 중국철학(中國哲學)』, 심수대학국학연구소편(深圳大學國學研究所編), 429쪽.

(聖人)"과는 다르게 상당히 "본체화(本體化)"되었고, 또한 대승불교에 있어서 성불(成佛)은 불교의 최종 목적이며 가장 핵심이 되는 문제로 성립되었으며, 이에 따라 불교의 전체적인 사유방법에 있어서 근본적인 변화가 일어났음을 지적하였다.

인도불교사를 살펴보면, 대승불교의 출현에 따라서 반야학(般若學)에 있어서 일체의 상(相)을 제거하는 동시에 "제법실상(諸法實相)"에 대한 논의가 발생하여, 이러한 "실상"을 모든 제법의 본원(本原)으로 규정하였다. 이러한 "실상"은 실제로는 불교에 있어서의 "본체(本體)"였다. 또한 대승불교의 발전은 불성론(佛性論)을 출현하게 하였는데, 불성론은 반야실상(般若實相)의 기초에서 "여래장(如來藏)", "불성아(佛性我)"를 논하였다. 이러한 "불성아", "여래장"은 인도불교가 지니고 있는 "불지체성(佛之體性)"과 "제법본체(諸法本體)"의 의의를 띠고 있다. 예컨대 대승불교의 "여래(如來)"에 대한 해석은 바로 "여실한 도리에 따라 정각을 이루고, 뭇 중생을 교화한다."[2)]는 것이다. 여기에서의 "여(如)"는 분명히 제불(諸佛)과 중생의 본체를 가리킨다. 실제로 대승경론은 "진여(眞如)"가 제법본체라는 것에 대하여 수많은 명확한 논술이 있다. 예를 들면 『유식론(唯識論)』에서 "진실하여 허망하지 않음을 보이므로 진(眞)이라고 하고, 항상하여 변함이 없음을 나타냄으로 여(如)라고 한다. 일체법에서의 이러한 진실은 그 성품이 항상 그렇기 때문에 진여라고 한다."[3)]라고 하였는데, 이는 제법의 본체가 허망을 떠나 진실됨으로 진(眞)이라고 하며, 항상 존재하고 변하지 않는 까닭에 여(如)라고 하는데, 분명한 점은 바로 제법본체의 진실이 변하지 않는다는 것이다. 『왕생논주(往生論注)』에서도 "진여는 제법의 바른 체(體)이다."[4)]라고 말하고 있다. 그밖에 대승

---

2) 乘如實道, 來成正覺, 來化群生
3) 眞謂眞實, 顯非虛妄, 如謂如常, 表無變易. 謂此眞實于一切法, 常如其性, 故曰眞如. 『유식론(唯識論)』 2권.
4) 眞如是諸法正體. 『往生論注』 하권.

제2장 불본(佛本)과 인본(人本)

불교에서 언급하는 "법성(法性)", "법계(法界)", "여래장자성청정심(如來藏自性淸淨心)" 등은 사실 모두 본체의 다른 이름이다. 예를 들면 『유식술기(唯識述記)』에 "성품은 체의 의미이고, 일체법의 체인 까닭에 법성이라고 한다."5)고 하였으며, 『대승의장(大乘義章)』에서도 "법의 체성이므로 법성이라고 한다."6)라고 총괄하여 말하고 있다. 대승불교에서 그것은 일체제법 및 제불중생(諸佛衆生)의 본체가 되는 이른바 "진여", "실상", "불성", "법계", "법성", "여래장자성청정심" 등은 비록 경전 속에서 "즉유즉무(卽有卽無)", "비유비무(非有非無)", "초상절언(超相絶言)", "망언절려(忘言絶慮)" 등의 문자로서 형용하고 서술하지만 그것이 하나의 본체임은 추호도 부정할 수가 없는 것이다. 더구나 전체적인 대승불교는 모두 이러한 추상과 어느 곳이나 존재하는 본체의 기초 위에서 세워진 것이다.

물론 모든 사상이론의 발전에 과정이 있는 것과 마찬가지로 대승불교의 본체론도 끊임없는 발전과정이 있었다. 석가모니 부처님 당대에, 석가모니 부처님은 세계의 본원, 본체 등과 같은 문제에 대하여 흥미를 갖고 있지 않았을 뿐만 아니라 그러한 문제를 논하는 것에 대하여 반대하는 태도를 분명하게 지켰다. 원시불교의 연기론은 전통 바라문교(婆羅門教)의 "대범본체(大梵本體)"사상에 반대한다. 그러나 불교의 발전과정 가운데 인도 전통문화, 전통 사유양식의 영향을 받아 원시불교의 정문에서 배척된 "대범본체"는 후에 다시 뒷문으로 숨어 들어오게 되었다. 예를 들면 소승불교 후기에 이르러 윤회 주체의 모순을 해결하기 위하여 바로 "보특가라(補特伽羅; Pudgala)"설이 나타나기 시작했다. 이 "보특가라"는 윤회응보를 상속하는 주체로서 제시되었으나, 실제로는 이미 변상(變相)된 실체이다. 이 실체는 엄밀한 의미에서 말하면 "본체"가 아니지만, 이미 "본체"의 원형을 내포하고 있다. 후에 대승불교가 "진여", "실

---

5) 性者體義, 一切法體故名法性. 『유식술기(唯識述記)』 2권.
6) 法之體性, 故名法性. 『대승의장(大乘義章)』 1권.

상", "여래장", "불성아"를 본체화 함에 따라서 본체론의 사유방법은 점차 대승불교의 가장 기본적인 사유방법이 되었다.

중국에 불교의 전입은 동시에 대·소승이 함께 전래되었다. 한위(漢魏) 시기에 안세고(安世高), 강승회(康僧會) 등에 의하여 전입된 선수학(禪數學)은 소승불교에 속한다. 그러나 각종 원인으로 말미암아 소승불교는 중국역사에서 끝내 발전하지 못하지만, 특히 위진남북조(魏晉南北朝) 후기에 이르러 대승반야학과 현학(玄學)에 의하여 잠시 유행하였다. 소승불교는 중국 불교계에서 비록 종적을 완전히 감추었다고 말할 수는 없으나 거의 발전을 이루지 못하였다. 이와 반대로 대승불교는 신속하게 발전하여 중국 불교계에 있어서 줄곧 절대적인 주도적 지위를 차지하였다. 따라서 중국불교를 사유방법에서 논한다면 그 핵심은 대승불교의 사유방법, 즉 본체론적인 사유방법이다. 이러한 본체론의 사유방법은 어떤 추상적인 본체를 전체적인 불교의 출발점과 귀결점으로서 보려는 경향을 지니고 있다.

이러한 상황이 조성된 원인은 매우 간단하다. 즉 불교의 출발점과 귀결점은 모두 "불(佛)"인데, 이때의 "불"은 이미 본체화된 것이다. 따라서 추상적인 본체는 항상 중국불교 주위를 맴도는 핵심으로 된 것이다. 이를 우리는 중국불교사에 있어서의 사상적 실제(實際)라고 보아도 무방할 것이다.

중국불교의 특색을 가장 잘 구현한 수(隋)·당(唐)시대 불교의 각 종파에 있어서 그 예를 들어보기로 하겠다. 천태종(天台宗)은 중국불교사에서 최초의 통일적인 불교 종파로서, 그 학설의 가장 큰 특징은 "실상론(實相論)", 더욱 구체적으로 말한다면 "성구실상론(性具實相論)"이다. 그러나 어떻게 칭하던 "실상"은 천태학 가운데 가장 핵심적인 개념이며, 또 천태학 전체의 출발점과 귀결점이다. 천태종의 학설 가운데 "실상"은 곧 일체제법의 본원이며, 불교를 공부하는 최종적인 귀취(歸趣)도 "실상"을 체증(體證)하는 데 있는 것이다. 이 "실상"은 혜사(慧思)가 『법화경

(法華經)』의 "십여시(十如是)"7)를 사용하여 밝혔다. 이른바 "실상"은 상(相), 성(性), 체(體), 력(力), 작(作), 인(因), 연(緣), 과(果), 보(報), 본말구경(本末究竟) 등 열 가지 방면에서 구체적으로 체현됨을 논한 것이다. 천태의 지의대사(智顗大師)는 『열반경(涅槃經)』의 "상과 상이 아닌 것이 없음을 실상이라 한다."8)는 사상을 채택하여 "그 한 법이라는 것은 이른바 실상인데, 실상의 상은 상과 상이 아닌 것이 없는 것이다."9)라고 제시하여, "실상" 자체는 비록 무형무상하지만 그것이 일체제법의 본원이라고 하였다. 지의(智顗)는 또한 "실상"과 "여여(如如)", "묘유(妙有)", "불성(佛性)", "여래장(如來藏)" 등을 연계시켜서, 비록 명칭과 개념은 다르지만 그것들은 모두 제법 및 일체중생, 제불의 본체10)를 가리킨다고 보았다. 천태종의 구조(九祖) 형계담연(荊溪湛然)에 이르러 실상은 제법본체의 사상임이 한층 더 명확하게 밝혀졌다. 담연 학설의 가장 기본적인 관점은 "당체즉실상(當體卽實相)"으로, 일체의 제법, 삼천대세계(三千大世界)의 미진(微塵) 하나 하나도 당체(當體)가 아닌 것이 없는 실상이라고 하고 있다. 담연은 다음과 같이 설한다. "일체제법은 모두 법계(法界)이고 실상이 아닌 것이 없다. 즉, 일체제법은 모두 체(體)인 것이다."11) 여기서 설하는 것도 세간(世間)의 일체제법은 모두 "본체"로서 "실상"의 체현이며, 제법은 결코 실상의 밖에 따로 그 체가 있는 것이 아니라 그 체가 바로 실상이며, 제법과 실상은 오직 하나의 체가 있을 뿐이

---

7) 如是相, 如是性, 如是體, 如是力, 如是作, 如是因, 如是緣, 如是果, 如是報, 如是本末究竟.
8) 無相不相, 名爲實相. 『대반열반경(大般涅槃經)』 40권.
9) 其一法者, 所謂實相, 實相之相, 無相不相. 『대정장(大正藏)』 33권, 783쪽.
10) 『法華玄義』에서 智顗는 다음과 같이 제시하였다. "實相의 相은 無相不相하다. 또한 이 실상은 諸佛이 得法하기 때문에 '妙有'라고 칭한다. 實相은 兩邊이 있는 것이 아니기 때문에 '畢竟空'이라고 한다. 空理는 湛然하여 같은 것도 아니고 다른 것도 아니기 때문에 '如如'라고 명한다. 실상은 寂滅하기 때문에 '涅槃'이라고 명한다. 바뀌지 않는 것을 깨달았기 때문에 虛空이라고 명한다. 佛性은 함축한 것이 많기 때문에 如來藏이라고 명한다. 有에 의하지 않고 또한 無에 속하지 않은 까닭에 中道라 명한다. 가장 높아 넘을 것이 없기 때문에 第一義諦라고 명한다."(『大正藏』 33권, 783쪽.)
11) 『법화현의석첨(法華玄義釋籤)』 2권, 『大正藏』 3권, 828쪽.

라는 것이다.

화엄종(華嚴宗)의 학설에서 일체제법은 일체중생, 제불을 포함한 유유일체(唯有一切) 사상을 더 한층 뚜렷하고 명확하게 표현하였으며, 다른 점은 화엄종에서는 이 제법의 본체를 "실상"이라고 하지 않고 "법계(法界)", "일진법계(一眞法界)" 혹은 "여래장자성청정심(如來藏自性淸淨心)"으로 칭하고 있는 점이다. 화엄종의 가장 기본적인 사상 중의 하나는 "법계연기론(法界緣起論)"이다. "법장(法藏)은 법계"를 『화엄경의해백문(華嚴經義海百門)』에서 다음과 같이 논하였다.

> 입법계는 바로 하나의 작은 먼지가 연기함이 법이고, 법이 지혜를 따라 현현하여 그 용에 차별이 있음이 계이다. 이 법은 성품이 없는 까닭에 나눔이 없고, 무이상에 원융하여 진제와 같고, 허공계와 더불어 평등하여, 일체에 두루 통하고, 곳곳에서 현현하여 명료하지 않은 바가 없다. …… 만약 성상이 존재하지 않는다면 바로 이법계이고, 사상이 완연함에 장애 되지 않는다면 사법계이다. 이법계와 사법계가 만나 둘이 아니고, 둘이 아님이 바로 둘이니 이것이 법계를 이룸이다.12)

또한 징관(澄觀)은 『대화엄경약책(大華嚴經略策)』에서 논하기를,

> 법계는 총상으로, 이와 사를 포괄하여 장애가 없고, 모두 틀을 지니며 성분을 갖추고 있다. 연기는 체에 따른 대용을 말하는 것이다.13)

라고 하였다.

이 두 문단의 의미는 연(緣)을 따라 나타나는 사물이 법(法)이요, 제법

---

12) 入法界者, 卽一小塵緣起, 是法, 法隨智現, 用有差別, 是界. 此法以無性故, 則無分齊, 融無二相, 同于眞際, 與虛空界等, 遍通一切, 隨處顯現, 無不明瞭. …… 若性相不存, 則爲理界, 不碍事相宛然, 是事法界. 合理事無二, 無二卽二, 是爲法界也.『중국불교사상자료선편(中國佛敎思想資料選編)』석준(石峻)편, 2권, 제2책, 108쪽.
13) 法界者, 是總相也, 包理事及無障碍, 皆可軌持, 具于性分, 緣起者, 稱體之大用也.『중국불교사상자료선편(中國佛敎思想資料選編)』석준(石峻)편, 2권, 제2책, 352쪽.

의 공용(功用)이 각각 차별이 있으므로 계(界)라고 한다는 것이다. 근본으로부터 본다면, 일체제법은 무자성(無自性)하며, 실상은 허공(虛空)·진제(眞諦)와 같아서 형체와 성상(性相)의 차별이 없다. 즉, 성상이 존재하지 않는다고 보면 이는 바로 "이법계(理法界)"이다. 그러나 연을 따라 나타나는 사물에서 보면 이는 또한 사상(事相)이 완연하니, 이것이 바로 "사법계(事法界)"이다. 그리고 성상(性相)이 존재하지 않는 "이법계"와 사상이 완연한 "사법계"는 둘이지만 둘이 아닌 것이다. 이것이 이사(理事)를 포함하고 이사가 융통하는 총상(總相)으로 바로 "법계"가 된다. 비록 두 문단의 내용이 모두 비교적 난해하지만 그 의미는 분명하다. 다시 말하여 "법계"란 그것이 비록 무형무상(無形無相)하나 일체제법의 본원과 본체이며, 세상의 삼라만상이 모두 이 "법계"로 연기된 산물이요, 이 "법계"의 "칭체기용(稱體起用)"인 것이다.

그밖에 화엄종은 "법계"에 특별한 규정성을 부여함으로서 "법계"를 지극히 순정한 본체로 인식하여 "일진법계(一眞法界)", "청정불지(淸淨佛智)" 혹은 "여래장자성청정심(如來藏自性淸淨心)"이라고 하였다. 이 "청정심"으로 인하여 일체중생 내지 일체제불이 연기하였다고 하는 것이 바로 화엄종 특유의 "성기론(性起論)"이다.

"성기론"의 가장 기본적인 관점은 일체제법 내지 중생, 제불이 모두 이 "청정심"으로 체(體)를 삼고, 모두 이 "청정심"의 "칭성이기(稱性而起)"한 결과라는 것이다. 법장(法藏)은 다음과 같이 말한다. "이 청정심은 바로 일체제불, 성문, 연각, 내지 육도중생 등의 체(體)이다."[14], "제 중생은 별개의 체가 없고, 여래장을 따라 중생으로 되었다. 그러므로 여래장은 바로 불지(佛智)를 증득함으로 체를 삼는다. 따라서 중생 전체의 총상은 불지의 마음 가운데 있는 것이다."[15] 이러한 기본 사상을 근거로

---

14) 『화엄오십요문답(華嚴五十要問答)』 하권.
15) 諸衆生無別自體, 攬如來藏以成衆生. 然此如來藏即是佛智證爲自體, 是故衆生擧體總在佛智心中. 『화엄경탐현기(華嚴經探玄記)』 1권, 『중국불교사상자료선편(中國佛敎思想資料選編)』 석준(石峻)편, 2권, 2책, 270쪽.

하여 화엄종은 일체중생의 불교를 배우고 수행 및 최종적인 불과(佛果)의 증득이 그 "본(本)"은 모두 변하지 않는 것이요, 차별은 단지 허망과 진실, 즉 하나는 미혹되는 것이요, 하나는 깨닫는 것에 있을 뿐이라고 하였다. 따라서 징관(澄觀)은 다음과 같이 말하였다.

> 대저 진실의 근원은 둘이 아니고, 미묘한 뜻은 항상 균등한데, 미혹되고 깨달음이 같지 않음으로 중생과 부처가 있게 되는 것이다. 진실에 미혹하여 망집을 일으키므로 임시로 중생이라고 부르고, 허망하다고 체득하면 바로 진실이므로 부처라 칭한다.16)

다시 말하여 중생과 불은 그 "원(源)"과 "본(本)"이 둘이 아니고, 다만 "미혹"과 "깨달음"의 다름으로 인하여 중생과 불의 차이가 있다는 것이다. 이 사상에 근거하여 화엄종의 수행론은 "이망환원(離妄還源)"의 네 자로 개괄할 수 있을 것이다. 다시 말하자면, 청정한 본체에 반귀(返歸)하고 체증(體證)하여 청정한 본체와 합일하는 것이다. 이것이 바로 불교를 공부하는 최종 목표이다.

수·당 불교의 다른 하나의 중요한 종파인 선종(禪宗)을 다시 살펴보기로 하겠다. 선종의 가장 기본적인 관점 가운데 하나는 "본심본체(本心本體)가 본래 부처(佛)"라는 것이다. 이러한 "심본체(心本體)"의 사유방법에 입각하여 선종은 "심본체"의 밖에서 다른 것을 추구하는 것을 반대한다. 혜능(慧能)은 『육조단경(六祖壇經)』에서 다음과 같이 설하였다.

> 나의 설법을 듣는 너희들은 자기의 마음이 부처임을 조금도 의심하지 말아라. 밖으로는 어떠한 것도 건립될 수 없으며, 모두 본래 마음이 만종법을 생한 것이다. 그러므로 경에서 '마음이 생하면 종종의 법이 생하고,

---

16) 夫眞源莫二, 妙旨常均, 特由迷悟不同, 遂有衆生及佛. 迷眞起妄, 假號衆生, 體妄卽眞, 故稱爲佛. 『대화엄경약책(大華嚴經略策)』, 『중국불교사상자료선편(中國佛敎思想資料選編)』 석준(石峻)편, 2권, 2책, 359쪽.

마음이 멸하면 종종의 법도 멸한다'고 설하는 것이다.17)

임제종(臨濟宗)을 창시한 의현(義玄)의 스승 황벽(黃蘗) 희운(希運)선사는

> 마음이 곧 부처로서, 위로는 제불에 이르기까지, 아래로는 꿈틀대는 미물에 이르기까지 모두 불성이 있어 동일한 마음의 체이다. 따라서 달마대사가 서천으로부터 온 것은 오직 일심법을 전하여, 모든 사람이 본래 부처이기 때문에 수행을 필요로 하지 않음을 바로 보이신 것이다.18)

라고 하였다.

만일 중국 선종 사상의 대요(大要)를 "즉심즉불, 돈오견성(卽心卽佛, 頓悟見性)"의 여덟 자로 개괄하여 말할 수 있다면, "즉심즉불"과 "돈오견성"을 막론하고 모두 "본체론"의 사유방식이 그 최후의 근거가 되는 것이다.

마지막으로 대승유종(大乘有宗)의 법상유식학(法相唯識學)을 특색으로 하는 유식종(唯識宗)을 다시 살펴보기로 하겠다. 법상유식종(法相唯識宗)은 중국불교사에서 "상종(相宗)"이라고도 칭하며, 이것은 사상적인 내용과 사유상의 특징에 있어서 천태, 화엄의 "성종(性宗)"과 상당한 구별19)이 있으나, 사유양식에서는 성종과 커다란 차이가 없이 본체론적인 사유양식임은 같다. 물론 "상종"과 "성종"의 "본체"가 서로 같다고는 말할 수

---

17) 聽吾說法, 汝等諸人, 自心是佛, 更莫狐疑, 外無一物而能建立, 皆是本心生萬種法. 故經云, 心生種種法生, 心滅種種法滅.『단경(壇經)』
18) 卽心卽佛, 上至諸佛, 下至蠢動含靈, 皆有佛性, 同一心體. 所以達磨從西天來, 唯傳一心法, 直指一切人生本來是佛, 不假修行.『황벽단제선사완릉록(黃蘗斷際禪師宛陵錄)』
19) 性宗과 相宗의 주요한 차별상을 다음과 같이 말할 수 있다. 性宗은 一切衆生이 모두 佛性을 지니고 있어 모두 능히 成佛할 수 있다고 주장하는데, 相宗은 五性이 서로 달라 어떤 衆生은 佛性이 없어 영원히 成佛할 수 없다고 주장한다. 性宗은 一乘만이 진실하고, 三乘은 方便이라고 주장하고, 반대로 相宗은 三乘이 모두 眞實하고, 一乘이 方便이라고 주장한다. 性宗은 眞如는 隨緣義와 不變義 두 가지가 있다고 하고, 相宗은 眞如는 오직 不變義만이 있고, 隨緣義는 없다고 주장한다.

없다.

 만일 천태와 화엄의 "본체"적 "실상"과 "법계"를 "진여"의 다른 명칭이라고 본다면, 법상유식학의 "본체"는 바로 "진여"일 뿐만 아니라, 또한 만법의 종자(種子)라고 할 수 있는 "아뢰야식(阿賴耶識)"인 것이다. 이 점이 법상유식학의 독특한 점이며, 두 개의 "본체"가 있음으로서 이원론(二元論)적인 색채를 띠고 있다.

 "상종"은 "진여"가 만법의 "본체"임을 부인하는 것이 아니라 "진여"는 "항상편재(恒常遍在)"하는 것으로, 일체제법의 최종적인 본원이라고 생각한다. 그러나 "상종"은 "진여"가 제법과 직접적인 관계가 있음을 부인하고, 만법은 "진여"의 수연(隨緣)에 의하여 생성된 산물이라는 것을 반대한다. "상종"의 입장에서 보면, 만법과 직접적인 관계에서 발생한 것은 "아뢰야식(阿賴耶識)"이며, "아뢰야식"은 제7식 "말나식(末那識)"과 전6식〔眼識, 耳識, 鼻識, 舌識, 身識, 意識〕을 통하여 전변(轉變)하여 생성되고, "여시여시변(如是如是變)"하여, 세간(世間)제법이 나타나고, 모든 출세간(出世間)법을 포괄하는 것도 또한 "전식성지(轉識成智)"의 결과이다. 따라서 "상종"의 학설 가운데 "아뢰야식"이 "본체"의 성질을 갖추고 있는 것은 의심할 필요가 없는 것이다.

 "아뢰야식"의 의역명은 "장식(藏識)" 혹은 "종자식(種子識)"인데 그것은 아뢰야식에 일체제법의 "종자"를 함유하고 있다는 의미이다. 『대승밀엄경(大乘密嚴經)』에서 "아뢰야식에 의하여 일체의 모든 종자와 마음의 경계가 현현하고, 이를 말하여 세간이라고 한다."[20]고 하였다. 이는 세간제법 및 일체의 종자도 모두 "아뢰야식"으로부터 파생하였다는 것이다. 심지어 출세간의 제법조차도 "아뢰야식"에 의거하여만이 비로소 증득할 수 있다고 하였는데, 이는 『성유식론(成唯識論)』에서 다음과 같이 설하는 것과 같다. "무시이래로 계와 일체법 등은 아뢰야식에 의존하고, 이로

---

20) 依止賴耶識, 一切諸種子, 心如境界現, 是爲說世間. 『대정장(大正藏)』 16권, 740쪽.

말미암아 제중생이 있게 되고, 열반을 증득하게 된다."21) 여기서 "아뢰야식"은 법상유식학과 마찬가지로 제법이 본원과 본체를 갖추고 있다는 의미를 분명하게 밝히고 있다.

일반적으로 사람들은 불교학의 내용이 너무 심오하여 헤아릴 수 없다고 느끼는데, 그에는 여러 가지 원인이 있겠지만, 만약 가장 근본적인 입장에서 말한다면 바로 "본체론"의 사유양식에 있다고 하겠다. "본체론"의 개념은 심지어 "순수철학"에서도 가장 심층적인 이론의 범주이다. 이는 매우 추상적인 것이기 때문에 일반적으로 그것을 정확하게 이해하고 파악하기가 쉽지 않다. 그러나 철학을 배우려면 "본체론"과 같은 것을 이해하지 않으면 안될 것이다. 마찬가지로 불교의 깊은 뜻을 탐구하려면, 특히 불교를 연구하는 철학자에 입장에서 본다면 불교의 "본체론"을 요지하지 않으면 안될 것이다. 왜냐하면 이것은 모든 불교학설(특히 대승불교이론)의 가장 기본적인 사유양식을 관통하고 있기 때문이다. 또한 불교와 중국 고대 전통 학술, 문화의 상호관계의 측면에 있어서 불교의 "본체론"은 매우 중요한 지위를 차지하고 있지만, 과거 학계에서 이 문제에 대하여 충분한 관심을 갖지 않은 것은 대단히 유감스러운 일이라고 하지 않을 수가 없다. 그것은 불교가 중국 전통 학술 사상에 가장 크게 영향을 끼친 것은 바로 그 "본체론"의 사유양식이기 때문이다. 이 점은 우리가 본 장의 제3절에서 비교적 깊이 연구를 진행하기로 하겠다.

---

21) 無始時來界, 一切法等依, 由此有諸趣, 得涅槃證得.『성유식론(成唯識論)』3권,『대정장(大正藏)』31권, 144쪽.

제2절 유학의 인본주의와 천인합일(天人合一)

중국 선진(先秦)시대의 사상은 공자(孔子)로부터 중대한 전환을 맞이하게 된다. 공자 이전의 사상계에서 강조한 것은 "천(天)"과 "제(帝)"에 대한 신앙이라고 한다면, 공자로부터는 현실세계로 시야를 전향하여 인간을 중심으로 삼기 시작하였다는 것이다. 현존하는 문헌자료를 살펴보면, 하(夏), 상(商), 주(周) 삼대는 "천(天)"과 "신(神)"의 세기이다. 그때의 "천"은 자연계의 여러 신들 가운데 우두머리일 뿐만 아니라 사회, 정치, 도덕의 입법자이다. 그것은 비록 "무성무취(無聲無臭)"[22]하며 결코 인격화된 것은 아니나 우주질서, 만물의 생장 및 왕조의 교체, 군국의 대사 등은 모두 한결같이 "천명(天命)"을 따랐다. 당시의 "성인(聖人)"이란 오직 "순천명(順天命)"일 뿐이다. "천명이 돕지 않는 것을 행하겠는가?"[23] 중국 문화사에 있어서 공자의 최대 공헌은 "인(人)"의 발현이며, 그는 "성(性)과 천도(天道)"의 관계는 아주 드물게 언급하고, 인간사를 중시하여 귀신에 대하여 경원하고, 눈을 현실적인 인생으로 전향하는 사상경향을 가졌다. 이는 당시의 사람들을 크게 각성시키게 하여, 사상계의 시각은 일변하였다. 천도(天道)에 대한 신앙은 인간사(人間事)에 대한 탐구로 대체되었다.

사상적으로 보면, 공자의 학문적 핵심은 "인학(仁學)"이다. "인(仁)"이

---

22) 『시경(詩經)·대아(大雅)』
23) 天命不佑, 行矣哉. 『역경(易經)·무망(無妄)』

란 어원학의 각도에서 보면 "인(人)"과 "이(二)"자의 조합이다. 『설문(說文)』에서 해석하기를, "인은 친함이요, 사람이 둘 있음을 따른 것이다."[24]라고 하였다. 공자는 바로 "인(仁)"을 사용하여 사람과 사람의 상호관계를 논하였다. 『논어(論語)』 가운데 공자의 "인(仁)"에 대한 설명은 상당히 많다. 혹은 "애인(愛人)"으로 설하고, 혹은 "자기가 하고 싶지 않은 일은 다른 사람에게도 시키지 마라."[25] 등으로 설했으나, 어떤 설명을 막론하고 모두 자기와 사람, 사람과 사람의 관계를 가리키는 것이다. "인간"은 바로 공자 학문의 입각점이라고 볼 수 있다. 공자 학문에 대한 중국 사상사에서의 위치는 지금까지도 아직 통일된 견해가 없으나, 공자가 "인간"을 중시하고 "인간"의 지위를 높이 끌어 올렸다는 것은 의심할 여지가 없다.

유가의 문도 가운데 맹자(孟子)는 공자 다음의 "성인(聖人)"이다. 맹자의 학문은 인성론(人性論)과 인정(仁政)학설에 중심을 두고 있다. 인정론(仁政論)의 핵심은 "차마 하지 못하는 사람의 마음이 있고, 이러한 차마 하지 못하는 사람의 정치"[26]의 제창이고, 인성론은 인간의 본성에 대한 탐구이다. 두 가지 모두 인간을 그 대상과 귀착점으로 삼았다. 후대의 유가는 대부분 공맹의 사상노선을 따르고, 그 주장은 대부분 인간에서 벗어나지 않으며, 인간을 "천지지덕(天地之德)", "천지지심(天地之心)", "오행지수기(五行之秀氣)"(『예운(禮運)』)로 삼았다. 한(漢)대의 동중서(董仲舒)에 이르러 사상노선에 변천이 있어 "천인감응(天人感應)"을 제창하였다. 그러나 그도 여전히 인간을 만물 가운데 가장 뛰어나며 천하에서 가장 귀하다고 여겼다.

유학은 송(宋)에 이르러 다시 흥기한다. 송대의 유학은 "천도(天道)"사상을 소홀히 한 이전의 유학 전통을 바꾸어 "도의 큰 근원은 하늘에서

---

24) 仁, 親也, 從人二.
25) 己所不欲, 勿施于人.
26) 有不忍人之心, 斯有不忍人之政.

나온다."27)와 "우주는 곧 내 마음이요, 내 마음은 곧 우주다."28)라는 것을 강조한다. 그러나 이학가(理學家)가 "천지만물의 근원을 미루어 밝힌다."29)는 목적은 "인간"과 "인성(人性)"을 설명하고, 인륜도덕의 항상하는 규범(常規)을 설명하기 위한 것이다. 이학가의 학설들은 모두 사람으로 하여금 어떻게 심성을 수양하고, 어떻게 "천리(天理)에 도달하며, 인간의 욕심을 멸할 것인가?"이며, 어떻게 성현에 도달하는가에 대한 것이며, 그 출발점과 귀결점도 변함없이 "인간"이다.

요약하면, 유가학설은 인간에 관한 학문이고, 인간과 인간 상호관계에 대한 학설이며, 인간으로 근본을 삼는 일종의 인생철학(人生哲學)이다. 이 점은 오늘날 학계가 이미 다 인정하고 있는 상식이기 때문에 거론할 필요가 없다.

그러나 마땅히 여기에서 언급해야 할 문제가 있다. 유가에서 논한 "인본주의(人本主義)"는 15-6세기 "문예부흥"시기의 "인본주의"와 독일의 고전 철학가 포이에르바하로 대표되는 19세기의 "인본학"이 자연히 연상된다. 공통적으로 일종의 "인간"에 관한 학설이기 때문에 두 가지는 공통점이 없을 수 없으며, 이 공통점은 두 가지 모두 인간을 중시하고 인간으로 중심을 삼고, 모두 인간의 지위를 높였음은 추호도 의심할 여지가 없다. 그러나 중국과 서양 사회의 역사적 조건과 사상, 문화 배경의 차이로 인하여 두 "인본주의"의 사상이 내포하는 것은 서로 같다고 말할 수 없으며, 특히 "인간"에 대한 이해의 측면에서 서로 중대한 차별이 존재하고 있다. 서양 "인본주의"에서 보는 "인간"은 대부분 생물적인 것과 생리적인 각도에서 인간을 감정, 의지와 이성을 갖추고 있는 독립체로 본다. 유가에서 말하는 "인간"은 흔히 그 사회성, 군체성(群體性)을 강조하여 대부분 인간과 인간, 인간과 집단, 인간과 사회의 각도로부터 시작

---

27) 道之大原出于天.
28) 宇宙便是吾心, 吾心便是宇宙.
29) 推明天地萬物之原.

하여 인간을 사회의 일부분, 집단의 한 구성원으로 보게 되었다. 만일 서양의 "인본주의"가 사회적 성격이 비교적 결여되었다고 한다면, 유가에서 말하는 "인간"은, 베버(Weber)의 말을 인용한다면 비교적 독립적인 성격이 부족하다. 실제로 인간이 인간으로 되는 것[人之爲人]은 마땅히 생물적이고 또 사회적인 것으로 이미 독립적인 개체이며 또한 집단의 한 원소이다. "직접적인 자연존재물"이며 또한 "사회존재물"인 것이다.30) 인간의 본질에 대하여 마르크스주의의 역사유물주의는 다음과 같이 명확하게 주장하고 있다. "인간의 본질은 결코 개인의 고유한 추상물은 아니다. 그 현실성에 있어서, 그것은 모든 사회 관계의 총체이다."31)

이밖에 유가의 "인본주의"와 서양의 "인본주의"는 또 다른 중요한 차이가 있다. 그것은 두 가지가 근거로 삼는 철학의 기초, 다시 말해 두 학설에 의하여 건립된 사유양식이 같다고 할 수 없다는 점이다. 만일 19세기 독일 철학 가운데 "인본주의"는 완전히 본체론적 사유양식의 기초 위에서 건립된 것이라고 한다면, 중국 고대 유가의 "인본주의"는 완전히 "천인합일(天人合一)"의 사유양식으로서 사상의 틀을 삼은 것이다. 이 점을 분명하게 하는 것은 유가의 "인본주의"를 정확하게 파악하는 데 있어서 매우 중요하다.

여기에서 필자는 혹시 학계에서 논쟁을 야기시킬 수 있는 문제 하나를 제기하려고 한다. 학계가 이전에 비하여 중국 고대 전통문화에 대한 학습, 연구를 장려하는 시기에 있어서, 또한 학계가 공자가 창립한 유가의 "인본주의" 사상에 대하여 대부분 적극적이고 긍정적인 태도를 취하는 시기에 있어서, 마땅히 이 문제를 깊게 생각하여야 할 것이다. 즉, 공자가 "인간"을 발현하였다는 것은 중국 고대 사상계로 하여금 "천(天)"으로부터 "인(人)"으로의 전환시켰다고 말하는 것, 유가 학설의 주류는 "인본주의" 사조라고 말하는 것 등은 공자 혹은 유가가 이미 "천(天)"을

---

30) 『1844년 경제학철학초고』, 마르크스, 『마르크스 엥겔스전집』 42권, 167쪽.
31) 『포이에르바하에 관한 요약』, 마르크스, 『마르크스 엥겔스 선집』 1권, 18쪽.

포기해 버렸다는 뜻인가, 아니면 이미 "천"을 배제하였다고 말할 수 있는 것인가? 유가 학설에 도대체 종교적 색채가 있을까 없을까? 만약 종교적 색채가 있다면 또 어떤 측면에서 표현했을까? 이는 전체 중국 고대 전통 철학의 사상과 사유양식의 중대한 이론에 관계된 문제이며, 진지하게 다룰 가치가 있는 문제이다.

이 문제를 분명히 밝히려면 먼저 공자로부터 시작하여야 한다.

중국 고대 사상발전사 가운데 한 부분은 공자의 사상이 천도(天道)로부터 인사(人事)로 전환시키기 시작하였다는 하나의 객관적 사실이다. 그러나 만약 이러한 전환을 지나치게 확대하여, 심지어 공자가 이미 "천(天)"을 포기, 혹은 배제하여 공자 학문에는 이미 천명(天命)관념과 종교적 색채가 없으며, 일종의 순수한 인생철학이라고 여긴다면 그것은 분명히 역사의 실제를 위배하는 것이며, 또한 사상발전의 일반적 규율에 부합되지도 않는다.

사람들은 세계의 수많은 민족과 마찬가지로 중국의 고대문화도 일종의 종교문화임을 알고 있다. 하(夏), 상(商), 주(周) 삼대를 지배한 사상인 "천신(天神)"관념은 바로 고대 유목민족의 원시종교의 연장과 발전인 것이다. 이 "천신"관념은 비록 춘추(春秋)시기에 "원천(怨天)", "매천(罵天)" 등의 사상적 충격을 겪으면서 점진적인 동요가 있었으나, 인류 역사의 몇 천년 내지 몇 만년의 사상적 축적으로 결코 하루아침에 한 사상가에 의하여 쉽게 침식될 수는 없는 것이다. 실제로 공자는 "천"을 완전히 포기 혹은 배제한 것이 아닐 뿐만 아니라, 전체 고대 사상사에서 어느 사상도 "천(天)"이란 껍데기를 완전히 포기한 것은 없으며, 모두 이러한 기존의 "무성무취(無聲無臭)", 지고무상(至高無上)한 "천(天)" 아래 각종 문제를 논하고 연구한다. 특히 인간문제는 비록 시대에 따라서 "천명(天命)", 혹은 "천도(天道)"라고 불리우고, 혹은 "천리(天理)"라고 칭해지지만, 핵심은 모두 "하늘과 인간의 관계를 구명〔究天人之際〕"하는 데 있으며, "하늘에 따르고 인간에 호응함〔順乎天而應乎人〕"이 어떠한가를 연구하는 것이다. 바꾸어 말하면, 전체 중국 고대의 전통철학은 모두 "천(天)"과 "인(人)"의 관계를 연구하고 있으며, 모두 "천인합일(天人合一)"의 기본적인 테두리에서 도덕을 논하고 문장을 썼다. 한 마디로 말하자면, 이는 중국 전통 철학에서의 최대, 최고의 기본적인 사유양식이다.

예를 들면, 공자의 제자 자공(子貢)이 말하길, "부자(공자)의 문장을 가히 얻어들었으나, 부자의 성과 천도에 대한 말씀은 가히 얻어들을 수 없다."32)라고 하였다. 그러나 『논어』를 펼쳐 보면, 공자가 "천(天)"을 언급한 것이 적지 않다. 예를 들자면, "크도다! 요의 임금 됨이여. 높고 높도다! 오직 하늘만이 크고, 오직 요가 그것을 따라 본받았다."33), "군자는 세 가지 외경할 것이 있으니, 천명을 두려워하며, 대인을 두려워하며, 성인의 말씀을 두려워한다. 소인은 천명을 알지 못하여 두려워하지 않는다."34), "하늘에 죄를 얻으면 기도할 바가 없다."35) 이러한 예로 보면 공자가 완전히 "천(天)"을 포기하였다고 하는 것은 분명히 부적합하다. 만약 다른 각도로 문제를 본다면, 공자가 "천도(天道)"에 대하여 비교적 적게 논하고 인간사를 더욱 중요시한 것은 천도가 너무 심원하고 심오하여 감히 함부로 추측을 하지 못하기 때문이며, 인간사는 보다 실제적이기 때문에 공자는 차라리 삶(生)을 논할지언정 죽음을 논하지 않고, 차라리 인간(人)을 섬길지언정 귀신을 섬기지 않는다고 보아야 공자의 사상에 비교적 적합할 것이다.

공자 이후 중국 고대 학술 사상, 특히 유가 철학은 기본적으로 공자가 열어 놓은 길을 따라서 전진한 것이다. 약간 다른 것은 공자는 "천도(天道)"가 현원하여 그에 대하여 적게 언급했는데, 공자 이후의 학자들은

---

32) 夫子之文章, 可得而聞也, 夫子之言性與天道, 不可得而聞也. 『논어(論語)·공야장(公冶長)』
33) 大哉! 堯之爲君也. 巍巍乎! 唯天爲大, 唯堯則之. 『논어(論語)·태백(泰伯)』
34) 君子有三畏, 畏天命, 畏大人, 畏聖人之言. 小人不知天命而不畏. 『논어(論語)·계씨(季氏)』
35) 獲罪于天, 無所禱也. 『논어(論語)·팔일(八佾)』

"천도"는 "인도(人道)"를 제약하고, "인도"는 "천도"를 반영하는 것으로 귀결하였다. 이 점은 공자 학문의 직계인 사맹(思孟)학파에서 더욱 분명하게 나타난다. 『중용(中庸)』에서 "천명은 성을 가리킴이요, 성에 따름은 도라고 한다."[36], "성이란 하늘의 도이고, 성실하려고 하는 것은 사람의 도이다."[37]라고 하였다. 이는 "도(道)"의 본원을 "천(天)"으로 귀착하여, "천"의 덕성을 이해하고 확충하려면, "천지의 생성발육을 도우며"[38], "천지와 함께 해야"[39] 한다고 여겼다. 맹자는 직접 "천도"와 인간의 "심성"을 연결시켜서, "천도"와 "심성"이 일관한다는 학설을 제창하였다. 춘추전국(春秋戰國)시대에 제자백가(諸子百家)라고 불리는 사상들이 있었지만, 후세의 사상에 가장 커다란 영향을 준 것은 마땅히 사맹학파를 들 수 있으며, 특히 그 학파의 천(天)과 인(人)을 일관하는 사상일 것이다.

한대(漢代)의 대유(大儒)로서 동중서(董仲舒)를 손꼽는다. 동중서 학설의 기본적인 사유양식은 "천인감응(天人感應)"으로, "천인감응"의 사상적 기초는 바로 "도의 큰 근원은 하늘에서 나온다."와 "천과 인의 관계는 합하여 하나로 된다."는 것이다.[40] 당(唐)시대에는 유·불·도 삼교가 병행하였으며, 전통학술의 유가철학은 본래 유종원(柳宗元)과 유우석(劉禹錫)을 대표로 삼는다. 유종원과 유우석의 철학사상은 비록 사맹(思孟)계통의 사상과 약간 다르고 순자(荀子)에 더욱 접근하며, "천여인교상승(天與人交相勝)"[41]을 제창하고, 천과 인간이 각각 그 직분, 공능(功能)이 있다고 주장하지만 총체적으로 보면 여전히 "천인관계"의 큰 틀에서 벗어나지 못하고, 여전히 천과 인간은 서로 같은 범주이고 서로 통하는 곳이 있음을 부인하지 못한다. 송(宋)대 "신유학(新儒學)"에 이르러서도 여전

---

36) 天命之謂性, 率性之謂道.
37) 誠者天之道也, 誠之者, 人之道也.
38) 可以贊天地之化育
39) 與天地參矣
40) 道之大原出于天. 天人之際, 合而爲一. 『춘추번로(春秋繁露)·심찰명호(深察名號)』
41) 유우석(劉禹錫), 『천론(天論)』

히 "천"과 "인"을 벗어나지 않는다. 송대 유학의 내용은 모두 어떻게 "천리(天理)에 도달하며, 인간의 욕심을 멸할 것인가"를 가리키는 것이다. 그 "천리"라는 것은 바로 전통 유학의 "천도(天道)"이다. 사유적인 특징에서 보면 송대의 유학이 밟은 것은 천도의 윤리화와 윤리의 천도화의 길이다. 그들은 "구절 구절 천도(天道)를 말하였으나 구절 구절 성인 신상의 가당(家當: 家産)을 가리킨다. '계선성성(繼善成性)'은 즉 '원형이정(元亨利貞)'이요, 본래 천(天)과 인(人)의 구별은 없다."42) 송명 이학(理學)은 비록 정주(程朱) 이학과 육왕(陸王) 심학(心學)으로 구분이 있으나, 장재(張載) 『서명(西銘)』의 "건곤부모(乾坤父母)", "민포물여(民胞物與)" 사상에 대하여는 모두 입을 모아 칭찬을 하였다. 그 이유는 바로 이것이 "천인일체(天人一體)"의 사상을 가장 잘 체현한 말이기 때문이다. 물론 불교학의 영향을 받음으로 인하여 이학의 "천(天)"이 이미 전통의 "천도(天道)"와 서로 같다고 할 수는 없다. 이 점은 본 장의 제3절에서 구체적으로 논술하려고 하니, 여기서는 덧붙이지 않겠다.

결론적으로, 중국 고대 유가학설은 공맹으로부터 송명이학까지 그 사상은 모두 일종의 정치, 윤리철학을 말하고 있다. 이는 일반적으로 학자들이 모두 동의하는 바이다. 하지만 이러한 견해는 다른 의미에서 말한다면 반만 맞는다고 할 수 있다. 그것은 고대 유가학설이 이러한 정치, 윤리철학을 설명하는 특정한 사유양식이 없었으며, 이러한 정치, 윤리철학의 틀을 구축하는 데 등한히 하였기 때문이다. 사실 유가가 윤리를 중요하게 여기고 심성(心性)을 논하고, 그 근원을 "천(天)"과 "천도(天道)"에 두었는데, 이는 "천도(天道)"의 진화의 산물이다. 여기에서 사람들은 중국 고대 사상사 연구 중에 자주 접하게 되는 문제, 즉 중국 고대 유가학설은 종교적 성질을 가지고 있는가 없는가 하는 것과 어떤 종교적 성질을 띠고 있는가 하는 문제에 부딪치게 된다. 어떤 사람은 중국 고대

---

42) 『송원학안(宋元學案)·염계학안(濂溪學案)』

유가학설은 서방 혹은 인도의 고대 사상과 비교하여 말한다면, 그 특징 가운데 하나는 종교적 성질을 가지고 있지 않으며, 종교적 색채를 띠고 있지 않다고 하였다. 개인석으로 이러한 견해가 단지 특정한 의미에서야 겨우 맞는다고 생각하는 것은 서방의 중세기 철학과 신학이 완전히 일체로 융합되고, 고대 인도철학이 아직 종교로부터 분화되지 않았다고 한다면 중국 고대철학은 그들과 구별되는 것이 있기 때문이다. 그러나 종교적 성질을 갖추고 있고 종교적 색채를 농후하게 띠고 있다는 측면에서 본다면 중국 고대 유가학설은 종교관계 문제에서 서양 혹 인도 고대와 어떤 특별한 원칙적 구별이 없다. 사람들로 하여금 중국 고대철학은 종교 경향이 아니라는 착각을 일으키게 하는 것은 다음의 두 가지 원인으로부터 조성된 것이다. 첫째, 중국 고대 최고신으로서의 "천(天)"은 고대 인도의 "대범(大梵; Brahman)" 혹은 서방의 "유일신(Gad)"이 본체화 혹은 인격화된 것과는 달리 윤리화되었기 때문이다. 만약 인격화된 최고의 신인 "유일신"은 종교라고 생각하고, 윤리화된 최고의 신인 "천(天)"은 비종교라고 한다면, 근·현대이래 서양의 "유일신"에 대한 윤리화의 경향은 어떻게 보아야 할 것인가? 그러면 윤리화된 "유일신"으로 최고 도덕원칙을 삼는 기독교도 비종교로 변해야 한다는 말인가? 또한 고대 중국에 있어서 "천(天)"은 지속적으로 정치, 윤리의 최고 입법자(立法者)였으며, "천도(天道)"는 "인도(人道)", "인성(人性)"의 본원이었다. 이에 대한 비교적 설득력 있는 부정성 논거가 있어야만 한다.

둘째는 바로 연구방법의 문제이다. 즉, 사람들이 유가학설의 사유양식에 대하여 파악하기를 흔히 후반부의 "인사(人事)", "윤리" 혹은 "정치" 등에 관한 부분만 생각하고 본원적인 "천(天)" 혹은 "천도(天道)"는 포기해버린다. 하지만 중국 고대의 성현과 철학가들은 사실상 "천" 혹은 "천도"의 범주에서 도덕을 논하고 문장을 지었으며, 지속적으로 "천인합일(天人合一)"의 사유양식 아래 그들의 학술 사상을 밝혔다. 여기에서 중국 고대 유가학설을 종교라고 주장할 의도는 추호도 없다. 다만 역사적 사실을 근거로 하여 "천도"에 관한 연구방법에 대하여 하나의 이의(異意)를 제출하고자 하는 것이다. 그 목적은 바로 중국 전통 학술 사상을 설명하는 데 있고, 특히 중국 전통 학술의 주류인 유가철학이 처음부터 끝까지 모두 "천인관계"를 중심에 놓고 있으며, 비록 유학의 창시자인 공자가 착안점을 "인(人)", "인도(人道)"로 전환하기 시작하였으나, "인도", "인성(人性)"의 본원 혹은 출발점으로서의 "천", "천도"는 송명 이학에 이르기까지도 완전히 포기하지 않았으며, 심지어는 전체 중국 고대 사상사에서 "천(天)"을 배제하는 것은 없었고 또한 불가능하다고 말할 수 있다. 보다 깊은 의미에서 말한다면, 소농(小農)경제를 의지하였던 고대 중국사회는 영원히 "천(天)"을 떠날 수 없으며, 당연히 "천"을 배제할 수 없었기 때문이다. 따라서 중국 고대의 철학사상을 이러한 관점으로 보아야만 참다운 역사적, 변증적인 태도일 것이다.

제3절 불교가 유학에 가장 크게 영향을 끼친 것은 그 본체론적 사유양식이다

　불교가 유학에 대하여 영향을 끼친 문제에 관하여 이미 학계에서 적지 않게 논하였으며, 이러한 연구들은 사람들이 불교와 중국 고대 전통문화의 상호관계에 대한 인식에 많은 도움을 준다. 그러나 필자가 몇 년 동안 이 문제를 대하면서 계속 조금 미진하다는 느낌이 있었다. 그것은 이전의 학계에서 다루었던 유학에 대한 불교의 영향은 항상 어떤 구체적인 문제에서 착안되고 있다는 것이다. 예컨대, 유가의 어떤 부분이 불교의 영향을 받았으며, 어떤 술어가 불교로부터 나왔는가, 혹은 어떤 유학자가 "불교와 도교에 출입하기를" 무릇 수십 년이라고 말하는 것 등이다. 이러한 연구는 그 합리성이 있음을 부인할 수 없는데, 어떤 연구도 반드시 구체적인 문제로부터 시작하여야 하기 때문이다. 그러나 모든 연구가 또한 끊임없이 깊이 들어가고, 부단히 발전하는 하나의 과정이 있는 것과 마찬가지로 불교와 유학 상호관계의 탐구에 있어서 일종의 표면 현상에 머물러서는 안 되며, 이런 현상의 기초 위에서 마땅히 분명히 밝혀 한 걸음 더 나아가 더 깊은 심층과 더욱 근본적인 것을 탐구해야 할 것이다. 필자는 이러한 더욱 심층적이고 더욱 근본적인 것 가운데 하나는 사유양식, 좀더 구체적으로 말하자면 "본체론"의 사유양식의 문제라고 생각한다.
　왜 이렇게 생각하는가? 우선 사유양식상의 역사적 변화발전에서 유가

학설을 살펴보기로 하겠다.

본 장 제2절에서 말한 바와 같이, 공자로부터 그 학설이 시작된 유가는 줄곧 "천인합일(天人合一)"의 사유양식의 기초 위에서 건립되지만, 송대의 유학에 이르러 이런 상황에 변화가 일어나기 시작하였다. 송대의 유가학설도 또한 논하는 바가 줄곧 "천(天)"과 "인(人)"을 벗어나지 않지만, 이때의 "천"과 "인"은 이미 "합(合)"이 아니라 "천인본무이(天人本無二)"와 "천인일체(天人一體)"인 것이다. 송대의 유학도 또한 "천명(天命)"과 "천도(天道)", "천리(天理)"를 말하였으나 송대의 유학이 설한 "천리"는 이미 이전의 유학에서 말한 "천도"와 상당히 다른 뜻을 품고 있다. 만약 이전의 유학이 말한 "천명", "천도"가 보다 인륜, 도덕의 "입법자"적 색채를 띠고 있다고 한다면, 송대 유학의 "천리"는 상당한 정도에 있어서 "심성(心性)"과 "도심(道心)"의 다른 호칭이다. 두 가지의 체(體)는 하나이고 이름은 둘이다. 다시 말하여, 송대 유학의 학설도 일종의 정치, 윤리학설이지만 그것이 근거하는 철학적 기초는 이미 "천인합일"이 아니라 "본체론"적 사유양식이다. 이 점은 송대 유학의 윤리철학 자체로부터 증명할 수 있다.

중국 철학사에서 철학 이론의 건립에 관하여 장재(張載)는 주목할 가치가 있는 중요한 사상가이다. 이는 장재가 결코 유물주의 사상가이기 때문이 아니다. 보다 중요한 것은 장재가 세운 "원기본체론(元氣本體論)"이 중국 고대 철학사상에 있어서 하나의 중요한 이정표를 세웠기 때문이다. 물론 초기 위진(魏晉)시대에 왕필(王弼), 하안(何晏)은 이미 다른 수준으로 본체론에 접촉하였다. 그러나 객관적으로 말한다면 위진(魏晉) 현학(玄學)의 본체론은 상당한 수준에 도달한 최초의 형식(形式)이다. (더구나 위진 현학 자체도 이미 불교의 영향을 받았다.) 중국 고대의 본체론은 만약 논술의 명확함, 사상의 일관성, 이론의 체계로 본다면 마땅히 장재를 첫째로 꼽을 수 있다. 장재의 본체론은 결코 왕필과 같이 단지 "이무위체(以無爲體)"의 한 마디에 머물지 않고, 그 "태허무형(太虛無

形), 기지본체(氣之本體)"⁴³⁾의 사상은 그의 전체 학설을 관철하고 있으며, 특히 "천지지성(天地之性)", "기질지성(氣質之性)" 이론과 그의 "건곤부모(乾坤父母)", "민포물여(民胞物與)"설은 더욱 구체적이고 체계적으로 그의 본체론을 구현하였다. 장재의 "천지지성"과 "기질지성"론이 중국 고대 인성론(人性論)에 대한 공헌에 관하여는 다음 장에서 논하려고 하니, 여기서는 다만 그 "천지지성"의 본체적 성격을 지적하고자 한다.

장재 외에 송대의 유가 가운데 정(程)씨 형제(程頤, 程顥), 주자(朱子), 육구연(陸九淵) 등 대가의 사유방법도 모두 명확한 본체론적인 특징을 띠고 있다. 예컨대 정씨 형제의 "체용일원(體用一源), 현미무간(顯微無間)"⁴⁴⁾, 주자의 "성인과 천지는 동체"⁴⁵⁾, 육구연의 "우주는 바로 내 마음이요, 내 마음이 바로 우주이다."⁴⁶⁾ 등은 모두 일종의 본체론적 사유양식 혹은 본체론으로 근거를 삼는 정치, 윤리철학이다. 비록 이러한 이학자(理學者)들이 그들의 정치, 윤리사상을 밝힐 때 "천도", "인도", "천리", "심성" 등과 같은 전통철학의 범주를 운용하지만, 이때의 "천도", "천리"는 이미 전통 유학이 사회, 정치, 도덕의 입법자로서의 "천(天)"과는 다르며, 상당한 수준에서 본체론의 색채를 띠고 있는 철학, 윤리의 범주이다. 만일 전통 유학이 "천", "천도"와 "인성", "심성"의 관계에 있어서 "천인합일"의 커다란 틀 속에서 "천"은 어떻게 "인간"의 입법이 되며, "인성"은 어떻게 "천도"로부터 근원이 되며, 사람은 마땅히 어떻게 "수심양성(修心養性)"하여 "천도"에 합하는가를 논한다면, "신유학"의 사유방식은 보다 "천과 인간은 본래 둘이 아니므로 다시 합을 말할 필요가 없다."⁴⁷⁾는 경향이 있으며, 또한 "천도", "심성"은 본래 일체로서 모두 "이(理)"[혹은 "심(心)"]의 체현이고, "천"은 "천리"에 있고, "인간"은 "심

---

43) 『정몽(正蒙)·태화(太和)』
44) 『역전서(易傳序)』
45) 聖人與天地同體.『중용장구(中庸章句)』
46) 宇宙便是吾心, 吾心便是宇宙.『잡설(雜說)』
47) 天人本無二, 更不必言合.

성"에 있는 것이다. 전통 유학과 신유학의 사유방식에 있어 구별은 바로 "천인합일론"과 "본체론"이다. "천인합일론"의 입장은 "도의 커다란 근원은 하늘에서 나온다."48)는 것으로 "인도(人道)"는 "천도(天道)"로부터 파생되었다는 것이다. 본체론의 기본 사상은 "천(天)"과 "인(人)"은 본래 일체로서, "천도"와 "심성"을 막론하고 모두 본체의 "이(理)"[정주(程朱)학파] 혹은 "심(心)"[육왕(陸王)학파]의 체현이라고 생각하여 무엇이 무엇을 발생시키고, 무엇이 무엇을 파생시켰는가 하는 문제는 존재하지 않는다고 하였다. 비록 총체적으로 보면 송명이학은 아직도 "천(天)"을 완전히 포기하지는 않았으나, 그때의 "천리"는 이미 전통 유학에서의 세상 만물의 주재와 인류 도덕의 입법자로서의 "천도"와 같다고 할 수 없다. 그것은 "이(理)", "심성(心性)"과 같이 이름은 다르지만 실체는 같고, 모두 세상만물 내지 인류도덕의 본체이다. 만약 인류의 이론 사유 발전사의 각도에서 보면, 전자는 비교적 "본원론(本源論)" 혹은 "우주생성론(宇宙生成論)"에 가깝고, 후자는 현대 철학에서 말하는 "본체론(本體論)"의 범주에 속한다.

유학은 명(明)대의 왕양명(王陽明)에 이르러 다시 하나의 새로운 단계, 혹은 새로운 경지로 진입한다. 왕양명 학문의 가장 두드러지는 특징은 "심(心)", "성(性)", "이(理)", 더 나아가 천지 만물이 일체로 융합한다고 하는 것이다. 이러한 "체(體)"를 왕양명의 말을 사용하면 바로 "양지(良知)"이다.

왕양명의 학설 가운데 "양지"는 천지를 생성시키고 만물을 조화시키는 우주의 본체이다. 이것은 바로 그가 『전습록(傳習錄)』에서 말한 바와 같다. "양지는 조화의 정령이다. 이러한 정령은 하늘과 땅을 낳고, 귀신과 상제를 이루고, 모두가 이를 좇아 나타난 것으로 참으로 사물과 대립이 없다."49), "천지만물은 나의 양지의 발생, 운용, 유행 중에 갖추어져

---

48) 道之大原出于天.
49) 良知是造化的精靈, 這些精靈, 生天生地, 成鬼成帝, 皆從此出, 眞是與物無對. 『전습록

있으니, 어찌 다시 한 물건이 있어 양지를 뛰어넘겠는가."50)라고 하였다. 왕양명의 이 말 가운데 두 가지 요점을 볼 수 있다. 즉, "양지"는 사물과 대립이 없는 것일 뿐만 아니라, 그를 뛰어넘는 것이 없나는 것이다. 바꾸어 말하면, "양지"는 구체적인 사물은 아니지만 천하 만물이 모두 그것의 체현으로, 현대철학 용어로 말하면 "본체"라는 것이다. 실제로 왕양명 자신도 "본체" 두 자를 자주 사용한다.

> 양지는 마음의 본체로서, 바로 앞에서 말한 항상 비추는 것이다.51)

> 이 마음의 본체는 원래 다만 개체의 원리일 뿐이다.52)

> 내가 이곳에서 사람을 만났는데, 다음과 같은 두 종류가 있다. 지혜가 있는 사람은 직접 본원으로부터 깨달음에 들어가고, 마음의 본체는 원래 밝아서 막힘이 없는 것이요, 원래 아직 드러나지 않은 가운데 있는 것이다. 지혜가 있는 사람은 본체를 깨달음이 곧 공부요, 내외가 온전히 분명한 것이다.53)

> 양지는 바로 아직 발현되지 않은 것이요, 바로 확연히 공평한 것이요, 고요히 움직임이 없는 본체이다.54)

왕양명이 말하는 "본체"는 현대 철학에서의 "본체"가 지닌 함의와 매우 가깝다. 다만 그 차별은 왕양명의 학설 중의 "본체"가 우주만물의 본

(傳習錄)』하권.
50) 天地萬物, 俱在我良知的發用流行中, 何嘗又有一物超于良知之外.『전습록(傳習錄)』하권.
51) 良知者, 心之本體, 卽前所謂恒照者也.『답육원정서(答陸原靜書)』
52) 這心之本體, 原只是個理.『전습록(傳習錄)』상권.
53) 我這里接人, 原有此二種, 利根之人, 直從本原上悟入, 人心本體, 原是明瑩無滯的, 原是個未發之中, 利根之人, 一悟本體, 卽是功夫, 人己內外, 一齊俱透了.『전습록(傳習錄)』하권.
54) 良知卽是未發之中, 卽是廓然大公, 寂然不動之本體.『전습록(傳習錄)』중권.

원일 뿐만 아니라 인류 도덕의 근본이라고 하는 데 있다. 왕양명 학문의 깊고 세밀함은 대체로 그의 본체론에 근거하고 있다.

만약 송명(宋明) 신유가(新儒家)의 정치, 윤리학설의 철학적 기초가 일종의 "본체론"적 경향을 띠고 있다고 한다면, 현재의 문제는 이러한 "본체론"적 사유양식이 어떻게 형성되었는가 하는 것이다.

이 문제를 분명하게 밝히려면, 수(隋)·당(唐) 불교의 이론적 특징 및 그와 전통유학의 상호관계를 살펴볼 필요가 있다.

본 장 제1절에서 말한 바와 같이 불교는 추상적 본체를 중시한다. 그러나 불교의 본체를 "진여(眞如)"라고 부르던 혹은 "실상(實相)", "법계(法界)"라고 칭하던지 상관없이 모두 중국 전통문화와 관계 있는 용어 및 함의와 같다고 할 수 없고, 이러한 "본체"를 중국 고대의 학자들이 직접 받아들이기는 비교적 어려웠을 것이다. 수·당시대에 이르러 중국 전통문화의 영향을 받아 불교의 사상 및 용어에 비교적 큰 변화가 있었는데, 그 가운데 중국 전통의 "인성(人性)", "심성(心性)"으로 불성(佛性)을 논한 것이 가장 두드러진다. 그러나 불교가 "인성", "심성"을 논할 때 결코 그 본래의 사유양식, 즉 그 고유의 본체론적인 방법을 포기하지 않았으며, 본체론의 방법을 사용하여 "인성", "심성"을 논하였다. 이는 불교의 불성론을 일종의 "인성론(人性論)" 혹은 "심성론(心性論)"으로 변모시키는 새로운 현상을 출현시켰다. 그러나 이러한 "인성", "심성"은 중국 전통의 "인성", "심성"과는 다른 일종의 본체화된 "인성"과 "심성"인 것이다.(이 점은 우리가 다음 장에 구체적으로 분석하고 논술하려 한다.) 이것이 그 변화의 하나이다.

둘째는 수·당시대, 특히 당(唐)대는 정치의 진보와 국력의 강성으로 말미암아 사상문화상에서 개방된 정책을 채택하여, 유·불·도 삼교를 모두 수용하는 태도를 취하였다. 이것은 각종 사상문화 계통간의 상호교융, 상호흡수를 하는 데 대단히 유리한 조건을 제공하여 주었다. 불교는 결코 유가 혹은 도교의 사상을 흡수하는 것을 수치로 여기지 않았으며, 유가가 비록 불·도 두 교의 공격에 대하여 관대하지는 않았지만, 암암리에 심지어는 공개적으로 불교의 많은 사상을 흡수하였다. 더구나 수·당 불교의 불성론(佛性論)이 상당한 정도로 이미 유학화 됨에 따라 보다 쉽게 유학이 불교의 사상을 흡수할 수 있게 하였다.

세 번째, 이론사유의 발전 규율에서 본다면, "본체론"의 사유방법과 "본원론(本源論)" 혹은 "천인합일(天人合一)"의 사유방법은 이론상 전자가 후자에 비하여 높은 수준이다. 비교적 고차원적인 이론을 흡수하여 자신을 풍부하게 하고 향상시키는 것이 바로 이론사유 발전의 일반 규율이다. 이러한 의미에서 보면, 유가가 불교의 "본체론"적 사유양식을 흡수한 것은 바로 사상 이론의 발전 규율에 합치한다.

네 번째, 구체적인 사상의 내용에서 보면, 송명(宋明) 신유학은 또한 "심성의리지학(心性義理之學)"이라고 칭한다. 이 "심성(心性)"은 구체적인 사람의 현실, 구체적인 심성으로서의 전통 유학의 것이 아님이 송명 신유학 가운데 매우 명확하게 나타난다. 예컨대, 장재(張載)의 "천지지성(天地之性)", 정주(程朱)의 "천리(天理)", 육구연(陸九淵)의 "심(心)", 왕양명(王陽明)의 "양지(良知)" 등은 모두 상당한 정도에서 모두 본체적인 성질을 갖추고 있으며, 중국불교의 "불성(佛性)", "심성(心性)"과 어떠한 본질적 구별이 없다.

따라서 만약 송명 신유학 본체론의 사유양식이 어떻게 형성되었는가 하는 문제에 답을 하고자 한다면, 답은 오직 하나일 뿐이다. 즉, 불교의 영향을 받았다! 불교 본체론 사유양식의 영향을 받은 것이다!

제3장
불성(佛性)과 인성(人性)

제3장 불성(佛性)과 인성(人性)

불성(佛性)은 본래 불(佛)의 체성(體性), 본성(本性)을 가리키며, 일반적으로 성불(成佛)의 가능성을 가리킨다. 종교로서 불교의 최종 목적은 성불하여 해탈을 얻는 것이다. 따라서 불성의 문제는 불교의 핵심적인 문제이다.

인성(人性)은 인간의 본성을 가리키거나 혹 사람이 기타 동물의 특성과 구별되는 것을 가리킨다. 일종의 "인학(人學)"으로서 유학의 출발점과 귀결점은 모두 "인(人)"이다. 따라서 인성의 문제는 항상 유학의 중심 문제가 되었다.

불교가 전래된 이후, 유학이 중국 전통 학술, 문화의 주류였으므로 이국 타향에서 생존과 발전을 얻기 위하여 불교는 유학에 대하여 영합하고 의지하는 태도를 취하였다. 이와 반대로, 어쩌면 불교가 자기 본래의 지반을 빼앗아갈까 두려워하여 유학은 상당한 기간동안 불교에 대하여 "협조하지 않는" 태도를 취하고, 불교에 대하여 단호한 저지와 배척을 진행시켜, 불교를 "고향으로 쫓아 보내고〔放歸桑梓〕" 혹은 "천축으로 돌려보내〔退回天竺〕"기를 기도하였다. 그러나 사상 문화(종교 및 종교 문화를 포함한)의 존재와 발전은 흔히 어떤 사람 혹은 어떤 사회집단의 주관 의지에 의하여 전이(轉移)되지 않는다. 중국 고대사상사에서 증명된 사실은 비록 중국 전통문화의 주류인 유교와 중국 현지에서 발생한 종교〔道敎〕가 상당히 긴 역사 동안 불교에 대하여 계속 배척하는 태도를 가졌지만 불교는 "천축으로 돌려보내"지지 않았을 뿐만 아니라, 후대에 유·도와 함께 삼교로 정립되어 중요한 사회사조(社會思潮)가 되었다. 더구나 중국 불교는 역사 속에서 지속적으로 발전하여 세계 불교의 중심이 되었다.

사상과 이론적인 측면에서 말하자면, 불교의 중국에서의 생존, 연변

(演變)과 발전의 과정은 바로 유학과의 상호 투쟁, 흡수, 융합의 과정이라고 할 수 있다. 유, 불 사이의 상호 흡수와 융합은 위에서 언급한 사유양식의 상호영향 이외에, 사상의 상호 흡수와 변화로 나타난다. 이 가운데 특히 유학이 중심 문제로 삼는 인성론과 불교가 핵심 문제로 삼는 불성론 사이의 상호 침투, 영향이 가장 두드러진다. 앞으로 우리는 유학과 불교 두 사상의 연변으로부터 설명하기로 하겠다.

제1절 중국 불교의 불성론

앞의 제1장에서 지적한 바와 같이 대승불교 가운데 "불(佛)"은 이미 "본체화"됨으로서 인도 불교의 불성(佛性)은 일종의 "추상본체"로 출현하게 되고, 이러한 상황은 계속 유지되다가 완전히 중국화된 선종(禪宗)이 나타나면서 마치게 된다. 선종 불성론의 가장 큰 특징은 인도 불교 가운데 그 추상화된 "불성"을 현실적인 "인성(人性)", "심성(心性)" 위에 구체화한 것이다. 중국불교 불성론의 역사적 발전을 보다 명확하게 하기 위하여, 중국 불교의 불성론이 어떻게 중국 전통문화, 특히 유가 "인성론"의 영향을 받았는가를 더욱 깊게 설명하기 위해서는 선종 이전의 중국 불교 불성론에 대하여 간단히 살펴볼 필요가 있다.

중국불교사에서 비교적 체계적인 불성론은 동진(東晉) 혜원(慧遠)의 "법성론(法性論)"과 남조(南朝) 양무제(梁武帝)의 "진신론(眞神論)"으로부터 시작된다. 어쩌면 중국 불성론의 초기 형태이기 때문에 혜원과 양무제의 불성론은 모두 농후한 혼합성과 과도성을 띠고 있다.

"혼합성"이란 바로 "순수"하지 않은 것이며, 순수한 전통 불교의 불성론이 아니라, 전통 불교의 불성론과 중국 고대의 어떤 사회사조 혹은 종교, 문화를 서로 융합시킨 것이다. 예컨대 혜원의 "법성론"은 "법성(法性)"으로 불성을 삼은 것인데, 이 "법성" 한 마디는 전통 불교로부터 왔고, 그 사상도 전통 불교의 성분이 있다. 혜원이 "성공(性空)", "무성(無性)"으로 "법성"을 해석한 것은 "법성"의 체성(體性)이 비유비무(非有非無)하고 공유상즉(空有相卽)한다고 보는 것이다. 이는 대승 공종(空宗)의 반야실상(般若實相)적인 색채를 지니고 있음은 의심할 여지가 없다. 그러나 혜원이 "법성"을 일종의 불변하는 "법진성(法眞性)"으로 간주하고, "법성"을 실유(實有)로서 영원히 불멸하는 "신(神)"이 인과응보의 주체가 된다고 인정할 때, 혜원의 "법성"은 위진(魏晉) 현학(玄學)의 "본무(本無)"와 중국 전통종교의 "불사(不死)의 영혼(靈魂)"에 가깝다. 예컨대 원강(元康)의 『조론소(肇論疏)』에서 『법성론(法性論)』의 "묻기를, 성품이 공함이 법성인가? 답하기를, 아니다."[1]라는 구절을 인용하고 있다. 이는 혜원의 "법성"과 반야성공(般若性空)은 동일한 것이 아님을 설명해 준다. 성공(性空)은 공(空)으로 말미암아 이름〔名〕을 얻은 것이니, 성공 또한 제거하여버리면 "법성"의 성(性)이 실유(實有)함으로 법진성(法眞性)이라 한다는 것이다. 사실 혜원의 "법성론"은 위진 현학의 "본무설(本無說)"에 더욱 가깝다. 즉 하나의 형이상적인 실체를 인정하여 혜원 자신도 "본무(本無)와 법성(法性)은 같은 내용의 다른 이름"임을 누누이 언급하고, 다시 "지극하여 변함이 없는 것이 성(性)"임을 강조하였다.

『아비담심론서(阿毗曇心論序)』에서 혜원이 말하길, "자기의 성품은 자연에서 정해지고, 곧 지극히 마땅한 도리에 이르렀을 때 그 극이 있다."[2]고 하였는데, 의미는 일체법의 자성(自性)이 천연(天然)을 얻음은 변하지 않는 것이며, 다만 이 불변하는 성(性)을 체득한 이후에 겨우 지당

---

1) 問云, 性空是法性乎. 答曰, 非也.
2) 己性定于自然, 則達至當之有極. 『출삼장기집(出三藏記集)』 1권.

한 극에 통달할 수 있다는 것이다. 이것은 『법성론』의 "지극함은 불변을 성품으로 삼고, 성품을 얻음은 체극을 종으로 삼는다."3)고 하는 것과 동일한 의미이며, 모두 불변하는 진성(眞性)으로 "법성"을 논하였고, 이것은 대승 반야학에서 말하는 제법무자성(諸法無自性)과는 현저한 차이가 있다.

또한 "법성(法性)"은 실유(實有)하고 불변한다는 이 기본 사상에서 출발하여, 혜원은 인간의 정신은 영원히 변하지 않고 영원히 존재한다고 선양하였다. 또한 영원히 불변하는 정신은 응보(應報)의 담당자일 뿐만 아니라 성불(成佛)의 근거라고 하였다. 혜원은 일반인이 생사유전에 빠지는 것을 "순화(順化)"라고 생각하였다. 불교의 종지(宗旨)는 바로 "반본구종(反本求宗)"에 있으며, 인간의 정신이 반귀(反歸)하여 법성본체(法性本體)와 서로 명합(冥合)할 때, 바로 열반(涅槃)의 경지에 들어가게 되고, 정신은 곧 "법신(法身)"으로 전화(轉化)된다고 하였다. 혜원은 좌선(坐禪)을 통하여 법성본체와 합일하는 상태에 도달하였을 때를 묘사하여 다음과 같이 말하였다. "모든 움직임이 하나에 이르러 존재하지 않고, 대상(大象)이 형상 없는 곳에 가득하여 멸함이 없고, 헤아림이 없고, 함이 없으며, 하지 않음도 없다."4)라고 하였는데, 인간의 정신이 선의 수행을 통하여 "헤아림이 없고, 함이 없으며, 하지 않음도 없는"5) 경지에 도달하였을 때, 바로 명신절경(冥神絶境)의 열반의 경계에 들어가게 된다고 하였다. 『불영명(佛影銘)』에서 혜원은 한 걸음 더 나아가 "법신"을 독존하는 정신으로 보았다. 진송(晋宋)시대의 논사들은 혜원의 충실한 신도였고, 혜원의 "신(神)"이 바로 "법성(法性)"이라는 학설에 대하여 지극히 찬사를 보내고, 보다 진일보하여 "몸은 없으나 정신이 존재하니, 그를 법

---

3) 至極以不變爲性, 得性以體極爲宗.
4) 運群動以至壹而不有, 廓大象于未形而不滅, 無思無爲而無不爲. 『여산수행방편선경서(廬山修行方便禪經序)』, 『출삼장기집(出三藏記集)』 9권.
5) 無思無爲而無不爲

신이라고 이른다."6)는 것을 더욱 명확하게 지적해 냈다.

혜원의 "신(神)"이 바로 "법성(法性)"이라는 사상은 그의 "신불멸론(神不滅論)"에서 보다 집중적으로 구현된다. "신불멸(神不滅)"이란 인간의 몸에 일종의 영원불멸의 "신(神)"이 있다는 것으로, 혜원의 말을 빌리면, 이 "신"은 "정이 극에 이르러 영혼으로 된 것"7)이다. "극에 이른 정은 곧 괘상으로 그릴 수 있는 것이 아니다. 그러므로 성인이 미묘함으로써 말하고, 비록 뛰어난 지혜가 있어도 오히려 그 체와 상태를 정할 수 없고, 그 그윽하고 치밀함을 궁구하지 못한다."8) 바꾸어 말하면, "신"은 지극히 순수하고 상태를 표현하기 어려운 "정령(精靈)"인 까닭에 성인은 비록 뛰어난 지혜가 있을지라도 그 체와 상태를 살피고, 그 깊고 세밀한 것을 끝까지 밝혀낼 수 없다는 것이다. 이 "신"은 비록 상태를 표현하기 어려울지라도 "명이지공(冥移之功)"이 있어서 "변화의 바탕"이고 "정화의 근본"이다. 그 "명이지공"은 "불이 장작에서 유전하는〔火之傳于薪〕" 것과 같은 것이다. 장작은 비록 다하는 때가 있어도 불은 대대로 전해 내려가 영원히 꺼지지 않는다.(『홍명집』 5권에 자세히 나옴) 이 "신"은 또 "사물에 감응하여 움직일 수 있으며, 이치를 빌어 행하게 된다. 사물에 감응하여도 사물이 아니기 때문에 사물이 변화하여도 멸하지 않고, 이치를 빌린 것은 이치가 아니기 때문에 이치가 없어져도 다함이 없다."9)는 것이다. 바꾸어 말하면, 그것은 만물에 감응할 수 있으면서도 자체는 또한 물질이 아니기 때문에 만물이 변하여 없어져도 그것은 멸하지 않는다고 한다. 그리고 바로 이 "불멸의 신(神)"은 곧 인간이 성불할 수 있는 근거로서, 인간의 "신"이 본체로 돌아오고 또한 본체와 합일될 때 인간은 열반의 경지에 들어가게 된다는 것이다.

---

6) 無身而存神, 法身之謂也. 『답하형양서(答何衡陽書)』, 『홍명집(弘明集)』 3권.
7) 精極而爲靈者也.
8) 極精則非卦象之所圖, 故聖人以妙物而爲言, 雖有上智, 猶不能定其體狀, 窮其幽致. 『홍명집(弘明集)』 5권.
9) 感物而動, 假數而行. 感物而非物, 故物化而不滅, 假數而非數, 故數盡而不窮. 앞의 책.

혜원의 "법성론"에서의 "법성(法性)", "법진성(法眞性)", "불멸지신(不滅之神)"은 실제로 불교의 "불성(佛性)"과 위진 현학의 "본무(本無)"와 중국 전통 종교의 "영혼"이 혼합된 산물이다.

또한 양무제(梁武帝)의 "진신론(眞神論)"을 살펴보면, 그의 기본 사상은 "진신(眞神)"을 불성(佛性)으로 제시하고, 중생이 모두 영원히 불사하는 "진신"을 지니고 있으므로 성불(成佛)의 도리가 분명하다고 한다.10)

길장(吉藏)의 『대승현론(大乘玄論)』 3권에서, "여섯 번째 스승은 진신으로써 정인불성(正因佛性)으로 삼는다. 만약 진신이 없다면 어떻게 성불할 수 있겠는가? 그러므로 진신이 정인불성임을 알아야 한다."11)라고 하였다. 길장의 이 말은 "진신"의 존재를 인간이 성불할 수 있는 근거로 보고 있는 양무제의 "진신론"을 설명한다. 이 가운데 최종 목적으로 하는 "성불(成佛)"에서 본다면 의심할 여지없이 불교로부터 나온 것이나, "진신"의 내포에서 본다면 중국 전통 종교에서 말하는 "영혼"과 큰 차이가 없다. 중국 고대의 화복응보설(禍福應報說)은 사람이 죽은 후 영혼은 결코 멸하지 않고 다시 형체를 받아서, 살았을 때 행한 선악의 제업(諸業)을 내생에 모두 응보 받을 수 있다. 그리고 응보의 담당자는 불사의 영혼이다. 양무제의 "진신론"은 비록 응보의 주체를 "진신"으로 명칭을 바꾸고, 구체적인 논술에서 불교의 용어로 바꾸었지만, 그 기본 사상은 중국 전통의 영혼과 같은 궤도에서 나왔다고 할 수 있다. 예컨대『입신명성불의기(立神明成佛義記)』에서 양무제는 "전심(前心)으로 무간지옥(無間地獄)의 악을 짓고, 후심(後心)으로 묘선(妙善)을 일으킴에 전후의 차이가 분명히 다름이다. 이러한 묘용이 과연 한 근본이 없다면 어찌 이와 같은 상속함을 얻겠는가?"12), "신명은 끊임없음으로 정을 삼으니, 정신

---

10) 『입신명성불의기(立神明成佛義記)』
11) 第六師以眞神爲正因佛性. 若無眞神, 那得成佛. 故知眞神爲正因佛性也
12) 如前心作無間重惡, 後識起非思妙善, 善惡之理大懸, 而前後相去甚迥, 斯用果無一本, 安得如此相續.『홍명집』 9권.

은 반드시 묘한 과보로 돌아온다."13)고 하였다. 이것은 양무제가 끊임없는 "심신(心神)"을 상속하여 선악응보의 주체로 여기고 있음을 설명해 준다. 그리고 "반드시 묘한 과보로 돌아온다."14)는 것은 반드시 성불(成佛)이 정해진다는 것이다.

본래 인도불교의 "불성"과 중국 전통 종교의 "영혼"은 상당히 다르다. 그 가운데 가장 큰 구별은 전자는 실체성을 부정하고, 후자는 불멸하는 정신적 실체라는 데 있다. 그러나 사람들이 중국 전통의 종교, 문화의 관념으로서 받아들이고 이해하는 과정에서 "불성"을 "영혼"으로 변모시켰다. 물론 보다 정확하게 말하자면 "불성"과 "영혼"을 혼합시켜서 일종의 중국화된 "불성"으로 변화시킨 것이다.

앞에서 말한 "과도성"이란 혜원과 양무제의 불성 사상이 이론상에서 모두 아직 성숙되지 않고, 중국 불성론의 준비 단계에 속해 있는 것을 말한다. 만약 사상 발전의 논리 진행 과정에서 본다면, 중국 불성론의 성숙과 체계화는 마땅히 축도생(竺道生)의 불성론을 첫째로 들어야 한다.

축도생 불교학설의 가장 큰 특징은 "뜻에 따르고 말에 따르지 않는다."15)는 것이다. 축도생은 여러 유파의 학문을 두루 섭렵하였다. 그는 일찍이 스승 가제바(伽提婆)로부터 수학하여 설일체유부(說一切有部)를 배워 『비담(毘曇)』 등에 관하여 상당한 이해가 있었으나, 그는 그것에 만족하지 않고 항상 여러 경전을 깊이 연구하였다. 후에 혜관(慧觀), 혜엄(慧嚴)과 함께 장안(長安)으로 가서 구마라집(鳩摩羅什)으로부터 반야학을 배워 반야소상절언(般若掃相絶言)을 깊이 이해하게 되었다. 축도생이 비록 반야를 통달하였으나, 그의 학문은 반야보다 "열반"에 관심을 많이 가지게 되었다. 따라서 축도생의 열반불성설(涅槃佛性說)은 완전히

---

13) 神明以不斷爲精, 精神必歸妙果. 앞의 책.
14) 必歸妙果.
15) 依義不依語.

반야실상설(般若實相說)로 근거를 삼으며, 비교적 성숙되고 전통 불교에 가까운 불성론을 제시하였다. 이 점은 불성에 대한 그의 구체적인 논술 가운데 엿볼 수 있다.

축도생은 불성을 "체법위불(體法爲佛)"로 논하였다.

    체법으로서 부처를 삼는다. 법을 떠나서는 부처도 있을 수 없다.16)

    체법이 부처가 됨이니, 법이 바로 부처이다.17)

    대저 체법이라는 것은 자연에 명합하는 것으로, 일체제불이 모두 자연이 아님이 없다. 따라서 법으로 불성을 삼는 것이다.18)

여기에서 말하는 "부처(佛)"는 바로 제법 가운데 제법을 벗어나지 않고 존재하는 것이며, "체법(體法)"이란 또한 제법을 체현하여 증명하고 제법과 합일하는 것이다. 이것도 따로 어떤 것이 있어 체증해 가는 것이 아니라, 법이 바로 부처이고, 체증된 것은 또한 본연으로 돌아온다. 바꾸어 말하면, "부처"란 "득본칭성(得本稱性)", "귀극득체(歸極得體)"를 이르는 것이다.

둘째, 축도생은 또한 "당리위불(當理爲佛)"로 불성을 논하고 있다.

    마땅한 도리는 부처이고, 그 도리에 어그러지면 바로 범부이다.19)

    도리에 따르는 까닭에 불과를 이루고, 도리는 부처의 원인이 된다.20)

---

16) 以體法爲佛, 不可離法而有佛也.『주유마힐경(注維摩詰經)·입불이법문(入不二法門)』
17) 體法爲佛, 法卽佛矣.『대반열반경집해(大般涅槃經集解)·사자후품(師子吼品)』
18) 夫體法者, 冥合自然, 一切諸佛, 莫不皆然, 所以法爲佛性也.『대반열반경집해(大般涅槃經集解)·사자후품(師子吼品)』
19) 當理者是佛, 乖則凡夫.『대정장(大正藏)』38권, 353쪽.
20) 從理故成佛果, 理爲佛因也. 앞의 책, 375쪽.

부처는 도리를 깨달음의 체이다.[21]

이는 도리의 체(體)가 바로 부처로서, 당연한 도리〔當理〕는 바로 부처이며, 도리에 어긋나는 것은 바로 범부라는 것이다. 그러면 이 "도리"는 도대체 무엇을 가리키는 것인가? 전통 불교에서 말하는 비유비무(非有非無), 즉유즉무(卽有卽無)의 "중도리체(中道理體)"를 말한다.

셋째, 축도생의 학설 가운데 "법(法)", "법성(法性)", "리(理)", "불성(佛性)", "불(佛)", "실상(實相)"은 이름은 다르지만 실체는 같은 것이며, 이들은 모두 추상본체로서 "중도실상(中道實相)"의 별칭이다. 여기에서 전통불교 불성론의 기본 사유양식과 사상을 볼 수 있고, 또한 불(佛)과 불성을 일체제법 및 중생과 제불 본원의 추상본체로서 보고 있음을 알 수 있다. 축도생의 이러한 불성론의 건립은 그의 "뜻에 따르고 말에 따르지 않는다."는 것과 관계가 있다. 그는 결코 어떤 일부 경전의 특정 설법, 혹은 당시 불교계 대다수 사람들의 견해로부터 불성을 논해 가는 것이 아니라 대승불교, 특히 반야학의 내용과 이론을 근거로 삼아서 자신의 불성론을 세웠다. 이것이 그의 불성론을 전통불교에 더욱 가깝게 할 수 있게 하였다.

중국불교사에서 축도생을 "열반성(涅槃聖)"이라고 칭한다. 그의 불성론이 중국불교사에 끼친 가장 큰 공헌은 "일체중생실유불성(一切衆生悉有佛性)"사상을 처음으로 제시한 것이고, 이러한 그의 주장은 또한 중국불교계에 아주 빠르게 받아들여져 중국 불성론의 주류를 이루었다는 것이다. 수·당 양대에 유식종(唯識宗)을 제외한 기타 각 불교 종파의 불성론은 "일체중생실유불성"의 사상으로 기초를 삼는다. 물론 각 종파의 사승(師承)이 다르기 때문에 소의(所依)로 하는 경전도 각각 다르다. 이런 까닭에 각각 특색을 지닌 불성론이 나타나게 되었다.

---

21) 佛爲悟理之體, 앞의 책 38권, 360쪽.

실상론(實相論)으로 기초를 삼는 천태종의 불성사상은 이 "실상"을 "중도불성(中道佛性)"의 다른 호칭이고, 일체중생 내지 일체제법의 본원으로 여긴다. 바꾸어 말하면 일체중생 내지 일체제법이 모두 "중도불성"을 갖추고 있다는 것은 바로 지의대사(智顗大師)가 각종 저술 가운데 반복하여 언급한 "일색일향(一色一香), 무비중도(無非中道)"의 사상이며, 후대에 이르러 형계담연(荊溪湛然)이 한 걸음 더 나아가 이것을 "무정유성(無情有性)"의 이론으로 발전시켰다. 동시에, 천태 지의(智顗)대사는 "제법호구(諸法互具)"의 입장에서 출발하여 "성구선악(性具善惡)"을 제창하였으며, 아울러 원융(圓融)이론을 근거로 하여 "탐욕즉도(貪慾卽道)"를 주장하였다. 수행방법에 있어서 "남의북선(南義北禪)"을 통합하고 "지관병중(止觀幷重)", "정혜쌍수(定慧雙修)"를 강조하여 비교적 정비된 불성론을 세웠다.

이른바 "성구선악(性具善惡)"이란 바로 불성(佛性)이 전통불교에서 말하는 것처럼 지고지순한 것이 아니라 악성(惡性)을 갖고 있다는 것이다. 지의대사의 이러한 "성구선악"사상은 "삼인불성(三因佛性)"설로 근거로 삼고 있다.

"삼인불성"이란 즉 불성을 정인(正因), 연인(緣因), 요인(了因)으로 나눈 것이다. 지의대사는 많은 저작 가운데 모두 "삼인불성"을 논하고 있는데, 비록 설법이 통일되지는 못하였지만 기본적으로 비유비무(非有非無), 불염부정(不染不淨)한 "중도실상(中道實相)"을 "정인"으로 하고, 반야관조능현제법실상(般若觀照能顯諸法實相)을 "요인"으로 하고, 오도공덕능자조각지개현정성(五度功德能資助覺智開顯正性)을 "연인"으로 하였다. 사상의 내용에서 보면 지의대사의 "삼인불성"설의 기본 관점은 두 가지이다. 하나는 연인과 요인 두 가지 인이 악성(惡性)을 갖고 있다고 보는 것이다. 예컨대 어떤 사람이 지의대사에게 "연인과 요인이 이미 선한 성품을 갖추고 있는데, 다시 악한 성품도 갖추고 있는가?"라는 물음에 그는 아주 명쾌하게 "갖추고 있다.〔具〕"고 대답하였다. 후대의 천태학자는 이 대답을 "단지 '구(具)' 한 자에 우리의 종(宗)을 드러내 주었다."라고 논평하였다. 다시 말하면, 이러한 "구(具)" 한 자가 천태종 불성론의 특징을 뚜렷이 나타내 주었다는 것이다. 물론 논리상으로 본다면, "연료구악(緣了具惡; 연인과 요인은 악을 갖추고 있다)"의 사상은 오히려 "성구선악(性具善惡)"의 결론을 얻어 낼 수 없다. 일반적으로 대부분 "정인(正因)"을 불성이라고 하고, 이러한 이해로부터 본다면, 만약 정인이 악을 갖춘 것이 아니라 연인, 요인 두 가지 인이 악을 갖춘 것이라면 불성이 "악을 갖추었다.〔具惡〕"라고 말할 수는 없기 때문이다. 바로 이러한 상황을 지적하여 지의대사는 한 걸음 나아가 정, 연, 요 세 가지 인은 서로 막혀 있는 것이 아니라 서로 갖추고 있다는 "삼인호구(三因互具)"를 제창하였다. 『법화현의(法華玄義)』 등의 저작에서 지의대사는 "제법은 선악의 연·요인의 권(權; 방편)과 동체이고, 실상은 선악의 정인과 동체"[22]이기 때문에 "삼인호구"한다고 지적하였다. 다시 말하면 연·요인과 정인의 관계는 제법과 실상의 관계와 같이 권(權; 방편)과 실(實; 진실)의 관계이며, 동일한 체의 양면인 것이다. 따라서 "연(緣)을 말함에 반드시 요(了)·정(正)을 갖추고, 요를 말함에 반드시 연·정을 갖추고, 정을 말함에 반드시 연·요를 갖춘다. 하나는 반드시 셋을 구비하니, 셋은 즉 하나인 것이다."(앞의 책)라고 하였다. 지의의 이러한 "일필구삼(一必具三), 삼즉시일(三卽是一)"설은 이론적 측면에서 "성구선악(性具善惡)"설을 원융하였는데, "삼인호구"설을 통한다면 정인불성(正因佛性)은 단순히 비선비악(非善非惡)하고 불염부정(不染不淨)한 것이 아니라, 역선역악(亦善亦惡)하고 역염역정(亦染亦淨)하기 때문이다.

"성구선악"설과 서로 연계하여 천태지의는 "탐욕즉도(貪慾卽道)"의 이론을 제시하였다. "탐욕즉도"는 본래 불교에서는 "삼독(三毒)"[23], "오역(五逆)"[24]을 근본적인 번뇌, 업장으로 보지만, 지의의 입장에서는 그 자

---

22) 諸法是同體權中善惡緣了, 實相是同體善惡正因. 『대정장(大正藏)』 46권, 934쪽.
23) 三毒은 貪(탐욕), 瞋(증오), 痴(어리석음)이다.

체를 또한 "도(道)"로서 보는 것이다. 이는 지의의 양측면을 관찰할 수 있는데, 하나는 권의방편(權宜方便), 수기섭화(隨機攝化)이고, 둘째는 삼제원융(三諦圓融), 즉망이진(卽妄而眞)이다.

 방편설: 예컨대 지의가 말한 "불교에서 탐욕이 곧 도라는 것은 부처님께서 일체중생의 근기가 낮고 복이 많지 않음을 보시어 결코 선(善)에서 수도함이 가능하지 않음을 아시고, …… 탐욕 가운데 지관(止觀)을 수습케 하나 지(止)의 지극함을 얻지 못하는 까닭으로 이 설을 지었다. …… 만약 중생이 악(惡)에서 지관을 닦지 못하는 자는 모든 선을 이름하여 도(道)로 삼으라고 설하니, 부처님께서는 이 두 가지 설을 모두 갖춤이다."25)라고 말한 것이다. 이는 탐욕이 바로 도임을 설명하는 것으로, 우둔한 자, 비천하고 박복한 자에 대하여, 이러한 사람은 선(善)에서 수도할 수 없기 때문에 이러한 부류의 중생은 악(惡)에서 수도하게 하였다. 악 가운데에서 수도하기에 적당하지 않은 중생에 대하여 부처는 탐욕즉도를 설하지 않고 "모든 선을 도로 삼는다.〔諸善爲道〕"고 설하였다고 한다. 실제로 탐욕즉도를 설하던, 제선위도를 설하던 모두 근기에 따라 교화함〔隨機攝化〕을 위한 것이며, 모두 일종의 방편설이라는 것이다.

 이러한 지의의 "탐욕즉도" 사상은 그 원융무애(圓融無碍)론의 구체적인 체현이라고 할 수 있다. 지의의 원융무애론은 그 "삼제원융(三諦圓融)"설에서 집중적으로 나타난다. "삼제원융"이란 즉 "공(空)", "가(假)", "중(中)"의 삼제가 상즉호구(相卽互具)하고 원융무애하다는 것이다. "공"은 "가"·"중"을 떠날 수 없어서 "공을 말하면 또한 바로 가이고 중인 것이다."26)라고 하고, "가"는 "공"·"중"을 떠날 수 없어서 "가를 말하면 또

---

24) 五逆은 "五無間業"이라고도 칭하는데, 無間地獄의 果報를 받는 惡業을 뜻하며, 三乘通相五逆, 大乘別途五逆, 同類五逆, 提婆五逆 등 여러 설이 있다. 일반적으로 "五逆"이라는 것은 殺父, 殺母, 殺阿羅漢, 破和合僧, 出佛身血의 다섯 가지 罪業이다.
25) 佛教貪慾卽是道者, 佛見機宜知一切衆生低下薄福, 決不能于善中修道, …… 令于貪欲修習止觀, 極不得止, 故作此說. …… 若有衆生不宜惡修止觀者, 佛說諸善名之爲道, 佛具二說.『마하지관(摩訶止觀)』4권 하.
26) 說空亦卽假卽中

한 바로 공이고 중인 것이다."27)라고 하며, "중"은 "공", "가"를 떠날 수 없어서 "중을 말하면 또한 바로 공이고, 가인 것이다."28)라는 것이다. "공", "가", "중"은 "셋이면서도 하나이고", "하나이면서도 셋"이어서, 표면상에서 보면 셋이지만, 실제상 "비록 셋이지만 하나이고[雖三而一]", "서로 방해하거나 걸리지 않는다.[不相妨碍]"고 한다. 이러한 이론이 불성론에 철저하게 스며들어서 다음과 같은 결론에 도달하였다. 대천세계(大千世界)의 일체제법(즉, 불교에서 말하는 "假")은 그것이 선법(善法)이든 악법(惡法)이든 관계없이 실제로 "공"이고 "중"인 것이다. "중"은 바로 "중도불성(中道佛性)"이다. 이와 같은 논리에서 탐욕제악법(貪慾諸惡法)은 바로 불성이며, 바로 도(道)로서 실로 이치에 맞는 것이다.

물론 천태종이 "성구선악"과 "탐욕즉도"를 제창하였지만 결코 이 때문에 수행을 부인하지는 않았다. 이와 반대로 천태종의 역대 조사(祖師)들은 모두 수행을 대단히 중요시하였으며, 지의대사에 이르러서는 더욱 "지관병중(止觀幷重)"의 수행법을 제시하였다.

"지(止)"는 본래 지식산심(止息散心), 전주일경(專注一境)의 의미로서, 바로 "선정(禪定)"을 뜻하고, "관(觀)"은 바로 관상지혜(觀想智慧)의 의미이다. 이는 불교의 두 가지 수행법이다. 불교가 중국에 전입된 후, 수행법에서 남의북선(南義北禪)의 상황이 출현하였다. 즉, 남방은 의리(義理)를 중히 여기고, 북방은 선정(禪定)을 중시하였다. 천태 지의대사에 이르러 이 두 가지 수행법을 통일시켜, "만약 열반에 드는 법이 많다고 하여도 그 핵심을 논한다면 지·관의 두 법을 벗어나지 않는다."29)라고 하였다. 지의대사는 그 일생의 설법을 통하여 "지관(止觀)"의 두 법을 새의 두 날개와 같이 서로 결여될 수 없는 것이라고 누누이 강조하여, 만약 한 측면만을 배우면 곧 사도(邪道)에 떨어진다고 하였다. 그는 "지"는 번

---

27) 說假亦卽空卽中.
28) 說中亦卽空卽假.
29) 若夫泥洹之法, 入乃多途, 論其賢要, 不出止觀二法. 『대정장(大正藏)』 46권, 462쪽.

뇌를 다스리고, "관"은 어리석음을 타파한다고 하였다. 만약 "지"를 수행한 시간이 길었는데도 일깨울 수 없을 때는 마땅히 "관"을 수행해야 하고, 반대로 만일 "관"을 오래도록 수행하였는데도 숨어 있는 장애를 아직 타파할 수 없을 때는 마땅히 "지"를 수행해야 한다고 하였다. "지"는 결박을 타파하는 첫 관문이며, "관"은 번뇌를 끊는 핵심이다. 성불하는 길은 비록 많으나, 가장 중요한 것은 "지", "관" 두 법이며, 또한 반드시 "지", "관"을 결합시켜야 비로소 효과를 얻을 수 있다는 것이다.

천태종 불성이론의 주요한 특징은 창조성이 풍부하고 중국적인 특색을 갖추고 있다는 점이다. 관정(灌頂)은 천태의 "지관설(止觀說)"을 "지의대사 자신의 마음에서 행하는 법문을 설한 것"30)이라고 하였고, 지의 자신도 그 "삼지(三止)"를 "아직 경론을 보지 못하고, 삼관을 행하여 그 뜻을 따라 명칭을 세운 것"31)이라고 하였다. 실제로 "지관설"뿐만 아니라 천태종의 전체 학설이 "육경주아(六經注我)"32)의 특징이 있다. 따라서 전통 인도불교와 비교하여 많은 방면에 있어서 커다란 변화를 보이고 있다.

천태종 이후에 홍기한 것은 법상유식종(法相唯識宗)이다. 유식종 불성론의 주요 특징은 대승 유종(有宗)의 불성론을 널리 펼쳐, "무루종자(無漏種子)"의 유무를 성불(成佛)할 수 있는가 없는가 하는 근거로 생각하였으며, 이로부터 "오종종성설(五種種姓說)"을 건립하였다.

"오종종성설"의 주요 내용은 불성 문제에 있어서 일체중생을 다섯 가지 부류로 나눈 것이다. 첫째는 "성문승종성(聲聞乘種姓)"이다. "성문(聲聞)"은 불교의 가르침을 듣고서〔聞佛聲敎〕 도를 깨닫는다〔悟道〕는 뜻으로, 이 종성(種姓)을 갖춘 자는 불교의 교의에 의하여 수행하여 아라한과(阿羅漢果)를 증득할 수 있다. 둘째는 "연각승종성(緣覺乘種姓)"이다.

---

30) 智者說己心中所行法門
31) 未見經論, 映望三觀, 隨義立名.
32) 유가의 경전을 빌어 자신의 사상을 주장하는 것.

이 종성을 갖춘 자는 "십이인연(十二因緣)"을 관찰하는 가운데 벽지불과(辟支佛果)를 증득할 수 있다. 셋째는 "보살승종성(菩薩乘種姓)"이다. 이 종성을 갖춘 자는 장차 불과(佛果)를 증득할 수 있다. 넷째는 "부정종성(不定種姓)"이다. 이 부류의 중생은 앞으로 나한(羅漢), 벽지불과(辟支佛果)를 증득할 수 있을 뿐만 아니라 또한 성불할 수도 있다. 다섯 번째는 "무성종성(無性種姓)"으로 이 부류의 중생은 불성을 갖추고 있지 않아서 영원히 성불할 수 없다.

"오종종성설"의 특징은 일부분의 중생은 불성을 갖추고 있지 않아서 영원히 성불할 수 없다고 주장하는 것이고, 따라서 "일분무성(一分無性)"이라고 칭한다.

"일분무성"설은 인도불교의 유가행파(瑜伽行派)에서 제창된 것이다. 중국불교사에서 한위(漢魏)시대의 불교에 일찍이 이러한 종성설(種姓說)이 전래되었으나, 축도생으로부터 "일체중생실유불성"이 제시되고, 또한 불교계에서 그를 받아들여 "중생유성(衆生有性)"사상은 중국 불성론의 주류를 이룬다. 그러나 몇몇의 불교 경전 가운데 또한 "일천제무성(一闡提無性)"을 명확하게 설하고 있어, 유식종의 창시자인 현장(玄奘)이 서천구법(西天求法)하게 된 원인 가운데 하나가 되었다. 그는 인도에 가서 진경(眞經)을 친히 보고 이 문제를 분명히 밝히고자 하였다. 이와 관계된 역사 기록에 따르면, 현장이 인도에 있을 때, 일찍이 여러 명승대덕(名僧大德)과 함께 이 문제를 토론하였다고 한다. 현장법사는 만약 "일천제는 불성이 없다."는 사상을 중국에 전한다면 환영을 받지 못할 것으로 생각하여 이 부분을 배제하려고 하였다. 하지만 이러한 생각은 계현(戒賢)법사의 매서운 질책을 당하게 된다. 그 결과 현장은 마침내 법사의 가르침에 굴복하여 "오종종성설"을 기본교의로 하는 설법을 중국에 가지고 돌아왔고, 또한 유식종에 전해지는 비법으로서 그를 규기(窺基)에게 전수하였다. "오종종성설"은 일부분의 사람들을 성불할 수 없다고 규정하는 까닭에 유식종이 "단명"하는 원인이 되었다. 더구나 법상유식학은 인도의 농후한 사변적인 기질을 지니고 있어 중국인의 정서에 적합하지 않았다. 따라서 유식종은 비록 당(唐) 초기에 현장의 권위와 당 왕조의 지지에 힘을 얻어 한때 성행하였었으나 오래지 않아 침체하게 되고 단명하는 종파가 되었다.

당(唐)시대에 비교적 영향력 있던 다른 불교 종파는 화엄종(華嚴宗)이다. 화엄종 불성론의 특색은 "정심연기론(淨心緣起論)"이며, 불성을 "여래장자성청정심(如來藏自性淸淨心)"이라고 보았다. 지극히 순수하고 깨끗하여 조금의 오염도 없는 이 "청정심(淸淨心)"은 일체제법의 본원이며, 중생이 성불하는 근거이다. 중생과 제불은 본래 차이가 없이 모두 이 "청정심"의 체현이지만, 단지 깨닫고 깨닫지 못함이 서로 다른 데 그 차별이 있다는 것이다. 세속의 범부들은 진리에 어두워 망집을 일으키기 때문에 임시로 중생으로 부르지만, 만약 망집에서 벗어나 본원으로 돌아오면 바로 부처인 것이다. 화엄종의 이러한 불성론에 대하여, 종밀(宗密)은 『선원제론집도서(禪源諸論集都序)』 가운데 대단히 개괄적으로 논술하고 있다. 그는 이렇게 말하였다.

> 육도의 범부와 삼승의 성현은 근본적으로 모두 영명청정한 한 법계의 마음이다. 성품을 깨달은 보배로운 광명이 각각 원만하여 본래 제불이라고 하지 않고, 또한 중생이라고도 하지 않는다. 다만 이 마음이 신령스럽게 자재하여 자성을 지키지 아니하는 까닭에 미오의 연을 따라 업을 짓고 과보를 받으므로 중생이라 하고, 도를 닦아 참다움을 증득하였으므로 제불이라고 한다. 또한 비록 연을 따르지만 자성을 잃지 않은 까닭에 항상 허망하지 아니하고, 변하지 않아 파괴할 수 없으니, 오직 이 한 마음으로 진여라고 한다. 그러므로 이 한 마음은 항상 진여를 갖추고, 생멸의 두 문을 지니고 있어 아직 잠시도 결여된 적이 없다.[33]

---

33) 謂六道凡夫, 三乘聖賢, 根本悉是靈明淸淨一法界心. 性覺寶光, 各各圓滿, 本不名諸佛, 亦不名衆生. 但以此心靈妙自在, 不守自性, 故隨迷悟之緣業受報, 遂名衆生. 修道證眞, 遂名諸佛, 又雖隨緣而不失自性, 故常非虛妄, 常無變異, 不可破壞, 唯是一心, 遂名眞如, 故此一心, 常具眞如, 生滅二門, 未曾暫闕. 『선원제논집도서(禪源諸論集都序)』 4권.

종밀의 이러한 논술은 화엄종의 불성론을 비교적 정확하게 개괄하였을 뿐만 아니라 화엄종의 중요한 특징을 지적하였다. 그의 불성론은 "위경(僞經)"으로 의심 받았던 『대승기신론(大乘起信論)』의 진여수연(眞如隨緣)과 진여불변(眞如不變)사상의 영향을 받았다.

화엄종 불성론의 다른 중요한 특징은 "원융무애(圓融無碍)"이론이다. 이 "원융무애"를 화엄종에서는 또한 "무진연기(無盡緣起)"라고도 부른다. "무진연기"란 바로 연기의 중중무진(重重無盡)이며, "법계(法界)"는 물론 체(體)이지만 또한 체일 뿐만은 아니다. 연기는 비록 용(用)이지만 순수한 용만은 아니다. 체와 용 사이는 결코 현격하게 떨어져 있거나 상극이 아니라, 체용이 서로를 받아들여 서로 원통하고 자재하여 무진난명(無盡難名)하다. 이러한 원융론은 "사법계(四法界)"34), "육상원융(六相圓融)"35), "십현무애(十玄無碍)"36) 가운데 구체적으로 체현된다. 또한 만약 그러한 이론의 취지에서 말한다면, 일체중생은 모두 본래 부처임을 설명하기 위한 것이라고 할 수 있다. 미망(迷妄)하기 때문에 중생이란 가호(假號)가 있으나 망집이 다하여 근원으로 돌아오면 바로 본래의 부처인 것이다.

화엄종 불성론의 원융성은 또한 각 종파의 불성론을 통합하여 융섭하였다. 이 점은 화엄종의 "방편오성(方便五性)"설에 잘 나타나 있다. 화엄

---

34) 事法界, 理法界, 理事無碍法界, 事事無碍法界이다. 이 "四法界"설의 핵심은 바로 世間의 一切諸法은 모두 "一眞法界"의 隨緣에 따른 산물임을 명확하게 밝힘으로써 衆生과 諸佛은 圓融無碍한 것임을 설명한 것이다.
35) 華嚴宗은 일체의 사물이 여섯 가지 相狀, 즉 總相, 別相, 同相, 異相, 成相, 壞相 등을 모두 동시에 갖추고 있다고 본다. 이 여섯 가지 相狀은 각각 자체의 특징이 있으나, 또한 相入相卽한다. 그렇게 相卽相入하기 때문에 "總卽是別"하고 "同卽是異"한 것이다. 이를 "六相圓融"이라고 한다.
36) "十玄無碍"는 法藏이 찬술한 『華嚴一乘敎義分齊章』 4권에 자세히 보인다. 주요한 사상은 각 緣起法이 모두 相入相卽함을 설명한다. 공간상으로 좁거나 넓거나, 시간상으로 한 생각이던 열 세대이든, 수량상으로 많고 적음을 막론하고 諸法은 모두 자유롭게 相卽自在하고 圓融無碍하다는 것이다. 그 목적은 바로 일체중생이 본래 如來圓滿德性을 충분히 갖추고 있음을 논증하기 위한 것이다. 衆生과 佛은 본래 다르지 않고, 차별은 단지 깨닫고 어두움이 다른 것뿐이다. 중생이 만약 이 無盡緣起의 이치를 깨달아 稱性而起한다면, 능히 佛이 될 수 있는 것이다.

종은 각 종파의 불성에 대한 서로 다른 견해에 대한 이른바 "오종불성(五種佛性)"설은 실제상 "약기명득법분제(約機明得法分齊)"이고, 또한 근기(根機)가 다름에 대하여 방편으로서 각 일문에 대하여 실하고, 그 근기에 따라 융섭하여 그 의의가 서로 어긋나지 않음을 밝혔다. "종교(終敎)" 이상은 바로 "편일체중생실유불성(遍一切衆生悉有佛性)"이고, "원교(圓敎)"에 이르면 중생이 모두 불성을 지니고 있을 뿐만 아니라 "일위일체위(一位一切位)"로서 일체중생이 모두 "본래시불(本來是佛)"임을 논한다.(자세한 것은 법장(法藏)의 『화엄일승교의분제장(華嚴一乘敎義分齊章)』2권 참조.)

이상으로 수·당대의 여러 불교 종파의 불성론을 살펴보았는데, 여기에 하나의 공통된 특징이 있다. 그것은 그들이 말하는 "불성"은 모두 일종의 추상적인 본체이다. 천태의 "중도실상"이건 화엄의 "여래자성청정심"이건 모두 그 용어가 인도불교로부터 기원하였으며, 그 내용에 있어서도 전통불교의 특색을 띠고 있다. 당연히 이러한 말은 상대적인 의의에서 성립할 수 있다. 왜냐하면 천태의 "실상"이나 화엄의 "청정심" 등은 그 내재적인 논리는 인도불교와 서로 같으나, 점차로 추상적 본체로부터 "심(心)", 더 나아가서는 "'각심(覺心)"으로서 불성을 논하였기 때문이다. 그것은 바로 천태종이 "마음은 제법의 본체이고, 마음이 바로 총체이다.."37)라고 하여, 성불의 관건은 "반관심성(反觀心性)", "반관심원(反觀心源)"에 있고, 또한 "각심"으로서 불성을 해석하는 것에서 엿볼 수 있다. 화엄종의 "유심(唯心)"적인 경향은 천태종보다 더욱 심하다. 그는 화엄의 원융론이 바로 "마음을 따르면 즉(卽)과 입(入)에 걸림이 없다."38)는 것으로 최후의 근거로 삼고, 징관(澄觀)에 이르러서는 심지어 "영지지심(靈知知心)"을 사용하여 "본각(本覺)"을 해석한다. 여기에서의 "심(心)"은 보다 "구체적인 마음〔具體心〕"의 의의를 갖추고 있다. 그러나 상대적으로

---

37) 心是諸法之本, 心卽總『법화현의(法華玄義)』1권, 상.
38) 隨心回轉, 卽入無碍.

보다 중국화된, 혹은 완전히 중국화 되어버린 선종에서 본다면 그들은 보다 전통불교의 성분을 띠고 있다고 하겠다. 선종에 이르러서는 근본적인 성질의 변화가 이루어진다. 선종은 불성으로서의 "인성", "심성"도 또한 어느 정도 "본체"의 성질을 띠고 있지만, 그것은 그다지 "추상"적이지 않고, 보다 구체적인 현실의 "인성", "심성"에서 설정된 것이다. 선종의 불성론에 이르러 이러한 변화가 어떻게 발생하였는가는 바로 우리가 앞으로 깊이 연구해야 할 문제이다.

제2절 유가의 인성(人性), 심성(心性)학설

　선종이 어째서 전통불교의 추상적인 불성을 "인성", "심성"으로 변화시키게 되었는가를 분명하게 이해하려면 반드시 중국불교의 발생에 중요한 영향을 끼친 유가의 윤리철학에 대하여 살펴보아야 한다.

　앞장에서 말한 바와 같이 유가학설의 핵심은 일종의 "인학(人學)" 혹은 "인본(人本)"철학으로서 인간의 문제, 특히 인간의 특성과 본성의 문제는 유학에서 중요하게 탐구하던 문제이다. 유학은 공자와 맹자로부터 인성(人性)을 힘써 탐구하기 시작하였다.

　아마도 처음 시야를 "천상"으로부터 "인간"으로 돌렸기 때문인지 공자는 비록 "인(人)"을 중시하였지만 "성(性)"에 관한 언급이 적다. 단지 "성은 서로 가까우나, 익힘으로서 서로 멀어진다."[39]라고 하였을 뿐이다. 맹자에 이르러 상황은 변하기 시작한다. 맹자의 학설은 상당 부분이 인간이 인간으로 될 수 있는 "특성"과 "본성"의 문제를 깊게 논한다.

　현재의 각종 중국철학사 교과서 가운데 거의 모두 맹자의 "성선설(性善說)" 부분이 있다. 그러나 각종 교과서에서 맹자 "성선설"의 구체적 논술을 보면 대부분 윤리적 각도, 도덕평가, 가치판단의 각도에서 맹자의 "성선설"을 다루고, 또한 도덕범주의 "선(善)" 혹은 "악(惡)"의 각도에서 맹자의 인성론을 분석, 평가한다. 실제로 만약 역사와 철학의 각도에서 맹자의 인성론을 본다면, 사람들은 맹자의 "성선론"으로부터 보다 새

---

39) 性相近也, 習相遠也. 『논어(論語)·양화(陽貨)』

로운 이해를 얻을 것이다.

물론 맹자의 "성선설"도 상대적인 "악"의 각도로부터 인성의 선을 논한 것이지만, 그러나 마땅히 맹자는 인간의 본성이 금수(禽獸)의 본성보다 선하다는 각도에서 "성선(性善)"을 논한 것임을 알아야 한다. 다시 말하면, 맹자가 말한 바의 "성선"은 결코 인간의 성품이 "악하지 않음"을 가리키는 것이 아니라, 사람이 사람으로 되는 것은 금수보다 뛰어나고 착한 부분이 있기 때문인 것이다. 이에 관한 맹자의 논술을 살펴보기로 하겠다.

먼저 맹자가 말하는 "성(性)"이란 대체 무엇을 가리키는가? 이 점은 『맹자(孟子)』의 맹자와 고자(告者)의 문답에 실려 있다.

> 고자가 말하기를, 태어남을 일러 성품이라고 한다. 맹자가 이르기를, 태어남을 일러 성품이라고 한다면, 흰 것을 가리켜 흰 것과 같다고 할 수 있는가? 답하기를, 그렇다. 흰 깃털의 흰 것은 흰 눈의 흰 것과 같으며, 흰 눈의 흰 것은 백옥의 흰 것과 같은가? 답하기를 그렇다. 그렇다면 개의 성품은 소의 성품과 같고, 소의 성품은 사람의 성품과 같은가?[40]

여기에서 맹자는 고자의 "생지위성(生之謂性)"이라는 견해에 대하여 찬성하지 않고, 그를 힐난하여 묻기를, 만약 태어남으로 성품을 삼는다면, 그렇다면 모든 백색의 물건들은 차별이 없을 것이다. 하얀 깃털, 흰 눈, 백옥의 성품은 모두 같고, 개의 성품은 바로 소의 성품이고, 소의 성품은 바로 인간의 성품인 것인가?! 맹자는 이른바 "성(性)"은 마땅히 하나의 속류(屬類)의 특성, 개성을 말하는 것으로, 예를 들면 인간의 성품은 마땅히 기타 생물, 금수 등의 특성과 구별되는 것이다. 또한 일체 생물의 속성은 모두 인간의 본성이 아닌 것이다. 맹자는 다음과 같이 제시

---

40) 告者曰, 生之謂性. 孟子曰, 生之謂性也, 猶白之謂白與? 曰, 然. 白羽之白, 白雪之白, 猶白玉之白與? 曰, 然. 然則犬之性猶牛之性, 牛之性猶人之性與?『맹자(孟子)·고자(告者)』상.

한다.

> 인간이 금수와 다른 것은 매우 적으나 서민은 그를 버리고, 군자는 그를 보존한다.41)

여기에서 말하는 것은 인간이 금수와 다른 곳은 비록 많지 않으나, 그러나 인간의 성품과 금수의 성품은 차별이 있음인데, 소인은 이러한 "선성(善性)"을 이해하지 못하지만 군자는 반대로 능히 그것을 배양시키므로, 여기에 군자와 소인의 차이가 있다는 것이다.

인간과 금수의 성품이 다름을 맹자는 또한 "소체(小體)"와 "대체(大體)"로써 말하고 있다. 그는 "소체"라는 것은 인간과 금수가 비슷한 부분이고, "대체"는 바로 인간이 금수와 구별되는 것으로 인간이 인간으로 성립할 수 있는 것이라고 생각하였다. 『맹자』의 「고자(告者)」편 가운데 다음과 같이 설하였다.

> 몸에는 귀한 것과 천한 것이 있으며, 큰 것과 작은 것이 있다. 작은 것 때문에 큰 것을 해치는 일이 없게 하고, 천한 것 때문에 귀한 것을 해치지 말지니, 작은 것을 기르는 자는 소인이 되고, 큰 것을 기르는 자는 대인이 된다.42)

> 공도자가 묻기를, 다 같은 사람인데, 어떤 사람은 대인이 되고, 어떤 사람은 소인이 되는 것은 무엇 때문인가? 맹자가 답하기를, 그 대체를 따르면 대인이 되고, 그 소체를 따르면 소인이 된다. 묻기를, 다 같은 사람인데, 어떤 사람은 그 대체를 따르고 어떤 사람은 그 소체를 따르는 것은 무엇 때문인가? 답하되, 귀와 눈의 기관은 생각하지 않고서 사물에 가리워진다. 사물과 사물이 접촉되면 그것을 끌어당길 뿐이다. 마음의 기관은 생각한다.

---

41) 人之所以異于禽獸者幾希, 庶民去之, 君子存之. 『맹자(孟子)·이루(離婁)』 하.
42) 體有貴賤. 有大小. 無以小害大, 無以賤害貴. 養其小子爲小人, 養其大子爲大人. 『맹자(孟子)·고자(告者)』 상.

생각하면 그것을 알게 되고, 생각하지 않으면 그것을 알지 못한다. 이는 하늘이 우리에게 부여한 것이다.[43]

여기에서 말하는 "대체"와 "소체"를 옛 사람이 해석하기를 "큰 것은 심지(心志)를 이르는 것이요, 작은 것은 입과 배를 이르는 것이다."[44]라고 하였다. 이는 또한 다만 먹을 것 등만을 아는 사람은 금수와 차별이 없으며, 인간이 인간으로 되고, 특히 현자와 성인으로 되려면 반드시 "대체", 즉 "심지"를 양성하여야 한다. 이 "심지"는 곧 "천(天)"이 특별히 내려 준 "나[我]"이다. 즉, 인류의 특수한 본성, 바로 "인성(人性)"인 것이다.

그러면 인간의 특성으로서의 "심지"는 어떻게 구체적으로 표현하고 있는가? 맹자는 또한 그에 대하여 설하고 있다.

> 입으로 보는 맛에는 다 같이 좋아하는 것이 있고, 귀로 듣는 소리에는 다 같이 듣기 좋아하는 것이 있으며, 눈으로 보는 색에는 다 같이 아름답게 여기는 것이 있으니, 마음에 있어서 다 같이 옳다고 여기는 것이 홀로 없겠는가? 마음이 다 같이 옳다고 여기는 것은 무엇인가? 그것은 이치이고 의리이다. 성인은 먼저 우리 마음이 옳다고 여기는 것을 알았을 뿐이다. 그래서 이치와 의리가 우리 마음을 기쁘게 하는 것이 마치 고기 요리가 우리 입을 즐겁게 하는 것과 같은 것이다.[45]

입이 맛을 아는 것과, 눈이 색을 아는 것과, 귀가 소리를 아는 것과, 코가 냄새를 아는 것과, 사지가 편한 것을 아는 것은 인간의 본성이지만, 거

---

43) 公都子問曰, 鈞是人也, 或爲大人, 或爲小人, 何也? 孟子曰, 從其大體爲大人, 從其小體爲小人. 曰, 鈞是人也, 或從其大體, 或從其小體, 何也? 曰, 耳目之官不思, 而蔽於物, 物交物則引之而已矣. 心之官則思, 思則得之, 不思則不得也. 此天之所與我者.『맹자(孟子)·고자(告者)』상.
44) 大謂心志, 小謂口腹.『제자집성(諸子集成)·맹자정의(孟子正義)』466쪽.
45) 口之於味也, 有同耆焉, 耳之於聲也, 有同聽焉, 目之於色也, 有同美焉, 至於心獨無所同然乎? 心之所同然者何也? 謂理也, 義也. 聖人先得我心之所同然耳. 故理義之悅我心, 猶芻豢之悅我口.『맹자(孟子)·고자(告者)』상.

기에는 천명이 존재한다. 군자는 그런 것을 본성이라고는 이르지 않는다.46)

군자가 본성으로 지니는 인의예지는 마음에 뿌리를 두고 있다.47)

위의 몇 단락의 의미는 성색미취(聲色味臭)의 욕구는 일종의 본능으로 인간만이 갖고 있는 본능은 아니다는 것이다. 인간의 특성은 바로 인의예지 등의 품덕에 있으며, 또한 이러한 품덕은 인간에게 있어 결코 성숙되고 정형적인 것이 아니다. 그것은 일종의 "선단(善端)"으로서 인간의 "마음"에 심어져 있는 것이다. 이는 바로 맹자가 설한 "측은하게 생각하는 마음은 인의 시작이요, 부끄러워하고 미워하는 마음은 의의 시작이요, 사양하는 마음은 예의 시작이요, 옳고 그름을 가리는 마음은 지의 시작이다."48)고 하는 "사단지심(四端之心)"이다. 맹자는 만약 이러한 "선단"이 없다면 바로 인간이 아니라고 생각하고 있다. 그러므로 맹자는 "측은지심이 없으면 인간이 아니오, 수오지심이 없으면 인간이 아니오, 사양지심이 없으면 인간이 아니오, 시비지심이 없으면 인간이 아니다."49)라고 설하고 있다. 따라서 만약 맹자의 인성론에 대한 결론을 내린다면, 맹자는 "인의예지의 사단(四端)"을 인간을 인간 되게 하는 본성 혹은 특성으로 보았다.

필자는 이렇게 맹자의 인성론을 논하여야 비로소 맹자의 본의에 접근할 수 있고, 또한 맹자가 어떻게 인간의 "특성" 혹은 "본성"을 탐구하였는지 알 수 있다고 생각한다. 단순하게 "선"과 "악"의 각도로부터 맹자의 "성선설"을 논한다면, 쉽게 근본을 버리고 지말을 구하는 경우가 발

---

46) 口之於味也, 目之於色也, 耳之於聲也, 鼻之於臭也, 四肢之於安逸也, 性也, 有命焉, 君子不謂性也.『맹자(孟子)·진심(盡心)』하.
47) 君子所性, 仁義禮智根於心.『맹자(孟子)·진심(盡心)』상.
48) 惻隱之心, 仁之端也, 羞惡之心, 義之端也, 辭讓之心, 禮之端也, 是非之心, 智之端也.『맹자(孟子)·공손추(公孫丑)』상.
49) 앞의 책.

생할 수도 있을 것이다. 이는 결코 필자의 독창적인 것이 아니다. 일찍이 장대년(張岱年)선생의 『중국철학대강(中國哲學大綱)』에 이러한 경향이 있었다. 하지만 그 책은 단지 "대강"이기 때문에 충분하게 이론을 전개하지는 않았다. 또한 천여 년 이전에 서한(西漢)의 대유학자 동중서(董仲舒)도 바로 이러한 각도에서 맹자의 인성론을 평가하였다. 그는 다음과 같이 논하였다.

> 혹은 인간의 본성이 선하고 혹은 선하지 않다고 말하는데, 인간의 본성이 선한가에 대하여 서로 다른 의견이 있다. 성품에 선단(善端)이 있어 그것이 작용하여 부모를 사랑하는 것이 금수보다 낫다는 것은 맹자의 성선설이다. 삼강오륜에 따르고 팔단(八端)의 이치에 통하여 성실과 믿음으로 널리 사랑하고 두터운 인의로 예를 실천하면 이를 선이라 이르니, 이는 성인의 선이다. …… 이와 같이 보아, 성인이 이른바 선은 금수보다 나은 바를 일러 선이라 함이 아니다. 그 선단(善端)을 가리켜 금수보다 나음을 선이라 한다면 선인(善人)을 어찌 보지 못하겠는가? 무릇 금수보다 나음으로는 얻지 못하는 것을 선이라 하는 것이다.[50]

사상적인 관점에서 본다면 동중서는 맹자의 성선설을 찬성하지 않았다. 하지만 그는 맹자가 설하는 바의 "성선"을 "선"·"악"의 선이 아니라 금수보다 나은 "선"으로서 파악하였음은 의심할 여지가 없다. 사람들이 맹자의 성선설을 논할 때, 동중서의 이 설을 모를 리가 없고, 장대년선생의 『중국철학대강(中國哲學大綱)』을 또한 읽지 않았을 리가 없다.

맹자 이후의 또 다른 대유학자는 바로 순자(荀子)이다. 순자의 인성론과 맹자는 매우 다르고, 혹은 정반대이다. 여기서 "정반대"라고 한 것은

---

[50] 或曰性也善, 或曰性未善, 則所謂善者各異意也. 性有善端, 動之愛父母, 善于禽獸, 則謂之善, 此孟子之善. 循三綱五紀, 通八端之理, 忠信而博愛, 敦厚而好禮, 乃可謂善, 此聖人之善. …… 猶是觀之, 聖人之所謂善, 非善于禽獸則謂之善也. 使動其端, 善于禽獸, 則可謂善, 善人奚爲弗見也? 夫善于禽獸之未得謂善也. 『춘추번로(春秋繁露)·심찰명호(深察名號)』

또한 일반 학계에서 말하는 바인 하나는 "성선(性善)"을 주로 하고, 하나는 "성악(性惡)"을 제창하였다는 것이 아니다. 그것은 바로 그들이 인간이 인간으로 성립하는 본성에 대한 이해에 있어서 관점의 대립을 지적하는 것이다. "정반대"의 또 다른 함의는 그들이 인성론에 있어서 서로 비판의 분위기를 띠고 있다는 것이다. 이러한 말에 아마도 다른 의견이 나타날 수도 있다. 왜냐하면 순자는 맹자의 먼 후대 사람인데 어떻게 순자를 비판할 수 있는가 하는 것이다. 하지만 실제상 순자의 "인생"에 대한 견해는 고자(告子)와 접근되어 있고, 맹자는 고자에 대하여 분명한 비판적인 태도를 갖고 있었다.

우선 순자가 "성(性)"에 대한 정의를 어떻게 내리는가를 살펴보기로 하자.

> 무릇 성품이란 하늘을 따름이다.51)
>
> 태어남의 원인이 되는 것을 일러 성품이라고 한다.52)
>
> 일이 아닌 자연을 일러 성품이라고 한다.53)
>
> 성품이란 본래의 바탕으로 질박한 것이다.54)

순자는 이른바 "성"이란 바로 천생(天生)의 본연으로, 배울 수도 없고 인위적인 것도 아니라고 보고 있다. 이는 고자의 "생지위성(生之謂性)", "식색성야(食色性也)"의 관점과 서로 가깝거나 혹은 서로 같다고 할 수 있다. 이러한 관점은 하나의 장점이 있다. 즉 "성"은 바꿀 수도 변화하지

---

51) 凡性者, 天之就也. 『순자(荀子)·성악(性惡)』
52) 生之所以然者謂之性. 『순자(荀子)·정명(正名)』
53) 不事而自然謂之性. 앞의 책.
54) 性者, 本始材朴也. 『순자(荀子)·예론(禮論)』

도 않는다는 것을 제시한 점이다. 그러나 이러한 관점은 또한 하나의 결점이 있다. 즉 이른바 "성"이 이 존재와 저 존재의 특성을 구별할 수 있는 것을 제시하지 못한다는 것이다. 따라서 만약 맹자의 시대에 순자가 있었다면 고자를 비판하였던 것과 같은 논점으로 순자에게 반박하였을 것이다. "개의 성품은 소의 성품이고, 소의 성품은 바로 인간의 성품인가?!"

당연히 순자도 구체적으로 인간의 "성(性)"을 논하고 있다.

> 무릇 인간에게 같은 바가 있다. 배고프면 음식을 바라고, 추우면 따뜻함을 바라고, 피곤하면 쉬기를 바라고, 이익을 좋아하고, 해로움을 싫어함은 태어나면서 지니는 자연스러운 것이다.[55]

> 인간의 성품은 태어나면서 이익을 좋아한다. 만약 이에 따른다면 투쟁이 발생하고 사양하는 마음이 없어질 것이다. 인간의 성품은 태어나면서 질시와 미워하는 경향이 있다. 만약 이에 따른다면 잔적(殘賊)이 발생하고 충(忠)과 믿음이 없어질 것이다. 인간의 성품은 태어나면서 귀와 눈에 욕심이 있어 소리와 색을 좋아한다. 만약 이에 따른다면 음란이 발생하고 예의와 문리(文理)가 없어질 것이다.[56]

> 인간은 악한 성품을 지니고 있지만 그 착함은 인위(人僞)이다.[57]

> 만약 눈이 색을 좋아하고, 귀가 소리를 좋아하고, 입이 맛을 좋아하고, 마음은 이로움을 좋아하고, 몸은 즐겁고 편안한 것을 좋아한다면, 그는 모두 인간의 정성(情性)에서 발생되는 것이다.[58]

---

[55] 凡人有所一同, 飢而欲食, 寒而欲暖, 勞而欲息, 好利而惡害, 是人之所生而有也, 是無待而然者也. 『순자(荀子)·영욕(榮辱)』
[56] 今人之性, 生而有好利焉, 順是, 故爭鬪生而辭讓亡焉, 生而有疾惡焉, 順是, 故殘賊生而忠信亡焉, 生而有耳目之欲, 有好聲色焉, 順是, 故淫亂生而禮義文理亡焉. 『순자(荀子)·성악(性惡)』
[57] 人之惡性, 其善者僞也. 앞의 책.
[58] 若夫目好色, 而好聲, 口好味, 心好利, 骨體膚理好愉佚, 是皆生于人之情性也. 앞의 책.

실제로 어떤 구절이든지 순자는 모두 인간이 인간으로 되는 "특성"을 말하지 않고 있다. 왜냐하면 인간뿐만 아니라 동물도 모두 배고프면 먹고 싶어하고, 주우면 따뜻함을 바라고, 입에 맞는 맛, 보기 좋은 색을 구하는 본성이 있기 때문이다. 순자가 애써 설명하려 하였던 것은 다만 이러한 "이로움을 좋아하고 해로움을 싫어하는〔好利惡害〕" 본성이 "악(惡)"하다는 것이고, 그에 따라서 투쟁이 일어나고 예의와 믿음이 무너진다는 것이다.

이밖에 순자의 "성악설"의 다른 하나의 중요한 특징이 있다. 그는 "성(性)"과 "위(僞)"를 엄격하게 구분하여, "성"은 본래의 천연적인 것으로 바꿀 수 없는 것이고, "위"는 바로 후천적이고 인위적인 것으로 설명한다. 그는 맹자의 성선설을 다음과 같이 비판하고 있다.

> 맹자는 인간이 학문을 하는 것은 그 성품이 선하기 때문이라고 말한다. 하지만 그렇지 않다. 이는 인간의 성품을 알지 못하고, 또한 인간의 성품과 인위의 구별을 살피지 않은 것이다. 무릇 성품이란 하늘에 따름으로 배울 수도 일로 삼을 수도 없는 것이다. 예의란 성인이 만든 것으로 인간이 배울 수 있고 능히 일로 삼아 이룰 수도 있다. 배울 수도 일로 삼을 수도 없는 것이 인간에게 있음을 일러 성품이라고 하고, 배울 수 있고 능히 일로 삼아 이룰 수도 있는 것이 인간에게 있는 것을 일러 인위라고 한다. 이것이 성품과 인위의 구분이다. 인간의 성품은 눈으로 볼 수 있고, 귀로 들을 수 있다. 대저 밝게 볼 수 있음은 눈을 떠날 수 없고, 밝게 들을 수 있음은 귀를 떠날 수 없다. 눈이 밝고 귀가 밝은 그 밝음은 배울 수 없는 것이다.[59]

---

59) 孟子曰, 人之學者, 其性善. 曰, 是不然, 是不及知人之性, 而不察乎人之性僞之分者也. 凡性者天之就也, 不可學不可事, 禮義者, 聖人之所生也, 人之所學而能所事而成者也. 不可學不可事而在人者謂之性, 可學而能可事而成之在人者, 謂之僞, 是性僞之分也. 今人之性, 目可以見, 耳可以聽, 夫可以見之明不離目, 可以聽之聰不離耳, 目明而耳聰, 不可學明矣. 『순자(荀子)·성악(性惡)』

개략적으로 말하자면, "성"은 선천적인 본능이고, "위(僞)"는 후천적인 작위(作爲)이다. "성"은 배울 수 없는 것이고 일로 삼을 수 없는 것이지만, "위"는 능히 일로 삼아 이루는 것이다. 또한 "성"은 잃을 수 없으며 떠날 수 없는 것이지만, "위"는 얻을 수 있고 잃을 수 있는 것이다. 순자가 "성"과 "위"를 엄격하게 구분한 목적은 바로 "성품을 다스려 착함을 일으키는 것〔化性起善〕"이고, "악을 버리게 하고 착함이 생기게〔棄惡生善〕" 하는 데 있는 것이다. 이러한 의의에서 본다면 순자의 "성악설"과 맹자의 "성선설"은 다른 길로서 하나로 만나는 것이라고 할 수 있다. 맹자가 "성선"을 주장한 것은 인간으로 하여금 이 "선단(善端)"을 "존양(存養)", "확충(擴充)"시키고, 그 목적은 바로 현성(賢聖)을 이루게 하는 데 있는 것이다. 순자가 제창한 "성악"은 인간으로 하여금 "성품을 교화하여 인위를 일으키게〔化性起僞〕"하는 것으로, 성인은 바로 이러한 인위가 축적된 결과라는 것이다. 이는 순자가 말한 바, "착함이 쌓여 다했을 때를 일러 성이라고 한다. 그가 그것을 구함에 뒤에 얻어지고, 그것을 행함에 뒤에 이루어지고, 그것이 쌓인 후에 높아지고, 다한 뒤에 성으로 된다. 그러므로 성인이란 인간이 쌓은 바인 것이다."[60]라는 것과 같다. 길이 다르다는 것은 바로 수양의 방법이 다르다는 것이다. 맹자는 "성선"을 주장하여 "인의예지는 외부로부터 나를 닦게 하는 것이 아니라, 나의 고유의 것이다."[61]라고 하고 있다. 따라서 다만 "자신을 반성하여 구하면〔反求諸己〕" 바로 주관적인 내성(內省)의 길을 걸을 수 있는 것이다. 순자는 반대로 "선"은 후천적인 "적위(積僞)"의 결과이기 때문에 그는 특별히 후천적인 학습과 성인의 교화 및 환경적인 작용을 중요시 여긴다. 따라서 순자의 저작 가운데 자주 "습(習)", "행(行)", "주착습속(注錯習俗)" 등의 어느 정도 실천적인 요소를 띠는 용어들이 사용되고 있

---

60) 積善而全盡, 謂之聖人, 彼求之而後得, 爲之而後成, 積之而後高, 盡之而後聖. 故聖也者, 人之所積也. 『순자(荀子)·효유(效儒)』
61) 仁義禮智, 非由外鑠我也, 我固有之也. 『맹자(孟子)·고자(告者)』 상.

다. 이러한 과정으로 맹자의 수양방식과 다른 양식이 나타나는 것이다.

진한(秦漢)시대에 있어서 가장 저명한 유학자는 바로 동중서(董仲舒)이다. 동중서의 "인생론"은 그 당시 비교적 많이 논해지던 "성삼품설(性三品說)"이다. 그러면 그의 "인생"에 대한 정의를 살펴보기로 하겠다. 『춘추번로(春秋繁露)』에서 그는 다음과 같이 논하고 있다.

> 성품이라는 이름은 태어남으로 받은 것이 아니겠는가? 그러한 태어남의 자연스러운 자질(資)을 일러 성품이라고 이른다. 성품이라는 것은 성질(質)이다.62)

이는 태어남으로서 자연의 자(資)이고, 자연의 질(質)을 일러 성이라는 것이다. 이는 고자(告子)의 "생지위성(生之謂性)"과 순자의 "성품이란 본래의 바탕으로 질박한 것"63)이라는 설과 크게 차이가 없는 것이고, 다른 부분은 동중서는 결코 이러한 자연의 질을 악으로 보지 않았다는 것이다. 또한 동중서도 맹자의 인간에 "선단(善端)"을 갖추고 있다는 것을 반대하였다. 그는 이러한 "질"과 "선"을 "벼"와 "쌀"의 관계로 보았다.

> 성품은 벼에 비할 수 있고, 선은 쌀에 비교할 수 있다. 쌀은 벼에서 나오지만 벼가 모두 쌀로 되는 것은 아니다. 선은 성품에서 나오지만 성품이 모두 선인 것은 아니다. 선과 쌀은 사람이 하늘로부터 받은 것 밖에서 이루어진 것이지, 하늘에서 주어진 것에 있는 것이 아니다.64)

"선"은 비록 천생(天生)의 성품에서 나오지만, 그러나 "선"은 결코 순

---

62) 性之名, 非生與? 如其生之自然之資謂之性. 性者, 質也. 『춘추번로(春秋繁露)·심찰명호(深察名號)』
63) 性者, 本始材朴
64) 性比于禾, 善比于米. 米出禾中, 而禾未可全爲米也. 善出于性中, 而性未可全爲善也. 善與米, 人之所繼天而成于外, 非在天所爲之內也. 『춘추번로(春秋繁露)·심찰명호(深察名號)』

수하게 천연적인 것이 아니고 밖에서 이루어진 것으로, 후천적인 작위(作爲)로서 마치 벼가 생징하여 쌀이 되는 것과 같다. 그러나 벼가 바로 쌀인 것은 아니다. 인성도 역시 마찬가지로 왕도(王道)의 교화로서 선하게 되지만, 인성 자체가 바로 선한 것은 아니다. "성품은 점차 가르침과 훈련을 받은 후에야 능히 착할 수 있다. 착함은 교훈의 결과이지 성품의 질박함으로 이루어지는 것이 아니다."[65] 동중서는 만약 맹자가 생각한 대로 인성에 본래 천연의 "선단"을 갖추고 있다면, 이는 바로 "하늘의 뜻을 잃고 왕도교화를 버렸음이다. 만민의 성품이 진실로 선하다면 왕도교화는 헛되이 존재하는 것인가?"[66]라는 것이다. 이는 만약 만민의 성품이 본래 선하다면 왕도교화는 헛되이 존재하는 것 아닌가 하는 반문이다. 이러한 견해는 동중서의 인성론이 왕도정치의 논증을 위한 정치적 색채를 띠고 있음을 드러내는 것이다.

동중서가 논한 인성의 선악에는 하나의 특징이 있다. 그는 "선"을 아주 높게 보아 맹자의 금수보다 나은 것을 "선"으로 보는 것에 정면으로 반대하였다. 그는 성인들이 설하는 바의 "선"은 "삼강오륜을 행하고 팔단(八端)의 이치를 통하여 충성과 신의로 널리 사랑하고 크게 인자하므로 예를 좋아함을 가히 선이라 말함"[67]을 가리킨다고 생각하였다. 동중서는 "선"과 "미선(未善)"에 대하여 다음과 같이 논하였다.

> 자질이 금수의 성품보다는 만민의 성품이 낫지만, 인도(人道)의 착함에 있어서는 만민의 성품이 미치지 못한다. 만민의 성품이 금수보다 나은 것은 그렇지만, 성인이 이른바 선은 그렇지 않다. 내가 자질을 성품으로 하는 것은 맹자와 다르다. 맹자는 자질을 아래로 금수의 행위와 비교하여 규정하였으므로 성품이 이미 선하다고 하였던 것이다. 나는 자질을 위로 성인의 선한 바와 비교하였으므로 성품은 아직 선하지 않다고 하였다.[68]

---

65) 性待漸于教訓而後能爲善. 善, 教訓之所然也, 非質朴之所能至也. 앞의 책.
66) 失天意而去王任. 萬民之性苟已善, 卽王者受命尚任矣. 앞의 책.
67) 循三綱五紀, 通八端之理, 忠信而博愛, 敦厚而好禮, 乃可謂善. 앞의 책.

이는 만약 금수의 성품으로서 표준으로 한다면 인간의 성품은 분명히 선할 것이다. 그러나 만약 인성의 선을 표준으로 한다면 만민의 성품은 이러한 선함에 아직 이르지 못하고 있다는 것이다. 맹자가 설한 인간의 성품이 선하다는 것은 바로 금수의 성품보다 선함을 가리키는 것으로 이는 맞을 수도 있다. 하지만 이는 성인들이 설한 "선"이 아닌 것이다. 인간의 성품의 선악에 대하여 어떤 것으로서 표준을 삼는가 하는 점에서 동중서와 맹자의 견해가 같지 않다. 맹자는 금수의 성품으로서 표준을 삼았기 때문에 인간의 성품을 선하다고 보았고, 동중서가 설하는 바의 선함은 성인들이 말하는 선을 가리키기 때문에 인간의 성품을 "아직 선하지 않음〔未善〕"으로 본다는 것이다.

그러면 만약 선악을 논하지 않는다면 동중서는 또한 무엇으로서 인간의 성품으로 삼는가? 그는 다음과 같이 논한다.

> 성인의 성품은 성품이라고 부를 수 없으며, 하층민(斗筲)의 성품도 또한 성품이라고 부를 수 없다. 성품이라고 부를 수 있는 것은 평민의 성품일 뿐이다.69)

이는 "삼품(三品)" 가운데 상, 하의 두 품은 모두 성품이라고 할 수 없고, 다만 중품의 "중민지성(中民之性)"만이 비로소 인간의 성품을 대표할 수 있다고 하는 것이다. 동중서는 상품의 "성인지성(聖人之性)"은 태어나면서 선한 성품을 지니고 있고, 하품의 "두소지성(斗筲之性)"은 태어나면서 악한 질을 지니고 있어 두 가지 모두 그가 말하는 "천질지박(天質之朴)"이 아니다. 따라서 성품이라고 말할 수 없다는 것이다. 이러한

---

68) 質于禽獸之性, 則萬民之性善矣, 質于人道之善, 則民性弗及也. 萬民之性, 善于禽獸者, 許之, 聖人之所謂善者, 勿許. 吾質之命性者, 異孟子. 孟子下質于禽獸之所爲, 故曰性已善, 吾上質于聖人之所善, 故謂性未善. 앞의 책.
69) 聖人之性, 不可以名性, 鬪筲之性, 又不可以名性. 名性者, 中民之性. 『춘추번로(春秋繁露)·실성(實性)』

견해는 앞에서 말한 동중서가 천연자질로서 성품을 논하였다는 것과 일치한다.

이밖에 동중서의 인성론은 또 다른 중요한 특징이 있다. 그것은 "정(情)"과 "성(性)"은 나눌 수 없다고 주장한 것이다. 그는 "하늘에는 양과 음의 두 가지가 퍼져 있고, 몸에는 탐욕과 인(仁)의 성품이 있다."70)라고 보았다. 이 가운데 이른바 탐욕(貪)이란 바로 정욕(情欲)이고, 인(仁)이란 바로 선성(善性)을 가리키는 것이다. 이러한 성과 정은 사람의 한 몸에 두 가지가 겸비되어 있는 것으로, "몸에 성품과 정이 있음은 하늘에 음과 양이 있음과 같다. 인간의 질(質)에 정이 없다고 말하는 것은 하늘의 양에 그 음이 없다고 하는 것과 같다."71)고 논하고 있다. 이러한 성정론(性情論)은 후대의 인성론에 대하여 심각한 영향을 주고 있다. 예컨대 한(漢)대의 유향(劉向)도 성정을 논할 때, 그 기본관점은 "성품과 정은 상응하고, 성품은 홀로 선하지 못하고, 정은 홀로 악하지 못하다."72)는 것이다. 이는 정은 결코 동중서가 논한 선하지 않고 악하다는 것은 아니다. 그리고 남북조(南北朝)시대의 유주(劉晝)는 성(性)은 선하고 정(情)은 악하다고 주장하였다.

> 사람이 천기를 받음에 반드시 성정이 있다. 성이 감응하는 것은 정이요, 정이 좋아하는 것은 욕(欲)이다. 정이 성에서 나오되 성을 어기고, 욕이 정에서 나오되 정을 해한다. 정이 성을 상함이 마치 연기가 불에서 나서 불을 덮고, 얼음이 물에서 나되 물을 차단함과 같다. 그러므로 연기가 미미함에 불이 왕성해지고 얼음이 녹음에 물이 통한다. 성이 정으로 됨에 얽매이게 되고, 정이 치성함에 성이 멸한다. …… 그런 까닭에 밝음은 정을 제거하고 번뇌를 없애고 욕심을 다스려 바름을 지킨다. …… 이것이 성을 온전히 하는 도(道)이다.73)

---

70) 天兩有陽陰之施, 身兩有貪仁之性.『춘추번로(春秋繁露)·심찰명호(深察名號)』
71) 身之有性情也, 若天之有陰陽也. 言人之質而無其情, 猶言天之陽而無其陰也. 앞의 책.
72) 性情相應, 性不獨善, 情不獨惡.『신감(申鑒)·잡언(雜言)』하, 순열(荀悅).

유주의 기본 관점은 정욕이 성을 해치므로 성을 보전하려면 반드시 정을 잘라내고, 욕심을 버려야 한다는 것이다.

성정론은 당(唐)시대에 이르러 다시 고조되어, 스스로 공맹의 도를 계승하였다는 한유(韓愈)는 성정에 대하여 깊게 논하게 된다. 한유의 성정론은 다음과 같은 몇 가지 기본 관점을 갖고 있다. 첫째, 성은 태어나면서 갖추어져 있는 것이고, 정은 사물에 접하면서 발생하는 것이고, 둘째, 정과 성품은 모두 상, 중, 하의 삼품이 있으며, 셋째, 정과 성품은 모두 순수한 선, 악이 아니라는 것이다.

성정론을 논함에 있어서 불교와 송(宋)대 유학의 관계에 매우 밀접하고, 영향도 가장 크게 끼친 사람을 들자면 마땅히 당(唐)대의 이고(李翶)를 꼽을 수 있다. 이고의 『복성서(復性書)』에서 성정에 대한 견해와 관점은 성선정악(性善情惡)으로 아주 선명하다. 그 기본 사상을 논하자면 다음과 같이 귀납될 수 있다. 첫째, 성은 하늘의 명〔天之命〕이요, 정은 성의 움직임이다. 둘째, 인간이 성인으로 되는 것은 성이 있기 때문이요, 인간이 그 성을 미혹시키는 것은 정이 있기 때문이다. 셋째, 성인이 정이 없지 아니하고, 범인은 성이 없지 아니한데, 차별은 바로 다음에 있다는 것이다. "성인은 고요하면서도 움직이지 않고, 가지 않으면서도 이르고, 말하지 않아도 신명스럽고, 비추지 않으면서도 빛나 성인의 작용이 천지와 함께 하고, 변화가 음양에 부합되나, 비록 그 정이 있지만 일찍이 그 정은 현현하지 않았다."74) 또한 백성은 "정을 행함에 혼미해져 서로 공격하여 그 다함이 없다. 그러므로 종신토록 그 성을 볼 수 없는 것이다."75)라고 한다. 그는 또한 맑은 물과 진흙으로서 성과 정의 상호

---

73) 人之稟氣, 必有性情. 性之所感者情也, 情之所安者欲也. 情出于性, 而情違性, 欲出于情, 而欲害情. 情之傷性, 猶烟生于火而烟郁火, 冰出于水而冰遏水. 故烟微而火盛, 冰泮而水通. 性情則情銷, 情熾則性滅. …… 故明者剋情以遣累, 約欲以守貞. …… 此全性之道也. 『신론(新論)·방욕(防欲)』

74) 聖人寂而不動, 不往而到, 不言而神, 不耀而光, 制作參乎天地, 變化合乎陰陽. 雖其情也, 未嘗有情也.

75) 爲情之所昏, 交相攻伐, 未始有窮, 故終身不自睹其性焉.

관계를 설명하고 있다.

> 걸주(桀紂)의 본성은 요순(堯舜)의 본성과 같다. 본성을 보지 못하는 까닭은 좋아하고 싫어하는 욕망이 어둡게 하는 것이요, 그 성의 죄가 아니다. …… 물의 성은 맑지만, 흐리게 하는 것은 진흙과 모래이다. 지금 그 흐림이 있지만 어찌 그 성이 삿됨을 따름이 있겠는가? 오래 움직이지 않아 진흙과 모래가 가라앉으면 맑은 성품이 천지를 비추지만 밖에서 온 것이 아닌 것이다. 그러므로 그 흐림은 성을 본래 잃은 것이 아니고, 회복함에 그 성이 생긴 것이 아니다. 사람의 성 또한 물과 같다.[76]

이고의 이 말은 그 의미가 아주 분명하여 해석이 필요 없을 정도이다. 여기에서 제시하고 싶은 것은 만약 이고의 성정론이 동중서 이후 유가의 인성론의 계승과 발전이라면, 당(唐)시대의 선종, 특히 혜능을 대표로 하는 남종선에서 우리들은 불성론이 이고의 성정론과 사상적으로 서로 비슷할 뿐만 아니라 비유, 술어 등에서까지 거의 큰 차별이 없음을 발견할 수 있을 것이다.

인성론 이외에 유가의 윤리철학의 다른 특징은 심성(心性)을 중시한다는 것이다. 이러한 특징은 실제상 유학 인성론의 사상적인 내용을 결정해 주고 있는 것이다. 예를 들자면 맹자는 성선론을 논할 때, 인간이 금수보다 나은 것으로부터 입론(立論)하고 있다. 그렇다면 어떤 부분이 금수보다 나은가? 이에 대하여 그는 한 마디로 "마음〔心〕"이라고 한다. 인간에게는 측은지심(惻隱之心), 공경지심(恭敬之心), 사양지심(辭讓之心), 시비지심(是非之心)이 있지만 금수에게는 그것이 없다는 것이다. 따라서 인간의 성품이 금수의 성품보다 착한 것이다. 또한 군자(君子)는 인간

---

[76] 桀紂之性, 猶堯舜之性也, 其所以不睹其性者, 嗜欲好惡之所昏也, 非性之罪也. …… 水之性淸澈, 其渾之者, 沙泥也. 方其渾也性豈遂無有邪? 久而不動沙泥自沈, 淸明之性鑑于天地, 非自外來也. 故其渾也, 性本弗失, 及其復也, 性亦不生. 人之性, 亦猶水也.『복성서(復性書)』

가운데 뛰어난데, 그것은 "군자가 일반 사람과 다른 것은 그것[四端之心]을 마음에 보존하는 데 있다."77)고 한다. 군자는 능히 "인으로써 마음에 보존하고, 예로써 마음에 보존한다."78) 따라서 군자는 능히 범부와 속된 사람들을 초월할 수 있는 것이다. 맹자는 다시 "대인(大人)"과 "소인(小人)"을 언급한다. 대인과 소인의 중요한 구별 가운데 하나는 바로 대인은 능히 "대체(大體)"를 따르고, "대체"를 기르고["대체"는 바로 "마음(心)"], 소인은 다만 먹을 것과 성색(聲色)으로서 그 "소체(小體)"를 길러 천하게 된다. 무엇 때문인가? 그는 "작은 것을 기르기 위하여 큰 것을 잃기"79) 때문이다. 이러한 인성, 심성론에 바탕을 둔 맹자의 수양론(修養論)은 "반구제기(反求諸己)", "존양심성(存養心性)"으로 귀결된다. 이른바 "대인이란 그 적자(赤子)의 마음을 잃지 않는 것이다."80), "그 마음을 보존하고, 그 성품을 길러서 하늘을 섬기는 것이다."81), "그 마음을 다하는 것은 그 성품을 아는 것이요, 그 성품을 아는 것은 바로 하늘을 아는 것이다."82) 등은 모두 "마음(心)"으로써 최후의 귀결과 귀취(歸趣)로 삼는 것이다.

순자가 심성을 중시한 것은 맹자와 다르지 않다. 먼저 "마음"에 관한 논술을 살펴보기로 하자.

> 마음은 형상의 군주요 신명의 주인이다. 지금 나타나 명령을 받는 바가 아니다.83)

> 하늘의 직분이 이미 서고, 하늘의 공이 이미 이루어짐에, 형상이 갖추어

---

77) 君子所以異于人者, 以其存心也.『맹자(孟子)·이루(離婁)』하.
78) 以仁存心, 以禮存心. 앞의 책.
79) 爲養小以失大也『맹자(孟子)·고자(告者)』
80) 大人者, 不失其赤子之心也.『맹자(孟子)·이루(離婁)』하.
81) 存其心, 養其性, 所以事天也.『맹자(孟子)·진심(盡心)』하.
82) 盡其心者, 知其性也, 知其性則知天矣. 앞의 책.
83) 心者形之君也, 而神明之主也, 出令而無所受令.『순자(荀子)·해폐(解蔽)』

지고 정신이 생하여 좋아함과 싫어함, 희노애락을 간직하였다. 이를 일러 천정(天情)이라 하는데, 눈, 귀, 코, 입, 형상이 접함에 서로 통하지 못함이다. 이를 천관(天官)이라 이른다. 마음이 중허(中虛)에 머물며 오관(五官)을 다스리니 이를 천군(天君)이라 한다.84)

사람이 어찌 도를 알까? 마음이 있기 때문이다. 마음이 어찌 도를 알까? 하나로 비어 고요하기 때문이다. 마음에 감춘 바가 없으니 허(虛)라 이른다. …… 마음이 생함에 그것(道)이 있다.85)

위의 논술로부터 순자는 "마음"을 인간의 형체(形體), 신명(神明)의 주재(主宰)로 보았을 뿐 아니라 "도(道)"를 아는 주체로 보았다는 것을 알 수 있다. 이러한 관점은 동중서에게 상당한 영향을 주었던 것 같다. 동중서는 "마음"을 신체의 근본으로 보고서 말하기를, "몸은 마음으로써 근본으로 삼는다."86)라고 하였다. 또한 "무릇 기는 마음을 따르고, 마음은 기의 임금인데 어찌 기가 따르지 않겠는가? 천하의 도라는 것은 모두 마음을 그 근본으로 한다고 말할 수 있다."87), "한 나라의 임금은 한 몸의 마음과 같은 것이다. 깊은 궁에 은거함은 심장이 흉부에 간직된 것과 같다. 지극히 귀하여 대적할 것이 없는 것은 마음이 신명과 견줄 수 없음과 같다."88)라고 하였다. "마음"은 인간에게 있어서 지극한 중요성과 주재작용을 지니고 있으므로, 인간으로 그 출발점과 귀착점을 삼는 유가의 윤리설은 "심성(心性)"을 중시하지 않을 수 없었던 것이다.

---

84) 天職旣立, 天功旣成, 形具而神生, 好惡喜怒哀樂臧焉, 夫是之謂天情, 耳目鼻口形, 能各有接而不相能也, 夫是之謂天官, 心居中虛, 以治五官, 夫是之謂天君.『순자(荀子)·천론(天論)』
85) 人何以知道? 曰心. 心何以知道? 曰虛壹而靜, 心未嘗不藏也, 然而有所謂虛, …… 心生而有之.『순자(荀子)·해폐(解蔽)』
86) 身以心爲本.『춘추번로(春秋繁露)·통국신(通國身)』
87) 凡氣從心. 心, 氣之君也, 何爲而氣不隨也? 是以天下之道者, 皆言內心其本也.『춘추번로(春秋繁露)·순천지도(循天之道)』
88) 一國之君, 其猶一體之心也. 隱居深宮, 若心之藏于胸. 至貴無與敵, 若心之神無與雙也.『춘추번로(春秋繁露)·천지지행(天地之行)』

유학이 중시하였던 "마음"은 송(宋)대의 유학이 설하던 이른바 역대 성현이 마음과 마음으로 서로 전해 왔다는 수양과 치국(治國)의 중요한 원칙으로서의 "십육자심전(十六字心傳)"인 "인심만으로는 위태롭고, 도심만으로는 미약하니, 오로지 정밀하고 오로지 한결같이 하여, 진실로 그 중(中)을 지킨다."[89)]는 것으로 표현하고 있다. 여기에서 말하는 "인심(人心)"은 인간의 욕심을 포함한 내적인 현실의 구체적인 "마음"이고, "도심(道心)"은 또한 "천리(天理)"의 체현인 "의리지심(義理之心)"을 가리킨다. 수·당 불교의 천태, 화엄, 선종이 말하는 "마음"은 "진심(眞心)"과 "구체심(具體心)"의 양종 성분을 모두 지니고 있어서 이러한 유가에서 역대로 서로 전해져 왔다는 "인심", "도심"과 아무런 관계가 없다고 말할 수 없는 것이다.

결론적으로 말한다면, 유학이 중시한 "인성", "심성"은 바로 "인간학"으로서 유학의 필연적 결과이고, 또한 유학이 중국 고대 전통 문화 가운데 주류를 점하고 있어 중국에 전래된 불교는 어쩔 수 없이 이러한 "인성론", "심성론"의 영향을 받지 않을 수 없었을 것이다.

---

89) 人心惟危, 道心惟微, 惟精惟一, 允執厥中. 『고문상서(古文尙書)·대우모(大禹謨)』

제3절 유학이 불교에 가장 크게 영향을 준 것은 인성(人性), 심성론(心性論)의 사상체계이다

본 장의 제1절에서 대체적으로 중국불교 불성론의 발전과정을 서술하고, 선종 이전의 천태, 화엄종의 불성론이 전통불교의 추상본체의 특징을 지니고 있다는 것을 제시하였다. 여기에서는 완전히 중국화된 선종의 불성론이 지니고 있는 "인성", "심성"의 특징 및 그러한 특징은 어떻게 형성되었는가에 대하여 살펴보기로 하겠다.

세계상의 어떤 사물의 발전은 하나의 과정이 있는 것과 같이 혜능(慧能)의 남종선의 출현도 갑자기 나타난 것은 아니다. 그에는 이미 선행되었던 사상이 있었고, 또한 당시 전체적인 중국불교의 발전을 배경으로 하고 있는 것이다.

비록 총체적으로 말한다면 천태와 화엄종의 불성론은 분명히 전통불교가 강조한 추상본체의 성격을 지니고 있지만, 그러나 구체적으로 논한다면 비교적 중국 특색을 띠고 있는 불교종파로서 천태종과 화엄종의 불성론은 이미 "심성"을 중시하는 경향을 보이고 있었다. 예를 들면, 천태종 사람들의 저술 가운데 비록 그들이 항상 중도실상(中道實相)으로서 불성을 논하지만 이미 점차로 제법실상(諸法實相)을 일념심(一念心)으로 귀결시키는 경향이 나타났다. 혜사(慧思)는 이미 "각심(覺心)"으로 불성을 해석하여 말하기를, "부처를 이름하여 깨달음이요, 성품을 이름하여 마음이다."[90]라고 하였고, 지의(智顗)는 보다 명확하게 "마음"을 제법의 귀취(歸趣)로 하여 말하기를, "마음은 제법의 근본이고, 마음은 바로 총체이다."91)라고 하고, "반관심원(反觀心源)", "반관심성(反觀心性)"을 수행과 성불의 가장 근본적인 방법으로 보았다. 지의의 제자 관정(灌頂)도 "일념신을 관하는 것은 바로 중도여래의 보장이고, 상락아정의 부처의 지견이다."92)라고 하였다. 이로부터 천태종의 불성론은 이미 일종의 유심(唯心)적 경향을 중시하고 있음을 알 수 있다.

　천태종에 비하여 화엄종의 불성론은 유심적 색채가 더욱 짙다고 하겠다. 본래 화엄종은 『화엄경(華嚴經)』을 소의경전으로 한다. 화엄종은 『화엄경』의 기본사상 가운데 하나인 "법성본정(法性本淨)"의 전통적인 견해에서 진일보하여 일체제법 및 제불중생이 평등호즉(平等互卽)하고 원융무애(圓融無碍)함을 밝혔다. 그러나 당시의 화엄종 사람들은 "십현무애(十玄無碍)", "육상원융(六相圓融)", "이사무애(理事無碍)" 등의 이론으로써 법계연기(法界緣起), 중생과 부처의 관계 등을 해석할 때, 각각의 유심(唯心)에 치중하여 만사만물 및 중생과 부처의 상입상즉(相入相卽)을 해석하여 "일체의 법은 모두 오직 마음에서 나타나는 것으로 별도의 자체가 없으며, 그런 까닭에 마음을 따르면 즉(卽)과 입(入)에 걸림이 없다."93)고 한다. 그들은 일체의 만법 및 제불을, "모두 중생의 마음속에 있는 것이다. 중생을 떠나면 부처의 덕도 없기 때문이다."94)라고 하였다. 또한 "마음과 마음이 부처를 만들고, 한 마음이 없으면 불심도 없다."95), "불심을 떠난 곳에는 중생으로 되는 바도 없고, …… 이러한 까닭에 중생 전체는 모두 불지(佛智) 가운데 처한다."96)라고 하였다. 결론적으로

---

90) 佛名爲覺, 性名爲心. 『대승지관법문(大乘止觀法門)』 2권.
91) 心是諸法之本, 心卽總也. 『법화현의(法華玄義)』 1권, 상.
92) 觀一念心, 卽是中道如來寶藏, 常樂我淨佛知見. 『관심론소(觀心論疏)』 3권.
93) 一切法皆唯心現, 無別自體, 是故隨心回轉, 卽入無碍. 『화엄경지귀(華嚴經旨歸)』
94) 總在衆生心中, 以離衆生無別佛德故. 『화엄경탐현기(華嚴經探玄記)』
95) 心心作佛, 無一心而非佛心. 앞의 책.
96) 離佛心外無所化衆生, …… 是故衆生擧體總在佛智之中. 『답순종심요법문(答順宗心要法門)』

마음, 부처와 중생은 평등하여 일체이고, 서로 원융하는 것이다. 이러한 사상으로부터 출발하여 화엄종은 마음의 미오(迷悟)에 따라 중생과 부처의 다름을 설명하여, "특히 어리석음과 깨달음이 다름으로 말미암아 중생과 부처가 있는 것이다."97)라고 제시하는 것이다.

여기에서 하나의 문제에 대하여 설명이 필요할 것으로 생각된다. 그것은 또한 인도불교의 경론서에도 "마음과 부처, 중생 등의 세 가지는 차별이 없다."98), "삼계는 다른 법이 아니라 다만 한 마음이 만든 것이다."99) 등의 설법이 있는데 어째서 우리는 천태와 화엄종의 유심적인 경향을 중국불교의 특색으로 보고 있는가? 이러한 문제의 관건은 인도불교와 중국불교에서 설하는 "마음"의 함의를 어떻게 보는가 하는 것이다. 물론 중국불교는 인도불교에 근원을 두고 있기 때문에 그 사상과 용어 등은 인도불교에서 연용한 것들이 많다. 하지만 중국불교로서의 불교는 중국인의 심리와 사유방식을 통하여 이해되고 받아들여졌기 때문에 동일한 용어를 사용한다고 하여도 종종 다른 의미와 함의를 갖는다. 천태, 화엄종의 유심론도 이러한 특징을 갖는다. 그들이 말한 "마음"은 비록 전통 불교와 동일한 추상본체로서의 "진심(眞心)", "청정심(淸淨心)"의 의미를 지니고 있지만, 그러나 어느 정도 중국 전통문화적인 색채를 띠고 있음을 부정할 수 없고, 특히 중국 전통문화의 주류인 유가윤리철학의 "심성(心性)"적인 특징을 지니고 있음도 사실이다. 예를 들면 천태종이 설하는 "각심(覺心)", "중생심(衆生心)", "일념심(一念心)" 등은 비록 제법본체의 "실상(實相)", "진심(眞心)"의 성분이 함유되어 있지만 상당히 유가에서 설하는 "심성(心性)"과 서로 통하는 바가 있다. 화엄종에 있어서는 "이(理)", "사(事)", "본(本)", "말(末)" 외에 별도로 "마음(心)"을 세우고 있고, 또한 자주 "각유심현(各唯心現)", "수심회전(隨心回轉)"으로

---

97) 特由迷悟不同, 遂有衆生及佛.
98) 心佛與衆生, 是三無差別.
99) 三界無別法, 有是一心法.

써 제법의 상입상즉(相入相卽), 원융무애(圓融無碍)를 설명하고 있다. 이러한 "마음"은 "법성", "진심"과 마땅히 구별되는 것이다. 다시 말하면, 화엄종에서 설하는 "마음"은 "진심"을 가리킬 뿐만 아니라 "구체심(具體心)"의 의미를 함유하고 있는 것이다. 비록 후에 법장(法藏)이 "십현문(十玄門)" 가운데 "수심회전선성문(隨心回轉善成門)"을 "주반원명구덕문(主伴圓明具德門)"으로 바꾸었지만, 이러한 것은 아마도 유심적인 경향으로 발생하는 이론상의 모순을 피하려는 의도였을 것이다. 하지만 이것은 바로 법장의 사상 가운데 유심적인 경향이 이미 상당한 정도에 도달해 있음을 반증하는 것이다. 징관(澄觀)의 이러한 유심적 경향은 보다 한 걸음 나아간다. 그는 심지어 "영지지심(靈知知心)"을 사용하여 "본각(本覺)"을 해석하고 있다. 이는 바로 "마음"에 유가에서 말하는 "심성(心性)"의 성질을 보다 많이 지니고 있다고 할 수 있다.

만약 천태, 화엄종이 "마음"을 구체화하여 표현하는 경향을 갖고 있다고 한다면, 선종에 이르러 제창되는 "즉심즉불(卽心卽佛)"은 일체를 자심자성(自心自性)으로 귀결시켜 마음의 유학화, 구체화라는 하나의 새로운 단계를 열었다고 할 수 있다. 다시 말하면 천태, 화엄종에서 "마음"의 두 가지 성질을 "진심"의 기본적 함의와 구체심적인 경향의 혼합으로 표현하였고, 선종의 불성론에서는 "마음"을 비록 본체로서의 "진심"으로 사용되지만, 그러나 그 기본내용의 함의에서 본다면 유가에서 설하는 "심성"에 이미 접근되어 있다고 하겠다. 이러한 부분을 우리들은 선종과 관계가 있는 저술에서 설명할 수가 있다.

우선 우리들은 선종의 기본경전이라고 할 수 있는 『육조단경(六祖壇經)』(이하 "단경"으로 줄임)을 살펴보기로 하겠다.

『단경』을 읽어 본 사람들은 대체로 일반적인 전통불교의 경전과 같이 그렇게 어렵지 않다는 느낌을 받는다. 또한 중국 고대철학의 연구에 종사하는 사람들이 『단경』을 읽으면 또 다른 느낌을 받는다. 그것은 『단경』 가운데 보이는 수많은 사상과 견해는 모두 상식적인 것이라는 느낌이다.

『단경』의 기본적인 사상의 하나는 바로 "즉심즉불(卽心卽佛)"이다. 『단경』에서 혜능(慧能)은 일체중생 및 제불(諸佛)은 모두 "자심(自心)"으로 귀결시킨다. 혜능은 다음과 같이 설한다.

> 나의 설법을 듣는 너희들은 자기의 마음이 부처임을 조금도 의심하지 말아라. 밖으로는 어떠한 것도 건립될 수 없으며, 모두 본래 마음이 만종법을 생한 것이다. 그러므로 경에서 "마음이 생하면 종종의 법이 생하고, 마음이 멸하면 종종의 법도 멸한다."고 설하는 것이다.[100]

> 내가 지금 너희들에게 가르치니, 자기 마음이 중생임을 알고, 자기 마음이 불성임을 보아라.[101]

> 너희들은 마땅히 믿어라. 부처의 지견이란 단지 너희의 자기 마음이고 그밖에 다시 다른 부처는 없다는 것을. …… 나 또한 모든 사람에게 권하기를, 자심에서 항상 부처의 지견을 열라고 한다.[102]

> 그러므로 만법은 자심에서 다하는 것임을 알라.[103]

아주 분명하게 혜능이 여기에서 설하는 바의 "마음"은 이미 전통 불교 경전에서의 "마음"과 같이 미묘하고 추상적인 것이 아니라 사람들에게 비교적 현실적이고 구체적이라는 느낌을 주는 것임을 알 수 있다. 당연히 느낌으로서는 입론(立論)의 근거가 될 수 없다. 따라서 한 걸음 더 나아가서 혜능의 다른 논술을 살펴보기로 하겠다.

---

[100] 廳吾說法, 汝等諸人, 自心是佛, 更莫狐疑, 外無一物而能建立, 皆是本心生萬種法. 故經云, 心生種種法生, 心滅種種法滅. 『육조단경(六祖壇經)』
[101] 吾今教汝, 識自心衆生, 見自心佛性. 앞의 책.
[102] 汝今當信, 佛知見者, 只汝自心, 更無別佛. …… 吾亦勸一切人, 于自心中常開佛之知見. 앞의 책.
[103] 故知萬法, 盡在自心. 앞의 책.

혜능은 『단경』에서 다음과 같이 설하였다.

경전에 분명히 자기의 부처에 귀의함을 말하고 남의 부처에 귀의함을 말하지 않았다. 자성에 귀의하지 않으면 귀의할 바가 없다. 이미 말했으니 각각 삼보에 귀의하라. 안으로 심성을 다스리고 밖으로 남을 공경함이 스스로 귀의함이다.104)

다만 마음이 착하지 않음이 없으면 서방이 멀지 않고, 만약 착하지 않은 마음을 품는다면 지금 부처가 온다 하여도 제도하기 어렵다.105)

너희들은 지금 마땅히 믿어라. 불지견은 바로 네 마음이요 다른 부처는 다시 없다. …… 내 또한 모든 사람들에게 권하니, 자심에서 항상 불지견을 열어라.106)

너희들은 스스로 본심을 관하고, 결코 밖으로 법상(法相)에 집착하지 마라. 법은 사승(四乘)이 없으나 사람 마음에 차등을 둔다.107)

자기 스스로에 귀의하여 자성 가운데 질투, 사특한 마음, 아만, 미친 마음, 교만한 마음, 남보다 뛰어나다는 마음, 사견, 남보다 우월하다는 마음 등 착하지 못한 마음을 제거하라. 항상 자기 실수를 보고, 다른 사람의 좋고 나쁨을 말하지 마라. 이것이 스스로에 귀의하는 것이다. 항상 하심하고 널리 공경함이 바로 견성통달이고, 다시 막힘 없음이 스스로에 귀의하는 것이다.108)

---

104) 經文明言自歸依佛, 不言歸依他佛. 自性不歸, 無所歸依. 今旣自語, 各須歸依三寶. 內調心性, 外敬他人, 是自歸依也.
105) 心之但無不善, 西方去此不遙. 若懷不善之心, 今佛往生難到.
106) 汝今當信, 佛知見者, 只汝自心, 更無別佛. …… 吾亦勸一切人, 于自心中常開佛之知見.
107) 汝自觀本心, 莫著外法相, 法無四乘, 人心自有等差.
108) 自歸依自, 除却自性中不善心, 嫉妬心, 諂曲心, 吾我心, 狂妄心, 輕人心, 慢他心, 邪見心, 貢高心, 及一切時中不善之行. 常見自己過, 不說他人好惡, 是自歸依. 常須下心, 普行恭敬, 卽是見性通達, 更無滯碍, 是自歸依.

여기에서 말하는 "심(心)", "인심(人心)", "자심(自心)" 등은 전통불교에서와 같이 추상본체의 "진심(眞心)"으로 해석하기가 아주 힘들다. 그보다는 상당히 유가에서 설하는 선, 악이 갖추어진 인간의 마음에 보다 접근되어 있다고 보아야 할 것이다.

이밖에 수행의 방법에서 혜능의 남종선은 전통유가에서 주도적인 지위를 점하고 있는 사맹(思孟)학파가 중시한 "반구제기(反求諸己)"의 주관적인 내성(內省)에 매우 접근되어 있다. 선종의 중요한 사상 가운데 하나는 "도유심오(道由心悟)", "명심견성(明心見性)"이다. 이러한 사상은 『단경』에서 아주 충분하게 표현되고 있다. 혜능은 반복적으로 이러한 문제를 설하고 있다.

> 보리는 단지 마음에서 찾을 것인데, 어찌 밖에서 오묘함을 구하는가? 듣기를 이에 의지하여 수행한다면 서방은 눈앞에 있는 것이다.[109]

> 그러므로 일체의 만법은 자신의 몸 가운데 다함을 알아라. 어찌 자심에서 진여본성을 문득 현현하게 하지 않는가?[110]

> 불성은 자성이니, 결코 밖에서 구하지 말라.[111]

> 자기의 부처에 귀의함을 말하고 남의 부처에 귀의함을 말하지 않았다. 자성에 귀의하지 않으면 귀의할 바가 없다.[112]

이론상으로 말한다면 수행방법은 불성론의 기초 위에 건립되어야 하지만, 이미 선종이 일체제법과 제불중생을 모두 "자심(自心)"으로 귀결시켰다면 마땅히 성불의 수행은 다만 이러한 "마음" 위에서 노력해야 할

---

109) 菩提只向心覓, 何勞向外求玄? 聽說依此修行, 西方只在眼前.
110) 故知一切萬法, 盡在自身之中, 何不于自心頓現眞如本性.
111) 佛是自性, 莫向身外求.
112) 自歸依佛, 不言歸依他佛. 自性不歸, 無所依處.

것이다. 이는 맹자와 마찬가지로 인간의 성품을 선으로 보았다면, 이른바 수양이란 바로 그 "선단(善端)"을 어떻게 존양(存養)하고 확충(擴充)시키는가 하는 것이다.

이상의 열거한 사상과 자료로부터 본다면 천태, 화엄, 특히 선종은 그 불성론에 분명하게 유가 심성론의 영향을 깊게 받았음을 알 수 있다. 학계에서 대다수의 학자들의 일치되는 견해는 천태, 화엄종은 중국화의 색채가 비교적 농후하고, 선종은 바로 중국불교의 대표라고 하는 것이다. 그러나 이러한 중국화는 도대체 어떤 부분을 말하는 것일까? 그를 설명하는 학자들은 그다지 많지 않다. 실제로 이른바 중국화란 유학화된 것을 가리키고 있고, 이른바 유학화라는 것은 바로 심성화된 것을 표현하고 있는 것이다. 따라서 중국불교의 심성화 문제는 어떤 의미에서 불교의 중국화를 이해하는 열쇠인 것이다.

그러나 전통적인 인도불교에서 "마음"에 관한 문제를 논한 것이 매우 많고, 전통불교에서 설하는 "마음"과 중국 전통 문화에서 설하는 "마음"은 결코 일목요연하게 구분할 수가 없는 것이다. 따라서 학계는 물론 불교계에서도 그 두 가지를 혼합하여 하나의 개념으로 논하고 있다. 이러한 상황은 "심성"의 각도로부터 불교와 유학의 상호관계, 특히 상호의 영향 문제를 다루는 데 어렵게 하고 있다. 하지만 심성문제는 불교의 중국화에 있어서 가장 중요한 문제이다. 예를 들면, 사람들이 자주 논하는 "육조혁명(六祖革命)"은 혜능의 전통불교에 대한 근본적인 성질의 개혁이고, 인도불교를 완전히 중국화된 불교로 변성시킨 것으로 말한다. 그러나 만약 사람들이 한 걸음 더 나아가 "육조혁명"의 가장 근본적인 "혁명"은 무엇인가를 묻는다면 그에 대한 대답은 그다지 뚜렷하게 제시하지 못하고 있다. 필자는 "육조혁명"의 가장 근본적인 성질의 "혁명"은 바로 전통불교의 추상본체로서의 "마음"을 보다 구체적이고 현실적인 "인심(人心)"으로 변성시켰고, 일종의 유학화된 "심성(心性)"으로 변성시켰다는 것이다. 실제로 이러한 개혁은 선종사상 계열의 중대한 변화를 야기하였다. 그 가운데 가장 두드러진 것은 바로 외재적 종교를 내재적인 종교로 변성시키고, 전통불교의 부처님에 대한 숭배를 "마음"에 대한 숭배로 변성시켰다는 것이다. 다시 말하면 석가모니의 불교를 혜능의 "마음의 종교"로 변성시켰다고 하겠다.

"심성" 이외에 유학이 불교에 가장 크게 영향을 끼친 것은 마땅히 "인성(人性)"문제라고 하겠다. "인성"에 대하여 전통불교에서 논한 바는 그렇게 많지 않기 때문에 중국불교가 유가의 "인성론"에 영향을 받은 것은 상대적으로 쉽게 찾아볼 수 있다. 이 또한 『단경』에서 그 예를 찾을 수 있다. 『단경』에서 "인성"에 관한 부분은 상당히 많지만 여기에서는 간단하게 몇 구절만 살펴보기로 하겠다.

> 인성은 본래 청정하지만 망념으로 말미암아 진여가 가리운 것이다. 다만 망상이 없다면 성은 스스로 청정할 것이다.[113]

> 세인의 성은 본래 스스로 청정한 것으로 만법은 자성을 따라 생한다. …… 마치 하늘이 항상 맑고, 태양과 달이 항상 밝지만 구름이 가리어 위는 밝고 아래는 어두운 것과 같아 돌연 바람이 불어 구름을 몰아내면 위아래가 모두 맑아져 만상이 모두 드러나는 것과 같다.[114]

> 인간의 성품은 본래 청정하다.[115]

> 자성은 능히 만법의 가장 커다란 것을 포함할 수 있고, 만법은 모든 사람들의 성품 가운데 존재한다.[116]

---

113) 人性本淨, 由妄念故蓋覆眞如. 但無妄想, 性自淸淨.
114) 世人性自本淨, 萬法從自性生. …… 如天常淸, 日月常明, 爲浮雲蓋覆, 上明下暗, 忽遇風吹雲散, 上下俱明, 萬象皆現.
115) 人性本淨.
116) 自性能含萬法最大, 萬法在諸人性中.

직접 인성을 사용하여 불성을 설명하고 있다. 이러한 예는 전통불교에서 그렇게 쉽게 찾아볼 수 없는 것이다. 혜능은 글을 알지 못하고, 교육을 받지 못한 것으로 알려져 있어, 그가 인도의 전통 불교경전으로부터 깊은 수준의 사유방식을 이해하기에는 비교적 어려웠을 것이다. 또한 그는 유학이 주류를 이룬 중국 전통 문화의 분위기에서 생활하였기 때문에 사유방식이나 술어에 있어서도 인도불교의 전통적인 것이 아니라 중국문화의 전통적인 것을 사용하였던 것이다. 이것이 첫째이다. 둘째, 유학은 앞에서 살펴본 바와 같이 일종의 인간학으로 "인성"의 탐구를 가장 중시한다. "인성"의 용어와 사상은 유가 및 각종 전적(典籍)에서 아주 쉽게 찾아볼 수 있다. 예컨대 "인지초(人之初), 성본선(性本善), 성상근(性相近), 습상원(習相遠)"과 같은 구절은 일반적인 전적에서 쉽게 찾아볼 수 있고, 모두 "인성"의 문제를 벗어나지 않는다. 따라서 혜능도 그러한 "인성"의 교설을 접하고 이해하고 있었을 가능성이 크다. 셋째, 중국불교가 수·당시대에 들어선 이후 많은 방면에서 유학화되면서 앞에서 살펴본 바와 같이 심성화 및 그에 상응하여 점차로 현실적인 인간생활을 중시하게 되었다. 따라서 혜능이 접한 불교는 아마도 이미 상당한 정도로 유학화된 불교였을 것이고, 따라서 그 사상은 많은 부분이 유학과 서로 계합(契合)하는 부분이 있었을 것이다. 이러한 것이 혜능이 중국 전통 사상으로서 불교를 받아들이고 이해할 수 있도록 하여 주었을 것이다. 넷째, 선종의 발전이 혜능의 스승인 홍인(弘忍)선사에 이르렀을 때 이미 상당히 중국화되었으므로 혜능의 견해는 충분히 스승의 인가와 찬탄을 얻을 수 있었고, 그것이 그 사상을 발전시킬 수 있는 조건을 만들어 주었던 것이다. 이러한 몇 가지 점들이 아마도 혜능이 직접적으로 유가의 관용적 표현인 "인성"을 사용하여 불교의 불성을 설명할 수 있게 하였을 것이다. 또한 이러한 "인성불성론"이 불교계의 승인을 얻었던 것은 끊임없이 발전하는 문화배경과 역사에 근거하는 것이다.

만약 혜능의 "인성불성론"이 그 이전의 불교가 유가의 인성학설의 성취를 용섭, 흡수한 것이라면, 혜능 남종선의 성행은 또한 그러한 유학화된 불교사상이 더욱 깊게 발전한 것이라고 말할 수 있다. 이러한 점은 송(宋)·원(元)대의 몇몇 저명한 불교사상가에서 명확하게 찾아볼 수 있다.

제4절 송(宋)·원(元)시대 불교의 윤리화 경향

송·원시대 불교의 유학화는 불교의 윤리화로 표현할 수 있다. 이러한 윤리화의 경향은 어떤 의미에서 말하자면 바로 수(隋)·당(唐)시대 불교의 심성화, 인성화의 발전적 연장이다. 왜냐하면 불교 역시 그 착안점을 인간에게 두었다면 자연히 인간과 인간의 상호관계인 윤리도덕에 대하여 깊게 연구해 나아가야 하기 때문이다.

고대 중국에서 인륜도덕의 가장 중요한 것은 "충(忠)", "효(孝)"이다. "충"은 군신관계를 담당하고, "효"는 부자관계를 담당한다. 그 가운데 "효"가 전체 봉건윤리의 기초가 되었다. 왜냐하면 부모를 섬기는 효자는 임금을 섬김에 반드시 충신이 된다고 생각되어졌기 때문이다. 이러한 점에 근거하여 송·원대의 불교의 윤리화는 "효"의 한 자에 집중하게 된다.

조송(趙宋)시대에 불교의 입장에 서서 "효"를 크게 설한 사상가로는 계숭(契嵩)을 꼽을 수 있다. 계숭이 "효"를 논평하여 후대에 가장 크게 영향을 끼친 저작은 『원교(原敎)』와 『효론(孝論)』이다. 앞으로 우리들은 『효론』과 『원교』 및 그와 관련된 저술을 찾아 계숭이 어떻게 불교를 유학화, 윤리화하였는가를 살펴보기로 하겠다.

우선, 계숭은 "효"를 백행(百行)의 시작, 모든 선(善)의 최고의 지위에 올려놓고, 불교의 효도를 대대적으로 세속화하기 시작하였다. 『효론』가운데 계숭은 다음과 같이 설하였다.

무릇 효는 하늘의 길이며 땅의 정의이며 사람의 행할 바다. 지극하고 큰이여, 효도의 길!117)

무릇 효는 모든 성현의 존중하는 바며 불교는 더욱 중시한다.118)

여기에서 계숭은 효의 도를 하늘의 가르침이요, 땅의 의리로 설명하여 여러 도리 가운데 지고지대한 것이며, 모든 교파들이 효도를 제창하고 존중하였고, 불교는 특별히 더욱 효도를 존중하였다고 하고 있다. 이러한 말은 사람들로 하여금 유학과 전통적인 불교를 연상하게 한다.

사상사적인 각도로부터 본다면, 중국 고대사상의 조류(유·불·도를 포함하여)에서 효도를 가장 중히 여겼던 것은 당연히 유가라고 할 수 있다. 유가학설은 바로 어떤 의미에서 효도의 기초 위에 건립된 것이라고 할 수 있고, "삼강오상(三綱五常)"도 또한 "효도"의 연장과 발전이라고 볼 수 있는 것이다. 이에 비하여 불교에서도 비록 "효"를 언급하고는 있지만 그는 결코 전통불교의 핵심이 아니고, 또한 불교의 여러 교의의 기초는 더욱 아닌 것이다. 그리고 전통불교에서 설하는 "효도"는 통상적으로 모두 폭넓은 "대효(大孝)"였다. 이는 남조(南朝)시대의 승려인 유협(劉勰)이 "불가의 효도는 포괄하는 바가 폭넓고 심원하다. 그 이치는 마음으로 말미암고, 걸림이 없이 발휘되는 것이다."119)라고 말한 바와 같다. 이 또한 불가에서 말하는 효도는 세속에서 말하는 효와 서로 같지 않음을 말하는 것이다. 세속의 효는 신체에 나있는 털 하나도 모두 부모로부터 받은 것이라 그를 훼손하지 않음 및 그를 소중히 기름을 말하지만, 불가의 효는 도를 널리 펼쳐서 세상을 구제하고 중생에게 이롭게 함

---

117) 夫孝, 天之經也, 地之義也. 民之行也. 至哉大矣, 孝之爲道也夫!『효론(孝論)·원효장(原孝章)』제3, 『중국불교사상자료선편(中國佛敎思想資料選編)』석준(石峻)편, 3권, 1책, 280쪽.
118) 夫孝, 諸敎皆尊之, 而佛敎殊尊也. 『효론(孝論)』, 앞의 책.
119) 佛家之孝, 所包蓋遠. 理由乎心, 無繫乎發. 『멸혹론(滅惑論)』, 『홍명집(弘明集)』8권.

을 가리키고 있어 "한 사람의 완전한 덕은 바로 도로써 육친을 교화하고 천하를 윤택하게 하는 것이다."120)라고 하였다. 역사상 수많은 승려들이 노자의 "상덕부덕(上德不德)"을 사용하여 불가는 비록 삭발하여 부모를 버리지만 그는 결코 불효가 아니라 "대효(大孝)"임을 논증하였다. 왜냐하면 불교에서 추구하는 바는 물질로써 봉양함이 효의 전부가 아니기 때문이다. 전통불교의 이러한 사상은 송대에 이르러 중대한 변화가 발생한다. 예컨대 계숭이 설한 "효"는 전통불교에서 설하는 "효"와 그 취지를 달리한다. 그는 물질로써 봉양함을 강조하여 옷과 음식 등을 모자람이 없이 부모에게 봉양하라고 하였을 뿐만 아니라 부모를 천하 세 가지 "대본(大本)"의 하나로 보아 다음과 같이 설하였다. "대저 도는 신묘한 용(用)의 근본이고, 스승은 가르침의 근본이며, 부모는 형(形)을 낳는 근본이다. 이러한 세 가지 근본은 천하의 커다란 근본이다."121) 본래 몸을 받아 태어나는 사람과 사물 등은 전통불교에서 도(道)가 되기에 충분하지 못한 것으로 그것들은 모두 가상, 환영일진대 어찌 "도(道)", "교(敎)"와 함께 "대본"의 하나로 논할 수 있겠는가? 그러나 중국의 현실을 중시하는 풍토에서 전통불교의 현실을 고해로 보고, 세속생활을 버리도록 하는 사상과 교설은 어쩌면 장기적으로 존속되기가 어려웠을 것이고, 승려들이 현실생활로부터 마침내 깨달음을 얻게 되어 단순하게 "대효"를 논하는 것은 이미 중국인들의 요구에 따르기에는 부족한 점이 있었다. 따라서 계숭 등의 고승들이 세속적인 요구에 비교적 접근하는 "효도"를 제시하게 된 것이다.

　다음에 계숭은 불교 윤리화의 또 다른 측면으로서 불교의 오계(五戒)와 십선(十善)을 유가의 인의충효(仁義忠孝)와 결합하여 불교의 오계, 십

---

120) 一人全德, 則道洽六親, 澤流天下. 『사문불경왕자론(沙門不敬王者論)』, 『홍명집(弘明集)』 5권.

121) 夫道也, 神用之本也. 師也者, 教誥之本也, 父母也者, 形生之本也. 是三本者, 天下之大本也. 『효론(孝論)·효본장(孝本章)』 제2. 『중국불교사상자료선편(中國佛敎思想資料選編)』 석준(石峻)편, 3권, 제1책, 280쪽.

선은 세속적인 인의, 충효에 유익하다고 설하였다. 계승은 불교에서 받드는 것을 크게 인승(人乘), 천승(天乘), 성문승(聲聞僧), 연각승(緣覺乘), 보살승(菩薩乘) 등의 오승(五乘)으로 나눌 수 있다고 하였다. 뒤의 삼승은 초연한 출세자의 것으로 일반사람들은 엿볼 수 없는 것이고, 앞의 이승은 세속의 정을 유지시키는 것으로 세속과 긴밀하게 연계되어 있다. 그리고 인승, 천승 가운데 이른바 오계, 십선은 유교에서 설하는 오상(五常), 인의(仁義)로서 "이름이 다른 하나[異號而一切]"라는 것이다.122) 예를 들면,

> 오계는 첫째, 불살생이고, 둘째, 불투도이고, 셋째, 불사음이고, 넷째, 불망어이고, 다섯째, 불음주이다. 대저 불살생은 인(仁)이요, 불투도는 의(義)요, 불사음은 예(禮)요, 불음주는 지(智)며, 불망언은 신(信)이니, 이 다섯 가지 수행은 곧 그 사람을 이루며, 그 어버이를 드러내니, 또한 효도가 아니겠는가?123)

불교의 오계와 유가의 오상을 연계시킨 것은 계승만이 아니지만, 오계를 "효"의 전제조건으로 제시한 것은 계승이 최초이다. 이는 계승이 불교를 윤리화한 하나의 중요한 특징이다. 그는 일반적으로 오계와 오상의 관계를 논한 것이 아니라 오계와 유가의 오상을 인의, 충효와 긴밀하게 연계시켜서 오계, 십선이 유가의 인의, 충효에 유익함을 강조하고 있다. 예를 들어 『원교(原敎)』에서 그는 만약 한 사람이 오계와 십선을 갖추어 지닌다면, "어찌 동생 되는 사람이 그 형을 공경하지 않고, 아들 되는 사람이 아비에게 효도를 하지 않고, 아내 되는 사람이 지아비를 공경하지 않고, 친구 되는 사람이 서로 잘 대하지 않고, 신하 되는 사람이 그 임

---

122) 『원교(原敎)』, 『중국불교사상자료선편(中國佛敎思想資料選編)』석준(石峻)편, 3권, 제1책, 253쪽.
123) 五戒, 始一曰不殺, 次二曰不盜, 次三曰不邪淫, 次四曰不妄語, 次五曰不飲酒. 夫不殺, 仁也, 不盜, 義也, 不邪淫, 禮也, 不飲酒, 智也, 不妄語, 信也. 是五者修, 則成其人, 顯其親, 不亦孝乎?『효론(孝論)』. 앞의 책, 282쪽.

금에게 충성하지 않고, 임금 되는 사람이 그 백성을 인으로 다스리지 않 겠는가! 이는 천하에 있을 수 없는 일이다."124)라고 설하고 있다. 이도 또한 오계, 십선을 닦으면 세속의 인의, 충의도 그에 따라 갖추어 진다 는 것이다.

세 번째로 계승이 제창한 불교의 유학화, 윤리화는 유가와 불교가 마찬가지로 그 중요한 목표의 하나는 사람들에게 착하게 살도록 가르친다는 그의 인식으로부터 비롯된 것이다. 『광원교(廣原敎)』 가운데 그는 다음과 같이 설한다.

> 옛사람 가운데 성현이 있음에 부처(佛)와 유가(儒家), 제자백가(諸子百家) 등으로 말한다. 마음은 곧 하나이나 그 자취는 다르다. 무릇 하나는 사람들이 모두 선을 행하고자 함이다. 다름은 가문을 달리하여 각각의 가르침을 연 것이다. 성인이 각기 그 가르침을 펼치었기 때문에, 사람들에게 선을 행하는 가르침에 얕고 깊고 멀고 가까움이 있어 악을 끊음에 미치면서도 사람이 서로 혼란스럽게 하지 않아 그 덕이 같음이다.125)

유가와 불교, 제자백가 등은 비록 이름이 다르고, 그 설하는 바가 같지 않지만 하나의 공통점이 있다. 그것은 모두 사람에게 선(善)을 권한다는 것이다. 가르침이 서로 다르기 때문에 선의 방법도 서로 같지 않아 어떤 것은 깊고, 어떤 것은 얕고, 가깝고, 멀지만, 어떤 것이든지 모두 사람으로 하여금 악을 버리고 선을 따르게 하기 때문에 "마음은 하나"라는 것이다.

계승이 주장한 "효론"에서 송대 불교의 윤리화 측면은 이미 상당히

---

124) 豈有爲人弟者而不悌其兄, 爲人子者而不孝其親, 爲人室者而不敬其夫, 爲人友者而不以善相致, 爲人臣者而不忠其君, 爲人君者而不仁其民, 是天下之無有也.『원교(原敎)』, 278쪽.

125) 古人有聖人焉, 曰佛, 曰儒, 曰百家, 心則一, 其迹則異. 夫一爲者, 其皆欲人爲善者也. 異爲者, 分家而各爲敎者也. 聖人各爲其敎, 故其敎人爲善之方, 有淺, 有奧, 有近, 有遠, 及乎絶惡, 而人不相擾, 則其德同焉.『광원교(廣原敎)』, 278쪽.

깊게 진행되어 있음을 어렵지 않게 살펴볼 수 있다. 여기에서 사람들은 하나의 문제에 부딪치게 된다. 그것은 수·당시대 이후 불교는 어째서 점차로 윤리화되어지게 되었나 하는 것이다. 이에 대하여 학계에서는 불교가 자신의 생존과 발전을 위하여 어쩔 수 없이 전통문화에 접근하게 되었고, 전통문화에 대한 양보의 각도로서 해석하고 있다. 하지만 실제상 이러한 현상에는 보다 심층적인 원인이 있다. 그것은 불교가 수·당시대 이후 점차로 중국화, 유학화되면서 현실적인 "인간"을 중심으로 그 연구대상으로 삼게 되고, 따라서 자연히 현실적 인간 상호관계의 윤리, 도덕 문제를 더욱 탐구하게 되었고, 그에 따라 추상본체적인 불성을 연구하던 전통불교와 점차로 멀어지게 되었다. 이러한 의의에서 수·당 이후 중국 불교의 윤리화는 결코 불교의 부득이한 양보가 아니라 그 시대 불교 자체의 사상발전의 내재적인 수요와 논리의 필연인 것이다.

제4장
돈오견성(頓悟見性)과 수심양성(修心養性)

제4장 돈오견성(頓悟見性)과 수심양성(修心養性)

전통불교와 전통유학의 사유방식, 사상과 최종 목표 등의 차이는 인도와 중국의 서로 다른 사회, 역사의 조건과 사상·문화 배경으로 조성된 것이고, 이러한 차이는 또한 양자의 수행방법의 다름을 초래하였다. 전통불교와 전통유학의 사유양식, 사상과 최종 목표의 주요한 차이를 말하자면 다음의 세 가지를 들 수 있겠다. 첫째, 불교는 "본체론"적 사유양식이고, 유학은 "천인합일(天人合一)"의 사유양식이다. 둘째, 불교는 추상적인 "불성(佛性)"을 중시하고, 유학은 현실적인 "인성(人性)", "심성(心性)"을 중시한다. 셋째, 불교는 성불(成佛)을 추구하여 보살행을 제시하고, 유학은 현자(賢者)를 논하여 성인(聖人)을 추구한다. 그리하여 이로부터 나타나는 양종의 수행방법의 차별, 핵심적으로 표현하자면 불교는 돈오견성(頓悟見性)을 중시하고, 유학은 수심양성(修心養性)을 강조하고 있다.

제1절 반본귀극(反本歸極)과 돈오견성

위의 불성(佛性)과 관련된 논술에서 대승불교는 이미 원시불교와 같이 회신멸지(灰身滅智), 요탈생사(了脫生死)를 수행의 최종 목표로 하지 않고, 반본귀극(反本歸極)하여 불성을 체증(體證)함을 취지로 하고 있음을 쉽게 알 수 있을 것이다. 이러한 변화는 대승불교로 하여금 원시불교와 같이 여러 겁(劫)에 걸친 수행을 강조하지 않고 반야(般若)의 지혜와 돈오견성을 보다 강조하게 되었다.

중국불교는 위진남북조(魏晉南北朝) 이후 대승불교가 주도적인 위치를 치지히게 되었다. 이에 따라서 중국불교의 각 종파는 수행방법에 있어 "점수(漸修)"를 완전히 부정하지는 않았지만 총체적으로 보자면 "돈오(頓悟)"로서 극치를 이루었다.

중국불교사에서 그 예를 들어보기로 하겠다. 중국불교발전사에서 가장 중요한 관건이 되는 인물은 바로 축도생(竺道生)이다. 축도생의 불교사상의 핵심은 두 가지로 볼 수 있는데, 첫째는 "모든 중생이 불성을 지니고 있다."는 것이고, 둘째는 "돈오성불(頓悟成佛)"을 제창한 것이다.

축도생의 "돈오"는 또한 "대돈오(大頓悟)"라고도 불리는데, 이는 이전의 지루가참(支婁迦讖)과 도안(道安)의 "소돈오(小頓悟)"와 구분하기 위한 것이다. "소돈오"의 기본관점은 전육지(前六地)의 사람들은 진성(眞性)을 깨닫지 못하고, 칠지(七地)에 이르러 무생(無生)을 깨닫기 시작한다고 주장한다. 또한 칠지는 비록 무생을 깨닫지만 공행(功行)이 충분하지 못하여 아직 구경(究竟)을 체증하지 못하였기 때문에 팔, 구, 십삼지로 계속 진행하여야만 마침내 구경을 체증한다고 한다.[1] 축도생의 "대돈오"는 십주(十住)까지는 도를 깨달을 가능성이 없는 대몽(大夢)의 경계이고, 십주 이후의 "금강심(金剛心)"은 능히 활연대오(豁然大悟)하여 일체의 의혹을 깨끗이 끊는다고 하고 있다. 혜달(慧達)은 『조론소(肇論疏)』에서 축도생의 돈오에 대하여 다음과 같이 논술하고 있다.

> 두 가지 돈오는 서로 이해가 같지 않다. 첫째 축도생법사의 돈오에서 말하기를, 대저 돈(頓)이라고 칭하는 것은 이치를 밝히는 것과 나눌 수 없

---

1) 南齊劉虯의 『無量義經序』에서 "尋得旨之匠, 起自支公. 支公之論無生, 以七住爲道慧陽足, 十住則群方輿能, 在迹斯篤, 語照則一."라고 하고, 『世說新語·文學篇注』에서도 "『支法師傳』曰, 法師研十地, 則知頓悟于七住."라고 하고 있다.

는 것이고, 깨달음(悟)은 지극히 비춤을 말한다. 불이(不二)의 깨달음으로 불이의 이치에 부합한다. 이지(理智)에 가리움이 걷히니 이를 일러 돈오라 한다.2)

『대반열반경집해(大般涅槃經集解)』1권에서도 축도생의 서문을 인용하여 다음과 같이 서술하고 있다.

> 진리는 자연하여 깨달으면 그윽히 부합한다. 진리는 차등이 없으니 깨달음에 어찌 변화(易)를 용납할 것인가? 변화가 없는 체(體)는 담담히 항상 비추지만, 다만 어리석음을 따라 근본에 어긋남으로 깨달음이 내게 있지 아니할 뿐이다.3)

이는 축도생의 법성이체(法性理體)로서 본유(本有)에는 차별이 없고, 열반불성은 고요하게 서로 비추고, 깨달음의 지혜는 불이(不二)의 이치에 부합하기 때문에 돈오라고 한다는 것을 말하고 있다. 이치는 나눌 수 없는 것이기 때문에 깨달음은 곧 완전한 깨달음이고, 어떤 단계를 허용하지 않는다는 것이다.

『묘법연화경주(妙法蓮華經注)』에서 축도생은 또 다른 각도에서 이미 얻은 무생(無生)에 대하여 설명하고 있다. 즉, 반드시 다시 삼지(三地)에 나아가 닦을 필요가 없다는 것이다.

> 무생법인(無生法忍)을 얻어 참으로 깨달은 사람들에게 어찌 말이 필요하리요! …… 이치를 보지 못한 때에는 말을 필요로 하지만, 이미 이치를 봄에 어찌 말을 쓰겠는가? 그물과 덫을 얻어 고기와 토기 구함에 이미 얻었으니, 어찌 그물과 덫을 설치하겠는가?4)

---

2) 兩頓悟者, 兩解不同. 第一竺道生法師頓悟云, 夫稱頓者, 明理不可分, 悟語極照. 以不二之悟, 符不二之理. 理智志釋, 謂之頓悟.
3) 夫眞理自然, 悟亦冥符. 眞則無差, 悟豈容易? 不易之體, 爲湛然常照, 但從迷乖本, 事未在我耳.

이는 이미 무생을 얻었다면 언어의 상을 초월한 것으로 마치 물고기와 토끼를 잡았으면 올가미와 통발을 버려도 되는 것과 마찬가지라는 의미이다. 만약 칠주(七住)에서 이미 무생을 얻고서 다시 나아간다면 이는 곧 손가락을 보고 달을 잃고, 통발만을 얻고서 물고기를 잃는 것과 같은 것이다. 축도생의 이러한 사상은 다시 그의 전기에 분명하게 서술되어 있다.

> 상(象)으로 뜻을 궁구하고 뜻을 얻으면 바로 상을 잊음이다. 말로서 이치를 설명하니 깨달아 들어가면 바로 말을 잊는다. 경전이 동쪽으로 전해짐에 역경하는 사람들이 거듭 막음에 많은 사람들이 글에 가리어 원만한 뜻을 보는 사람이 적음이다. 고기를 얻고 통발을 잊음에 비로소 더불어 도를 말하리라.5)

축도생의 사상이 "득의(得意)"를 중시하고, 뜻을 얻은 사람은 "돈오"를 버리더라도 상관이 없는 것임을 살펴볼 수 있다.

사료(史料)에 따르면, 축도생이 이초상외(理超象外)와 돈오성불을 제창한 이후, 당시의 사람들이 모두 그를 따랐다고 하고, 『속고승전(續高僧傳)』에 "송(宋)시대에 축도생을 중시하여, 돈오로써 경전을 이해하였다."는 승민(僧旻)의 말이 실려 있다. 여기에서 축도생의 돈오설이 남북조(南北朝)시대에 이미 하나의 풍조를 형성하고 있음을 알 수 있다.

축도생 이후 "돈오"를 널리 펼친 가장 두드러진 사람으로는 송(宋)대의 사령운(謝靈運)을 꼽을 수 있다.

사령운의 저서로는 『여제도인변종론(與諸道人辯宗論)』이 있는데, 축도생의 돈오설을 극찬하고, 또한 공자와 불교를 융합시킨 데 그 특징이 있

---

4) 得無生法忍, 實悟之徒, 豈須言哉. …… 夫未見理時, 必須言津, 旣見于理, 何用言爲. 旣獲筌蹄以求魚兎, 魚兎旣獲, 筌蹄何施.
5) 夫象以盡意, 得意則象亡. 言以詮理, 入則言息. 自經典東流, 譯人重阻, 多守滯文, 鮮見圓義. 若亡筌取魚, 始可與言道矣.『고승전(高僧傳)·축도생전(竺道生傳)』

다. 그의 지서에서 다음과 같이 논하고 있다.

> 석가모니 부처님의 교설에서 성도(聖道)는 비록 멀지만, 배움이 쌓이면 능히 이를 수 있고, 쌓임이 다하면 생을 비추므로 마땅히 점오(漸悟)가 아닌 것이다. 공자의 교설에서 성도(聖道)는 이미 미묘하여 비록 안회가 가깝다고는 하지만, 그 체는 두루 비춤이 없어 이치는 일극(一極)으로 돌아온다. 새롭게 논하는 도사가 있어, 고요히 비춤이 미묘하여, 단계를 허용하지 않고. 학의 쌓임은 끝이 없는데 어찌 스스로 끊겠는가? 지금 석가모니의 점오를 버리고, 그 능히 이르는 것만을 취하고, 공자의 가까움을 버리고 그 일극을 취한다. 일극은 점오와는 다르게 능히 가깝지 않음에 이를 수 있다. 그러므로 이치가 나아가는 바는 비록 각각의 논지를 취하여 합하였지만 공자와 석가모니의 본의를 떠나지 않았다. 내가 두 가지 논으로 이치를 찾아 말하는 것은 도가에서 제창하는 득의(得意)의 설이니, 감히 이러한 절충을 스스로 인정하여 신론(新論)으로 삼는 것이다.6)

이 구절의 대의는 다음과 같다. 불교의 성불은 비록 멀지만 점수(漸修)로 수행이 쌓이면 능히 도달할 수 있으므로 "돈오를 닫고, 점오를 연" 것이다. 유학의 성인은 학습하여 이루는 것이 매우 어려우므로 안자(顔子)조차도 "가까울〔殆庶〕" 뿐이므로 "누학(累學)을 닫고, 그 일극(一極)을 연" 것이다. 지금 새로운 도사(즉, 축도생)가 있어 "단계를 허용하지 않는" 학설을 세워 점수적학(漸修積學)에 반대하였다. 석씨(釋氏)가 비록 점오를 설했지만 그 가운데 능히 지극함에 도달하는 요지가 있어 지금 그것을 취하고 점오는 버리겠다. 공문(孔門)에 비록 "가깝다〔殆庶〕"는 말이 있지만 또한 "일극(一極)"을 논함이 있어 지금 "가까움"을 버리

---

6) 釋氏之論, 聖道雖遠, 積學能至, 累盡鑑生, 不應漸悟. 孔氏之論, 聖道旣妙, 雖顔殆庶, 體無鑑周, 理歸一極. 有新論道士, 以爲寂鑑微妙, 不容階級. 積學無限, 何爲自絶? 今去釋氏之漸悟, 而取其能至. 去孔氏之殆庶, 而取其一極. 一極異漸悟, 能至非殆庶. 故理之所去, 雖合各取, 然其離孔釋矣. 余謂二談救物之言, 道家之唱, 得意之説, 敢以折中自許. 竊謂新論爲然. 『중국불교사상자료선편(中國佛教思想資料選編)』 석준(石峻)편, 1권, 220쪽.

고 "일극"을 취한다. 이와 같이 절충하여 말하면 바로 성불할 수 있되 점오는 아닌 것으로, 종합하여 말한다면 바로 돈오성불인 것이다.

사령운의 축도생의 돈오설에 대한 설명은 여러 도인들에 대한 답변 가운데 나타나고 있다. 승유(僧維)의 "만약 자질이 엄청난 사람이 있다면 어찌 점오로써 얻지 못하겠는가?"라는 물음에 사령운은 다음과 같이 답한다.

> 쌓임[累]은 이미 다함이 없으므로 무(無)를 얻지 못하고, 적(積)의 허물이 다함에 비로소 무를 얻는다. 누(累)가 다하면 바로 무이고, 성(誠)에 부합한다. 장차 그 누를 제거함에 가르침[敎]을 필요로 한다. 유(有)에 있을 때는 배워서 깨닫지 못하며, 깨달음은 유표(有表)에 있고 배움을 의탁해 이른다. 다만 단계는 어리석은 사람을 가리키는 것이요, 한 번에 깨달음은 뜻을 얻은 논리이다.[7]

여기에서 누진(累盡)이 아직 다하지 못하였다면 "무(無)"를 없을 수 없고, 누진 이후에야 "무"를 얻을 수 있다고 하고 있다. 그런 까닭에 깨달음은 "유표(有表)"에 있다고 한다. "유표"라는 것은 축도생의 "상외(象外)"를 말하고, 또한 망상(忘象)을 의미하고 있다. 그러므로 "단계는 어리석은 사람을 가리키는 것이요, 한 번에 깨달음은 뜻을 얻은 논리이다."[8]라고 말하는 것이다.

"깨달음은 유표(有表)에 있다"는 "상외"의 논에 대하여 승유는 다시 묻기를, "만약 배워서 최고의 경지에 도달하면 그날 깨달음으로 나아가는가?", "만약 그날 깨달음으로 나아가면 그는 점오가 아님을 얻는 것인가?" 사령운은 이에 대하여 다음과 같이 대답한다.

---

7) 夫累旣未盡, 無不可得. 盡累之繁, 始可得無耳. 累盡則無, 誠如符契, 將除其累, 要須訪敎. 在有之時, 學而非悟, 悟在有表, 托學以至. 但階級敎愚之談, 一悟得意之論矣. 앞의 책, 222-223쪽.
8) 階級敎愚之談, 一悟得意之論.

대저 밝음은 점차 이름(至)이 아니고, 믿음은 교(敎)로 말미암아 일어난다는 것은 무엇을 말함인가? 교로 말미암는다고 말하는 것은 날로 진보하는 공능이 있다는 것이고, 점차 밝아지는 바가 아니라는 것은 들어가 비춤이 없다는 것이다. 도를 향하여 선심을 일으켜 누(累)를 버리고 구(垢)를 벗어난다. …… 마음에 본래 누가 없는 것이 아니라, 한 번 깨달음에 이르면 모든 막힘이 함께 다하는 것이다.[9]

교로 말미암아 믿음(信)이 일어나고, 또한 나날이 나아가는 공능(功能)이 있지만 점수로는 능히 이르지 못한다. 교로 말미암은 나날이 나아가는 공능은 비록 누학에 숨어 있는 티끌을 덜어주지만 단지 배움일 뿐이다. 다만 "모든 막힘이 함께 다하였을" 때 비로소 깨달음이라고 말할 수 있는 것이다. 이는 축도생의 "보고 이해함을 깨달음이라고 하고, 듣고 이해함을 믿음이라고 한다."[10]는 사상과 서로 통하는 것이다.

승유의 물음에 대한 대답 가운데, 사령운은 한 걸음 더 나아가 배움(學)은 점(漸)이고, 가짜〔假〕이며, 분별〔權〕임에 대하여, 깨달음은 돈(頓)이고, 항상됨〔常〕이요, 지혜〔智〕이고, 이치를 보는 것〔見理〕임을 밝히고 있다. 승려 혜린(慧驎)의 "진(眞)과 가(假)의 두 가지 지혜가 어떻게 다른가?"라는 물음에 사령운은 다음과 같이 답한다.

임시의 앎은 복루(伏累)이기 때문에 이치를 잠시 쓰는 것이고, 이치에서 잠시 쓰고 있는 것이니 그 앎은 항상하지 못한다. 참다운 앎은 고요히 비춤이기 때문에 이치에서 항상 씀이 된다. 항상 이치에서 쓰기 때문에 영원히 참다운 앎이 된다.[11]

---

9) 夫明非漸至, 信由敎發. 何以言之? 由敎而言, 則有日進之功. 非漸所明, 則無入照之. 然向道善心起, 損累出垢伏. …… 非心本無累. 至夫一悟, 萬滯同盡耳. 앞의 책, 223쪽.
10) 見解名悟, 聞解名信.
11) 假知者累伏, 故理暫爲用. 用暫在理, 不恒其知. 眞知者照寂, 故理常爲用. 用常在理, 故永爲眞知. 앞의 책.

임시의 앎〔假知〕은 바로 복루(伏累)이고, 고요히 비춤〔寂照〕이 참다운 앎〔眞知〕이라는 것이다. 그때 혜린은 다시 "이치가 마음에 있고, 누(累) 역시 마음에 있는데 장차 어떻게 그를 버리겠는가?"라고 물어, 사령운이 다음과 같이 답한다.

> 누(累)는 마음으로 인하여 일어나고, 마음이 접촉하여 누를 이룬다. 누에 항상 접촉하는 자는 마음이 날로 어둡고, 교(敎)를 용으로 삼는 자는 마음이 날로 누가 쌓인다. 누가 쌓임이 오래되면 누를 멸함에 이르지만, 그 멸하는 때는 복루의 뒤에 있다.12)

이는 믿음의 닦음은 단지 복루(伏累)일 뿐이고, 이치를 깨달음은 누를 멸하는 것〔滅累〕이라는 설명이다.

그러면 복루, 멸루는 어떤 구별이 있는가? 사령운은 다음과 같이 말한다.

> 복루와 멸루는 모양이 같으나 그 실(實)은 다르니 살피지 않으면 안 된다. 멸루의 체(體)는 사물과 나를 함께 잊고, 유(有)와 무(無)를 하나로 관한다. 나와 남의 정이 다르니 공(空)과 실(實)을 달리 본다. 공과 실, 나와 남이 차별되는 것이 걸림에 드는 것이다. 유와 무, 사물과 내가 하나인 것이란 벗어나 원만히 비춤이다.13)

복루에는 사물과 자기가 분리되어 있어 공(空)과 실(實)이 있고 없음을 분별하여 장애에 빠지게 되므로 참다운 깨달음이 아니다. 멸루는 바로 사물과 자기를 모두 잊고 있고 없음을 같이 관하는 경계이므로 막힘이 다하고, 그러므로 참다운 깨달음이라고 한다. 이러한 사상은 축도생

---

12) 累起因心, 心觸成累. 累恒觸者心日昏, 敎爲用者心日伏. 伏累彌久, 至于滅累, 然滅之時在累伏之後也. 앞의 책.
13) 伏累滅累, 貌同實異, 不可不察. 滅累之體, 物我同忘, 有無一觀. 他己異情, 空實殊見. 殊實空異己他者, 入于滯矣. 一有無同物我者, 出乎照也. 앞의 책, 323-324쪽.

의 불이(不二)의 이치를 깨닫는 돈오와 같은 유형이라고 하겠다.

사령운의 돈오설은 비록 구체적인 표현에 있어 축도생의 설법과 차별이 없지 않지만, 그 이론적인 근거에 있어서는 일맥상통하는 것이다. 이렇게 여러 도인들과의 논란 가운데 가르침을 듣고, 믿음으로 수행하는 것은 적학(積學)의 점오에서 비롯된 것이지만, 이치를 깨달음은 반드시 "유표(有表)"에 있으며, 뜻을 얻음은 마땅히 "상외(象外)"에 있다는 것이다. 실제로 이는 축도생의 "입리언식(入理言息)", "득의망상(得意忘象)"을 다시금 제창한 것이다.

축도생이 제창한 "돈오"사상은 사령운에 의한 천명(闡明)과 홍양(弘揚)을 거치면서 남북조(南北朝) 불교계에 더욱 커다란 영향을 끼치게 되었다. 비록 몇몇의 승려들이 이의를 제기하였지만[14] 돈오의 수행방법은 결국 대승불교의 반본귀극(反本歸極), 체증불성(體證佛性)의 법문이므로 점차로 불교계에서 중시하게 되었다. 수·당시대에 이르러서는 그러한 경향이 더욱 두드러졌다.

수·당시대의 불교는 주로 종파불교로 그 특징을 삼는다. 수·당의 각 종파들은 불교학설에 대하여 융합적인 태도를 갖고 있어서 당시 돈·점의 두 가지 수행방법은 남북조시대와 같이 양극단으로 대립하는 상황은 발생하지 않았다. 그러나 종종 교판(敎判)을 통하여 돈·점의 두 가지 수행방법을 동일한 체계 속으로 흡수하였다. 하지만 그 두 가지는 결코 평등하지 않고, 높고 낮음과 깊고 얕음으로 분류하여, 일반적으로 돈오를 깊고 여실하며 요의(了義)로서, 점오를 얕고 분별(權)이며 방편으로써 파악하였다. 천태종과 화엄종이 모두 그렇게 분류하고 있다.

천태에서는 "화법사교(化法四敎)"와 "화의사교(化儀四敎)"로 분류하고 있다. 그 가운데 "화의사교"는 중생의 기연(機緣)이 같지 않으므로 형식상으로 불교를 "점, 돈, 비밀(秘密), 부정(不定)"의 네 종류로 분류하고

---

14) 南北朝시대에 頓悟를 반대하여 漸悟를 주장한 사람은 『涅槃無名論』에 "無名"씨가 돈오설에 대하여 힐난한 것이 실려 있고, 慧觀의 『漸悟論』 등이 있다.

있다. 이른바 "점"은 차제행(次第行), 차제학(次第學), 차제입도(次第入道)이고, "돈"은 바로 초발심(初發心)을 따르고, 도량(道場)에 앉는 것이다. 『마하지관(摩訶止觀)』에서 설하는 삼종의 지관(止觀)은 첫째가 점차(漸次)이고, 둘째가 부정(不定), 셋째가 원돈(圓頓)으로서, "점(漸)은 처음에는 얕고 점차로 깊어짐이요, 그와 같이 단계를 오르는 것이고", "원돈은 처음과 끝이 둘이 아니며, 이와 같이 통한 자는 등공(騰空)하게 된다."고 설명하고 있다. 천태 지의(智顗)대사의 사상에서 본다면, 이러한 세 가지 지관 가운데 원돈으로서 그 구경을 삼고 있음을 알 수 있다. 그러나 또한 점오를 완전히 버리지는 못하였고, 크고 작은 점돈의 상자(相資)를 용(用)으로 삼는다고 주장하고 있다. 당시 어떤 사람의 "어떻게 상자(相資)로 용을 삼는가?" 하는 물음에 다음과 같이 답한다.

소승이 대승법을 들음에 소승을 부끄러워하고 대승을 따른다. 이것이 돈(頓)이 소승을 도움이다. 부처님이 선길(善吉)에게 전교(轉敎)를 명하니, 크게 보살에게 유익하다. 이것이 점(漸)으로 돈을 도움이다.15)

만약 소승이 대승을 밝히면 점, 돈이 서로 도움이다. 만약 소승을 알아 대승으로 돌아가면 돈, 점이 하나로 합함이다.16)

마땅히 돈에 따른 점이요, 점에 따른 돈임을 알아라.17)

화엄종은 천태의 교판(敎判)설을 흡수하여 불법을 오교(五敎), 즉 "소승교(小乘敎)", "대승시교(大乘始敎)", "종교(終敎)", "돈교(頓敎)", "원교(圓敎)"로 분류하였다. 법장(法藏)은 어떤 때는 중간의 삼교를 점교와 돈교로서 분류하기도 하였다. 법장의 이러한 점, 돈교의 계위적인 안배는

---

15) 小聞于大, 恥小而慕大, 是爲頓資小. 佛命善吉轉敎, 大益菩薩, 是爲漸資頓. 『법화현의(法華玄義)』2권, 상.
16) 若小明大, 是漸頓相資, 若會小歸大, 是頓漸泯合. 앞의 책.
17) 當知卽頓而漸, 卽漸而頓. 앞의 책.

그가 돈교를 점교보다 한층 더 높이 보았음을 분명하게 알게 해준다. 징관(澄觀)도 같은 사상을 갖고 있었다. 그의 『대화엄경약책(大華嚴經略策)』에서 다음과 같이 논하고 있다.

> 교에는 깊고 얕음이 있고, 근기에는 수승하고 하열함이 있다. 비밀함으로부터 드러냄에 이름에 점교는 하열한 사람을 이끄는 것이다. 초심에 몰록 깨달음이니, 원만한 가르침을 상근기에게 보여, 원만히 믿고, 원만히 이해하고, 만행을 원만히 닦아 몰록 깨닫고 이루니, 만덕을 원만히 갖춘 것이다.18)

징관도 점교를 열등한 근기에 대한 얕은 가르침으로 인도하는 것으로, 원교를 최상으로 보고 있음을 알 수 있다. 이는 법장(法藏)이 돈(頓) 후에 다시 일원(一圓)을 세우고 있는 것과 일치한다.

천태, 화엄의 양 종이 비록 "돈"을 "점"에 비하여 보다 구경(究竟)의 법문으로 보지만 창종(創宗) 교판(敎判)의 유일한 표준으로 삼지는 않는다. 하지만 선종(특히 혜능의 남종)에 이르러 돈오견성, 돈오성불의 사상은 바로 창종입론의 핵심으로 되고 있다.

혜능이 돈오를 중시한 것은 『단경(壇經)』 가운데 여러 곳에서 명확하게 밝히고 있어 여기에서는 간단히 그 개요를 살피고자 한다. 혜능은 『단경』에서 다음과 같이 설하고 있다.

> 그러므로 일체의 만법이 자신에게 있는 줄 알 것이니, 어찌 자신을 좇아 진여본성이 몰록 나투지 않겠는가.19)

> 내가 홍인화상 처소에서 한 번 듣고 대오하니 몰록 진여본성을 본 것이

---

18) 夫敎有淺深, 根有勝劣. 從微至著, 漸敎誘于劣機. 初心頓圓, 圓敎拔于上士, 卽圓信圓解, 萬行圓修, 頓悟頓成, 萬德圓備.
19) 故知一切萬法, 盡在自身中, 何不從自心頓現眞如本性.

다. 이러한 까닭에 이 가르침을 후대에 전하니, 도를 배우는 자는 보리를 돈오하고, 자기의 본성을 돈오할 것이다.[20]

만약 남이 없는 돈법을 깨달으면 서방을 봄이 찰나요, 돈교대승을 못 깨달으면 염불하여 왕생함이 멀다.[21]

허구한 세월을 미혹하여 왔으나, 깨달으면 찰나의 시간이다.[22]

혜능이 여기에서 말하는 "돈오"는 이전의 "돈오"보다 진일보한 것이다. 이전의 불교계에서 말하는 돈오가 반드시 점수를 기초로 한다면, 혜능의 돈오설은 수습을 통하지 않고도 바로 대오(大悟)를 얻을 수 있고, 성불의 자리에 설 수 있는 것이다. 이러한 수습을 통하지 않고 즉각 대오하는 수행방식은 혜능이 제창한 이후 선종에 있어서 하나의 기본원칙으로 되었다. 혜능의 적전(嫡傳) 제자인 신회(神會)는 "예리한 검으로 묶여진 밧줄을 끊음"으로 돈오로써 일체의 번뇌혹업장(煩惱惑業障)의 단제(斷制)를 비유하였다. 또한 그는 돈·점의 논쟁을 벌여 신수(神秀)로 대표되는 북종(北宗)을 "방문(傍門)"으로 밀어버렸다. 이후에 마조(馬祖)의 문하인 혜해(慧海)와 회해(懷海)의 제자인 희운(希運)은 돈오사상을 "유일한 법문"이라고 주장하였다. 혜해는 "오직 돈오라는 하나의 문이 있어 바로 해탈을 얻을 수 있다."[23]라고 하였고, 희운은 다시 역대의 힘든 수행을 "다만 괴로움을 받는 것일 뿐"[24]이라고 하였다. "삼아승지겁(三阿僧祇劫)이 지나도록 정진, 수행하여 모든 지위(地位)를 닦더라도 일념(一念)을 증득할 때는 단지 원래 부처임을 증득하는 것으로 다시 그 위에

---

20) 我于忍和尚處, 一聞言下大悟, 頓見眞如本性, 是故將此教流行後代, 會學道者頓悟菩提, 令自本性頓悟.
21) 若悟無生頓法, 見西方只在刹那. 不悟頓教大乘, 念佛往生路遙.
22) 迷來經累劫, 悟則刹那間.
23) 唯有頓悟一門, 卽得解脫.『돈오입도요문론(頓悟入道要門論)』
24) 『균주황벽산단제선사전심법요(筠州黃檗山斷際禪師傳心法要)』

더해야 할 것은 없다."25) 또한 "그대로 곧 옳음이니, 생각이 움직이면 곧 어긋남이요, 그런 후에 본래 부처로 삼는다."26)를 제창하여 "자심(自心)이 본래 부처임을 그대로 문득 깨달으면 하나의 법도 얻을 것이 없고, 하나의 행도 닦을 것이 없다. 이것이 진여불(眞如佛)이다."27)라고 하였다.

중국불교는 축도생으로부터 "돈오"의 수행방법이 계속 불교계의 관심을 끌게 되었고, 비록 많은 사상가들이 "점오"와 "점수"를 완전히 폐기하자는 주장은 하지 않았지만, 일반적으로 "돈오"를 구경(究竟)으로 삼았고, "돈오"를 "점수"보다 훨씬 높은 지위에 두었던 것이다. 여기에서 사람들은 하나의 문제에 봉착하게 된다. 그것은 "어째서 중국불교는 '돈오'를 보다 근본적인 수행방법으로 채택하였을까?"하는 것이다. 이러한 문제에 답하려면 반드시 중국불교의 기본적 사유양식, 즉 본체론적인 사유양식과 연계하여 생각해야 할 것이다.

이론상으로 말하자면, "돈오"의 수행방법은 특정한 사유양식과 서로 대응적이다. 바꾸어 말하자면 불교의 발전이 본체론으로써 가장 근본적인 사유양식으로 성립된 이후, 그 수행방법도 그에 상응한 변화가 필요하게 되었던 것이다. "본체"는 "무성무취(無聲無臭)"이고, "무형무상(無形無象)"인 것이기 때문에, 그것은 어떤 유형유상의 "실체"와는 다른 것이다. 만약 실체가 "부분"의 상(相)으로 이루어진 것이라면, 더 많은 "부분"의 상을 더한다고 해도 "본체"를 이루지는 못하는 것이다. 따라서 본체를 파악하는 데 있어 "부분"의 인식을 누적시킨다 해도 실현시키는 것이 불가능한 것이다. 불교의 술어를 사용하여 말한다면 바로 "득본칭성(得本稱性)"이고 "반본귀극(反本歸極)"으로, 오직 "돈오"만이 있을 뿐이요 "점수"로서는 불가능한 것이다. 물론 대승불교는 결코 "점수"를 완전

---

25) 縱使三祇精進修行, 歷諸地位, 及一念證時, 只證元來是佛, 向上更不添一物. 앞의 책.
26) 直下便是, 運念卽乖, 然後爲本佛. 앞의 책.
27) 直下頓了, 自心本來是佛, 無一法可得, 無一行可修, 此是眞如佛. 앞의 책.

히 부정하지는 않지만, 그러나 이러한 점수는 단지 "돈오"가 발생할 수 있는 조건이고, 기초를 다지는 것이라고 할 수 있다. 축도생의 말을 빌리자면 다만 "자피지지(資彼之知)"요, 비록 "나날이 나아가는 공능"이 없지 않지만 최종 목표의 실현에는 "돈오"가 아니면 안 되는 것이다. 따라서 대승불교는 "돈오"로써 그 극치로 삼는다고 하겠다.

대승불교의 최고경지에 도달하는 것이 어째서 "점수"로는 불가능하고, "돈오"로서만이 가능한 것인지에 대한 논술은 수없이 많다. 예를 들면, 승조(僧肇)의 저술로 알려진 『열반무명론(涅槃無名論)』에서 "마음이 체가 아니라면 아직 깨닫지 못한 것이고, 체는 마땅히 그 미묘함을 궁구하여야 한다. 체가 아직 다하지 않았다면 그는 아직 깨닫지 못한 것이다."[28]라고 하고 있다. 이는 점오설에 대한 논박으로, 본체의 체증과 깨달음에 있어서 깨닫지 못하였다면 아직 이르지 못한 것이요, 이미 깨달았다면 전체에 속한 것으로 이번에는 이 부분을 깨닫고, 다음에는 다른 부분을 깨닫는 것은 불가능하다는 것이다. 왜냐하면 본체, 혹은 "이(理)"는 나눌 수 없기 때문이라는 것이다. 이에 대하여 축도생 및 후대의 선종에서는 보다 상세하게 논술하고 있다.

축도생의 입장에서 보자면, 부처는 곧 "반본칭성(反本稱性)", "득본자연(得本自然)"을 이르는 것이고, 또한 이러한 "본(本)"은 바로 무형무상(無形無相)으로서 언어의 표현을 초절(超絶)하는 것이다. 그러므로 형상을 가질 수 없는 것이고, 언어로서 전할 수 없는 것으로, 득의(得意)를 중요하게 여기고 있다. 따라서 축도생은 "상외지담(象外之談)"과 "득의지설(得意之說)"을 제창한 것이다. 또한 이러한 본체는 바로 순수하고 완전한 하나의 이체(理體)로서 불이(不二)인 것이다. 그러므로 이러한 본체를 깨닫는 지혜도 계급, 차제(次第)의 분류도 허용하지 않아, 마땅히 불이(不二)의 깨달음으로써 불분(不分)의 이치에 부합하는 것이다. 이로부

---

28) 心不體則已, 體應窮微. 而曰體而未盡, 是所未悟也.

터 축도생의 "돈오"학설은 완전히 본체의 이(理)로써 그 사상의 기초를 삼고 있음을 살펴볼 수 있다.

선종(禪宗)에 이르러 "경전은 부처님의 말씀이고, 선은 부처님의 뜻"임을 다시금 제창하여 선은 다만 뜻으로 계합하는 것으로 언어로는 전할 수 없는 것임을 밝혔다. 이러한 논리적 근거는 또한 "본래시불(本來是佛)"의 "본심본체(本心本體)"를 삼라만상을 포괄하는 정체(整體)로 보는 것이다. 이러한 "본심본체"에 대한 증오(證悟)는 다만 "묵계의회(默契意會)", "직하돈오(直下頓悟)"에 의해서만이 가능한 것이다. 그러므로 선종은 "이심전심(以心傳心)", "직지변시(直指便是)"를 제창하고 언어문자의 탐구를 반대하였다.

결론적으로 말하자면, 축도생과 선종을 막론하고 심지어는 천태, 화엄 등의 각 종파까지도 비록 그들의 구체적인 사상은 완전히 일치하지는 않지만 공통되는 부분이 있다. 그것은 바로 그들이 모두 본체론의 사유양식을 지니고 있다는 것이다. 따라서 모두 "반본귀극", "체증불성(體證佛性)"으로 귀착하고 있고, 모두 "회귀본체(回歸本體)"와 "본체와의 합일"을 최고의 경계로 삼고 있으며, 이러한 최고경계의 실현은 또한 모두 "깨달음", 특히 "돈오"를 사용하고 있다.

제2절 성현작성(成賢作聖)과 수심양성(修心養性)

불교의 최종 목표가 성불과 보살도를 행하는 것과는 달리 유가의 최고 이상경계는 현자가 되고 성인의 경지에 도달하는 성현작성(成賢作聖), 혹은 "내성외왕(內聖外王)"이다. 이렇게 최종 목적의 다름에 따라 유가의 수행방법도 불교와 다르게 제시된다.

"천인합일(天人合一)"의 사유양식을 바탕으로 하는 유가에 있어서는 도(道)의 커다란 근원을 "천(天)"으로 귀결시키고 있다. 따라서 유가의 이상적인 인격의 성현의 가장 기본적인 요건은 바로 천도(天道)를 체득하고, 나아가 천도와의 합일이다. 유가의 수행이론을 전체적으로 살펴볼 때, 천도를 체득하는 가장 기본적인 방법은 바로 심성(心性)의 수양을 통한 것이다. 이는 맹자(孟子)가 "그 마음을 다하는 것은 그 성품을 아는 것이요, 그 성품을 아는 것은 바로 하늘을 아는 것이다. 그 마음을 보존하고, 그 성품을 길러서 하늘을 섬기는 것이다."[29]라고 설한 바와 같다.

수심양성(修心養性)의 방법에 대하여 유가에서는 상당히 정비된 이론체계를 갖고 있다. 이러한 이론체계에서 두드러진 하나의 특징은 바로 주관적인 내성(內省)을 강조하는 데 있다. 이 점은 유가의 창시자인 공자로부터 대단히 중시하였다. 공자는 단지 "안으로 살펴 꺼릴 것이 아닌

---

[29] 盡其心者, 知其性也, 知其性者, 則知天矣. 存其心, 養其性, 所以事天也.『맹자(孟子)·진심(盡心)』상.

데, 무엇이 걱정이며 무엇이 두렵겠는가?"30)라고 생각하여, 자신에 대하여 그는 "나는 하루에 세 번 내 자신을 반성한다."31)라고 하였다. 다른 측면으로 공자는 자주 제자들에게 "인을 행함에 자기로부터 말미암는다."32)라고 가르쳐, "군자는 자기에게서 구하고, 소인은 남에게서 구한다."33)라고 하였다. 이러한 사상은 유가의 수양이론에 상당히 중요한 영향을 미친다. 유가의 두 번째 성인인 맹자 및 수많은 유학가들은 모두 "반구제기(反求諸己)"를 대단히 중시하여 그를 수심양성의 가장 중요한 기본원칙으로 삼는다. 따라서 유가의 수양이론 가운데 수많은 구체적인 수행방법은 모두 이러한 기본원칙으로부터 파생되어 나온 것이라고 말할 수 있다.

구체적인 수행방법에서 말하자면 유가에서 가장 강조한 것은 바로 "존심양성(存心養性)"이다. 유가에서는 맹자로부터 "마음(心)"을 금수와 구분하고, 혹은 군자와 소인을 구별하는 하나의 중요한 지표로 삼는다. 따라서 어떻게 이 "심성"을 존양(存養)하는가 하는 것은 어떻게 현자가 되고 성인의 경지에 도달하는가 하는 관건이 되는 것이다. 맹자는 다음과 같이 설한다.

> 대인이란 그 적자(赤子)의 마음을 잃지 않는 것이다.34)

> 군자가 일반 사람과 다른 것은 그것[四端之心]을 마음에 보존하는 데 있다.35)

이는 "대인"이 대인으로 되고, "군자"가 군자로 되는 관건은 바로 천

---

30) 內省不疚, 夫何憂何懼. 『논어(論語)·안연(顏淵)』
31) 吾日三省吾身. 『논어(論語)·학이(學而)』
32) 爲仁由己. 『논어(論語)·안연(顏淵)』
33) 君子求諸己, 小人求諸人. 『논어(論語)·위령공(衛靈公)』
34) 大人者, 不失其赤子之心. 『맹자(孟子)·이루(離婁)』하.
35) 君子所以異于人者, 以其存心也. 앞의 책.

명(天命)의 성품(性)을 능히 보존하는가에 있다는 것이다. 즉, "적자지심(赤子之心)"을 잃어버리지 않게 하는 데 있다는 것이다. 맹자는 "사람은 닭과 개가 나가면 찾을 줄 알지만, 마음을 놓아버린 것은 찾을 줄 모른다."36)고 질책하고 "애석하다.〔哀哉〕"고 크게 한탄하여, 인간의 길, 군자의 도리를 구하지 않음을 슬프게 생각하였다.

이밖에 천명의 심성에 대하여 단지 "그를 보존하는 것"만이 아니라 또한 그를 "확충(擴充)"할 것을 요구하고 있고, 이러한 심성 가운데 확충할 것은 바로 "선단(善端)"이다. 맹자는 "무릇 사단이 나에게 있음을 넓혀서 채울 줄 알면, 마치 불이 처음 타오르며 샘물이 처음 솟아나는 것과 같을 것이니, 진실로 이것을 채울 수 있다면 그로써 사해를 보호할 수 있고, 진실로 이것을 채우지 못하면 그 때문에 부모를 섬길 수도 없을 것이다."37)라고 하고 있다. 이는 인간 고유의 "선단(善端)"은 본래 매우 미약하여 마치 조그마한 불씨와도 같지만 그를 확충한다면 곧 평원을 불태울 수 있을 것이고, 그를 잘 지키지 못한다면 꺼져버리고 말 것이다. 그 두 가지의 결과는 크게 다르다. 만약 능히 확충한다면, "그로써 사해를 보호할 수 있다.〔足以保四海〕"고 하고, 확충하지 못한다면 곧 부모에게 효도조차도 못하는, 가장 기본적인 인륜도덕도 갖추지 못하게 될 것이다. 또 다른 측면에서 이러한 "심성"에 대하여 잘 기를 것을 요구하고 있다. 또한 이러한 "양심(養心)"의 가장 좋은 방법은 "구방심(求放心)"으로, 이는 바로 맹자가 말한 "학문의 도는 다른 것이 없다. 그 놓아버린 마음을 찾는 것일 뿐이다."38)와 같은 것이다. 이른바 "구방심"이란 실제적으로 마음을 맑게 하고, 욕심을 적게 갖고, 마음의 부담을 최대한 경감시킬 것을 요구하고 있다. 따라서 맹자는 "마음을 기르는 것은 욕심

---

36) 人有鷄犬放則知求之, 有放心而不知求.『맹자(孟子)·고자(告者)』상.
37) 凡有四端于我者, 知能擴而充之矣, 若火之始然, 泉水始達. 苟能充之, 足以保四海, 苟不充之, 不足以事父母.『맹자(孟子)·공손추(公孫丑)』상.
38) 學問之道無他, 求其放心而已矣.『맹자(孟子)·고자(告者)』상.

을 줄이는 것보다 더 좋은 것이 없다."39)고 설하고 있다. 맹자의 이러한 과욕(寡慾)의 양심(養心)설은 후대 유가에 대하여 매우 커다란 영향을 끼치고 있고, 송명(宋明) 이학가(理學家)의 "존천리(存天理), 멸인욕(滅人慾)"설의 연원이 되고 있다.

선진(先秦)시대의 또 다른 대유학자인 순자(荀子)도 "마음(心)"과 "양심"을 중시하였다. 그는 "마음"을 "도(道)"를 아는 주체로 보아 "인간이 어떻게 도를 아는가? 그것은 마음이 있기 때문이다."40)라고 하였다. 다만 "양심"의 방법에 있어서는 맹자의 "과욕의 양심설"과 완전히 일치하지는 않는다. 순자는 정욕의 문제에 대하여 욕심에 따르든, 욕심을 줄이든, 혹은 금욕이든지 상관없이 모두 착오라고 하고 있다. 만약 단순히 정욕을 따른다면 그는 예의에 맞지 않게 되고, 결국 어지러움이 발생하게 되고, 반대로 만약 단순히 욕심을 줄이거나 금욕한다면 그도 또한 인간의 본성에 부합되지 않는다고 한다. 왜냐하면 정(情)은 바로 성(性)의 본질이 존재하는 곳이고, 정의 작용이 바로 욕심이기 때문에 인간의 정욕은 마땅히 어느 정도의 만족을 얻어야 한다는 것이다. 따라서 순자는 "예로써 정을 길러야 한다.〔禮以養情〕"는 주장을 하고 있다. 그는 다음과 같이 설하고 있다.

> 예는 무엇 때문에 일어나는가? 이르기를, 사람은 태어나면서 욕심이 있고, 욕심을 얻지 못하더라도 구함이 없을 수 없다. 구함에 적당한 한계가 없기 때문에 다툼이 없을 수 없다. 다투면 어지러워지고, 어지러우면 궁해진다. 선왕(先王)은 그 어지러움을 싫어한다. 그러므로 예의를 제정해 어지러움을 분별하게 하였고, 사람의 욕심을 길들였으며, 사람들의 구하는 바를 주었다. 욕심을 내되 재물에 궁하지 않게 하고, 재물이 욕심으로 바닥나지 않게 하여, 이 두 가지를 잘 유지하였으니, 이것이 예의가 일어나는 까닭이다. 그러므로 예의는 길러지는 것이다.41)

---

39) 養心莫善于寡慾. 『맹자(孟子)·진심(盡心)』하.
40) 人何以知道. 曰, 心. 『순자(荀子)·해폐(解蔽)』

공경하고 사양하는 것이 편안함을 기르는 까닭임을 누구나 알고 있고, 예의와 문리가 정(情)을 기르는 바임을 누구나 알고 있다.42)

선왕이 예의를 만든 까닭은 바로 정을 기름에 있음이요, 성의 체현으로서의 정욕이 어느 정도 만족을 얻는다면 정욕으로 인한 투쟁은 일어나지 않는다는 것이다. 따라서 욕심을 줄이거나 금욕해야 한다는 주장은 인간의 본성에 맞지 않는다는 것이고, 예의를 부정하는 것이라고 한다. 순자의 견해에 따른다면 정욕에 대한 올바른 태도는 마땅히 예의, 법도에 따라야 하고, 인간의 정욕에 대하여 합리적인 절제를 시켜 그 적합한 정도에서 멈추게 하여야 한다는 것이다. 또한 인간이 이러한 점에 도달할 수 있는 것은 인간에게는 가장 고귀한 "마음"이 있기 때문이라고 한다. 그는 다음과 같이 설한다.

가능하던 가능하지 않던 간에 욕망이 움직이는 것은 천성이고, 그 가능한 데서 추구하는 것은 마음에서 받는 것이다. 타고난 하나의 욕망은 마음의 모든 생각에 의해서 제약을 받기 때문에 타고난 대로 욕망을 다 충족시킬 수 없는 것이다. 사람이 가장 바라는 것은 삶이요, 가장 싫어하는 것은 죽음이다. 그러나 삶을 좇다가 죽음에 이르는 것은 살기를 바라지 않고 죽음을 바라기 때문이 아니라 살 수 없기 때문에 죽는 것이다. 따라서 욕망이 지나쳐도 행동이 그에 미치지 않는 것은 마음이 제지하기 때문이다. 이때 마음이 도리에 맞으면 욕심이 비록 많다고 해도 어찌 다스림에 거스르겠는기! 욕심은 적어도 행동이 지나치면 마음이 그렇게 하도록 한 것이니, 마음이 도리를 잃으면 욕심이 비록 적다 하여도 혼란에 빠지는 것이다! 그러므로 다스림의 혼란은 마음에 있는 것이지 욕심의 많고 적음에 있는 것이 아니다.43)

---

41) 禮起于何也? 曰, 人生而有欲, 欲而不得, 則不能無求, 求而無度量分界, 則不能不爭. 爭則亂, 亂則窮. 先王惡其亂也, 故制禮義以分之, 以養人之欲, 給人以求. 使欲必不窮乎物, 物必不屈于欲, 兩者持而長, 是禮之所起也. 故禮者養也.『순자(荀子)·예론(禮論)』
42) 孰知乎恭敬辭讓之所以養安也, 孰知禮義文理之所以養情也. 앞의 책.
43) 欲不待可得, 而求者從所可. 欲不待可得, 所受乎天也. 求者從所可, 受乎心也. 所受乎天

인간의 욕망은 항상 존재하고 이러한 욕망을 만족시키려 하고 있어 가능한 측면으로 그를 채우려 한다는 것이다. 정(情)은 욕망과 함께 인간의 천성인데, 욕망의 만족을 추구하는가 하지 않는가의 근거는 마음의 작용에서 나오는 것이다. 인간의 마음은 여러 방면으로 문제를 고려할 수 있기 때문에 이미 주어진 조건으로부터 벗어나지 않고 끊임없이 욕망의 만족을 추구해 간다. 바로 이 때문에 삶은 모든 사람이 바라는 것이고, 죽음은 모든 사람이 싫어하는 것이지만 구차하게 사느니 차라리 죽기를 바라는 경우가 있는 것이다. 이 가운데 관건이 되는 것은 마음에서 득실을 계산하는 작용이다. 만약 마음에서 취하고 버림이 합리적이라면 욕망이 비록 많다고 하여도 해롭지 않지만, 마음에서 취하고 버림이 불합리하다면 욕망이 적다고 하여도 혼란을 멈추지 못할 것이다. 그러므로 혼란을 다스리는 것은 욕망에 있지 않다는 것이다. 이러한 구절에서 보면 비록 정욕에 대한 순자와 맹자의 태도는 같지 않지만, 마음의 작용을 중시한다는 것에서는 통하는 바가 있다. 모두 마음을 수행의 관건으로서 파악하고 있는 것이다.

내적인 성찰을 통하여 "천도(天道)"를 인식하고 체증하는 수행방법은 유가의 "성(誠)"의 이론에서 보다 상세하게 논술되어 있다. 맹자는 "그런 까닭에 성(誠)은 하늘의 도이고, 성실을 생각하는 것은 인간의 도이다."44)라고 하고, 순자도 또한 "군자가 마음을 기르는 것은 성(誠)보다 더 나은 것이 없고, 성에 이르게 되면 일이 없음이다."45)라고 하였다. 『중용(中庸)』에서는 맹자의 이론을 계승하고, 또한 순자의 사상도 흡수하여 "성(誠)은 하늘의 도이고, 성실하려는 것은 인간의 도이다."46), "성(誠)으

之一欲, 制于所受乎心之多, 固難類所受乎天. 人之所欲生甚矣, 人之所惡死甚矣, 然而人有從生成死者, 非不欲生而欲死也, 不可以生而可以死也. 故欲過之而動不及, 心止之也. 心之所可中理, 則欲雖多, 奚傷于治! 欲不及而動過之, 心使之也. 心之所可失理, 則欲雖寡, 奚止于亂! 故治亂在于心之所可, 亡于情之所欲. 『순자(荀子)·정명(正名)』

44) 是故誠者, 天之道, 思誠者, 人之道也. 『맹자(孟子)·이루(離婁)』 상.
45) 君子養心莫善于誠, 致誠則無事矣. 『순자(荀子)·불구(不苟)』
46) 誠者, 天之道也, 誠之者, 人之道也,

로부터 밝아짐을 일러 성(性)이라 하고, 밝음으로부터 성(誠)에 이름을 가르침이라고 한다."47)라고 한다. 이 가운데 "성(誠)"은 성인(聖人)의 본성의 근원인 도덕규범으로, 바로 "천도(天道)"이다. 그리고 이른바 "사성(思誠)", "성지(誠之)", "명성(明誠)"은 비로 내적인 성찰의 노력이다. 유가에서는 이러한 주관적인 내성(內省)의 노력을 통하여 사람들이 "마음(心)"과 "성(性)"으로부터 "천도"에 도달하고, 그에 따라 "천인합일(天人合一)"의 경지에 이른다고 한다. 이는 『중용』에서 "오직 천하에 성(誠)이 지극해야 능히 본성을 다한다. 능히 그 본성을 다하면 가히 천지의 화육을 도우며, 가히 천지의 화육을 도우면 천지와 함께 한다."48)라고 설하는 것과 같다. 이로부터 전통유가의 수행방법에 있어서 가장 기본적인 사상노선 및 그 최고경계는 바로 심성의 내적인 성찰을 통하여 "천도"에 도달하고, 나아가 "천인합일"을 실현하는 것이라고 말할 수 있겠다.

  유가의 주관적 내성의 수양방법은 또 하나의 특징이 있다. 그것은 "신독(愼獨)"이다. "신독"은 바로 다른 사람들이 보고 듣지 않는 한적한 곳에 홀로 있을 때에도 조심하고 근신하며, 말 한 마디, 몸가짐 하나가 모두 도에 맞게 하라는 것이다. 이러한 수행방법은 『순자(荀子)』에서 최초로 찾아볼 수 있다. 「불구(不苟)」편에서 순자는 "이는 천명(天命)에 따르며, 삼감으로써 그 홀로 있음이다."49)라고 설하고 있다. 후대에 "사서(四書)"로 채택되어지고, 후기 유가, 특히 송명 이학(理學)의 발생에 중대한 영향을 준 『대학(大學)』, 『중용』에서 이러한 "신독"의 수행방법을 대단히 강조하고 있다. 『대학』에서는 "속에서 성실하면 밖으로 나타나니, 그러므로 군자는 반드시 홀로 있을 때도 삼가야 한다."50)라고 하고, 『중용』에서는 "신독"의 방법에 대하여 다음과 같이 보다 자세히 설하고 있다.

---

47) 自誠明, 謂之性, 自明誠, 謂之敎.
48) 唯天下至誠, 爲能盡其性. 能盡其性, 則可以贊天地之化育. 可以贊天地之化育, 則可以與天地參矣.
49) 夫此順命, 以愼其獨者也.
50) "誠于中, 形于外, 故君子必愼其獨.

군자가 안으로 반성해 허물이 없으니 마음에 부끄러움이 없다. 사람들이 군자에게 미칠 수 없는 것은 오직 사람들이 보지 못하는 곳에서도 똑같이 행하는 것이다.51)

위의 논술에 따라 본다면 "신독"의 수행방법의 특징은 두 가지가 있다. 첫째는 표리(表裏)가 한결같은 것으로 바로 "지성(至誠)"이고, 두 번째는 시종일관된 것으로 어느 곳에 처하든, 어떤 때라도 항상 긴장을 풀지 않는 것이다. 이러한 두 가지를 관통하는 것은 바로 내적인 성찰이며, 또한 천성(天性) 가운데 고유한 "성(誠)"을 드러내는 것이다. 여기에서 내적인 성찰이 유가의 수행이론에 있어서 가장 기본적인 하나의 원칙임을 분명하게 알 수 있다.

여기에서 한 걸음 더 나아가 제시할 것은 유가의 내적인 성찰은 자신의 몸과 마음을 벗어나지 않고, 그 귀결점은 바로 치국평천하(治國平天下)인 것이다. 이는 불교가 "돈오"를 통하여 "반본귀극(反本歸極)"으로 귀결되는 것과는 상당히 다른 것이다. 만약 불교의 "반본귀극"의 최종 목표가 불성 본체와의 합일이라고 한다면, 유가의 모든 수양의 최종 목표는 "내성외왕(內聖外王)"이라고 할 수 있다. "내성(內聖)"이란 심성이 "천도", "천리"에 부합되는 것이고, "외왕(外王)"이란 "수신제가치국평천하(修身齊家治國平天下)"인 것이다. 그러므로 『대학』으로부터 송대의 유학에 이르기까지 지속적으로 "생각함이 참된 후에야 마음이 바르게 되고, 마음이 바르게 된 후에야 그 몸을 닦게 되고, 몸을 닦은 이후에야 집안이 가지런히 되고, 집안이 가지런히 된 이후에야 나라가 다스려지고, 나라가 다스려진 이후에 천하가 평안하게 된다."52)라고 강조하는 것이다.

---

51) 君子內省不疚, 無惡于志. 君子之所不可及者, 其唯人之所不見乎.
52) 意誠而心正後, 心正而後身修, 身修而後家齊, 家齊而後國治, 國治而後天下平. 『대학(大學)』

제3절 명심견성(明心見性)과 복성명성(復性明誠)

　이론사유의 각도로부터 본다면 불교와 유가의 수행방법에 있어서의 차이는 사유양식이 서로 같지 않음에서 발생한 것이다. 그런데 유가와 불교가 사유양식과 사상 등의 측면에서 상호침투, 상호흡수의 과정을 겪으면서 수·당시대 이후의 유가는 점차적으로 본체론적 사유양식의 방향으로 발전해 가고, 또한 불교도 수·당시대 이후 유가의 인성, 심성론의 사상을 대량으로 흡수하게 된다. 이는 유가와 불교의 수행방법에 있어서 서로 접근시키게 되었다. 불교의 반본귀극은 점차로 선종(禪宗)의 "명심견성(明心見性)"으로 바뀌어 가고, 유가의 "수심양성(修心養性)"도 점차로 "복성(復性)", "명성(明性)"으로 발전하여 갔다.
　선종의 "명심견성"은 혜능(慧能) 및 후대 선종에서 아주 상세히 밝히고 있다. 『단경』에서 혜능은 다음과 같이 말하고 있다.

　　본래의 마음을 알지 못하면 법을 배워도 이익이 없고, 마음을 알고 성품을 본다면 바로 큰 뜻을 깨닫는 것이다.[53]

　여기서 말하는 마음 및 일체제법(一切諸法)의 근본과 부처를 배우고 법을 배우는 최종 목표는 바로 이 마음의 "본래면목(本來面目)"을 명확하게 보는 것이다. 만약 이 마음을 알지 못한다면 천경만론을 읽는다 하

---

53) 不識本心, 學法無益. 識心見性, 卽悟大意.

어도 아무런 도움이 되지 않는 것이다. 이른바 "견성(見性)"이란 또한 본래 자신의 마음에 불성(佛性)을 지니고 있음과 자성(自性)이 본래시불(本來是佛)임을 발견하는 것이다.

선종의 기본이론에 근거한다면 인간의 마음은 본래 모든 것을 구족하고 있고, 인간의 성품은 본래 밝고 청정한 것이지만, 단지 중생이 망념(妄念)을 일으키고 외부의 경계에 집착하는 까닭에 자기의 마음을 알지 못하고, 자성을 보지 못한다는 것이다. 만약 능히 모든 망념을 멸하고, 모든 외부의 경계를 떠난다면 바로 견성성불(見性成佛)인 것이다. 혜능은 다음과 같이 설하고 있다.

> 너의 본성은 마치 허공과 같다. 한 물건도 볼 것 없이 요달함이 정견이고, 한 물건도 알 것 없음이 진여이다. 청황장단이 없고, 다만 본원(本原)이 청정하고 각체(覺體)가 원명하면 바로 견성성불이라 하고, 또한 여래지견이라고 이름한다.54)

> 일체법에서 취함도 없고 버림도 없으면 바로 견성성불의 도이다.55)

일체의 법에 있어서 취하지도 버리지도 않는 것을 혜능도 "무념(無念)"이라고 칭하고 있다. 또한 그것을 선종 수행법의 근본으로서 말하기를, "나의 이 법문은 역대 이래의 돈·점이 모두 무념을 으뜸으로 하여 세워진 것이다."56)라고 하고 있다.

이른바 "무념"은 하택신회(荷澤神會)와 황벽희운(黃檗希運)의 설법에 따른다면 바로 모든 연(緣)에서 쉬는 것이고, 망상을 끊는 것이고, 무사무려(無思無慮), 마음에서 어떤 움직임도 없는 것이다.

---

54) 汝之本性, 猶如虛空, 了無一物可見, 是名正見. 無一物可之知, 是名眞知. 無有靑黃長短, 但見本源淸淨, 覺體圓明, 卽名見性成佛, 亦名如來知見. 『단경(壇經)』
55) 于一切法不取不捨, 卽見性成佛道. 앞의 책.
56) 我此法門, 從上以來, 頓漸皆立無念爲宗. 앞의 책.

심증(心證)을 결택한 자는 삼군(三軍)을 대하여도, 번쩍이는 칼날이 겨누고 있어도, 바람처럼 빠른 칼날이 몸을 베어도 항시 무념(無念)으로 봄이다. 봄이 마치 금강같아 조금의 움직임이 없다. 비록 항하사처럼 수많은 부처가 와도 한 생각의 기쁨도 없고, 비록 항하사처럼 수많은 중생이 일시 멸해도 한 생각의 슬픔도 없다. 이러한 것이 대장부이며 공을 얻고 평등심을 얻은 것이다.57)

그러므로 일체제법이 모두 마음의 지은 바임을 알아라. …… 지금 다만 무심만을 배울지니 문득 제연을 쉬어 망상분별을 내지 말라. 인(人)과 아(我)가 없고, 탐(貪)과 진(瞋), 증(憎)과 애(愛)가 없고, 승부도 없어 다만 수많은 망상을 제거하면 성품은 스스로 본래 청정함이 곧 보리법과 부처 등을 닦는 것이다.58)

이는 참으로 태산이 눈앞에서 무너져도 마음이 움직이지 않는 것이요, 날카로운 칼날을 목에 댄다 하더라도 얼굴 색이 변하지 않고, 일체법에 대하여 분별집착을 하지 않고, 일체의 망상과 생각을 끊는 것이다. 선종은 이와 같이 수행하여야 능히 본심을 밝히고 견성성불한다고 한다. 이러한 수행방법은 종밀(宗密)의 말을 빌리자면 바로 선종, 특히 남종의 근본법문이라는 것이다. 『중화전심지선문사자승습도(中華傳心地禪門師資承襲圖)』에서 종밀은 다음과 같이 말한다.

하택종은 …… 달마의 본의를 앎이나. …… 곧 이러한 공적한 앎의 앎이 달마가 전한 공적심(空寂心)이다. …… 공적지를 돈오하면 앎도 무념 무형이니 누가 아상(我相), 인상(人相)을 갖겠는가. 모든 상이 공함을 깨달

---

57) 決心證者, 臨三軍際, 白刃相向下, 風刀解身, 日見無念, 見如金剛, 毫微不動. 縱見恒沙佛來, 亦無一念喜心, 縱見恒沙衆生一是俱滅, 亦不起一念悲心. 此是大丈夫, 得空平等心. 『하택신회선사어록(荷澤神會禪師語錄)』

58) 故知一切諸法皆由心造. …… 如今但學無心, 頓息諸緣, 莫生妄想分別, 無人無我, 無貪瞋, 無憎愛, 無勝負, 但除却如許多妄想, 性自本來清淨, 即是修菩提法佛等. 『황벽단제선사완능록(黃檗斷際禪師宛陵錄)』

음에 진심(眞心)은 무념이고, 생각이 일어나면 곧 깨닫고, 깨달으면 곧 없어진다. 수행의 미묘한 문은 여기에 있다. 그러므로 만행을 갖추어 닦아 오직 무념으로 종을 삼는다.59)

선종의 "무념위종(無念爲宗)"과 "무념"에 대한 해석을 살펴본다면, 선종의 수행방법의 귀착점은 이미 이전의 전통불교에서 말하는 "반본귀극(反本歸極)"과 완전하게 일치하지는 않는다. 반본귀극의 특징이 추상본체로 반귀(返歸)하는 것이라면, 무념위종, 무념은 자신의 심성에 있어서의 용공(用功)을 강조하고 있다. 비록 이러한 용공(用功)이 도가(道家)의 "무위이불위(無爲而不爲)", 즉 일체의 망상을 떠나고, 일체의 사려(思慮)를 단절하는 뉘앙스를 띠고 있지만, 그러나 그 목적은 이 "마음"의 발현에 있으며, 이 "성품(性)"을 명확하게 보는 것에 있다. 당연히 선종에서 설하는 "심성"은 결코 전통유가에서 말하는 "심성"과 완전히 일치하지는 않는다. 객관적으로 말한다면, 그것은 또한 본체의 특징을 띠고 있다. 하지만 마땅히 인정해야 할 것은 전통불교의 추상본체에 비하여 보다 현실적이고 구체적이라는 점이다.

수·당시대 이후 유가의 수행방법에 있어서도 점차로 변화가 발생한다. 만약 수·당 이전의 유가는 자신의 신심(身心)의 수양을 중시하였다고 한다면, 수·당 이후의 유학은 점차로 수행방법을 "복성(復性)", "명성(明誠)"으로 귀결시키고 있다. 이러한 수행방법의 제창자는 마땅히 당(唐)대의 대유학자 이고(李翶)를 들 수 있다.

수행방면에 있어서 이고의 대표적인 저작은 『복성서(復性書)』이다. 『복성서』는 모두 세 편으로 이루어졌는데, 상편은 성정(性情) 및 성인(聖人)에 대한 총론이고, 중편은 수양하여 성인에 이르는 방법을 평론하였고, 하편은 사람들에게 수양을 권하는 내용으로 구성되어 있다. 전편에

---

59) 荷澤宗者, …… 是達摩之知本意也. …… 卽此立空寂之知之知, 是前達摩所傳空寂心也. …… 頓悟空寂之知, 知且無念無形, 誰爲我相人相. 覺諸相空, 眞心無念, 念起卽覺, 覺之卽無. 修行妙門唯在此也. 故雖備修萬行, 唯以無念爲宗.

걸쳐 공맹(孔孟)의 도통(道統)을 회복할 것을 호소하였고,『주역(周易)』,
『대학(大學)』,『중용(中庸)』 등으로 주요 전거를 삼았다. 이고는 이 책에
서 정(情)을 버리고 성을 회복(復性)하는 것을 취지로 하였고, 헤아리지
않고 생각하지 않으면(弗思弗慮) 성은 다시 발생하지 않는다는 것으로써
복성의 방법으로 제시하였다. 표면상으로 본다면 이 책은 유전(儒典)을
근거로 하고, 유가의 용어를 사용하며, 그 목적도 공맹의 도통을 회복한
다는 것이지만, 만약 표면에 머무르지 않고 좀더 깊이 사상의 내부로 들
어간다면 어렵지 않게 이 책의 사상취지 및 표현방식은 중국불교의 불
성론과 상당히 접근, 혹은 서로 통하는 바가 있음을 알 수 있다. 따라서
어떤 의미에서 말한다면『복성서』는 유가의 언어로서 불교의 불성론을
설한 것이라고 할 수 있다.

『복성서』의 귀결점은 사람들에게 어떻게 성현작성(成賢作聖)하는가를
가르치고 있는 것이다. 이고는 "인간이 성인이 될 수 있는 까닭은 성품
이 있기 때문이다."60)라고 하였다. 그러나 "성품"은 결코 성인만이 지니
고 있는 것이 아니라 일체중생이 모두 지니고 있는 것이다. 성인과 범부
의 구별은 성품이 있고 없음이 아니라, 성인은 천명(天命)의 성(性)을 얻
음에 있고, 정에 끌리지 않고, 범부는 그와 반대로 정에 빠져서 그 기본
을 알지 못하여, 끝내 그 성을 보지 못한다고 한다. 이는 마치 물의 성
은 항상 맑지만 모래와 진흙 등으로 오염되어 혼탁해지는 것과 같다. 만
약 "모래가 혼탁하게 하지 않는다면 그 흐름은 맑을 것이다."61)라고 한
다. 성인도 바로 그와 같아서 그들은 정에 미혹되지 않아 그 성이 항상
청명하다고 한다. 어떻게 정에 미혹되지 않는가에 대하여 이고는 가장
기본적인 방법을 "불사불려(弗思弗慮)"라고 제시한다. 어떤 사람이 "사람
이 혼미하기를 아주 오래되었기 때문에, 그 성품을 회복하려면 반드시
점차적으로 하여야 할 것입니다. 감히 그 방법을 묻겠습니다."라는 물음

---

60) 人之所以爲聖人者, 性也.
61) 沙不渾, 斯流清矣.

에 이고는 다음과 같이 답한다.

> 생각하지 않고 헤아리지 않는다면 정념은 생하지 않는다. 정이 생하지 않으면 바른 생각이 된다. 바른 생각은 생각하지 않고 헤아리지 않는 것이다. …… 어찌 다시 성의 삿됨을 일으키겠는가? 모든 것이 고요한 때 마음에 헤아림이 없음을 아는 것이 제계(齋戒)이다. 본래 헤아림이 없음을 알아 움직임을 모두 여의어 적연부동(寂然不動)한 것이 지성(至誠)이다.62)

여기에서 다만 불사불려(弗思弗慮)한다면 정은 다시 발생하지 않고, 정이 이미 발생하지 않는다면 그 성이 미혹되지 않는다고 한다. 또한 움직임과 고요함을 모두 떠났다는 것은 적연부동(寂然不動)을 이르고, 이는 또한 지성(至誠)을 말하는 것이다. 지성(至誠)은 인간의 성품을 다할 뿐 아니라 사물의 성품도 다하고 있어, "천지의 생성발육을 도우며, 천지와 함께 해야 한다."63)고 한다. 이 또한 천명의 본성을 회복하는 것이다. 이러한 수행방법은 선종의 "이상(離相)", "무념(無念)"과 완전히 상통하는 바가 있다. 그래서 한유(韓愈)는 한탄하여 말하기를, "나의 도가 시들고, 이고 또한 도망가버렸다."64)라고 하였고, 송(宋)의 석실조수(石室祖琇)는 보다 직접적으로, "『복성서』를 배우는 것은 불경의 개요를 얻는 것이다. 다만 문자를 달리 하였을 뿐이다."65)라고 하였다.

이고의 이러한 "복성"의 사상은 송(宋)대에 이르러 한 걸음 더 나아가 "선반본성(善反本性)"으로 발전하는데, 장재(張載)가 바로 그러한 방법을 주장한 대표적인 학자이다. 그는 개개의 인간이 모두 "천지지성(天地之性)"과 "기질지성(氣質之性)"을 겸하여 지니고 있다고 하였다. "천지지

---

62) 弗慮弗思, 情則不生. 情旣不生, 乃爲正思. 正思者, 無慮無思也. …… 焉能復起性邪? 曰, 萬靜之時, 知心無思者, 是齋戒也. 知本無有思, 運動皆離, 寂然不動者, 是至誠也. 『복성서(復性書)』
63) 贊天地之化育, 與天地參矣.
64) 吾道委遲 翺且逃矣.
65) 習之復性書, 蓋得之于佛經, 但文字授引爲異耳.

성"은 지극히 순수하고 선하며, "기질지성"은 선과 악을 지니고 있고, "천지지성"은 비록 무형무상이나 그것과 인간이 관계는 마치 일음에 있어서 물의 성품과도 같고, 태허(太虛)의 기(氣)는 바로 일체를 모두 지닌 본성이라 하였다. 또한 "기질지성"은 바로 인간이 형질을 지닌 후 나타나는 구체적인 정성(情性)으로 각 개인에 대하여 서로 다른 것이다. 따라서 "강하고(剛)", "부드럽고(柔)", "넓고(寬)", "좁고(褊)", "재주가 있고(才)", "재주가 없는(不才)" 등의 구별이 있는 것이다. 그러면 군자와 소인, 성인과 범부의 구별은 어디에 있는 것인가? 장재는 "잘 돌이키고 잘 돌이키지 못함을 봄에 있을 뿐이다.", "잘 돌이키는 것은 바로 천지의 성을 보존하는 것이다."66)라고 하고 있다. 이는 성인은 결코 "기질지성"이 없지 않으며 그 "기질지성"도 또한 완전히 선한 것은 아니고, 범부도 "천지지성"이 없지 않으며 그들이 지닌 "천지지성"도 똑같이 지극히 순수하고 선한 것이지만 구별은 단지 성인은 "잘 돌이킬 수 있음〔善反〕"에 있다는 것이다. 즉, 성인은 잘 이해하고 통찰하여 지극히 순수하고 선한 천지의 본성으로 반귀(返歸)시키지만, 범부는 "기질지성"의 질곡에 빠져 반성을 모르거나 잘 반성하지 못하여 범속(凡俗)에서 벗어날 수 없다고 한다.

이상의 논술에서 다음과 같은 것을 쉽게 엿볼 수 있다. 즉, 이고가 제창한 "천명지성(天命之性)"을 회복하는 것이 아직 본체의 성질인 "본성"을 지닌 것이라고는 말하기 힘들다면, 장재의 "천지지성"으로 돌이긴다는 사상은 분명하게 본체의 성격인 본성을 지니고 있다는 것이다. 여기에서 사람들은 이고, 장재의 두 사람과 전통유학의 수행이론의 변화를 찾아볼 수 있다. 전통유가는 자기 몸과 마음의 수양을 통하여 천도(天道)에 도달하는 것을 중시하였다면, 이고와 장재는 "불사불려(弗思弗慮)", "변화기질(變化氣質)" 등의 방법을 통하여 본체적 성격을 지닌 본성으로

---

66) 視其善反不善反而已. 善反之則天地之性存焉. 『정몽(正蒙)·성명(誠明)』

의 반귀를 주장하고 있다. 이러한 수행방법은 불교 수행이론의 영향을 받은 것임을 쉽게 엿볼 수 있는 것이다.

송(宋)대 유가의 수행방법이 전통유가와 같지 않음은 또한 "자명성(自明性)", "자성명(自誠明)" 등의 이론에서도 나타나고 있다.

우선 여기에서 마땅히 하나의 문제를 분명하게 설명하여야 한다. 그것은 유가에서 말하는 "성(誠)", 보다 구체적으로 말하자면 송대의 유가에서 설하는 "성"과 전통유가에서 설하는 "성"의 구별을 어떻게 보아야 할 것인가 하는 문제이다.

유가의 "성(誠)"에 대하여 논할 때, 이미 출판된 수많은 저작과 논문 등에 다음과 같은 견해가 있다. 그것은 맹자, 순자, 『중용(中庸)』으로부터 송(宋)·명(明) 이학가(理學家)에 이르기까지 그들이 말하는 "성"은 모두 성인(聖人)의 "경계"를 가리키고 있다는 것이다. 만약 이러한 견해가 성립된다면, 천(天)의 도(道)는 바로 성인의 도이고, 성인의 성(性)이라고 하겠다. 이는 전통유학의 "성"은 이미 본체의 의의를 지니고 있다고 할 수 있는 것이다.

실제로 이러한 견해는 검토할 가치가 있다. 유가의 사상발전사를 살펴볼 때, "성(誠)"이 성인의 경계로서 성립된 것은 후대 유가의 사상, 특히 송·명 이학가들의 사상으로 전통유가의 사상은 아닌 것이다. 왜냐하면 전통유가에서는 비록 "천인합일"의 사유양식으로써 근거로 삼지만, 이러한 "합일"은 다소 두 가지가 하나로 합하는 뉘앙스를 띠고 있어 "천도(天道)"는 근원, "인도(人道)"는 흐름, "천도"는 본(本), "인도"는 말(末)로서 제시하고 있다. 또한 성현은 "진심(盡心)", "사성(思誠)"을 통하여 천도와 합일의 경계에 도달하지만, 그러나 천(天)과 인(人)은 결코 본원이 일체가 아닌 것이다. 다만 송대의 유학에 이르러 비로소 이른바 "천과 인간은 본래 둘이 아니므로 다시 합을 말할 필요가 없다."[67]는 사상이

---

67) 天人本無二, 更不必言合.

제시되고 있다. 이 가운데 관건은 바로 불교의 "반본귀극"의 수행론의 영향을 받았다는 것이다.

　분명히 송·명 이학에서는 "성"을 일종의 지고무상한 우주와 도덕의 본체로 싱립시키고 있다. 이학의 개산조(開山祖)인 주돈이(周敦頤)는 『통서(通書)』에서 "성(誠)은 성인(聖人)의 근본이다. 크도다! 하늘의 근원이여. 만물의 자질이 비롯함이요, 성의 근원이다."68)라고 하고 있다. 이후로 이학과 심학(心學)에 관계없이 모두 "성"을 "천지도(天之道)"로서, 또한 "성"을 일종의 인륜도덕의 본체로서 파악하고 있다. 또한 성현작성(成賢作聖)의 가장 근본적인 수양은 바로 "명성(明誠)"이라고 생각하였다. 주희(朱熹)는 "성은 명(明)이 없지 않은 것이고, 명은 성에 이를 수 있는 것이다."69)라고 하고, 장재(張載)도 "유가는 명(明)으로 인하여 성에 이르고 성으로 인하여 명에 이른다. 그러므로 천(天)과 인(人)이 합일하고, 학문으로 성(聖)을 이루고, 하늘을 얻어 아직 사람에게 전하지 않은 것이다."70)라고 하고 있다. 또한 왕수인(王守仁)은 "양지는 작위가 없는 성(誠)이고, 성은 바로 명(明)이다. 스스로 믿음은 양지가 미혹한 바가 없는 명이요, 명은 바로 성이다."71)라고 한다. 비록 이학가와 심학가들이 강조하는 바가 "자명성(自明誠)"과 "자성명(自誠明)"으로 나뉘어져, 이학가는 "자명성"을 말하여 "도문학(道問學)"을 중시하고, 심학가는 "자성명"을 말하여 "존덕성(尊德性)"을 강조하지만, 둘 다 모두 이러한 도덕본체의 통찰을 가장 근본적인 수행방법으로 삼고 있다. 하시만 "성에 이르는 것〔至于誠〕"과 본체와의 합일을 최고의 도덕경계로 한다는 점에서 육왕(陸王) 심학은 그 표현에 있어서 보다 분명하게 그를 드러내고 있다. 그들의 이른바 "발명본심(發明本心)"과 "치양지(致良知)"는 실제상

---

68) 誠者, 聖人之本. 大哉乾元, 萬物資始, 誠之源也.
69) 誠則無不明矣, 明則可以至于誠矣.『중용장구(中庸章句)』
70) 儒者則因明致誠, 因誠致明, 故天人合一, 致學可以成聖, 因得天而未始遺人.『정몽(正蒙)·건칭(乾稱)』
71) 良知無所僞而誠, 誠則明矣. 自信, 則良知無所惑而明, 明則誠矣.『전습록(傳習錄)』 중.

이러한 도덕본체를 명확하게 밝히고, 나아가 이러한 본체와의 합일을 말하는 것이다. 이는 자연스럽게 선종의 "명심견성(明心見性)"을 떠오르게 한다. 선종의 "명심견성"의 취지는 사람들로 하여금 "본심본체본래시불(本心本體本來是佛)"을 깨닫게 하려는 데 있고, 송대 유학의 "자성명"이든 "자명성"이든, 혹은 "발명본심", "치양지" 등은 마찬가지로 사람들에게 "천도", "인도"의 본체인 "성(誠)" 혹은 "본심(本心)", "양지(良知)"를 명확히 밝히는 것이다. 비록 명칭은 차이가 있지만 사상은 모두 "명본(明本)", "반본(反本)", "본체와의 합일"을 강조하고 있는 것이다.

송·명 이학에서 "명본", "반본"을 사상의 귀취(歸趣)로 삼은 이래로 그것은 이학가들로 하여금 수행방법에 있어서 점차로 증오(證悟)의 길을 걷게 하였다. 왜냐하면 본체에 대한 체득은 단지 의회(意會) 혹은 증오(證悟)의 방법을 통할 수밖에 없기 때문이다. 이에 대하여 주희(朱熹)는 "활연관통(豁然貫通)"이라고 하고, 육구연(陸九淵)은 다시 "깨달음은 능히 세우고 바꿀 수 있다."[72]고 제창하였으며, 장남헌(張南軒)은 육학(陸學; 陸九淵의 학파)을 평하여 "눈썹을 올리고 눈을 깜박이는 다양한 가풍"[73]이라고 하였다. 왕양명(王陽明)의 "본체의 공부는 한 깨달음에 투철하게 된다."[74]고 한 말은 보다 직접적이고 명백하다. 실제로 이학에서 불교의 본체론적인 사유양식을 채택하고, "명본", "반본"을 사상의 귀치로 삼은 이후 수행방법에 있어서 증오(證悟)를 중시하게 되었던 것이다.

---

72) 悟卽可以立改.
73) 多類揚眉瞬目之機
74) 本體工夫, 一悟盡透.

제5장
출세(出世)와 입세(入世)

제5장 출세(出世)와 입세(入世) 149

  불교와 유학의 구별을 논할 때, 필자는 가장 중요한 것은 두 가지라고 생각한다. 첫째는 사유양식이고, 둘째는 최종 목표이다. 불교와 유학의 사유양식의 구별에 관해서는 이 책의 제2장에서 이미 구체적으로 논술하였고, 여기에서는 불교와 유학의 최종 목표에 있어서 상호관계를 살펴보기로 하겠다.

제1절 전통불교의 출세주의(出世主義)

  불교는 또한 "사문(沙門)"이라고도 칭한다. "사문"은 범어(梵語) śramaṇa의 음역인 "사문나(沙門那)"의 약칭으로 "식심(息心)", "정지(淨志)"의 의미이다. 따라서 불교에는 "청정사문(淸淨沙門)"이라는 칭호가 있는데, "청정"이란 번뇌와 더러움을 멀리 여읜 것을 말하기 때문에 탈진이속(脫塵離俗), 순세잠수(遁世潛修)는 그의 근본적인 특징의 하나이다.
  불교사에 따른다면, 불교는 그 창립 시기부터 속진을 멀리하고 속세를 버리는 것을 기치로 삼았다는 것을 알 수 있다. 불조(佛祖) 석가모니는 인생을 헛된 것으로 파악하여 인간세상을 고해(苦海)로서 보고 왕위의 계승도 버리고 입산하여 수행하였다. 그의 제자들도 왕공귀족들이 상당히 많았지만 모두 세속의 정과 영화에 연연하지 않고 세상을 벗어나 해탈을 구하는 수행에 정진하였다고 전해진다. 그후 불문의 제자들은 모두 삭발을 하고 몸에는 가사(袈裟)를 입었다. 이는 속진(俗塵)과의 인연을 끊고 세속의 정을 단절함을 보이는 것이다.

불교도들의 의(衣), 식(食), 주(住), 행(行)은 인생의 욕구를 포기하고 세간사에 물들지 않는 그들의 풍격을 곳곳에서 보여주고 있다. 옷에 있어서는 "세 벌의 옷〔三衣〕"[1] 이상을 지니지 않았으며, 그보다 많을 때는 다른 사람에게 보시(布施)하였고, 심지어는 사람들이 버린 낡은 조각을 모아 옷을 만들어 입기도 하였다. 그런 까닭에 그 옷의 명칭을 "분소의(糞掃衣)"라고 하였다. 또한 유행함에 있어서는 맨발이거나 짚신〔芒鞋〕을 신었다. 음식에 있어서는 단지 생명을 유지할 수 있는 정도로 제한하였다. 그러므로 하루에 한 끼, 많아야 아침과 점심의 두 끼를 먹었다. 머무는 곳은 때에 따라 처마 밑이나 나무 아래, 광야, 황야 등이었다. 이밖에 몸에 지니는 것은 물을 마시고 씻을 때 사용하는 물병 한 개와 음식을 먹을 때 사용하는 발우(鉢盂) 한 개가 전부였다. 그들이 이렇게 하는 목적은 물질에 대한 욕심을 버리고 세상사에 대한 번뇌를 끊어 전심전력으로 수행을 하기 위함이다.

고대 인도에서는 귀족이나 심지어는 국가의 대신, 국왕 등이 불문에 귀의한 경우가 상당히 많았다. 하지만 불교도들이 정치에 관여하거나 국정에 간섭하는 일이 없었다. 이뿐 아니라 불교는 정치와 연계되는 것을 막기 위하여 심지어는 승려들의 수계(授戒) 전에 여러 차례 정치나 다른 원인으로 출가를 하는 것이 아닌가를 묻기까지 하였다. 부처님의 재세(在世)시, 국왕이나 대신들이 국사 등의 문제를 물을 때는 단지 도덕, 종교적인 계시(啓示)만을 설하여 국왕이 스스로 결정하도록 이끌어 직접적으로 국사에 간섭하는 경우가 없었다. 예를 들면, 마갈타(摩揭陀)국의 아사세(阿闍世)왕이 대신을 영축산(靈鷲山)에 보내어 부처님께 폐사리(吠奢

---

[1] 三衣는 "僧伽梨" 즉 大衣, "郁多羅僧" 즉 七條衣, "安陀會" 즉 五條衣 등의 세 가지를 가리킨다.

離)의 월지국(越祇國)을 정복하는 문제를 논의하게 하였다. 그때 부처님께서는 월지인들이 종교와 도덕을 받들고, 각각 맡은 바의 직책을 다하여 흥성함에 조금도 약한 곳이 없어 무력으로 정복할 수 없음을 설하였을 뿐이다. 하지만 아사세왕은 부처님의 뜻을 받아들여 월지국은 전란을 피하게 되었다. 이렇게 부처님께서는 크고 작은 세상사에 직접적으로 간여되는 것을 원하지 않았다. 『불교유경(佛敎遺經)』에서 불교도에게 명확하게 다음과 같이 가르치고 있다. 즉, 정계(淨戒)를 수지(受持)하려는 사람은 "판매업, 무역을 하지 않고 논밭, 가옥을 두지 않으며, …… 농사를 짓거나 재물을 갖지 않고, 모두 마땅히 멀리 여의기를 불구덩이 피하듯 해야 한다."2), 또한 수행하려는 사람은 "마땅히 번잡함을 여의고 홀로 한가로운 곳에 머물러"3), "세상일에 참여치 말고, …… 귀인과 인연 맺기를 좋아하지 말라."4)고 가르치고 있다. 인도불교는 기본적으로 이러한 노선을 밟고 있어 "원리속진(遠離俗塵)", "불문세사(不問世事)"를 표방하고 있다. 특히 소승불교에 있어서는 다시 삼계(三界)를 화택(火宅)으로, 인생을 원가(冤家)로 보아 스스로 해결함을 취지(趣旨)로 삼고, 출세(出世)를 지향하였던 것이다.

소승불교뿐만 아니라 전통적인 대승불교도 마찬가지로 출세의 수행방법으로써 출세간법(出世間法)을 닦아 출세의 목적에 도달할 것을 강조하였다. 이론상으로 말한다면, 대승 공종(空宗)은 "성공연기(性空緣起)"를 이론의 기초로 삼고, 대승 유종(有宗)은 "만법유식(萬法唯識)"을 사상의 기치로 삼았다. 공종과 유종은 모두 일체제법(一切諸法), 특히 세간법을 인연(因緣)으로 발생한 환영(幻影), 가상(假相)으로 보고, 현실의 인생 및 육도(六道)를 모두 허망한 것으로 파악하고 있다. 또한 그 최종 목표를 모두 출세(出世)하여 해탈(解脫)을 얻고, 보살도를 행하여 성불하는 것으

---

2) 不得販賣貿易, 安置田宅, …… 一切種植及諸財寶, 皆當遠離, 如避火坑.
3) 當離憒閙, 獨處閑居.
4) 不得參預世事, …… 結好貴人.

로 하고 있다. 소승불교는 개인적인 해탈을 중시하고, 대승불교는 자비보도(慈悲普度)와 일체중생이 모두 해탈을 얻는 것을 강조하고 있음에 소승불교와의 구별이 있다. 여기에서 출세를 중시하고 있음은 실로 대, 소승불교의 공통된 특징임을 알 수 있다.

불교가 중국에 전래된 이후, 사상과 수행방법 등의 측면에 점진적인 변화가 발생한다. 하지만 비록 불교가 중국에 전래된 이후 그 사상에 있어서 끊임없는 변화가 발생하지만 출세를 지향하는 것은 결코 변하지 않았다. 또한 모든 사물의 변화에 있어서 하나의 과정이 있는 것과 같이 불교의 변화도 갑자기 이루어질 수는 없는 것이다. 따라서 출세와 입세(入世)의 상호관계를 해결함에 있어서 중국불교도 또한 점진적인 발전과정이 있는 것이다. 이 점은 우리들이 중국불교사를 통하여 능히 설명할 수 있는 것이다.

불교의 동점(東漸) 초기, 중국에 유행한 불교의 출·입세의 문제는 기본적으로 인도불교의 노선에 따라 논의되었다. 이는 남조(南朝)의 승우(僧祐)가 편집한 『홍명집(弘明集)』과 당(唐)의 도선(道宣)이 편집한 『광홍명집(廣弘明集)』에 남북조(南北朝) 이전의 중국인의 불교에 대한 견해가 어떠하였는가에 대한 사례가 많이 실려 있어, 이로부터 출·입세의 문제에 관한 태도를 살펴볼 수 있다.

『홍명집』과 『광홍명집』에는 불교가 전래된 이후부터 수·당에 이르기까지의 수많은 불교도들의 논문과 일부분의 유학지, 도학자들이 불교를 공격한 논문 등이 수록되어 있다. 불교를 비판, 공격한 논문에서 유학자와 도학자가 가장 많이 사용한 것은 "법보(法寶)"에 세 가지의 잘못된 점이 있다는 것이다. 첫째는 불교는 봉건 윤리체계와 맞지 않는다는 점을 지적하고, 둘째는 왕도정치에 해롭다는 비판이고, 셋째는 불교가 변방(오랑캐)의 논리라는 것이다. 이 가운데 앞의 두 가지는 모두 입·출세와 관련이 있다. 예를 들면, 유가는 불교를 비판하여, "부모의 봉양을 회피하고, 황제를 업신여기며 육친을 버리고 예의를 멀리한다."5)고 하고,

그러므로 "부자의 친함을 버리고, 군신의 의리를 어그러뜨리고, 부부의 화목을 떠나고, 친구의 신의를 끊는다."6)고 하여 불교를 "국가에 들어오면 국가를 파괴하고, 가정에 들어오면 가정을 파괴하며, 몸에 들어오면 몸을 파괴한다."7)는 홍수, 맹수와도 같은 재해라고 보았다. 유가에 있어서는 "수신제가(修身齊家)" 및 "치국평천하(治國平天下)"를 기초로 삼고 있는데, 불교에서는 몸을 가상(假相), 환영(幻影)으로 보고, 가정을 굴레로 보아 삭발하여 가정을 버리는데 어떻게 "치국평천하"를 논할 수 있겠는가? 따라서 유가에서는 자주 그를 지적하여 "불교는 정치에 해롭고〔浮屠害政〕", "불교〔桑門; 沙門〕는 풍속을 해치며〔桑門蠹俗〕", "시정에 도움이 되지 않고, 치도에 해로움이 있다."8)고 비판하고 있다.9)

불교가 인륜에 어그러지는 점에 대한 유가의 비판에 대하여 불교에서는 재가(在家)와 출가, 방내(方內)와 방외(方外)를 분류하는 논리로 그를 해명하고 있다. 재가에 처하였을 때는 "곧 순화의 백성이다. 뜻이 세속과 다르지 않고 자취가 방내와 같다. 그러므로 천륜의 사랑과 군주를 받드는 예가 있다."10)라고 하고, "출가는 곧 방외의 손님으로, 자취를 세속에서 끊는다. 그 가르침으로 삼는 것은 근심이 몸에 연을 쌓음을 통달하여 몸을 보존하지 않음으로 근심을 쉰다. 생은 세연(世緣)에 종사함으로 말미암아 생하는 것임을 알아 세연을 따르지 않고 종지(宗旨)를 구한다."11)라고 하였다. 따라서 "모두 세상을 떠나 그 뜻을 구하고, 세속을 변하여 그 도를 요달한다. 세속을 변함에 바로 그 복장을 세전(世典)과 같은 예로 하지 않고, 세상을 떠남에 마땅히 그 자취를 고상하게 한다."12)

---

5) 脫略父母, 遺蔑帝王, 損六親, 捨禮義.『광홍명집(廣弘明集)』7권.
6) 父子之親隔, 君臣之義乖, 夫婦之和曠, 友朋之信絶. 앞의 책, 15권.
7) 入國而破國, 入家而破家, 入身而破身.『홍명집(弘明集)』8권.
8) 無益于時政, 有損于治道
9)『홍명집(弘明集)』6권.
10) 則是順化之民, 情未變俗, 迹同方內, 故有天屬之愛, 奉主之禮.
11) 出家則是方外之賓, 迹絶于物. 其爲敎也, 達患累緣于有身, 不存身以息患. 知生生由于稟化, 不順化以求宗.

고 한다. 이는 재가에 있어서는 법을 받듦이 일반사람과 같으므로 마땅히 부자유친(父子有親), 군신(君臣)의 예의가 있고, 출가는 바로 방외(方外)의 일로서 그 취지가 체극구종(體極求宗)에 있고, 또한 체극구종하는 사람은 마땅히 몸에 따르지 않으므로 세상을 피하여 세속의 은혜와 예의를 버린다는 것이다. 불교의 이러한 변론에 따른다면 불교 스스로 자신을 "방외(方外)의 손님"으로 규정하여 "세속을 떠남으로써 그 뜻을 구함〔遁世以求其志〕"을 제창하고 있다. 따라서 그것이 "입세(入世)"라고 말하기는 매우 어려운 것이다.

수행방법에 있어서 중국불교는 대부분 "둔세잠수(遁世潛修)"를 주장하고 있다. 즉, 고요하고 사람의 인적이 끊긴 산 속에 몸을 두고, 사람들과의 교류를 두절하여 수행할 것을 제창하여 이렇게 하여야만 비로소 수행에 도움이 된다고 생각하였다. 이러한 상황은 혜능에 이르기 전까지 커다란 변화가 없어, 선종 초기의 선사들은 대부분 잠심수행(潛心修行)을 고양하였다. 예를 들면, 달마(達磨)의 선은 "벽관(壁觀)"으로 알려져 있고, 이조(二祖) 혜가(慧可)도 정좌(靜坐)로서 불교사에 이름을 남기고, 삼조(三祖) 승찬(僧璨)의 선(禪)의 특징을 "사공산에 은거하여 고요하게 정좌하였다."[13]고 한다. 또한 사조(四祖) 도신(道信)도 산림에 은거하여 "폐문좌(閉門坐)"를 제창하고 문인에게 가르치기를, "열심히 좌선하는 것이 근본이다."[14]라고 하였고, 오조(五祖) 홍인(弘忍)은 은둔하여 수행함에 있어 하나의 논리를 제시하고 있다. 당시 어떤 사람이 선사에게 도(道)를 배움에 있어서 어째서 도시나 마을에서 하지 않고 산중에 머물러야 하느냐는 물음에 대하여 선사는 다음과 같이 답한다. "큰 건물의 재목은 본래 심산유곡에서 나오는 것이지 세속 가운데 있는 것은 아니다.

---

12) 皆遁世以求其志, 變俗以達其道. 變俗則服章不得與世典同禮, 遁世則宜高尙其迹. 『홍명집(弘明集)』5권.
13) 隱思空山, 蕭然靜坐.『능가사자기(楞伽師資記)』1권.
14) 努力勤坐爲根本.

멀리 떨어져 있기 때문에 칼이나 도끼로 찍히지 않아, 큰 재목으로 자라 후에 마룻대와 대들보로 쓰이게 된다. 그러므로 심산유곡에 머물러 속진을 멀리 여의고, 산중에서 양성하여 세속사를 버려야 함을 알아라. 눈앞에 아무 것도 없어야 마음이 저절로 편안하게 된다. 이로부터 도(道)의 나무가 꽃을 피우고, 선림(禪林)의 열매가 나오게 되는 것이다."15) 이 설법은 장자(莊子)의 "재주가 없음이 재주이고, 쓸모가 없음이 큰 쓸모이다."16)라는 것과 서로 유사하다. 홍인선사는 "출가 이후로는 유거사(幽居寺)에 거처하였다. 선사의 생활태도는 관용적이었으며, 회포는 순수하여 시비에 대하여 입을 다물고, 마음은 물질(色)이 공하다는 경계에 융섭하고 있었다. 노동에 힘써 봉사했기 때문에 도반들이 먹는 데 부족함이 없었다."17)라고 전해지는 것과 같이 "둔세잠수"의 정신을 제창하고 있는 것이다.

  이상과 같이 혜능 이전의 선종 조사들은 모두 산림에 머물러 속세를 멀리하는 경향이 있었으며, 수행방법에 있어서도 모두 정좌수선(靜坐修禪)을 특징으로 삼고 있다. 선종은 바로 중국화된 색채가 가장 농후한 종파인데도 그 풍격이 이와 같은데, 다른 종파에서 "둔세잠수"를 주장함은 쉽게 짐작할 수 있는 것이다. 여기에서 인도불교뿐 아니라 중국불교의 수행방법과 최종 목표에 있어서 모두 농후한 출세주의의 색채를 띠고 있음을 알 수 있는 것이다.

---

15) 大廈之材, 本出幽谷, 不向人間有也. 以遠離故, 不被刀斧損斫, 長成大物, 後乃堪爲棟梁之用. 告知栖神幽谷, 遠避囂塵, 養性山中, 長辭俗事, 目前無物, 心自安寧, 從此道樹花開, 禪林果出也.『능가사자기(楞伽師資記)』1권.
16) 不材之材, 無用而大用.
17) 自出家處幽居寺. 住度弘愍, 懷抱貞純, 緘口於是非之場, 融心於色空之境. 役力以申供養, 法呂資其足焉.『능가사자기(楞伽師資記)』1권.

제2절 유가의 입세(入世)정신

전통불교의 출세주의와 정반대로 중국 유가는 그 창립으로부터 입세(入世)를 중시하고 있다. 유가의 창시자인 공자는 "용세(用世)"를 위하여 "혹 나를 써주는 사람이 있다면, 한 달뿐이라도 충분하고, 삼년이면 이룰 것이다."[18]라고 하고, "제세(濟世)"를 위하여 다시 제자들에게 친히 "제나라에서 배척 당하고, 송나라에서 쫓겨나고, 진채지방에서 곤궁하였다."[19]라고 하였다. 그는 비록 관중(管仲)의 예의에 벗어난 행동에 약간의 비판을 하였지만, 오히려 그를 칭찬하기도 하였다. "환공을 도와서 천하를 한번 바로 잡아 백성들이 오늘에 이르도록 그 혜택을 입고 있는 것이다."[20]"라고 하고, 자공(子貢)이 "만약 백성들에게 널리 베풀고 많은 사람을 구제해줄 수 있다면 어떻습니까? 인이라 할 수 있습니까?"[21]라고 묻자 공자는 "어찌 인이라고만 할 수 있겠는가? 틀림없이 성(聖)이라고 하겠다."[22]라고 답한다. 여기에서 공자의 용세지심(用世之心)과 제세지정(濟世之情)을 충분하게 표현하고 있는 것이다.

맹자는 공자의 사상을 계승하여 "용세"를 주장하고, "제천하(濟天下)"를 제창하였다. 그는 제(齊)나라의 왕에게 "왕이 만약 나를 등용한다면 어찌 제나라 사람만이 편안해 지겠는가. 천하의 백성이 모두 편안해 질

---

18) 苟有用我者, 期月而已, 可也, 三年有成.『논어(論語)·자로(子路)』
19) 斥于齊, 逐于宋, 困于陳蔡之間.『사기(史記)·공자세가(孔子世家)』
20) 相桓公, 一匡天下, 民至今受其賜.『논어(論語)·옹야(雍也)』
21) 如有博施于民而能濟衆, 如何. 可謂仁乎. 앞의 책.
22) 何事于仁, 必也聖乎. 앞의 책.

것이다."23)라고 설하고, 또한 자신을 "명세지사(名世之士)"로 보아 설하기를 "만약 천하를 평안히 다스리고자 한다면 지금의 세상에서 나를 버리고 누가 있겠는가."24)라고 하였다. 또한 맹자의 유명한 명언이 있다. "궁해지면 홀로 자신을 선하게 하고, 잘되면 천하를 동시에 선하게 한다."25)는 이 말은 후대에 중국 사대부(士大夫)들의 좌우명과 행위준칙으로 되었다.

공자와 맹자 이후, 역대 유가는 모두 "입세"와 "용세"를 제창하였다. 동중서(董仲舒)와 같은 유학자까지도 비록 "도를 바로 함에 이익을 도모치 않고, 그 도를 밝힘에 공을 꾀하지 않는다."26)라고 하였으나, 여전히 "성인의 천하에 행하는 바는 이로움을 일으킴이다."27)라고 강조하였다. 송(宋)·명(明)에 이르러 이학가들은 다시 "정심(正心), 성의(誠意), 수신(修身), 제가(齊家), 치국(治國), 평천하(平天下)"사상을 제창한『대학(大學)』을 "사서(四書)"의 지위에 올려놓았다.

송·명 신유학의 중심은 심성의리(心性義理)에 있었으며, 수심양성(修心養性)과 성현작성(成賢作聖)을 주로 다루었다. 하지만 수양이 어떤 경계에 이르러야 성현(聖賢)이 될 것인가? 주자(朱子)는 "선비로서 사상을 은폐함은 족히 선비가 되지 못한다. 흙덩이처럼 정(定)을 지켜 방안에서 고요히 정좌함으로 편리를 삼음은 가히 성현됨이 아니다. 예로부터 사리에 밝지 않은 성현은 없으며, 변화의 이치에 통하지 못함도 없고, 또한 문닫고 홀로 앉아 있는 성현은 없다."28)라고 하였다. 이정(二程; 程頤, 程顥의 형제)도 성현은 마땅히 일에 관여하는 "입세"의 성현임을 주장하

---

23) 王如用予, 則豈徒齊民安, 天下之民擧安.『맹자(孟子)· 공손추(公孫丑)』하.
24) 如欲平治天下, 當今之世, 舍我其誰也. 앞의 책.
25) 窮則獨善其身, 達則兼濟天下.
26) 正其誼不謀其利, 明其道不計其功.
27) 聖人之爲天下者, 興利也.『춘추번로(春秋繁露)·효공명(孝功名)』
28) 士而懷去, 不足以爲士, 不是塊然守定這事物, 在一室獨坐便了, 便可以爲聖賢. 自古無不曉事的聖賢, 亦無不通變之聖賢, 亦無閉門獨坐之聖賢.『송원학안(宋元學案)·주자학안(朱子學案)』

고, 불교에서 시비(是非)를 잊으라는 것에 반대하여, "어찌 시비를 잊을 수 있겠는가. 본래 많은 도리가 있으니, 어떤 일을 가히 잊겠는가."29)라고 하고, 다시 말하기를, "사람이 일 많음을 싫어하고, 세상사 비록 많으나 모두 다 사람의 일이다. 사람의 일 사람으로 하여금 하지 않게 한다면 다시 누구에게 시킬 것인가."30)라고 하였다. 남송(南宋) 영가학파(永嘉學派)의 대표적인 인물인 엽적(葉適)은 "우세(憂世)"를 "인(仁)"에 비하여 보다 중요한 것으로 보아 "배운 자가 통서(統緖)를 살필 줄 모르면 비록 많이 읽으나 무익하며, 가르치는 일을 하지 않으면 비록 학문이 높아도 이익이 없다. 돈독히 행하나 대의(大義)에 맞지 않으면 비록 행이 높아도 이익이 없다. 뜻을 세움에 세상을 걱정함에 두지 않으면 비록 어질다 하여도 무익하다."31)라고 논하고 있다.

남송 이후, 송의 멸망으로 유학자들은 현실과 유리된 "고담준론(高談峻論)"에 대한 통절한 반성을 하게 되었다. 명(明)의 송렴(宋濂)은 "참다운 유학은 용세(用世)에 있음"32)을 제창하여 "살아서는 세상을 돕고, 죽어서는 세상을 듣는다."33)는 것을 주장하였다. 황관(黃綰), 방효유(方孝儒) 등은 보다 직접적으로 "경세지학(經世之學)"을 제창하여 "천하경륜을 자신의 일로 삼는다."34)를 주장하고, "유가의 도는 ···· 세상의 맡은 바를 통달하지 못하면 가히 유(儒)가 될 수 없다."35)고 밝히고 있다. 명(明)·청(淸)시대, 특히 청대의 많은 유학자들은 "경세치용(經世致用)"을 제창하고, "천하의 흥망은 필부의 책임이다."36)는 구호를 제시하였다. 고

---

29) 認爲是非安可忘. 自有許多道理, 何事可忘.
30) 人惡多事, 世事雖多, 盡是人事. 人事不叫人去做, 更叫誰做. 『송원학안(宋元學案)·상산학안(象山學案)』
31) 讀者不知按統緖, 雖多無益也. 爲文不能關敎事, 雖工無益也. 篤行而不合于大義, 雖高無益也. 立志而不存于憂世, 雖仁無益也.『엽적집(葉適集)·증벽자장(贈薛子長)』
32) 眞儒在用世
33) 生有補于世, 死有聞于世. 방효유(方孝儒),『송방생환녕해(送方生還寧海)』
34) 以經綸天下爲己任.
35) 儒者之道, ····· 無有不達乎世務而可以爲儒者. 방효유(方孝儒),『방통(龐統)』
36) "天下興亡, 匹夫有責.

염무(顧炎武)는 "군자의 배움은 도를 밝힘이고, 세상을 구함이다."37), "나의 행하는 바 성인의 도를 어떠한가? 널리 배우고 행함에 부끄러워할 줄 알며, 자신으로부터 천하, 국가에 이르기까지 모두 배우는 일이다."38)라고 주장하여, "위학(爲學)"과 "천하국가", "명도(明道)"와 "구세"를 긴밀하게 연계시키고 있다. 또한 "학문이 경술(經術)과 정사(政事)에 관련되지 않다면 충분한 것이 아니다."39)라고 논하고 있다. 청(淸)의 왕중(汪中)은 왕부지(王夫之)의 전통을 이어, "뜻을 세상의 쓰임에 두고, 쓰임 없는 배움을 부끄러워한다."40)라고 논하였다. 공자진(龔自珍), 위원(魏源)은 학문은 경세치용을 위함이요, 세상의 변화를 탐구함이 성인(聖人)에 도달함이라고 역설하였다.

유가의 발전사를 살펴보면 선진(先秦)시대로부터 명·청에 이르는 이천여 년 동안 일관된 사상 가운데 하나는 바로 뜻을 천하에 두는 적극적인 용세(用世)였다. 중국 유가의 이러한 입세정신을 가리켜 현대의 몇몇 학자들은 "우환의식(憂患意識)"이라고 칭하였다. 이러한 "우환의식"을 가장 잘 체현한 것은 바로 송(宋)대 범중엄(范仲淹)의 다음과 같은 구절이다. 범중엄은 『악양루기(岳陽樓記)』에서 다음과 같이 말한다.

> 물질 때문에 기뻐하지 않으며, 자신 때문에 슬퍼하지 않는다. 높은 벼슬에 있어서는 백성을 근심하고, 강호의 선비로 있어서는 임금을 걱정한다. 이것이 나가고 물러남의 근심이다. 그렇기 때문에 언제 즐겁겠는가? 반드시 천하의 사람이 근심하기보다 먼저 근심하고, 천하의 사람이 기뻐한 후에 기뻐한다.41)

---

37) 君子之爲學, 以明道也, 以救世也. 『여인서이십오(與人書二十五)』, 문집(文集) 4권.
38) 愚所爲聖人之道如之何? 曰, 博學于文, 行己有恥, 自一身以至于天下國家, 皆學之事也. 『여우인논학서(與友人論學書)』, 문집 3권.
39) 文不關于經術政事者, 不足爲也. 『국조한학사승기(國朝漢學師承記)』
40) 有志于用世, 而恥于無用之學. 『술학(述學)』 별록(別錄), 『여주무조서(與朱武曹書)』
41) 不以物喜, 不以己悲. 居廟堂之高, 則憂其民. 處江湖之遠, 則憂其君. 是進亦憂, 退亦憂. 然則何時而樂耶. 其必先天下之憂而憂, 後天下之樂而樂. 『악양루기(岳陽樓記)』

중국 사대부의 이러한 "우환의식"에 대한 하나의 대련(對聯)이 있어 보다 생동감이 있고, 간결하게 개괄하고 있다. 그것은 바로 "바람소리, 빗소리, 책 읽는 소리 모두 들릴 때, 집안일, 나랏일, 천하의 일 모두 마음 쓰인다."42)는 것이다. 만약 이러한 사상들이 불교와 관계 있는 은둔잠수(隱遁潛修), 심외무물(心外無物) 등의 교설과 연계된다면, 마땅히 그것은 뚜렷한 차별을 보일 것이다.

---

42) 風聲雨聲讀書聲, 聲聲入耳. 家事國事天下事, 事事關心.

제3절 중국불교의 역(亦)출세와 역(亦)입세

 유학이 한(漢) 무제(武帝)로부터 "독존유술(獨尊儒術)"로 되어진 이후, 유학은 점차로 사회의 통치사상으로 상승되었다. 당(唐)에 이르러 한유(韓愈)의 공맹(孔孟)의 도통(道統)을 회복하자는 주장 이후, 유학의 영향은 점차로 더욱 증대되었고, 그 가운데 수(修), 제(齊), 치(治), 평(平)의 주장은 왕도정치(王道政治)를 위한 "입세정신"과 함께 제가(諸家)철학에 심각한 영향을 주었다. 중국에 전래된 불교도 그러한 유학에 심각한 영향을 받게 된다.
 중국에서 불교에 발생한 하나의 중대한 변화는 바로 본래 출세를 중시하였던 것에서 점차로 출세와 입세를 설하게 되고, 후에는 출세와 입세를 통합하여 설하게 된 것이다. 당연히 이러한 상황에는 기나긴 과정이 있었고, 그 기간의 변화도 점진적이었고, 또한 한 부분, 혹은 한 측면으로부터 시작된 것이다. 따라서 불교의 중국화(출세와 입세의 사상적 발전을 포함한)는 일종의 착종(錯綜)되고 복잡다단한 과정이라고 표현할 수 있겠다.
 불교가 전래된 초기에는 중국 전통사상과 거리가 가장 멀었으며, 가장 첨예하게 대립되었다. 이러한 상황에서 불교의 출세주의는 유가의 전면적인 공격을 받게 되었고, 불교를 천축으로 돌려보내고, 고향으로 돌려보내 마땅히 중국에 유행하지 못하게 하라고 주장하였다. 이러한 상황에서 불교는 중국에서 발전하기 위하여 중국 전통 사상에 맞도록 개혁하여 스스로의 발전을 이룬 것이다.

우선 중국불교는 정치에 있어서 인도불교가 일반적으로 멀리하였던 것과는 달리 입세와 출세의 문제에 있어 다른 모습을 보여주고 있다. 중국불교의 수많은 승려와 종파는 자주 경전의 "부처는 일대사인연(一大事因緣)을 위하여 세상에 출현하였다."[43]는 구절 및 대승불교의 "자비보도(慈悲普度)"의 정신을 근거로 하여, 불교의 근본 종지(宗旨)는 자신의 수행해탈이 아니라 이타제세(利他濟世), 보도중생(普渡衆生)에 있다고 주장하였다. 따라서 중국불교에서 선양한 것은 이른바 "내가 지옥에 들어가지 않으면 누가 지옥에 가겠는가!"[44], "지옥의 중생을 다 구하지 않으면 성불하지 않고, 중생을 모두 제도한 다음에 보리를 증득하겠다."[45]는 대승보살의 정신이었다. 이러한 기초에서 중국불교는 종종 출세와 입세를 통일시켜 주장하기를 세간법(世間法)을 적절하게 처리할 수 있어야만 비로소 출세간의 자질을 갖춘 것이라고 하였다. 이러한 사상의 기초 위에서 중국역사상 수많은 불교도들이 대담하게 산림을 벗어나 사회에 투신하고 정치에 관여하게 된다. 중국역사상 승려가 정치에 관여한 경우는 그 예가 너무도 많아 모두 거론할 수 없지만, 일찍이 동진(東晉)시대의 명승 불도징(佛圖澄)은 석륵(石勒)에 의하여 "대화상(大和尙)"으로 존경받고, 석륵의 대장군인 곽리략(郭里略)은 그를 또한 스승으로 공경하여 "군대의 중요한 일을 모두 대사에게 문의하여 그의 말을 따랐다."[46]고 하였다. 또한 전진(前秦)의 도안(道安)도 또한 부견(符堅)의 정치고문으로서 정벌(征伐) 등의 문제를 도안에게 상의하였다. 진·후 진(秦)의 구마라집(鳩摩羅什)은 정치상의 보다 중요한 인물이었고, 남북조(南北朝)시대의 석혜림(釋慧琳)은 『남사(南史)』에서 "어려서 출가하여 후에 문제(文

---

43) 佛爲一大事因緣出現于世.
44) 我不入地獄, 誰入地獄
45) 地獄未盡, 誓不成佛, 衆生度盡, 方證菩提.
46) 軍機要事, 皆聽其言. 고승전(高僧傳)·불도징전(佛圖澄傳)』

帝)가 중용하였다." 이후 "점차 정치에 참여하여 조정의 대사를 모두 그에게 논의하였다."고 하여, 그를 "흑의재상(黑衣宰相)"이라고 칭하였다. 수·당시대에 있어서는 몇몇의 비교적 영향력 있는 불교종파의 창시자들이 모두 황제와 밀접한 관계가 있었다. 예를 들면 지의(智顗)와 진(陳)의 선제(宣帝), 문제(文帝), 현장(玄奘)과 당(唐)의 태종(太宗), 법장(法藏)과 무측천(無則天) 등이다.

이러한 것은 불교가 전래된 초기에 유가의 "불충(不忠)", "불효(不孝)"의 질책에 대하여 불교가 "재가(在家)", "출가(出家)", "방내(方內)", "방외(方外)" 및 보다 넓은 범주의 이른바 "대충(大忠)", "대효(大孝)"로써 변론한 것과는 다르게 수·당 이후의 불교는 점차로 유가의 길, 즉 점점 유가적인 윤리화의 길을 걷게 된다. 예를 들면, 당(唐)대 및 당대 이후의 수많은 불교도들은 포괄적인 "대충", "대효"를 논하지 않고, 인(仁), 의(義), 충(忠), 효(孝)를 논하고 있다. 당(唐) 초기의 이사정(李師政)은 『내덕론(內德論)』에서 "부처님께서는 신하에게는 충성을, 자식에게는 효도를, 국왕에게는 잘 다스릴 것을, 가정에 있어서는 화목할 것을 가르치고 있다."[47]고 논하고 있다. 당시대의 명승 백장회해(百丈懷海)는 그의 『백장청규(百丈淸規)』에서 "충"과 "효"에 대하여 보다 상세하게 논하고 있다. 『백장청규』의 1, 2장에서 "축리(祝釐)", "보은(報恩)"으로써 "충"에 대하여 논하고, 그 다음의 3, 4장에는 "보본(報本)", "존조(尊祖)"로써 "효"에 대하여 논하고 있어 완전히 유가(儒家)의 어조(語調)를 모방하고 있다. 송(宋)의 명승 계숭(契嵩)의 『효론(孝論)』에서는 한 걸음 더 나아가 부모를 "천하 삼대 근본의 하나"로서 보고 있다. 명(明)대의 승려가 편집한 『효문설(孝聞說)』과 『광효서(廣孝序)』 등에서도 효도에 대하여 논하고 있다. 또한 "세간법과 출세간법에서 모두 효도를 종(宗)으로 삼고 있다."[48], "유가는 효를 모든 행의 도(道)로서 삼고, 불교는 효를 지극한

---

47) 佛之爲敎也, 勸臣以忠, 勸子以孝, 勸國以治, 勸家以和.
48) 世出世法, 皆以孝順爲宗. 『영봉효론(靈峰孝論)』 4권, 2.

도의 종(宗)으로 삼고 있다."49)라고 주장하여 유가학설의 기초인 효도를 불교의 근본적인 종지(宗旨)의 하나로 보고 있음에 불교의 유학화와 윤리화의 정도를 능히 짐작할 수 있는 것이다.

수·당 이후의 중국불교는 입세의 문제에 있어 하나의 중요한 발전을 이룬다. 그것은 "치심(治心)"과 "치세(治世)"의 상호관계를 밝힘으로써 출세와 입세를 통일시킨 것이다. 이 점에 있어서 송(宋)대의 명승 계숭(契嵩)은 가장 대표적인 사상가라고 하겠다. 계숭은 『적자해(寂子解)』에서 다음과 같이 논한다.

> 유교와 불교는 성인의 가르침이다. 그 나오는 바는 같지 않으나 함께 다스림으로 돌아갔다. 유교는 성인이 크게 함이 있음(有爲)이요, 불교는 성인의 크게 함이 없는 것(無爲)이다. 유위는 세상을 다스림이요, 무위는 마음을 다스림이다. 마음을 다스림은 일에 접하지 않고, 일에 접하지 않은 즉 선악의 뜻을 가히 얻어 쓰지 못한다. 세상 다스리는 것은 일에 접하니, 일에 접함에 착함을 상주고 악함을 벌하는 예를 들지 않을 수 없다. 마음이 이미 다스려짐을 일러 정성(情性)이 참되고 바름이며, 정성 참되고 바른 즉 예의에 인도되어 이르는 바 또한 알지 못하겠는가?!50)

이 문단의 의미는, 유학과 불교는 비록 설하는 바가 다르지만 모두 성인의 가르침으로 모두 "치(治)"를 귀취(歸趣)로 삼는다는 것이다. 즉, 유학은 유위(有爲)의 학으로 치세(治世)에 요지(要旨)가 있고, 불교는 바로 무위(無爲)의 학으로 치심(治心)에 그 요지가 있다는 것이다. 치심의 불교는 비록 세속의 선악에 개입하지 않지만, 만약 세상사람들의 마음을 모두 다스린다면 그 정성(情性)은 참으로 돈후할 것이다. 정성이 돈후해

---

49) 儒以孝爲百行之道, 佛以孝爲至道之宗. 앞의 책, 7권, 1.
50) 儒佛者, 聖人之教也. 其所出雖不同, 而同歸乎治. 儒者, 聖人之大有爲者也. 佛者, 聖人之大無爲者也. 有爲者以治世, 無爲者以治心. 治心者不接于事, 不接于事則善善惡惡之志不可得而用也. 治世者宜接于事, 宜接于事營善罰惡之禮不可不擧也. 其心旣治, 謂之情性眞正, 情性眞正則與夫禮儀所導而至之者不亦會乎. 『심진문집(鐔津文集)』 8권.

진다면 자연히 유가의 예의가 도달하려는 목표와 일치되는 것으로, 이는 어찌 치세에 유익한 것이 아니겠는가?

전통불교의 출세주의와 유가의 입세정신의 조화와 융합에 있어서 송(宋)대 천태종(天台宗)의 고산지원(孤山智圓)의 표현은 아주 뛰어난 점이 있다. 앞으로 지원(智圓)의 사상을 구체적으로 분석하여 송·원 시대의 중국불교가 어떻게 유가의 입세정신을 용섭(溶攝)하는가를 살펴보기로 하겠다.

지원의 자호(自號)를 "중용자(中庸子)"로 하였는데, "중용"은 바로 유가경전의 이름이기 때문에 종종 지원에게 어째서 불교도가 유가의 용어를 자호로 하였는지를 물었다. 그에 대하여 지원은 다음과 같이 답하였다.

> 유교와 불교는 말은 다르지만 이치는 일관되는 것이다. 백성을 교화하지 않음이 없으며, 착함을 권하고 악함을 멀리함이다. 유교는 몸을 단정히 하는 가르침인 까닭에 외전(外典)이라 하고, 불교는 마음을 다스리는 가르침인 까닭에 내전(內典)이라 한다. 몸과 마음이기에 안과 밖의 다름이다. 중생이 어찌 몸과 마음 벗어나겠는가? 두 가르침이 아니면 어찌 교화하리요! 아! 유교와 불교는 함께 겉과 속을 이루고 있도다![51]

유학과 불교가 언설은 같지 않으나 도리는 일치하는 것으로 모두 민중을 교화하기 위한 것이고, 민중에게 선을 익히고 악을 멀리하게 가르친다는 것이다. 유학은 바로 수신(修身)의 가르침으로 외전(外典)이라고 부를 수 있으며, 불교는 치심(治心)의 가르침으로 내전(內典)이라고 부를 수 있다는 것이다. 몸과 마음은 비록 내외의 구별이 있으나 사람이 사람

---

51) 夫儒釋者, 言異而理貫也, 莫不化民, 俾遷善遠惡也. 儒者, 飾身之教, 故謂之外典也. 釋者, 修心之教, 故謂之內典也. 惟身與心, 則內外別矣. 生民, 豈越于身心哉? 非吾二教, 何以化之乎! 噫! 儒乎, 釋乎, 其共爲表裏乎!『중용자전(中庸子傳)』상. 『중국불교사상자료선편(中國佛教思想資料選編)』석준(石峻)편, 3권, 1책, 125쪽.

됨에 있어 어찌 몸과 마음을 벗어날 수 있겠는가. 그러므로 두 가르침은 바로 표리(表裏)의 관계에 있다는 것이다. 이러한 까닭으로 지원이 유가의 용어를 호로 삼은 것은 결코 잘못된 것이 아니라고 하고 있다.

지원은 여기에서 다시 한 걸음 더 나아가고 있다.

> 공자의 가르침이 아니면 나라를 다스릴 수 없으며, 가정이 평안할 수 없으며, 몸이 편안할 수 없음을 어찌 알겠는가. 나라가 다스려지지 못하고, 가정이 평안하지 못하고, 몸이 편안하지 못하면 석가의 도는 무엇을 말미암아 행해질 것인가! 그러므로 나는 유교로써 몸을 닦고, 석가의 가르침으로써 마음을 다스려 행동마다 간절히 본받아 감히 게으름 없이 하여, 오히려 지극한 도에 이르지 못할까 두려워하니, 어찌 감히 버리겠는가! 오! 유교를 좋아하고 불교를 싫어하고, 불교를 귀하게 여기고 유교를 천하게 여긴다면 어찌 중용에 머물 수 있겠는가.52)

위의 문단에서 지원은 유교를 불교의 기초로 보고 있다. 만약 유교가 없다면 치국(治國), 녕가(寧家), 안신(安身)을 할 수 없을 것이고, 국가를 다스리지 못하고, 가정을 평안하게 하지 못하고, 몸이 불안하다면 불교는 어디에 의탁할 것인가? 그러므로 지원은 유교로써 몸을 닦고, 불교로써 마음을 다스림을 하나하나 잘 간직하여 조금도 나태함이 없도록 한다는 것이다. 그 목적은 바로 이치에 이르고, 도(道)에 도달하기 위함이니 어찌 불도(佛道)를 버렸다고 할 수 있겠는가? 유교를 좋아하여 불교를 싫어하고, 불교를 귀하게 여겨 유교를 천시한다면 그것은 모두 중용(中庸)의 도에 위배된다는 것이다. 바꾸어 말하면 지원이 "중용"을 자호로 삼은 것은 유교와 불교에 있어서 치우치지 않는 일종의 "중용"의 입장을 표명하고 있는 것이다.

---

52) 豈知夫非仲尼之教, 則國無以治, 家無以寧, 身無以安. 國不治, 家不寧, 身不安, 釋氏之道何由而行哉. 故吾修身以儒, 治心以釋, 擧擧服膺, 岡敢懈慢, 猶恐不至于道, 況棄之乎. 嗚呼. 好儒以惡釋, 貴釋以賤儒, 豈能庶中庸乎. 앞의 책.

또한 지원은 불교의 "중도(中道)"로써 유가의 "중용"을 설하고 있다. 어떤 사람이 지원에게 "유가에서는 중용을 밝힌 것은 『중용』편이지만, 불교에서 중용을 밝힌 것에 대해서는 아직 듣지 못하였다."53)라고 힐문하자 지원은 "부처님이 중용을 말한 것은 용수(龍樹)가 설한 중도(中道)의 뜻이다."54)라고 답한다. 또한 불교에서 유무(有無)에 떨어지지 않고, 공(空)에 빠지지 않고, 유(有)에 집착하지 않는 중도의(中道義)로서 유가 "과유불급(過猶不及)"의 중용을 설명하고 있다. 마지막으로 지원은 "세상의 큰 병은 어찌 유교와 불교에 집착해 서로 해침보다 더한 것이 있겠는가? …… 그러므로 내가 중용으로 자호를 삼은 것은 그를 바로 잡아 허물없게 함이다."55)라고 말한다. 이는 지원이 "중용"의 호를 사용함은 바로 유가와 불교를 조화시키려는 자신의 태도를 설명하고 있는 것이다.

지원이 자신의 호를 "중용"으로 삼은 것에 대한 해명에서 그가 어째서 불교와 유가를 융합하려는지, 또한 불교와 유가를 조화시키는 문제에 있어서의 기본적인 사상이 나타나고 있다. 지원의 저술을 통하여 유가와 불교의 조화에 대한 몇 가지 관점을 살펴보기로 하겠다.

첫째, 유가는 수신(修身)을 가르치고, 불교는 치심(治心)을 가르쳐 둘은 서로 표리(表裏)의 관계에 있다는 것이다. 지원은 유가는 "역내(域內)"의 가르침으로 "역내"의 일로서 수신(修身), 제가(齊家), 치국(治國), 평천하(平天下) 등은 유가를 버리고서는 이룰 수 없는 것이므로, "공자의 가르침이 아니면 나라를 다스릴 수 없다."56)고 하였다. 비록 "성명(性命)을 논함에 유심(唯心)보다 더함이 없고, 보응(報應)을 말함에 삼세(三世)보다 더 말할 수 없다."57)라고 하고, 성령(性靈)의 진오(眞奧) 및 삼세

---

53) 儒之明中庸也, 吾聞之于中庸編矣. 釋之明中庸, 未之聞也.
54) 釋之言中庸者, 龍樹所謂中道義也.
55) 世之大病者, 豈越乎執儒釋以相誣. …… 故吾以中庸自號以自正, 俾無咎也. 동상, 126쪽.
56) 夫非仲尼之敎, 則國無以治.
57) 談性命焉, 則未極于唯心. 言報應言, 則未臻于三世. 『사십이장서(四十二章序)』, 앞의 책, 119쪽.

(三世)의 인과(因果)를 밝힘에 있어서 유교는 결코 뛰어난 점이 없으나 금생에 있어서는 "하루라도 없으면 안 된다.〔不可一日而無之矣〕"고 하고 있다. 왜냐하면 유학이 없디면 바로 국가를 다스리지 못하고, 가정을 평안하게 하지 못하기 때문이다. 또한 지원은 불교를 "역외(域外)"의 가르침이라고 하였다. "역외는 바로 마음을 다스리는 것〔域外則治于心矣〕"으로 그 공능(功能)은 성령(性靈)의 진오(眞奧)를 탐구하여 삼세의 인과를 밝히는 것에 있다고 한다. 비록 이렇게 "실로 근본을 다스리는데 도움이 있음〔實有毗于治本矣〕"이지만 수신, 치세에 있어서도 완전히 도움이 못 되는 것은 아니다. 이는 그 이전의 승려들이 역설하였던 바인 만약 천하의 모든 사람들이 오계(五戒)를 지니고, 십선업(十善業)을 닦는다면 천하는 자연히 태평해질 것이라는 논리와 같은 것이다. 따라서 불교는 백성을 가르침에 있어 유교와 표리를 이룬다는 것이다.

둘째, 유학과 불교는 모두 악을 멀리하게 하고 선을 권하는 유익한 교화를 하고 있다는 것이다. 이러한 사상은 위의 관점의 연장과 구체화인 것이다. 유교에서 본다면 그 핵심인 수(修), 제(齊), 치(治), 평(平)은 자연히 예의로써 교화하여 사람들로 하여금 악을 버리고 선을 따르게 하고, 불교에서는 전체적인 교의(敎義)에 거의 모두 그러한 공능이 있다는 것이다. "무엇 때문인가? 자비로 인도하는 까닭에 삶을 좋아하고 죽임을 싫어함을 널리 편다. 기꺼이 버림에 힘쓰기 때문에 널리 베풀고 중생을 구제함을 펼친다. 신명(神明)이 멸하지 않음을 보이는 까닭에 능히 귀신을 섬겨 망녕되지 않음을 안다. 삼세보응을 논하는 까닭에 착함이 복 받고 삿됨이 재앙으로 됨을 증명한다. 근원을 밝힘에 선을 권하고 악을 멀리하며, 정(情)을 제거하고 성(性)을 회복케 한다."[58] 이는 바로 그러한 사상의 바탕으로 지원은 "정(情)을 제거하여 성(性)을 회복하는 것에 있

---

58) 何耶. 導之以慈悲, 所以廣其好生惡殺. 敦之以喜舍, 所以申乎博施濟衆生也. 指神明不滅, 所以知乎能事鬼神之非妄也. 談三世報應, 所以證福善禍淫之無差也. 使夫黎元遷善而遠罪, 撥情而反性. 앞의 책.

어 깊고 얕음을 말하고, 혹은 사물의 이치를 논함에 심원한 것(불교에서 삼세를 논하는 것)과 가까운 것(유교에서 금생을 밝히는 것)이 있어 이교(二敎)는 어쩔 수 없이 다름이 있다. 만약 삼교(儒·佛·道)를 하나로 보아 혼동한다면 그 뜻을 모두 잃을 것이지만, 선을 권하고 죄(罪)를 멀리하고 잔인함을 누르고 살생을 버림에 있어 말한다면 이교(儒·佛)는 어쩔 수 없이 같은 것이다."59)라고 논하고 있다.

셋째, 지원은 불교와 유교의 융합을 제창하였을 뿐만 아니라 명확하게 유·불·도 삼교의 합일을 주장하였다. 『삼소도찬병서(三笑圖讚竝書)』에서 지원은 동진(東晉)의 여산혜원(廬山慧遠)이 진제(晉帝) 환현(桓玄)에게 보낸, "호계로써 경계를 삼았지만 육수정, 도연명을 송별함에 호계를 지났다."60)에 대하여 크게 감탄을 표시하고, 그를 다음과 같이 찬(贊)한다.

> 불교, 도교, 유교의 그 종지는 본래 융섭하여, 그루터기를 지키면 막히고, 통발을 잊으면 통한다. 거스름 없는 교유는 오직 세 사람에게 있으니 그 종지는 비록 다르나 마음은 같은 것이다. 큰 것을 보고 작은 것을 잊음이니, 호계 지난 자취가 있으며, 서로 돌아보고 미소하니, 즐거움이 그 속에 있다.61)

실제로 지원의 이러한 견해는 결코 그 혼자만의 견해가 아니라 송(宋)대 불교의 특징을 상당히 반영하고 있는 것이고, 또한 유송(劉宋)시대에 이미 시대적 사조(思潮)로서 형성된 것이다. 이 점은 대혜(大慧)와 계숭(契嵩)의 사상에서도 아주 명확하게 표출되고 있다. 유·불·도 삼교는 밖으로는 비록 다르지만 그 마음은 같다는 것이다. 혜원, 육수정(陸修靜), 도연명(陶淵明) 세 사람은 큰 것을 보아 작은 것을 잊고, 득어망전(得魚

---

59) 『사십이장서(四十二章序)』, 앞의 책, 119쪽.
60) 以虎溪爲界, 而送道士陸修靜, 儒者陶淵明'則過之矣.
61) 釋道儒宗, 其旨本融, 守株則塞, 忘筌乃通. 莫逆之交, 其惟三公, 厭服雖異, 厭心惟同. 見大忘小, 過溪有踪, 相顧而笑, 樂在其中.

忘筌)할 수 있기 때문에 서로 바라보고 웃을 수 있었고, 그 속에서 즐거울 수 있었던 것이다. 『사오시승찬한거편서서(謝吳詩丞撰閑居編序書)』에서 지원은 다시, "삼교는 근본은 같으나 지말은 다르다. 백성을 가르치고 세상을 다스리는데 어찌 함께 겉과 속을 이루지 못하겠는가."62)라고 하고 있다. 이 가운데 "백성을 가르치고 세상을 다스리는데 어찌 함께 겉과 속을 이루지 못하겠는가."63)라고 한 것은 아주 중요한 의의가 있다. 이는 삼교가 서로 표리를 이루는지 혹은 삼교의 융합점을 말하는지 분명하지 않지만, 송·원시대의 불교는 이미 이전의 "방외(方外)"를 표방하던 것과는 달리 상당히 세간을 중시하고 입세를 강조하고 있음을 짐작할 수 있다. 실제로 지원의 이러한 견해는 결코 그 혼자만의 견해가 아니라 송(宋)대 불교의 특징을 상당히 반영하고 있는 것이고, 또한 유송(劉宋)시대에 이미 시대적 사조(思潮)로서 형성된 것이다. 이 점은 대혜(大慧)와 계숭(契崇)의 사상에서도 아주 명확하게 표출되고 있다.

넷째, 지원의 유교와 불교의 관계 및 삼교 관계의 태도에 있어서 특히 주의할 만한 것이 있다. 그것은 『사오시승찬한거편서서』 가운데 "비록 유학을 종지의 근본으로 삼았으나 석씨의 도리를 밝힘이 몇 배를 더했다. 자주 노장(老莊)을 이끌어 그 설을 도왔다."64)고 논한 부분이다. 이 가운데 "유학을 종지의 근본으로 삼았다."고 한 부분이 보다 중요한 부분인데, 유송시대 지원과 같은 고승들도 또한 "이종유위본(以宗儒爲本)"이라고 하고 있다. 비록 그가 뒷부분에 "석씨의 도리를 밝힘이 몇 배를 더했다."고 보충하고 있지만 그렇다하더라도 그 "본(本)"은 바로 "유학"에 있는 것이다. 이 점은 송·명시대의 불교가 이미 상당히 유학화되어 있음을 설명하는 것이다. 이에 대하여 당(唐)시대 삼교합일을 제창한 종밀(宗密)의 그와 관련된 사상과 비교해 보아도 무방할 것이다. 종밀의

---

62) 夫三敎者, 本同而末異, 其于訓民治世, 豈不共爲表裏.
63) 其于訓民治世, 豈不共爲表裏.
64) 雖以宗儒爲本, 而申明釋氏, 加其數倍焉. 往往傍涉老莊, 以助其說.

『화엄원인론(華嚴原人論)』은 중국불교사상 삼교합일을 제창한 대표적인 저작이다. 그러나 종밀의 삼교합일은 명확하게 불교로써 "합일"의 귀취(歸趣)를 삼고 있어 유학과 도교는 모두 불교의 하나의 단계, 불교 발전과정 가운데 하나의 비교적 낮은 단계로 설정되고 있다. 이는 아마도 당시대 불교의 융성과 관련이 있을 것이다. 하지만 송대에 이르러 유학의 부흥 및 불교의 쇠퇴에 따라 마침내 불교도 자신조차도 감히 당시대와 같이 유학을 그렇게 대하지 못하게 되었던 것이다. 이것이 아마도 지원이 공공연하게 "이종유위본(以宗儒爲本)"라고 제시하였던 하나의 중요한 원인이었을 것이다.

유송(劉宋)대의 불교계에서 "치세(治世)"를 불교의 목표의 하나로 삼고 있었던, 혹은 불교의 "치세"적 공능을 강조하였던 것에는 유가의 "입세정신"과 밀접한 관계가 있다. 예를 들어 『사오시승찬한거편서서』에서 지원은 "어려서 자못 주공(周孔)의 글을 좋아하고, 장차 깊이 연구하고자 하여 도 있는 자를 좇아 배우고자 하였지만 스승의 반대로 그 뜻을 이루지 못하였다. 이로 말미암아 문 닫고 고요히 하여 벗 없이 홀로 배우며 가끔 오경을 얻어 스스로 열람하였다."[65]라고 서술하고 있다. 이로부터 본다면 지원은 어려서부터 유학을 좋아하였고, 스승의 반대로 인하여 유학의 깊은 뜻을 연구하려는 바램을 이루지는 못하였지만 스스로 유가경전을 보는 데에는 결코 방해가 되지 않았으며, 후에는 "오경에 따라 성인의 뜻을 밝혔다."[66]고 한다. 지원은 유학을 좋아하였을 뿐 아니라 유가의 경전을 공부하였고, 따라서 출·입세 문제에 있어 유학의 영향을 깊게 받았고, 그러한 유학의 "치세"사상을 점차로 자신의 사상체계 속으로 받아들이게 되었던 것이다.

유송시대 불교의 입세 경향은 또 다른 측면에서 표현되고 있다. 그것

---

65) 泊年邇昇冠, 頗好周孔書, 將欲硏幾極深, 從有道者受學, 而爲落發之師拘束之, 不獲從志. 由是, 杜門閴然, 獨學無友, 往往得五經之書而自覽焉.
66) 準的五經, 發明聖旨.

은 불교의 세속화이다. 이 점에 있어서는 "간화선(看話禪)"의 창도자인 대혜종고(大慧宗杲)가 가장 대표성을 띠고 있다. 선종의 "물을 긷고, 땔감을 하는 것도 모두 신통묘용(神通妙用)"이라는 기치에서 종고(宗杲)는 한 걸음 더 나아가 "기쁠 때나 화날 때, 고요한 곳이나 더러운 곳, 처자가 함께 있는 곳과 주객이 서로 술 마시는 곳, 사무보고 가사 돌보는 곳, 혼인하는 곳 모두 제일 좋은 공부하는 곳이며 살펴 점검하는 시절이다."67)라 한다. 이는 세속의 모든 일과 인간의 모든 동작, 어묵동정(語默動淨)이 모두 불가(佛家)의 가장 수승한 공부하는 곳이라는 것이다. 더욱 특이한 것은 종고가 불교의 세속화와 불교와 유학을 연계하여 통일시켰다는 것이다. 그는 "크게 한번 깨달으면 유학이 곧 불교요, 불교가 곧 유학이고, 승(僧)이 곧 속(俗)이요, 속이 곧 승이며, 범(凡)이 곧 성(聖)이요, 성이 곧 범이다."68)라고 설한다. 종고에 있어서는 불교와 유학, 승과 속, 범과 성 사이에 결코 어떠한 경계도 존재하지 않고, 어떤 상황에서는 그들이 모두 상섭호융(相攝互融)하는 것이다. 종고는 재가와 출가, 세속과 승려를 대립적인 입장으로 보는 것을 반대하였으며, 이나산(李那山)의 "부귀 가운데 참(參)하여 득선(得禪)한다."는 주장에 찬성하고, 양억(楊億)이 비록 몸은 한림(翰林)에 있지만 득선(得禪)하고, 장상영(張商英)이 강서(江西)지방을 돌면서 참선(參禪)한 것 등, 이러한 세속의 업무 중에 참선함을 크게 찬양하고 있다. 종고는 이를 "종일토록 귀신굴(鬼窟)에서 좌선을 하는" 묵조선(默照禪)에 비하여 훨씬 뛰어나다고 주장하였다. 『대혜보각선사어요(大慧普覺禪師語要)』에서 종고는 다음과 같이 설한다.

사대부가 도를 배우는 것은 우리 출가인과 크게 다르니, 출가인은 부모를 봉양하지 않고 친척도 멀리 떠났으며, 발우 하나 물병 하나로 나날이

---

67) 喜時怒時, 淨處穢處, 妻兒聚頭處, 與賓客相酬酢處, 辦公家職處, 了私門婚嫁處, 都是第一等做工夫, 提撕警覺底時節.『대혜보각선사어록(大慧普覺禪師語錄)』
68) 囗地一下子, 儒卽釋, 釋卽儒. 僧卽俗, 俗卽僧. 凡卽聖, 聖卽凡.『대혜보각선사서(大慧普覺禪師書)』,『답왕응-진서(答汪應辰書)』

인연처에 따름으로 도를 방해하는 원가(怨家; 俗家)가 없다. 한 마음 한 뜻으로 이 일을 참구할 따름이다. 선비가 눈뜨고 감는 곳은 도를 방해하는 원혼(冤魂)이 아닌 것이 없다. ⋯⋯ 유마힐거사가 번뇌의 범주가 여래의 종자가 됨을 말하여, 사람이 세간의 상을 버리고 실상을 구함을 저어하는 것이다. ⋯⋯ 비유하면 산에 연꽃이 피지 않고 더러운 흙탕 속에 피는 것과 같다. ⋯⋯ 양문공, 이문화, 장무진, 세 사람이 깨달음을 얻으니, 그 힘이 출가인의 이십 배나 수승함이다. 무슨 까닭인가? 우리 출가인은 바깥 형상으로부터 공부하여 들어가고, 사대부는 속마음으로부터 공부하여 나온다. 바깥으로부터 공부하여 들어가는 것은 그 힘이 약하고, 속마음으로부터 공부하여 나옴은 그 힘이 강하다.[69]

여기에서 종고는 심지어 재가수행이 출가수행보다 더욱 수승하다고까지 논하고 있다. 왜냐하면 출가한 승려는 단지 타좌수행(打坐修行: 坐禪修行)만을 할 뿐 세간의 수많은 번뇌가 없기 때문에 비교적 수월하다는 것이다. 하지만 재가에서의 참선은 항상 세속사무가 있어 시시로 번뇌혹장(煩惱惑障)이 일어나기 때문에 보다 강한 신심(信心)과 역량이 필요하다는 것이다. 그러나 바로 이러한 까닭으로 보다 선관(禪關)에 투철할 수 있어 도과(道果)를 맺을 수 있고, 이는 마치 유마힐(維摩詰)거사가 설한 "산에 연꽃이 피지 않고 더러운 흙탕 속에 피는 것"[70]과 같다는 것이다.

불교의 유학화와 세속화에 따라 유송시대에는 승려, 선사(禪師)와 사대부의 상호교유의 상황이 출현하였다. 한 측면으로는 승려와 사대부들의 교류가 많았는데, 예를 들면 대혜종고와 장구성(張九成), 설두중현(雪

---

69) 士大夫學道與我出家大不相同, 出家兒, 父母不供甘旨, 六親固已棄離, 一甁一鉢, 日用應緣處, 無許多障道底冤家, 一心一意, 體究此事而已. 士大夫開眼合眼處, 無非障道低冤魂. ⋯⋯ 淨名所謂塵勞之疇, 爲如來種. 怕人壞世間相, 而求實相. ⋯⋯ 譬如高原陸地, 不生蓮花, 卑濕汚泥乃生此花. ⋯⋯ 如楊文公, 李文和, 張無盡三大老打得透, 其力勝我出家兒二十倍. 何以故. 我出家兒, 在外打入. 士大夫在內打出. 在外打入者, 其力弱. 在內打出者, 其力强.『지월록(指月錄)』
70) 高原陸地, 不生蓮花, 卑濕汚泥乃生此花.

寶重顯)과 증회(曾會), 수산성념(首山省念)과 왕수(王隨), 불인요원(佛印了元)과 소식(蘇軾), 천의의회(天衣義懷)와 양억(楊億), 대각회련(大覺懷璉)과 왕안석(王安石), 황룡조심(黃龍祖心)과 황정견(黃庭堅) 등이다. 또 다른 측면으로는 사대부들이 참선하는 사람이 많았다. 고급관료로는 왕안석, 양억, 부필(富弼), 이존욱(李尊勖), 양걸(楊杰), 장상영 등이고, 이학가(理學家)로는 주돈이(周敦頤), 이정(二程; 程頤, 程顥의 형제), 주희(朱熹), 육구연(陸九淵) 등으로 누구나 참선과 불노(佛老)에 출입하지 않은 사람이 없었다. 당시의 불교계는 불법과 유교의 경전을 같이 사용하였으며, 유학계의 사대부들도 또한 세전(世典)과 불교에 대하여 통달하고 있었다. 불교와 유학 사이에 비록 몇몇의 개별적인 문제에 있어서 여전히 서로 대립되고 배척하는 상황이었지만, 총체적으로 보자면 분명히 서로 융합하는 상황이었다. 이러한 융합은 엄격하게 말한다면 유학과 불교에만 국한되는 것이 아니라 당시 사회를 주도하고 있었던 유·불·도 삼교의 사상이 서로 융합한 것으로, 이러한 상황에서 "삼교는 본래 하나의 가문이다."라는 주장도 나타났던 것이다.

송대의 유불융합 및 삼교합일의 사상은 원(元)대에 이르러서도 여전히 이어졌다. 원대의 정재당(靜齋堂) 학사(學士) 유밀(劉謐)이 지은 『삼교평심론(三敎平心論)』은 불교의 측면에서 유·도교를 융합한 대표작이다.

『삼교평심론』의 가장 기본적인 관점의 하나는 바로 삼교가 모두 그 고유의 공능을 갖고 있다는 것이다. 유밀은 유교의 공능은 강상(綱常)을 바르게 하고, 인륜을 밝히고, 예악형정(禮樂刑政)이 흐트러지지 않게 하는 데 있어, "그 공은 천하에 있어 크다."[71]고 한다. 도교의 공능은 바로 사람들로 하여금 청빈하게 하고, 천하로 하여금 정묵(靜默)한 무위(無爲)의 경계에 들게 하는 데 있어, "세상을 가르침에 그 공은 지극하다."[72]고 한다. 또한 불교의 공능은 바로 사람들로 하여금 허영을 버리고 실제

---

71) 其功有于天下也大也.
72) 其有功于世敎也至矣.

를 찾게 하고, 스스로 이롭게 함으로써 다른 사람들을 이롭게 하여, "중생이 귀의하는 바를 위함에 더할 게 없음이다."73)라고 한다. 비록 삼교가 각자 그 공능이 있지만 그들은 또한 하나의 공통점과 작용을 지니고 있다. 그것은 삼교가 모두 "삶을 좋아하고 죽임을 싫어〔好生惡殺〕"하고, "사람이 착함으로 돌아가게 하지 않음이 없다.〔無非欲人之歸于善耳.〕"는 것이다. 예를 들면 불교의 작용은 "마음을 깨닫고, 행을 바꾸어, 인(仁)과 자비를 행하고, 효도와 청렴함을 행하며, 공손하고 이치에 따르게 된다."74)는 것이다. 따라서 불교에서 사람들을 교화하는 것은 유교와 차별이 없다고 한다. 또한 유밀은 불교는 결코 출세지향적이지만은 않다고 주장한다. 불교에는 오승(五乘)의 가르침이 있어 그 가운데 인승(人乘)과 천승(天乘)은 바로 세간법에 속해 있다고 한다. 인승의 오계(五戒)는 바로 유교의 오상(五常)에 속해 있고, 천승의 십선(十善)은 바로 도교의 "구진묘계(九眞妙戒)"로서 이러한 두 가지는 치세의 세간법에 속해 있다고 한다. 유밀의 이러한 사상은 당·송 이래 불교와 유교의 융합에 있어 사상적 근거를 마련해 주었다. 당·송 이후 불교계에서 가장 많이 사용한 방법은 바로 오승(五乘)불교의 기치 아래 유·불의 통합이었고, 이러한 사상은 심지어 근대 불교에까지 영향을 미쳐 태허(太虛)도 오승불교에 근거하여 "인생불교(人生佛敎)"를 제창하였던 것이다.

비록 사상적인 측면에서 본다면 유밀의 『삼교평심론』이 그다지 커다란 특색은 없지만 그래도 하나의 정보를 제공해주고 있다. 그것은 송·원시대 불교에서 제창한 불유합일의 각종 주장이 대부분 이러한 두 가지 사상의 기초에서 제시되었다는 것이다. 첫째는 불교와 유교는 마찬가지로 유익한 인륜교화라는 것이고, 둘째는 불교는 결코 출세지향적이지만은 않아 유교와 마찬가지로 세간을 기초로 한다는 것이다. 이 시대의 불교에 이러한 변화가 발생한 원인을 대체적으로 두 가지를 들 수 있다.

---

73) 其爲生民之所依歸者, 無以加矣.『삼교평심론(三敎平心論)』, 상.
74) 悛心改行, 爲仁爲慈, 爲孝爲廉, 爲恭爲順. 앞의 책.

첫째, 중국은 현실인생을 중시하고 실제적인 것을 추구하는 기풍을 지닌 나라로 세속적인 인륜 등을 살피지 않고, 속세를 여의라고 강조하는 사상은 중국의 실정에 맞지 않아 필연적으로 포기되어질 수밖에 없었다. 둘째, 중국불교는 수·당 이후 유가의 심성(心性), 인성(人性)설에 심각한 영향을 받아 각종 불교이론 자체가 이미 상당히 유학화, 윤리화되었고, 따라서 인륜을 중시하고, 입세를 강조하게 되었던 것은 사실 어쩔 수 없는 필연적인 과정이었던 것이다.

제6장
이학(理學)과 불교

제6장 이학(理學)과 불교

중국불교의 발전은 수(隋)·당(唐)에 이르러 이미 유·도 양교와 함께 정족(鼎足)을 이루어, 삼대의 중요한 사상체계와 사회사조를 형성하였다. 이전의 봉건왕조와 상대적으로 말하면, 당(唐)시대는 정치가 비교적 진보적이었으며, 국력도 가장 강성하였고, 사상방면에 있어서도 비교적 관용적이고 개방적이었다. 또한 유·불·도 삼교를 모두 용인하는 정책을 채택하였기 때문에 삼교가 병존 발전하는 상황이 나타났다.

이 시대의 불교에서는 수많은 고승이 배출되고, 종파가 우후죽순처럼 일어나, 현장(玄奘), 법장(法藏), 신수(神秀), 혜능(惠能)이 각각 천태(天台), 유식(唯識), 화엄(華嚴), 선종(禪宗) 등의 영수로 불려졌고, 커다란 불교종파의 계속되는 성립과 신속한 발전은 중국불교를 전성기로 이끌었다. 도교(道敎)에 있어서, "이씨내주하지후사(李氏乃柱下之后嗣)"를 빌려서 말한다면, 도교는 당(唐)시대에 가장 존중받는 지위로 올려졌다고 한다. 유학에 있어서는 본래 중국 전통 학술, 문화의 주류였지만, 동한(東漢) 이후 경학(經學)이 쇠퇴되고, 위진남북조(魏晉南北朝)시대의 정치상황 등의 원인으로 전체 유학이 침체하고 현학(玄學)이 성행하는 국면이 나타났다. 하지만 중국 왕도정치(王道政治)와 종법제도(宗法制度)의 근거인 유학은 위진(魏晉)에서 당(唐)까지 불교, 도교, 현학이 성행하던 몇 백 년의 시간에서도 하나의 강력한 사회사조로써 잠복하고 있었으며, 당대의 한유(韓愈)가 유가의 도통(道統)회복을 제시한 이후, 일종의 부흥 세력이 나타났다.

이때 중국의 사상계에는 각각의 사상문화 체계 사이에 묘한 전운이 감돌기 시작하였다. 이러한 상황 아래, 삼교의 사상가들은 모두 자신의 교를 보호 유지하는 입장에 서서, 한 방면으로는 삼교일가(三敎一家)를 제창하고, 다른 한 방면으로는 자신의 교를 힘써 선전하며 상대방을 공격할 기회를 노렸다. 도교는 "붉은 꽃과 흰 뿌리, 파란 잎이 하나인 것처럼 삼교는 본래 한 가르침이다."[1]라는 구호 아래, 유·불 양교에 대한 공격을 늦추지 않고, 유·불보다 높은 위치를 차지하려 노력하였다. 불교는 내부적으로 선(禪)·교(敎)의 합일을 통하여 불교의 역량을 강화하고, 다른 한편으로는 권(權)과 실(實), 방편(方便)과 구경(究竟) 등의 설법을 통하여 유·도 양교를 직현진원(直顯眞源)의 구경법(究竟敎)에 예속된 권편설(權便說)로 분류하였다. 그러나 유가는 중화민족의 관습, 사유양식, 종법윤리 등의 방면에 뿌리깊이 박혀 있는 영향 및 왕도정치와 종법제도의 정치, 사회적인 기득권을 바탕으로 하여, 암암리 혹은 공개적으로 불·도 양교의 사유양식과 사상을 자신의 사상체계로 받아들여서, 당조(唐朝) 오대(五代)를 거쳐 성숙시켜가고, 마침내 송(宋)·명(明)시대에 이르러 불·도 양교를 흡수하여 한 화로에 유·불·도 삼교를 삶아서 심성의리(心性義理)를 요점과 골격을 삼는 이학체계(理學體系)를 건립하였다.

그러면 유가는 어떻게 불교를 흡수하였을까? 유가는 불교의 어떤 사상을 받아들이고 융합했으며, 어떻게 흡수했을까? 송·명 이학(理學)이 불교의 사상을 흡수한 이후, 그 사상은 전통 유가사상에 대하여 도대체 어떤 변화를 발생시켰는가? 이러한 여러 가지가 모두 불교와 유학의 상호관계를 연구하는데 있어서 근본성을 띠고 있는 큰 문제들이기에 앞으로 이러한 문제에 대하여 모종의 측면에서 능력이 미치는 대로 탐구해 보기로 하겠다.

---

[1] 紅花白藕靑荷葉, 三敎原來是一家.

제1절 염계(濂溪)의 학문과 불교

주돈이(周敦頤)는 이학(理學)의 개산자(開山者)이다. 이학과 불교의 관계를 연구하려면 자연히 주자(周子)의 학문을 먼저 설명해야만 할 것이다. 둘째는 이 책의 제2장에서 불교가 유학에 대하여 가장 크게 영향을 미친 것은 바로 본체론(本體論)의 사유양식임을 이미 언급하였고, 주자학의 중요한 특징은 천도본체(天道本體) 및 인성본체(人性本體)의 색채를 농후하게 띠고 있으므로 이러한 각도에서 이학과 불교의 상호관계를 탐구하려고 한다. 그러면 우선 주자학을 살펴보기로 하겠다.

1. 주돈이와 송·명 심성의리(心性義理)의 학문

주돈이(周敦頤)의 시문(詩文)과 논저(論著) 및 후세 사람의 그에 대한 품평을 보면, 그는 선풍도골(仙風道骨)을 갖추고 있고, 연꽃을 몹시 사랑하여 『애련설(愛蓮說)』을 지어 연꽃을 "더러움에서 나오지만 오염되지 않았다."[2]고 찬탄하였다. 산림에 은거하며 음풍농월(吟風弄月)을 즐겼으며, 고적원둔(高適遠遁)하고 물외(物外)에 초연한 기개가 있었음을 알 수 있다. 황정견(黃庭堅)의 『염계사병서(濂溪詞幷序)』 가운데 "주자가 비록

---

2) 出汚泥而不染.

벼슬살이 30년이나 평생 뜻은 산중에 있었다."3)고 하였고, 포종맹(蒲宗孟)이 찬한 주돈이 묘비(墓碑)에도 그를 "외로운 바람 초하룻날 아침에 속진을 벗어난 곳에 마음을 두어 항상 높이 깃들고 멀리 은둔할 뜻을 가진"4) 사람이라고 하였으며, 주돈이 자신도 말하기를, "나의 즐거움은 쉽게 족함이니, 이름난 계곡에 아침저녁으로 머물고, 원자(元子)와 주자(周子)가 서로 만나 풍월을 즐긴다."5)라고 하였다. 기록에 따르면, 주돈이는 항상 고승(高僧), 도인(道人)과 더불어 "소나무 숲을 지나, 눈 덮인 봉우리에 올라 거문고를 타고 시를 읊으며 몇 달이 지나도록 돌아오지 않았다."6)고 한다. 그는 삼십 년 동안 관직에 있으면서, 부임하는 곳마다 뛰어난 명승고적을 만나면 반드시 유람하였다고 한다. 그러한 유람을 통하여 많은 시(詩)를 남겼는데, 그 가운데 "오래도록 속진을 싫어하고 고요함을 좋아하여, 봉록의 자질구레함은 오히려 가난한 산 속 생활만 못 미친다. 진경에서 배회하여 돌아가지 못하고, 다시 구름 속에서 깜박 잠든다."7)라는 한 수의 시가 있다. 이로 보자면 그는 세속을 떠나 은거하며 경쾌히 신선이 되고자 하였던 마음이 있었던 듯하다. 그러나 주돈이는 관료의 생활을 버리지 않았고, 몸은 세속에 있으면서 마음은 방외(方外)의 "군자(君子)"가 되고자 하였다.

주자학은 그 사람됨과 같이 "더러움에서 나오지만 오염되지 않는"8) 군자를 이상적인 인격으로 삼고 있어 곳곳에 "군자"의 내용이 제시되고 있다. 황백가(黃百家)의 『염계학안(濂溪學案)』가운데 "주자의 학문은 뜻을 이윤(伊尹)의 지조에 두고 배움은 안연(顔淵)의 학문에 둔다."9)라고

---

3) 茂叔雖仕宦三十年, 而平生之志, 終在邱壑.
4) 孤風元朝, 寓懷于塵埃之外, 常有高栖遠遁之意.
5) 吾樂蓋易足, 名溪朝暮侵, 元子與周子, 相邀風月尋. 『주자전서(周子全書)』17권.
6) 跨松夢, 躡雪嶺, 彈琴吟詩, 經月不還.
7) 久厭塵忿樂靜元, 俸微猶乏實山錢, 徘徊眞境不能去, 且寄雲房一榻眠. 『제풍도관삼수(題酆都觀三首)』
8) 出汚泥而不染
9) "周子之學, 在于志伊尹之志, 學顔子之學. 『송원학안(宋元學案)·염계학안(濂溪學案)』

주자의 사상과 풍격을 평가하였다. 주돈이는 자신의 시와 논저에서도 자주 공자와 안연의 안빈락도(安貧樂道)를 찬양하고 있으며, "안연은 한줌의 밥, 한 표주박의 물로도 저자거리에 머물면서도 그는 근심으로 여기지 않으며 그 즐거움을 바꾸려 하지 않았다."10)고 하였다. 군자는 모름지기 덕으로써 수양하며, 부지런히 쉬지 않을 것을 반복하여 강조하고, "사람이 지극히 얻기 어려운 것은 몸에 도덕을 갖추는 것이다."11)라고 하였다. 그는 맹자의 양심양성(養心養性)설 및 『대학』, 『중용』의 수제치평(修齊治平)사상에 대하여 지극히 찬양했으며, 공맹(孔孟) 등의 선유(先儒) 및 『대학』, 『중용』 등의 사상을 계승한 기초 위에서 "도체론(道體論)", "성오품설(性五品說)" 및 "주정(主靜)"의 수양(修養)이론을 제출하여 송·명 심성의리(心性義理)학의 기초를 제공하였다. 후대 유자들이 주자의 역사적 지위에 대하여 진지하게 보고 주자와 그 학문을 평술하여 "주자가 남방에서 분기하여 초연히 홀로 얻으니, 위로 공·맹이 드리운 끊어진 뜻을 잇고, 하남의 이정(二程)과 정신과 마음이 계합하여, 서로 논하여 밝히니 지극한 도가 다시 드러났다."12)라고 하고, "송나라에 염계가 있어 천리(天理)를 드러내니, 도학의 전함이 회복되었다."13)라고 하고, "주원공이 오묘한 이치를 드러냄에 천하가 비로소 성명(性命)의 미묘함을 구할 줄 알았다."14)하고, "탁월함이여! 원공(元公)이여, …… 완연히 공자와 한 도리로다."15)라고 하였다. 이러한 평론에 공통점이 있는데, 주자학은 바로 공·맹을 계승한 윤리철학임을 지적하는 것이다.

그러나 주돈이 당대(當代)에서는 그 명성이 결코 크지 않았고, 지위도

하.
10) 顏子一簞食, 一瓢飲, 在陋巷, 人不堪其憂, 而不改其樂. 『통서(通書)』
11) 人至難得者, 道德有于身而已矣. 앞의 책.
12) 周子奮自南服超然獨得, 以上承孔孟垂絶之緒, 河南二程神交心契, 相與疏論闡明而至道復著. 『주자전서(周子全書)』 권수(卷首), 하.
13) 宋有濂溪者, 作然後天理著, 而道學之傳復. 앞의 책.
14) 周元公開揭蘊奧而天下始知求性命之微. 앞의 책.
15) 卓哉. 其元公乎, …… 宛然一孔子也. 앞의 책.

그다지 높지 않았으며, 그가 도학(道學)의 시조로 받들어진 것은 남송(南宋)시대의 일이다. 주희(朱熹)가 『경덕전등록(景德傳燈錄)』에 의거하여 지은 『이락연원록(伊洛淵源錄)』에서 주돈이를 도학의 개산조(開山祖)로 삼아서 후대에 정주학설(程朱學說)이 사회의 통치사상으로 되었다는 이러한 주장은 점차 정설로 되어졌다. 주돈이는 도학에 있어서 선종의 달마(達磨)와 도교의 장백단(張伯端)처럼 도학가들이 추종하고 있음에 염계(濂溪)를 시조로 삼은 것은 전혀 근거가 없는 것은 아니다.

주자(周子)와 그의 학문이 "존지태고(尊之太高)"하고 "억지과심(抑之過甚)"하다는 두 가지 평가에 대하여 반대한 황백가(黃百家)는 주돈이를 다음과 같이 평가하였다.

> 공자와 맹자 이후, 한(漢)시대의 유학은 전하는 경학이 그치어, 성을 논함이 미미해지고, 그것이 끊어진 지 오래이다. 주자가 그를 일으키고 이정(二程)이 그를 이었으며 다시 횡거(橫渠) 등의 대유(大儒)가 배출되어 성현의 학문이 크게 융성하였다. 그러므로 안정(安定), 석개(石介)선생들은 유자의 규범에서 뛰어난 것이다. 그러나 그러한 개창에는 앞선 자가 반드시 있다고 할 것이다. 만약 심성의리의 정미함을 밝힘에 있어서 논한다면 주자의 계명함을 손꼽을 수 있을 것이다.16)

후대 유가 웅문단(熊文端)도 주자학을 다음과 같이 보았다.

> 위로 추·노나라의 전통을 잇고, 아래로 낙민하파(二程과 朱熹의 학파)의 실마리를 여니, 공이 유학에 있어 후대에 전하여 윤택하게 하였다.17)

이로 보자면, 주자 학문의 특징은 "사왕성(嗣往聖), 개래철(開來哲)"하

---

16) 孔孟而後, 漢儒止有傳經之學, 性道微言, 絶之久矣. 元公崛起, 二程嗣之, 又復橫渠諸大儒輩出. 聖學大昌. 故安定, 徂徠, 卓乎有儒者之矩範. 然僅可謂有開之必先. 若論闡發心性義理之精微, 數元公之破暗也.『송원학안(宋元學案)·염계학안(濂溪學案)』상.
17) 上承鄒魯之傳, 下開洛閩之緖, 功在斯文, 流澤後世.『주자전서(周子全書)』권수, 하.

여, 위로는 공맹과 추(鄒)나라와 노(魯)나라의 정통을 잇고, 아래로는 송명 심성의리의 학문을 열었다는 것이다. 이 점에 관하여『도학전총론(道學(傳總論)』에서 더욱 구체적이고 명백하게 말하고 있다.

맹자의 사후, 그 전함이 없어, …… 주공이 성현의 전하지 않은 학문을 얻어,『태극도설(太極圖說)』,『통서(通書)』를 짓고, 음양오행의 이치를 연구하여 천명(天命)과 인성(人性)을 마치 손바닥 들여다보듯 밝혔다. 장재는『서명(西銘)』을 지어 또한 이치의 분수(分殊)를 다 말한 후에 도의 큰 근원이 하늘에서 나온 것을 분명하고 의심이 없게 하였다.18)

주희의『태극통서총서(太極通書總序)』에서도,

정씨 형제가 성명(性命)을 언급할 때, 그 설(周子의 설)을 바탕으로 하지 않음이 없다.19)

고 하였다.
이는 비록 이학이 크게 창성하는 데 주로 장재(張載), 정주(程朱) 등 여러 대유들의 역할이 있었지만, 송명 이학의 개창자는 바로 염계임을 나타내고 있다.

2. 주자학의 심성본체론과 수·당 불교의 불성본체론

---

18) 孟子沒而無傳, …… 周乃得聖賢不傳之學, 作太極圖說, 通書, 推陰陽五行之理, 命于天而性諸人者, 瞭若指掌. 張作西銘, 又極言理一分殊, 然後道之大原出于天者, 灼然而無疑焉.『주자전서(周子全書)』권수, 상.
19) 程先生兄弟語及性命之際, 亦未嘗不因其說.『주자전서(周子全書)』1권.

만일 주자학의 사상이 분명하게 선유(先儒)가 설한 것과 같이 멀리 공맹(孔孟)의 사상을 계승하였다면, 여기에서 중요하게 지적해야 할 것은 바로 그 사유양식과 불교의 관계이다.

주자학의 사유양식은 천도본체(天道本體) 및 인성본체(人性本體)의 특색을 농후하게 띠고 있다. 그는 한 방면에서는 천도(天道)를 윤리화하였고, 다른 한 방면으로는 윤리를 천도화 하였는데, 그가 천도를 윤리화한 목적은 윤리를 천도화 하기 위한 것이었다. 주자의 『태극도설(太極圖說)』의 사상적 주지는 "천리의 본원을 밝히고, 만물의 시종을 구명"[20]하려는 것이지만, 그 귀결점은 또한 항상 인간, 인성, 인류도덕의 상규(常規)로 돌아왔다. 그가 "천지만물의 본원"을 밝히려는 목적은 "도의 커다란 근원은 천에서 나옴"[21]을 설명하기 위한 것이었다. 이러한 이론적 사상과 방법은 불성(佛性)을 인성화(人性化)한 수·당의 불성론에 영향을 받아 인성(人性)으로부터 불성화(佛性化)로 나아가는 길이었다.

다음으로 주자가 인성의 천도화 및 천도를 윤리화하는 과정에서 사용한 하나의 중요한 도구는 바로 "입성(立誠)"이다. 『맹자』, 『중용』의 "성은 하늘의 도이고, 성실하고자 하는 것은 사람의 도이다."[22]라는 사상을 계승한 주돈이는 "무망즉성(無妄則誠)"이라고 생각하여 "성(誠)"을 일종의 "고요하여 없으면서도 움직여 있는"[23] 신비한 우주의 본성으로 보았으며, 동시에, 그는 또 "성(誠)"을 오상(五常)의 근원, 성인(聖人)의 근본으로 간주하였다. 그는

> 성(誠)은 성인의 근본이다. 크도다! 하늘의 근원이여. 만물의 자질이 비롯함이요, 성의 근원이다. 하늘의 도의 변화가 각 성명(性命)을 바로 함에 성이 이에 건립되어, 순수하고 지극히 선한 것이다. 그러므로 하나의 음,

---

20) 明天理之本源, 究萬物之始終
21) 道之大源出于天
22) 誠者, 天之道. 誠之者, 人之道.
23) 靜無而動有. 『통서(通書)』

하나의 양을 도라고 이르고, 그를 계승하는 것이 선이다. 원형(元亨)은 성의 통함이요, 이정(利貞)은 성의 회복이니, 크도다! 역(易)이여. 성명의 근원이다.24)

성(誠)은 오상의 근본이고, 갖가지 행의 근원이다.25)

라고 하였다.

바로 제2장에서 지적한 것과 같이 중국 철학사에서 "성(誠)"이 본체의 성질을 갖추고 본체론의 범주에 속하게 되는 것은 수·당 이후의 일이다. 구체적으로 말한다면 "성(誠)"을 일종의 본체가 되도록 한 그 발단자는 바로 주자인 것이다. 주돈이의 학설에서 "성"은 천인(天人)을 통하게 하고, 도덕과 천도(天道)를 연결하는 교량일 뿐만 아니라 인성, 천도의 본체이다. 사유양식상에 있어서 이러한 변화는 유학계통에서 말한다면 이고(李翱)의 『복성론(復性論)』 ― 이고가 "회복(復)"하고자 한 "성(性)"은 이미 상당한 정도에 있어서 본체적 성격을 지닌다 ― 을 계승한 것인데, 이고의 "복성"론 자체는 불교 불성론의 영향을 깊이 받은 산물이며, 그밖에도 이고의 사유양식에 대하여 영향을 준 것은 수·당 불교의 심성(心性) 본체론이다. 수·당 불교가 불성을 인성화, 심성화 함에 따라서 불교의 불성과 유가의 인성, 심성은 이미 전혀 현격하지 않게 되었으며, 상당히 서로 상통하게 되었고, 염계로 하여금 불교에 대하여 상당히 접근하게 하였다. 그가 『태극도설』에서 인간의 영혼을 유입하여 인간의 본성을 "무극지진(無極之眞)" 한 마디로 정의한 것은 당(唐) 승려 두순(杜順)의 『화엄경(華嚴經)·법계관(法界觀)』으로부터 직접 내원(來源)한 것이다. 이러한 것은 모두 주돈이가 "성(誠)"을 본체화한 것이 분명히 직·간접적

---

24) 誠者聖人之本. 大哉乾元, 萬物資始, 誠之原也. 乾道變化, 各正性命, 誠斯立焉, 純粹至善者也. 故曰一陰一陽之謂道, 繼之者善也. 元亨, 誠之通, 利貞, 誠之復. 大哉易也, 性命之源乎. 앞의 책.
25) 誠, 五常之本, 百行之源也. 앞의 책.

으로 불교의 인성, 심성본체론의 영향을 받았음을 설명한다.

"입성(立誠)"의 사상은 주돈이 학설 가운데 매우 중요한 위치를 차지한다. 설문청(薛文淸)은 "『통서』는 성(誠) 한 자로 모두 개괄한다."26)라고 말하였고, 황종희(黃宗羲)는 "주자의 학문은 성으로써 근본으로 삼는다."27)고 하였다. 후대 유가들이 주자학에서 "성"의 위치를 이렇게 중시한 까닭은 "성"이 심성의리에 편중한 송명이학에서 인성, 천도를 찾게 하였을 뿐만 아니라, 본체의 근거를 찾게 한 데 있다. 이 점은 명말(明末)의 유종주(劉宗周)가 더욱 명백하게 설명하였다. 그는 다음과 같이 말하고 있다.

> 『통서(通書)』는 『중용(中庸)』의 도리에 새로운 계보를 여니, 진실로 한 쪽박의 물에 샘이 없었다. 제일편은 성(誠)을 말하고, 성인 분상(分上)의 일을 말하며, 한 구 한 구가 모두 하늘의 도를 말하고, 성인 신상의 가당(家當)을 가리키고 있다. 선을 계승해 성을 이룸은 곧 원형이정(元亨利貞)으로, 본래 하늘과 사람의 구별이 없음이다.28)

여기에서의 마지막 한 구절은 사족(蛇足)이라고 말할 수 있다. "성(誠)" 이론의 공헌은 "일천인(一天人)"에 있는 것이다! 이른바 "일천인"이란 것은 즉 "천인본무이(天人本無二)"이다. — 그런데 이것은 바로 본체론 사유양식의 최대 특징을 보이는 것이고, 또한 불교의 사유양식과 전통 유가의 "천인합일(天人合一)"의 사유양식을 구별할 수 있는 것이다. 불교가 전통유학에 대해 가장 크게 영향을 준 것을 말한다면, 이것이 그 가운데 가장 중요한 표현의 하나일 것이다.

---

26) 通書一誠字括盡. 『송원학안(宋元學案)·염계학안(濂溪學案)』 상.
27) 周子之學, 以誠爲本. 『송원학안(宋元學案)·염계학안(濂溪學案)』 하.
28) 通書一編, 將中庸道理, 又續新譜, 眞是勺水不漏. 第一篇言誠, 言聖人分上事, 句句言天之道, 却句句指聖人身上家當. 繼善成性, 卽是元亨利貞, 本非天人之別. 『송원학안(宋元學案)·염계학안(濂溪學案)』 상.

3. 주돈이의 무욕고정(無欲故靜)과 선종의 이상(離相), 무념(無念)

주돈이의 인성론(人性論)은 위에서 말한 것처럼 인간의 본성이 천도(天道)에서 내원하였다고 생각하여 "이성위본(以誠爲本)"이라고 주장한 것 외에, 그는 인성을 구체적으로 오품(五品)으로 나누었다. 『통서(通書)』에서 그는

> 성이란 강(剛), 유(柔), 선(善), 악(惡), 중(中)일 뿐이다.29)

라고 하였다.

이는 인성을 강, 유, 선, 악, 중의 오품으로 나눌 수 있음을 말하는 것이다. 그러나 그는 이 다섯 가지가 결코 평등하게 병렬하는 것이 아니라, 강유와 선악이 대칭적으로 짝을 이루어 "강선(剛善)", "강악(剛惡)", "유선(柔善)", "유악(柔惡)"을 이루고, 다시 그 위에 "중(中)"을 더하여 오품을 형성한다고 보았다.

주돈이는 강과 선이 서로 "강선"으로 합하면, "강선"의 성(性)은 "위의(爲義), 위직(爲直), 위단(爲斷), 위엄의(爲嚴毅), 위간고(爲干固)"하게 되며, 이것은 일종의 미덕이라고 할 수 있고, 강과 악이 서로 합하여 "강악"이 되면, "강악"의 성은 "위맹(爲猛), 위애(爲隘), 위강량(爲强梁)"하게 되며, 이것은 악덕이 된다고 보았다. "유도 역시 이와 같이〔柔亦如之〕" 유와 선이 서로 결합하여 "유선"이 되면, "유선"의 성은 "위자(爲慈), 위순(爲順), 위손(爲巽)"하게 되어 이것도 일종의 미덕이며, 유와 악이 서로 결합하여 "유악"이 되면, "유악"의 성은 "위나약(爲懦弱), 위무단(爲無

---

29) 性者, 剛柔善惡中而已矣.

斷), 위사녕(爲邪佞)"하게 되며 이것은 또한 일종의 악덕이다. 이러한 네 가지 성 가운데 "강선"과 "유선"은 비록 모두 일종의 미덕이라고 할 수 있으나 최고의 완벽한 덕성은 아니며, 최고의 완벽한 덕성은 "중(中)"이라고 한다. 주돈이는 "오직 중이란 것은 화(和)이며, 중절(中節)이고, 천하의 도에 통달함이요, 성인의 일이다."30), "성인의 도는 인의중정(仁義中正)일 따름이다."31)라고 하였다.

주돈이의 이 "중화(中和)"설은 『중용(中庸)』의 "희노애락이 아직 발하기 전을 일러 중이라 하고, 발하여 모두 중절(中節)함을 일러 화(和)라고 한다."32)에서 내원한 것으로, 송유(宋儒)에 많은 화제를 남기게 되었다. 도학가들은 일찍이 "미발지중(未發之中)", "이발지중(已發之中)"을 수없이 논하고 있는데, 그 근원은 주자의 이러한 중화성론(中和性論)에서 나온 것이다. 명(明)·청(淸)시대, 황종희(黃宗羲)의 『송원학안(宋元學案)』에서 일찍이 이에 대하여 총결적인 안어(案語)가 있어 다음과 같이 말하고 있다.

> 염계는 중(中)으로 성을 말하니, 강유선악(剛柔善惡)을 근본으로 한다. 강유의 두 자(字)는 곧 희노애락의 다른 이름이다. 강하면서 선함은 곧 노(怒) 가운데 희(喜)가 있음이며, 악은 바로 다만 강함에서 치우침이요, 하나의 맛으로 소살(蕭殺)하는 기운이다. 부드러우면서 선함은 곧 희(喜) 가운데 노(怒)가 있음이며, 악은 바로 부드러움에서 치우침이요, 하나의 맛으로 부드럽고 순한 기운이다. 중(中)이 바로 선함은 강함과 부드러움 사이에 개별적인 중(中)을 인식함을 말하며, 선과 악 사이에 개별적인 중을 인정함이 아니며, 또 강함과 부드러움 밖에서 개별적인 중을 인식함이 아니다. 이 중 자(字)는 분명히 희노애락이 발하지 아니한 때의 중을 이르는 것이다. 그러므로 곧 그를 이어서 말하기를, 중은 화(和)이고 중절(中節)이

---

30) 惟中也者, 和也, 中節也, 天下之達道也, 聖人之事也. 『통서(通書)』
31) 聖人之道, 仁義中正而已矣. 같은 책.
32) 喜怒哀樂之未發, 謂之中, 發而皆中節, 謂之和.

며 천하의 달도(達道)이며 성인의 일이다.『태극도설(太極圖說)』에서 인의중정(仁義中正)을 말함은 인의가 곧 강유라는 다른 해석이다.33)

황종희는 강유선악, 인의중정(仁義中正), 희노애락을 모두 관철하였는데, 이것이 비록 송유의 "중화(中和)"설의 영향을 받은 성분이 있지만, 그래도 주자 학설 중의 각종 사상적 내부연계 및 주자 학설과 역사상 유관한 윤리사상의 관계를 어느 정도는 보여주고 있다.

현재 하나의 문제가 되고 있는 것은 주돈이가 한편으로 인성(人性)은 천도(天道)에서 근원하여 이오(二五)의 수기(秀氣)를 얻으면 바로 순수지선(純粹至善)한 것이라고 말하였고, 또 한편으로는 "강선", "강악", "유선", "유악", "중" 등의 오품이 있다고 말하였는데, 이것이 어찌 전후 모순이 아니겠는가. 이에 대하여 주돈이 자신은 다음과 같이 대답하였다.

『태극도설(太極圖說)』에서, 주돈이는 "선과 악이 나눠지고, 만사가 나오는 것"34)은 바로 형생신발(形生神發)하고 오성감동(五性感動)한 결과라고 명확하게 지적하였다. 다시 말하여 천도(天道)에서 얻어지고, "무극지정(無極之精)"한 인간의 선천본성(先天本性)을 흡수해 취함으로써 그것은 지순지선(至純至善)하여진다고 하였다. 그러나 인간이 일단 구체적 형체를 갖추고 감촉을 얻게 된 이후에, 성(性)은 혹 지나치거나 혹은 미치지 못하는 편차가 발생하여 선악이 발생하게 된다는 것이다. 여기에서 순수지선과 선악의 구별은 선천(先天)과 후천(後天), 추상과 구체이다. 만일 선천의 본성(本性)이 순수지선한 것이라고 말한다면, 선악의 분별은 곧 일종의 구체적인 인성이다. 이러한 선천과 후천, 추상과 구체의

---

33) 濂溪以中言性, 而本之剛柔善惡. 剛柔二字, 卽是喜怒哀樂之別名. 剛而善, 則怒中有喜, 惡則只是偏于剛, 一味蕭殺之氣矣. 柔而善, 則喜中有怒, 惡則只是偏于柔, 一味優柔之氣矣. 中便是善, 言于剛柔之間認個中, 非是于善惡之間認個中, 又非是于剛柔之外認個中. 此中字, 分明是喜怒哀樂未發之謂中, 故卽承之曰中也者和也, 中節也, 天下之達道也, 聖人之事也. 圖說言仁義中正, 仁義卽剛柔之別解.『송원학안(宋元學案)·염계학안(濂溪學案)』상.

34) 善惡分, 萬事出

상호 통일적 인성론을 주돈이는 비록 그다지 분명하게 말하지 않았지만 기본적인 사상은 이미 제시하였고, 후대에 와서 장재(張載)의 "천지지성(天地之性)", "기질지성(氣質之性)"설에 이르러 그것을 한 걸음 더 나아가 이론화, 계통화시켰다.

『통서』에서 주돈이는 또한 "성(誠)"과 "기(幾)" 두 개의 범주를 써서 성본선(性本善)과 성오품(性五品)의 관계를 설명하였다.

> 성은 무위이고, 기는 선악이다.35)

주돈이의 이 구절에 대하여 후대 제유(諸儒)들의 많은 해석과 논쟁이 있었는데, 어떤 사람은 "성은 무위라는 것은 나쁜 냄새를 싫어하고 좋은 색을 좋아함과 같아, 바로 하늘에서 나오지만 사람을 얽매는 것이다."36)라고 하였고, 어떤 사람은 "성이 무위라는 것은 천리에 속한 것으로 단지 선일 따름이며, 기라는 것은 움직임의 기미이다."37)라고 하였다. 인체가 형성된 뒤에 움직여서 행위가 있으면 선과 악이 있고, "천리가 진실로 발현됨에, 인간의 욕심도 또한 그 사이에 이미 싹튼다."38)고 하였다. 이러한 몇 가지 해석이 비록 "언지성리(言之成理; 말에 일리가 있음)"한 점이 있지만, 하지만 "성(誠)"이 완전히 선할 뿐이라면 중(中)으로부터 싹터 나오는 "기(幾)"는 또 어째서 선악이 있고, 천리와 인욕(人欲)이 있는가? 이 점에 대하여 호오봉(胡五峰)은 진일보하여 "동체이용(同體異用)"을 써서 해석하였다. 주희의 학생 조치도(趙致道)는 선악이 비록 상대적이나 주빈(主賓)의 구분이 있고, 천리와 인욕이 비록 분파를 이루나 반드시 적자와 서자를 살펴야 한다고 말하였다. 이것은 선은 주인이고

---

35) 誠, 無爲, 幾, 善惡.
36) 誠無爲, 如惡惡臭, 如好好色, 直是出乎天而繫乎人. 『송원학안(宋元學案)·염계학안(濂溪學案)』상.
37) 誠無爲, 屬天理, 則善而已. 而幾者, 動之微也.
38) 天理固當發現, 而人欲亦已萌乎其間.

악은 손님이며, 천리는 적자이고 인욕은 서자라는 말인데, 명조(明朝)의 나정암(羅整庵)은 본말(本末)을 사용하여, "주자가 성(誠)을 말함에, 그 근본이 스스로 있다고 함은 성의 근원이 순수지선에서 건립된다는 것이다. 그 지말에 의거함이 있다고 함은 강선(剛善), 강악(剛惡) 역시 중(中)에서 그친다는 것이다. 독자가 혹 살피지 못하고, 주자가 오로지 강유선악만으로 성을 말한다고 의심할까 하여 그에 또한 소를 붙인다."39)라고 설명하였다. 이러한 여러 가지 설은 혹은 체용(體用)으로부터, 혹은 주빈(主賓)으로부터, 혹 본말(本末)로부터 입론(立論)하였지만, 모두 주자가 순수지선으로 주(主)를 삼고, 체(體)를 삼고, 본(本)을 삼아서 선악을 나누었고, 강유선악(剛柔善惡)은 빈(賓)이며, 용(用)이며, 말(末)이라고 보았다고 주장하는 것이다. 이는 마땅히 주자 인성론(人性論)의 실제에 부합한다고 말할 수 있다.

주돈이는 인간이 단지 구체적인 형질(形質)을 가진 이후에야 성(性)의 편차가 발생할 수 있으며, "강악", "유악" 등과 같은 여러 악의 품성이 나타날 수 있다고 주장하였다. 그렇다면 인간은 어떻게 해야 이러한 악의 품성을 제거하고 "지우중(至于中)"할 수 있을까? 이에 대하여 주돈이가 제시한 가장 근본적인 하나의 원칙은 바로 "주정(主靜)"이다.

무엇을 "주정"이라고 하는가?

『송원학안』에서 전유(前儒)의 "주정"과 유관한 대답을 인용하였는데, 우리가 이 문제를 이해하는데 있어 상당히 도움이 되므로 지금 아래에 적어본다.

> 혹은 말하기를, 주자가 이미 태극의 동정(動靜)으로 음양이 생한다 하고 성인의 최고경지에 도달함을 정(靜)의 한 글자에 치우침은 무엇인가? 말하

---

39) 周子之言性, 有自其本而言者, 誠源立純粹至善是也. 有据其末而言者, 剛善剛惡亦如之中焉止矣是也. 讀者或有所不察, 遂疑周子專以剛柔善惡言性, 其亦疏矣. 『송원학안(宋元學案)·염계학안(濂溪學案)』 하.

기를, 음양과 동정은 머묾도 감도 없지만, 이(理)와 기(氣)를 나누어 봄으로 곧 이는 정에 속하고 기는 동에 속하니 말에 따름이 아니다. 이치에 따름이 정이지, 동정(動靜)에 대한 성이 아니다.40)

황종희는 이 문단 뒤의 안(案)에서,

이치에 따름이 정이 되니 동정에 대한 정이 아니다. 한 마디에 알아차리면 확연하여 몽매함을 계발한다.41)

라고 말하였다.

여기에서 분명하게 염계가 말한 "정(靜)"은 사실 인간이 마땅히 무극중정(無極中正)한 이치를 준수하여 형체물욕(形體物欲)에 동요하지 말 것을 가리킨 것이지 일동일정(一動一靜)의 "정"을 가리킨 것은 아니며, 이 점을 파악해야만 비로소 주돈이가 말한 "정"의 진실된 함의를 정확하게 이해할 수 있는 것이다. 실제로 만약 무극(無極)이 이치는 있으나 형체가 없고, 인간의 형체물욕은 음양(陰陽)이 교감한 결과라고 한다면, 이치는 정(靜)에 속하고, 기(氣)는 동(動)에 속한다는 것도 성립될 수 있는 것이다. 여기에서 우리는 이학가들이 끊임없이 논쟁한 "천리(天理)", "인욕(人欲)"설의 축소판을 볼 수 있는데, 이른바 "주정(主靜)"은 인간이 반드시 천리를 따르고, 인욕을 멸할 것을 강조해야 할 것이지만, 주돈이는 아직도 이렇게 명확하게 설파하지는 못하였다.

『송원학안』에서 황종희는 "주정"에 대하여 다시 상세한 설명을 하고 있다.

---

40) 或曰, 周子旣以太極之動靜生陰陽, 而至于聖人立極處, 偏著一靜字, 何也? 曰, 陰陽動靜, 無處無之, 如理氣分看, 則理屬靜, 氣屬動, 不待言矣. 故曰, 循理爲靜, 非動靜對待之靜. 앞의 책.
41) 循理爲靜, 非動靜對待之靜, 一語點破, 曠若發朦矣. 앞의 책.

학자는 모름지기 정(靜)자를 이해하여야 한다. 움직이지 않음이 정이 아님을 분명히 알면 망령되이 움직이지 않음이 바로 정이다.42)

삼가 움직임이 곧 주정(主靜)이다. 주정은 바로 움직이되 움직임이 없으며, 이를 움직임으로 삼음이 바름이다. 한 발자국 떨어지면 바로 삿됨이다.43)

성인의 학문의 요점은 다만 신독(愼獨)에 있음이니, …… 움직이되 망령되지 않음을 정이라 한다. 삼가함의 지극함이다. 이것을 주정의 가장 높은 도리라고 이른다.44)

황종희는 "신동(愼動)"-"부망동(不妄動)"-"동이정(動而靜)"을 사용하여 "정(靜)"을 해석하였는데, 전유(前儒)가 말한 "순리위정(循理爲靜)"의 사상과 서로 맞아떨어진다. 또한 인간은 "망동(妄動)"하여서는 안 되며 마땅히 "신동(愼動)"해야 하며, 움직이지 않으면 그치고[不動則已], 움직이면 반드시 이치를 따라서 바르게 해야 한다[動則必須循理而正]. 이러한 설법은 사람들로 하여금 아주 쉽게 선종의 "이상(離相)", "무념(無念)"설을 상기시킨다. 선종에 "명심견성(明心見性)"의 수행방법은 최후의 귀결점을 "이상"과 "무념"에 두고, "일체의 법에서 취함도 버림도 없으면 바로 성품을 보아 부처를 이룬다."45)는 것으로 보았다. 더구나 "나의 법문은 위로부터 돈점이 모두 무념(無念)을 종(宗)으로 삼았음"46)을 주장하였다. 그런데 선종에서 말하는 "무념"은 또한 일체의 생각이 없는 것이 아니라 "무망념(無妄念)"과 "무사념(無邪念)"을 가리킨다. 그러므로 혜능은 "다만 망념이 없으면 성품은 스스로 청정할 것이다."47)라고 하였다.

---

42) 學者須要識得靜字, 分曉不是不動是靜, 不妄動, 方是靜. 앞의 책.
43) 愼動, 卽主靜也. 主靜則動而無動, 斯爲動而正矣, 離一步便是邪. 앞의 책.
44) 聖學之要, 只有愼獨, …… 動而無妄, 曰靜. 愼之至也. 是之謂主靜立極. 앞의 책.
45) 于一切法不取不舍, 卽見性成佛道. 『단경』.
46) 我此法門, 從上以來, 頓漸皆立無念爲宗. 앞의 책.
47) 但無妄念, 性自淸淨. 앞의 책.

『대주선사어록(大珠禪師語錄)』에 "무념"에 관한 문답이 실려 있다.

> 묻기를, 이 돈오문은 무엇으로 종(宗)을 삼고, 무엇으로 지(旨)를 삼는가? 답하기를, 무념을 종으로 삼고, 망심을 일으키지 않음을 지로 삼는다. 묻기를, 이미 무념을 종으로 삼는다고 말함에 아직 무념을 알지 못하겠다. 무념이란 어떤 생각이 없음인가? 답하기를, 무념이란 사념이 없음이다. 묻기를, 무엇이 사념이 되고, 무엇이 정념이 되는가? 답하기를, 생각이 있고, 생각이 없음이 곧 사념이고, 생각이 있고 없음이 아님이 곧 정념이라고 이름한다.48)

다시 말하여 "무념"이란 무사념(無邪念)이지 무정념(無正念)이 아니다. "사념(邪念)"이란 생각이 상(相)에 집착이 있으면 사념이 될 뿐만 아니라 생각이 "공에 대한 집착이 없어도[念無著空]" 사념으로서, 다만 유(有)에 집착하지 않고 무(無)에 집착하지도 않으며, 상(相)에 집착하지도 공(空)에 집착하지도 않아야만 "중도(中道)"의 이치에 맞아떨어져 정념(正念)이 된다는 것이다. "순리(循理)"로 정(靜)을 삼고, "부망동(不妄動)", "동이정(動而正)"으로 정념(正念)을 삼고, 중정(中正)으로 지선(至善)을 삼으며, 중절(中節)로 달도(達道)를 삼은 주돈이의 인성(人性)설과 수양론은 사유 방법에서 말한다면 선종에서 "이상(離相)", "무념(無念)"으로 명심견성(明心見性)을 삼은 것과 서로 계합(契合)하는 것이다.

다음은 다시 한 걸음 더 나아가 "주정(主靜)"설에 대한 주돈이의 구체적인 해석을 보도록 하자. 『태극도설(太極圖說)』에서 주돈이가 "정(靜)"에 대하여 매우 명확하게 "무욕고정(無欲故靜)"이라고 주석하고 있다. 이는 바로 만약 인간이 무욕(無欲)의 경지에 도달한다면 "정(靜)"의 경계에 이를 수 있다는 것이다.

---

48) 問, 此頓悟門, 以何爲宗? 以何爲旨? 答, 無念爲宗, 妄心不起爲旨. 問, 旣言無念爲宗, 未審無念者, 無何念? 答, 無念者無邪念. 問, 云何爲邪念? 云何爲正念? 答, 念有念無, 卽名邪念. 不念有無, 卽名正念. 『대주선사어록(大珠禪師語錄)』 상.

주돈이는 인생에서 가장 긴요한 것은 성인(聖人)을 배우는 것보다 더한 것이 없다고 하며, "성인은 하늘을 바라고, 현자는 성인을 바라며, 선비는 현자를 바란다."49)고 하였다. 그런데 어떻게 성인을 배울 수 있을까? 주돈이는 자문자답하여 다음과 같이 말하고 있다.

> 성인을 배울 수 있는가? 배울 수 있다. 방법이 있는가? 있다. 무엇인가? 하나의 방법이다. 그 하나는 욕심이 없음이다. 욕심이 없음은 바로 고요히 비어 움직임이 바르다. 고요히 비우면 밝아지며, 밝아지면 곧 통한다. 움직임이 바르면 공평하고, 공평하면 널리 두루하고, 밝아 통하고 공평하여 널리 두루하면 성인에 가까워진다.50)

이는 욕망이 없으면 마음은 허정(虛靜)하고, 허정하면 분명하여 의심이 없고, 투철하게 통달하며, 능히 허정하여 생각에 움직임이 싹트는 곳이 있으면 바르고 곧아 공평하여 사사로움이 없다는 말이다. 이것을 "정허동직(靜虛動直)", "명통공부(明通公溥)"라고 한다. 그는 이러한 경계에 있는 사람은 사상에서부터 행위에 이르기까지 자연히 모두 선하여 탐욕과 부귀가 그 마음을 동요시킬 수 없으며, "항상 편안하여 부족함이 없고, 벼슬살이를 가볍게 알고, 금옥을 티끌처럼 여긴다."51)고 생각하였다. 인간이 이러한 경계에 도달할 수 있는 것도 성인(聖人)과 멀리 떨어져 있지 않기 때문이다.

주돈이는 맹자의 과욕설(寡欲說)에 대하여 진일보한 발전을 이루었는데, 그가 합주(合州)에서 강학(講學)할 때, 그곳의 학사(學士) 장종범(張宗范)을 위하여 『양심정설(養心亭說)』을 지었는데, 그 속에서 다음과 같이 논하고 있다.

---

49) 聖希天, 賢希聖, 士希賢. 『통서(通書)』
50) 聖可學乎? 曰, 可. 曰, 有要乎? 曰, 有. 請問焉? 曰, 一爲要. 一者無欲也, 無欲則靜虛動直. 靜虛明, 明則通. 動直則公, 公則溥, 明通公溥, 庶矣乎. 앞의 책.
51) 常泰無不足, 而銖視軒冕, 塵視金玉. 앞의 책.

맹자가 이르기를, 마음을 수양하는 것은 욕심을 적게 하는 것보다 나은 것이 없다. 그 사람됨이 욕심이 적으면 비록 가진 것이 없다 하여도 적고, 그 사람됨에 욕심이 많으면 비록 가진 것이 많아도 적게 여긴다. 나는 마음의 수양은 욕심을 적게 줄이는 데 그치지 않음에서 보존된다고 여길 뿐이다. 대개 욕심을 적게 하여서 없는 데까지 이르고, 욕심이 없으면 곧 성(誠)이 세워지고 밝게 통한다. 성이 세워지면 현자이고, 밝게 통하면 성인이다. 이러한 성현은 성(性)으로 이루고 나면서 아는 것이 아니니, 반드시 마음의 수양으로 이르는 것이다. 마음을 기르는 선(善)에 큰 것이 있음이 이와 같으니, 그 사람에게 보존될 따름이다.52)

주돈이는 맹자의 과욕설에 대하여 그다지 만족하지 않았으며, 마땅히 과욕(寡欲)이 무(無)에 이르러서야 성립명통(誠立明通)하고 성현(聖賢)이 될 수 있다고 보았다. 이것은 맹자에서 진일보한 것으로 보여진다. 실제로 주돈이의 무욕(無欲)설은 그 학설이 유가에 근거하였다기보다는 차라리 불교에서 얻었다고 할 수 있다. 불교는 탐(貪)·진(瞋)·치(痴) 삼독(三毒)을 모든 악의 근원으로 보았는데, 그 중 욕(欲)은 탐의 일종이며, 세상 사람은 바로 각종 탐욕망상(貪慾妄想), 번뇌혹장(煩惱惑障)으로 인하여 자기를 생사윤회의 굴레로 떨어지게 하여 각종 고통을 받기 때문에, 철저하게 욕심을 버리고 오염에서 벗어나 일체의 번뇌혹장을 단절해야만 불성(佛性)을 볼 수 있고, 해탈(解脫)을 얻을 수 있다고 보았다. 만약 이러한 "과욕(寡欲)", "절욕(節欲)", "무욕(無欲)"설이 불교만이 전유한 것이 아니라 유·불·도 삼교가 공통으로 제창한 것이라고 한다면, 주돈이의 "정허동직(靜虛動直)"설은 더욱 농후하게 도교(道敎)와 선가(禪家)의 색채를 띠고 있다고 하겠다. 선종 불성론의 기본 관점은 인간의 자성(自性)은 본래 스스로 청정(本自淸淨)한데, 단지 각종 망념부운(妄念浮雲)과

---

52) 孟子曰, 養心莫善于寡欲. 其爲人也寡欲, 雖有不存焉者, 寡矣. 其爲人也多欲, 雖有存焉者寡矣. 予謂養心不止于寡欲而存耳. 蓋寡欲以至于無, 無則誠立明通. 誠立, 賢也. 明通, 聖也. 是賢聖非性生, 必養心而至之. 養心之善, 有大焉如此, 存乎其人而已.『주자전서(周子全書)』18권.

번뇌혹장에 가려짐으로 인하여서 자기의 본성(自本性)을 볼 수 없다는 것으로, 만약 욕심과 오염을 떨쳐버리고 망념이 없다면, 자성은 명랑(明朗)해지고 성불(成佛)한다는 것이다. 도교도 청정무위(淸淨無爲)와 절욕거지(節欲去智)를 주장하였다. 주돈이의 "무욕고정(無欲故靜)"은 불·도 양교 수행론에 깊은 영향을 받았음을 의심할 바가 없다. 그의 전체 수양론은 유·불·도 삼가의 수양론이 혼합된 산물이라고 할 수 있다.

주돈이의 윤리철학이 불교의 불성론과 수행론의 영향을 깊이 받은 까닭은 그 시대적 배경, 즉 당·송시대 유·불·도 삼교가 서로 융합하는 추세와 그의 학문적인 사승(師承)에 원인이 있다. 주돈이의 일생은 불교와 관계가 상당히 밀접하다. 사료에 기재된 것에 따르면, 그는 일찍이 선사(禪師)를 만나 선학을 배우게 된다. 황종염(黃宗炎)은 『태극도변(太極圖辨)』에서 "목수(穆修)는 무극도(無極圖)로써 주돈이에게 가르치고, 주돈이는 수애(壽涯)선사에게서 선천도(先天圖)의 게송을 얻었다."53)라고 하였다. 중봉(中峰)선사 문하의 호장유(胡長孺)거사가 지은 『대동론(大同論)』에서도 "주돈이의 전함은 북고산(北固山) 학림사(鶴林寺) 수애(壽涯)선사로부터 나왔다."54)고 말하였다. 주희의 제자가 염계의 연보(年譜)를 지을 때도 수애(壽涯)선사로부터 두루 가르침을 받았다고 말하였다. 주돈이의 『태극도설(太極圖說)』을 살펴보면 이러한 말들이 실제에 들어맞는데, 『태극도설』 가운데 우주만물 내지 인류형성의 이론은 수애선사의 『원인론(原人論)』과 지극히 비슷하기 때문이다. 주돈이는 일찍이 여산(廬山) 귀종사(歸宗寺)의 불인요원(佛印瞭元)선사를 배알하였고, 동림사(東林寺)의 상총(常聰)선사에게 사사 받았다. 상총의 문인이 지은 『기문(紀聞)』에 "주돈이와 장재는 동림사에서 상총선사에게 『성리론(性理論)』 및 『태극(太極)·무극(無極)』의 도법을 전해 얻었다."55)고 하였다. 주돈이 본

---

53) 穆修以無極圖授敦頤, 周又得先天圖之偈于壽涯.
54) 周子之傳, 出自北固山鶴林寺壽涯禪師.
55) 周子與張子得常聰性理論及太極無極之傳于東林寺.

인도 항상 "선객(禪客)"임을 자칭하였으며, 그가 지은 시문에 항상 불교와 유관한 일을 언급했는데, 예컨대 제대전벽(題大顚壁)에 "한퇴지는 스스로 공자와 같다고 하고, 원도(原道)에서 불교와 노자는 틀렸다고 깊이 배척하였다. 그와 같지 않은 대전(大顚)선사는 무엇을 닮았는가. 두어가지 진기한 책을 차가운 옷을 입은 승려에게 부치노라."56)라고 하였다. 그가 창도한 심성(心性)의 학문에 관하여, 주돈이 본인은 일찍이 한탄하여 "나의 이 미묘한 마음은 황룡선사에게서 가르침을 받고, 불인선사에게서 밝힘을 받은 후 주역의 이치가 확연히 통달하였고, 상총선사의 열고 닫음으로 탁마함이 없었다면 안과 밖이 훤히 밝아질 까닭이 없다."57)고 말하였다. 이 모든 것이 주자학이 불교에서 영향을 받았음이 매우 많음을 설명하는 것이다.

---

56) 退之自謂如夫子, 原道深排佛老非, 不似大顚何似者, 數書珍奇寄寒衣.
57) 吾此妙心, 實啓迪于黃龍, 發明于佛印, 然易理廓達, 自非東林開遮拂拭, 無由表裏洞然.

제2절 소옹(邵雍)의 학문과 불교

　소옹(邵雍)의 학문과 불교와의 관계는 이전에 사람들이 중시하지 않았지만, 실제로 소옹의 학문의 상당한 부분이 불교와 대단히 밀접한 연계가 있다.

　소옹 학문의 가장 큰 특징은 "선천상수학(先天象數學)"이다. 이러한 "상수학(象數學)"은 어떤 의미에 있어서 일종의 신비한 창세론(創世論)으로, 선천지(先天地)의 존재로부터 만물 창조의 원리를 설명한다. 이러한 상수학은 천지만물의 생성과 연화(衍化)로부터 출발하여 인간에 이르기까지 논한다. 그는 우선 한 폭의 우주만물이 생성하는 연화도(衍化圖)를 생생하게 그려냈다. 태극58)은 하나(一)로서 움직임이 없는데, 그 후 움직여서 천(天)이 생기고, 고요해져서 지(地)가 생겼으며, 천은 음양(陰陽)으로 나뉘고, 지는 유강(柔剛)으로 나뉘었다. 음양은 또 태양(太陽), 태음(太陰), 소양(少陽), 소음(少陰)으로 나뉘며59), 천의 사상(四象)이라고 한다. 유강은 또 태유(太柔), 태강(太剛), 소유(少柔), 소강(少剛)으로 나뉘며60), 지의 사상(四象)이라고 한다. 일월성신으로 인하여 낮과 밤, 더위와 추위의 변화가 생기고, 수화토석으로 인하여 바람, 번개, 비, 이슬의 현상이 생기며, 다시 여덟 가지의 변화가 뒤섞임으로 인하여 만사만물이 생긴다. 이 한 폭의 우주생화도(宇宙生化圖) 가운데 인간은 어떤 위치에

---
58) 혹은 "도(道)", 혹은 "마음(心)"이라고도 함.
59) 또는 일(日), 월(月), 성(星), 진(辰)이라고도 함.
60) 즉 수(水), 화(火), 토(土), 석(石)

처하는가? 소옹은 "사람이란 천지만물의 빼어난 기운이다."61), "사람은 만물을 겸하고, 만물의 영(靈)이 된다."62)고 하였다. 그는 진일보하여 인간도 또한 도(道)로부터 파생된 것이라고 지적하였다.

　　천지가 오히려 이 도를 따라 생함인데, 하물며 사람이겠는가. 사람은 사물의 신령한 것이요, 사물의 신령함은 사람의 신령함만 같지 못함이다. 사물은 오히려 도를 말미암아 생하니, 또한 사람이 사물보다 신령함이다.63)

위의 내용은 세간(世間)의 모든 사물 및 천지까지도 모두 "도(道)"에서 파생된 것이며, 인간은 만물의 최고의 영장으로서 물론 "도"에서 파생되어 나온 것이다. 인간은 "도"에서 파생되어 나왔을 뿐만 아니라, "천지만물의 빼어난 기운을 얻은"64) 자이다. 그러므로 인간은 만물을 겸할 수 있다. ― 사물의 성색기미(聲色氣味)와 상대적으로 인간은 이목구비(耳目口鼻)가 있어 눈은 만물의 색(色)을 볼 수 있고, 귀는 만물의 소리를 들을 수 있고, 코는 만물의 냄새(氣)를 맡을 수 있으며, 입은 만물의 맛을 볼 수 있기 때문이다. "성색기미는 만물의 체(體)이며, 이목구비는 만인의 용(用)"이며, "체와 용이 서로 주고받아서 인간과 사물의 도가 여기에서 갖추어진다."65) 따라서 "만물은 인간에게서 한 몸이 되고, 돌이켜보면 전부 갖추지 않은 것이 없다."66)는 말이다.

　소옹의 "인간은 만물의 성을 갖추고 있다."67)고 하는 사상은 그 사상적 연원이 부분적으로 맹자로부터 왔다고 한다. 그러나 소옹 전체적인

---

61) 夫人者, 天地萬物之秀氣也.
62) 人兼乎萬物, 而爲萬物之靈.『관물외편(觀物外篇)』
63) 天地尚就是道而生, 況其人物乎. 人者, 物之靈者也. 物之靈未若人之靈, 物尚是由道而生, 又況人靈于物者乎.『관물내편(觀物內篇)』
64) 得天地萬物之秀氣
65) 體用交而人物之道于是備乎.『관물내편』
66) 萬物于人一身, 反觀莫不全備.『이천격양집(伊川擊壤集)』6권.
67) 萬物之性備于人

사상체계에서 보면, 인간이 만물의 성(性)을 갖추었다는 이러한 인성론은 수·당 불교 불성본체론의 영향을 깊이 받은 것이다. 또한 이른바 "체와 용이 서로 주고받아서 인간과 사물의 도가 갖추어진다."[68]는 설명이 "체"가 "용"과 함께 한다는 각도에서 "도(道)"와 "만물(萬物)"과 "인(人)"의 상호관계를 논하였다는 것을 말할 필요도 없이, 다음의 많은 논술 가운데 우리들은 소옹의 학문에서 불교 본체론의 색채를 더 찾아볼 수 있을 것이다.

소옹은 『중용(中庸)』의 "천지와 함께 한다."[69]는 것과 장자(莊子)의 "만물일체(萬物一體)"의 사상을 대단히 찬양하였는데, 그의 이러한 두 가지 사상에 대한 태도는 맹자의 "만물비우아(萬物備于我)"에 대한 태도와 같아서, 그것을 빌려서 자기의 "도본체(道本體)", "인성본체(人性本體)"사상을 설명했을 뿐만 아니라, 이러한 사상을 이용하여 자기의 "도본체", "인성본체" 사상을 주해(註解)하였다. 그러나 소옹의 "도본체", "인성본체" 사상이 가장 잘 체현되어 있는 것은 그의 『관물음(觀物吟)』 가운데 보이는 다음의 시이다.

> 한 물건이 한 몸에서 나오고, 한 몸에 다시 한 우주가 있다. 만물이 나에게 갖춰 있는 줄 능히 알면, 분명히 삼재(三才)를 따로 근본으로 세울 것이다.[70]

이러한 "한 몸에 다시 한 우주가 있다."는 사상은 화엄종의 "털구멍에 대천세계가 현현하고, 수미산이 겨자씨 속에 들어간다."[71]는 사상과 또한 무엇 때문에 비슷한가? 만약 화엄종이 "일진법계(一眞法界)"의 본체

---

68) 體用交而人物之道備.
69) 可以與天地參.
70) 一物其來有一身, 一身還有一乾坤. 能知萬物備于我, 肯把三才別立根. 『이천격양집(伊川擊壤集)』 4권.
71) 毛孔現大千, 須彌納芥子.

를 빌어서 세상 만물이 모두 "일즉일체(一卽一切)", "한 금사자의 털은 바로 금사자이고〔一金獅子毛卽是金獅子〕", "처마가 바로 집임〔檐卽是屋〕"을 얻을 수 있다고 한다면, 소옹의 "일신(一身)"이 가령 "도본체", "인성본체"의 체현이 아니라면, 그것은 또 어떻게 "다시 한 우주가 있다.〔還有一乾坤〕"고 할 수 있겠는가?!

『관물편』에서 소옹은 장자와 혜자(惠子)가 호량(濠梁)에서 노닐면서 "피라미가 자유자재하며 나와 노는 것은 물고기의 즐거움이라.〔儵魚出游從容, 是魚樂也.〕"[72]라고 설한 것에 대하여 크게 찬양을 하면서, "이는 자기의 성(性)을 다하고 물(物)의 성을 다함이다. 고기만 그러함이 아니라 천하의 물이 다 그러함이다. 장자와 같은 자는 가히 물에 능히 통달하였다."[73]라고 말하였다. 소옹이 여기에서 찬양한 것은 장자의 사람과 물고기가 서로 통하는 만물일체(萬物一切)의 사상이다. 그의 견해로 보면, 만물은 모두 천지의 도에서 근원하며, 인간이 비록 만물의 영장이기는 하나 그것도 천도본체의 하나의 체현일 뿐이다. 따라서 인간이 물고기와 사물에 대하여 모두 상통한 점이 있다.

소옹은 천도본체의 인간과 사물이 상통한다는 사상에 기반을 두고, "관물(觀物)"설 위에서 그를 체현하였다. 소옹의 견해에서 본다면, 인간과 사물의 상호관계에 있어서 인간은 천지만물의 도를 능히 알 수 있기 때문에 만물의 도가 사람에게서 다하고, 인간이 비록 만물 중의 한 사물이지만 "마땅히 사물이 아닌 사물〔當非物之物〕"인 것이다. 인간은 또한

---

72) 『莊子·秋水篇』에 莊子와 惠子가 濠梁의 위에서 노닐던 일이 실려 있는데, 莊子曰:"儵魚出游從容, 是魚之樂也." 惠子曰:"子非魚, 安知魚之樂?" 莊子曰:"子非我, 安知我不知魚之樂." 惠子曰:"我非子, 固不知子矣; 子固非魚也, 子之不知魚之樂全矣." 莊子曰:"請循其本."(장자가 말하길, "피라미는 여유 있게 헤엄치는 것이 물고기의 즐거움이다."라고 하자, 혜자가 묻기를, "그대가 물고기가 아닌데 어찌 물고기의 즐거움을 아는가?"고 하니, 장자가 말하길, "그대가 내가 아닌데 어찌 내가 물고기의 즐거움을 알지 못하는 것을 아는가?"하자, 혜자가 말하길, "나는 그대가 아니기에 진실로 그대를 알지 못하며, 그대는 진실로 물고기가 아니기에 그대가 물고기의 즐거움을 알지 못하는 것이 맞다."고 하니, 장자가 말하기를, "그 본(本)을 따르겠노라."고 하였다.)

73) 此盡己之性能盡物之性也, 非魚則然也, 天下之物皆然也. 若莊子者, 可爲善通物矣.

범부(凡夫)와 성인(聖人)으로 나누어진다고 하였다. 만약 범부가 "인간"으로서 모두 "마땅히 사물이 아닌 사물"일 수 있다고 한다면, 그러면 "성인"으로서는 "마땅히 사물이 아닌 사물"일 뿐만 아니라, "마땅히 사람이 아닌 사람〔當非人之人〕"일 수 있는 것이다. "마땅히 사람이 아닌 사람"이란 즉 한 사람으로서 모든 사람을 포섭할 수 있고, 하나의 마음으로써 모든 마음을 볼 수 있고, 하나의 세상으로 모든 세상을 볼 수 있으며, 마음으로써 천의(天意)를 대신할 수 있고, 말로써 천언(天言)을 대신할 수 있고, 손으로써 천공(天工)을 대신할 수 있고, 몸으로써 천사(天事)를 대신할 수 있으며, 위로 천시(天時)를 알고, 아래로는 지리(地理)를 다하고, 가운데로는 인물(人物)을 다하고, 인사(人事)를 꿰뚫으며, 천지(天地)를 다룰 수 있으며, 조화(造化)에 출입할 수 있고, 고금(古今)에 진퇴(進退)할 수 있고, 인물의 표리를 파악할 수 있다. "성인"은 어떻게 이와 같이 신통광대(神通廣大)할 수 있을까? 소옹은 성인이 "관물(觀物)"을 잘하기 때문이라고 보았다. "관물"을 잘한다는 것은 "눈"으로써 보는 것이 아니라 "마음"으로써 관(觀)하는 것이며, "마음"으로써 관하는 것이 아니라 "이치(理)"로써 관하는 것을 말한다. 그는

> 눈으로써 물(物)을 관함은 물의 형태를 보는 것이고, 마음으로써 물을 관함은 물의 정(情)을 보는 것이다. 이치로써 물을 관하는 것은 물의 성(性)을 보는 것이다.[74]

라고 하였다.

"이리관물(以理觀物)"은 소옹의 학설에서 때때로 "이물관물(以物觀物)", "능반관(能反觀)"이라고도 한다. 다시 말하여 성인이 한 사람으로서 "마땅히 사람이 아닌 사람〔當非人之人〕"일 수 있고, 하나의 마음으로써 온갖 마음을 볼 수 있고, 하나의 세상으로 모든 세상을 볼 수 있으며,

---

74) 以目觀物, 見物之形. 以心觀物, 見物之情. 以理觀物, 見物之性. 『관물내편(觀物內篇)』.

입으로 천언(天言)을 대신할 수 있고, 마음으로 천의(天意)를 대신할 수 있는 것은 그가 천지의 도를 깨달아서 인간에게 갖추도록 하고, 만물의 도를 이해하여 몸의 도리에 갖추도록 힐 수 있는 데 있다. 한 걸음 더 나아가 말한다면, "나(我)"와 천지만물은 모두 천도본체의 체현이므로 두 가지는 같은 "이(理)"와 같은 "성(性)"이다. 따라서 "이리관물(以理觀物)" 하여 "견물지성(見物之性)"할 수 있다는 것이다. 여기서 우리는 소옹의 "관물"설을 살펴볼 수 있으며, 그 사유양식에 관하여서는 본체론의 사상 으로써 윤리적 근거를 삼았고, 바로 앞에서 지적한 것과 같이 중국 고대 본체론의 사유양식은 불교로부터 왔다고 할 수 있다.

이밖에 수양론에 있어서, 소옹의 학문은 불교 수행론의 영향을 받았음이 더욱 분명하다.

"천지의 도를 인간에게 갖추고, 만물의 성을 몸에 갖춘다."75)는 이론의 도움을 받아 천인물아(天人物我)를 관통시킨 후, 소옹은 또한 이러한 천도와 인성을 서로 표리(表裏)의 사상이 되도록 도덕수양론 위에 관철시켰다.

소옹은 천(天)과 인(人)은 서로 표리(表裏)이며, 인성(人性)과 천도(天道)는 상통하며, 천(天)은 음양(陰陽)의 나뉨이 있고, 인간은 자연히 정사(正邪)의 구별이 있다고 하였다. 그리고 인간의 정사(正邪)는 "천(天)"에 근원할 뿐만 아니라, 임금(上)이 덕을 좋아하면 백성이 바르게 되고, 임금이 망령된 것을 좋아하면 백성이 삿된 것을 쓰기 때문에 "임금에 달려 있다.〔繫乎于上〕"고 하였다. 그러니 이것을 바꾸어 말하면, 성군(聖君)의 세상에는 소인(小人)이 없고, 용군(庸君; 어리석은 임금)의 세상에는 군자가 없는데, 단지 성군의 세상에서는 소인이 되기 어려워서 군자가 많고, 용군의 세상에는 군자가 되기 어려워서 소인이 많을 뿐이다. 소옹은 역사를 회고하여 말하기를, 역사상 치세(治世)는 적고 난세(亂世)는

---

75) 天地之道備于人, 萬物之性備于身.

많으며, 군자는 적고 소인은 많은데, 그 원인은 주로 양(陽)은 하나이고 음(陰)은 둘이기 때문이라고 인식하였다. 그는 현실에 대하여서도 당시에 "천하에 착한 사람은 적고 해가 되는 사람은 많으며, 위험을 만드는 자는 무리이고 위험을 지키는 자는 적다."76)고 생각하였다. 그는 "견무(畎畝; 시골)"의 지사(志士)로써 살아가면서, 자신의 저작집을 『격양집(擊壤集)』이라고 하였다.

"격양(擊壤)"이라는 제목에서, 소옹은 비록 인류사회의 도덕이 갈수록 나빠진다고 생각했으나, 도덕적인 교화를 통하여 풍속을 바꾸고 민정(民情)을 변화시킬 수 있다는 주장이 내포되어 있음을 알 수 있다. 『관물내편』에서 소옹은 민정이 비록 미숙하지만 가르치고 교화시키면, "백성의 정은 비로소 변할 수 있다. 진실로 세상 사람들을 구명하는 사람이 있어서 세상을 흥하게 한다면, 백성이 비록 오랑캐와 같더라도 세 번 변화시켜 제왕의 도를 가히 일으킬 수 있다."77)고 보았다. 이로부터 보자면, 소옹은 도덕교화에 대한 희망과 믿음이 충만하였고, 또한 하나의 수양론을 제시하였다.

소옹의 수양론을 요약하여서 말하자면 그 단서는 두 가지가 있는데, 하나는 "양심(養心)"이고, 다른 하나는 "신독(愼獨)"이다. 먼저 "양심"설을 살펴보기로 하겠다.

소옹은 한 개인이 "말의 과실(口過)"를 없애는 것은 비교적 쉽고, "몸의 과실[身過]"를 없애는 것은 비교적 어렵다고 생각하였다. 그러나 가장 어려운 것은 "마음의 과실[心過]"를 없애는 것이라고 하였다. 만약 "마음에 이미 과실이 없다.[心已無過]"면 다시 어떤 어려움이 있을까?! 성인(聖人)이 무과(無過)의 경지에 설 수 있는 이유의 관건은 그들이 "마음을 잘 다스리는 사람임"78)에 있다. 따라서 도덕의 수양 문제에 있

---

76) 天下爲善者少, 而爲害者多, 造危者衆而持危者寡.
77) 民之情始可以一變矣. 苟有命世之人, 繼世而興焉, 則民雖如夷狄, 三變而帝道可擧矣.
78) 善事于心者也.『관물내편』

어서, 그 말이 입에 대한 것은 행실이 몸에 대한 것만 같지 못하며, 그 행실이 몸에 대한 것은 진(盡)이 마음에 대한 것만 같지 못하다고 한다. 왜냐하면 말이 입에 대한 것은 남이 들을 수 있고, 행실이 몸에 대한 것은 남이 볼 수 있으며, 진(盡)이 마음에 대한 것은 정신(神)이 알게 되기 때문이다. 남을 속일 수 없는데 하물며 신명(神明)이겠는가! 입에 부끄러움이 없게 하는 것이 몸에 부끄러움이 없게 하는 것만 같지 못하며, 몸에 부끄러움이 없게 하는 것이 마음에 부끄러움이 없게 함만 같지 못하다.(『관물외편』) 따라서 수행에 있어서 "양심(養心)"보다 더한 것이 없다는 것이다.

"양심"이 이와 같이 중요하다면 마땅히 어떻게 "양심"을 하여야 하는가? 소옹은 다음과 같이 말한다.

> 양심을 배움으로 삼음은 근심이 올바른 도를 연유하지 않음에 있다. 이욕(利慾)을 제거하고〔去利欲〕, 올바른 도를 말미암아〔由直道〕 지극한 성(誠)에 임하면〔任至誠〕 곧 통하지 않는 바 없다. 천지의 도가 올바름은 자기로 말미암으니 마땅히 올바름으로 구할 것이요, 지혜를 쓸 것 같으면 지름길을 따라 그를 구하라. 이는 천지를 굴복시키고 사람의 욕심을 탈취함으로 또한 어렵지 않겠는가.79)

여기에서 소옹은 몇 개의 원칙을 내세웠다. 첫째, "거리욕(去利欲)", 둘째, "유직도(由直道)", 셋째, "임지성(任至誠)"이다. "거리욕"은 주지하다시피 눈앞의 사리사욕과 물욕에 미혹되어 각종 사념(邪念)과 악의를 일으키지 말아야 한다는 것이다. "유직도"는, 인간의 본성은 "천(天)"에서 얻어지고 "도(道)"에서 얻어져 본래 스스로 충분히 지니고 있기 때문에, 인간의 도덕수양은 실로 가까운 것을 버리고 멀리서 구할 필요가 없는데 자신의 심성(心性)을 떠나 사방에서 찾아 헤매지만, 단지 자기의

---

79) 爲學養心, 患在不由直道. 去利欲, 由直道, 任至誠, 則無所不通. 天地之道直由己, 當以直求之, 若用智數, 由徑以求之, 是屈天地徇人欲也, 不亦難乎. 『관물외편(觀物外篇)』

천부된 본성을 직접 체득해야 "도"와 합일(合一)됨에 도달할 수 있고, 능히 현성(賢聖)에 이를 수 있다는 것을 가리킨다. 그의 『건곤음(乾坤吟)』이란 한 수의 시가 있는데, 이러한 수양에 대하여 대단히 형상적으로 개괄하여 지은 것이다. 시에 이르길

> 도는 사람에게서 멀지 않고, 건곤은 단지 자신에게 있다. 누기 천지 밖에서 따로이 건곤을 찾아가는가.[80]

라고 하였다.

소옹의 이러한 수양론은 선종의 수행론과 사상에 서로 근접할 뿐만 아니라 용어 역시 유사하다. 남종의 창시자 혜능은 『단경』에서 "보리는 단지 마음에서 찾을 것인데, 어찌 밖에서 오묘함을 구하는가? 듣기를 이에 의지하여 수행한다면 서방은 눈앞에 있는 것이다."[81], "일체의 반야지혜는 모두 자성을 따라 생하는 것이지 밖에서 들어옴이 아니다."[82], "그러므로 일체의 만법은 자신의 몸 가운데 다함을 알아라. 어찌 자심에서 진여본성을 문득 현현하게 하지 않는가?"[83]라고 강조하고 있다.

다음 소옹의 학문은 불교의 영향을 받아 그를 그의 "마음(心)"에 대한 이해에서 표현하고 있다. 소옹의 저작에서 "마음(心)"의 함의는 비교적 모호한데, 그것이 때로는 현실의 인심(人心)을 가리키기도 하고, 때로는 "태극(太極)", "도(道)" 등을 의미하기도 한다. 소옹의 "마음"에 대한 이러한 이중성은 수·당시대의 천태, 화엄, 선종에서 말하는 "마음"이 때로는 추상본체의 "진심(眞心)"을 가리키고, 때로는 "현실의 인심(人心)"을 가리키던 것과 서로 비슷하고, 서로 통하는 점이 있는 것이다.

---

80) 道不遠于人, 乾坤只在身. 誰能天地外, 別去覓乾坤. 『이천격양집(伊川擊壤集)·건곤음(乾坤吟)』
81) 菩提只向心覓, 何勞向外求玄? 聽說依此修行, 西方只在眼前. 『단경』
82) 一切般若智, 皆從自性而生, 不從外入. 앞의 책.
83) 故知一切萬法, 盡在自身之中, 何不于自心頓現眞如本性? 앞의 책.

소옹의 "마음"에 대한 이중성을 두 가지로 해석할 수 있다. 첫째, 소옹의 "마음"은 수·당 불교의 영향을 깊이 받았음을 설명하는 것이고, 둘째는 소옹의 이른바 "양심(養心)"설을 설명하기 위한 것이다. 즉, "거리욕(去利欲)"은 수심양성을 통하여 "마음에 허물이 없는[心無過]" 경계에 도달하기 위함이요, 또한 "유직도(由直道)"는 "심즉태극(心卽太極)", "심즉도(心卽道)"임을 직접 체득하기 위함으로, 마음 가운데 천부(天賦)되어진 선성(善性)을 스스로 지니고 있으니, 사람은 "양심(養心)"을 통하여 마음과 도가 합해지고 현성(賢聖)이 될 수 있다는 의미를 설명하기 위한 것이다. 그리고 이러한 "유직도", "체인자심(體認自心)"의 "양심"설은 또한 수·당 불성론이 심성(心性)에 중점을 두고 "반관자성(反觀自性)", "반조심원(反照心源)"을 강조한 것과 매우 가깝다.

소옹 "양심"설의 세 번째 원칙은 "임지성(任至誠)"이다. "임지성"이란 『중용(中庸)』의 "자명성(自明誠)"과 약간 유사하다. 『중용』의 "자명성"과 "자성명(自誠明)"에 대하여 소옹은 다음과 같이 해석하고 있다.

> 자질의 성(性)은 하늘에서 얻고, 학문은 사람에게 얻는다. 자질의 성은 안으로부터 나오고, 학문은 밖으로부터 들어온다. 성(誠)으로부터 밝힘은 성(性)이요, 밝힘으로부터 성(誠)에 이름은 배움이다.[84]

"자성명(自誠明)"이란 진성(盡性)의 일이며, "자명성(自明誠)"은 모름지기 학문으로부터 이(理)에 계합한 후에 천성(天性)에 도달하는 것을 말한다. 소옹이 말한 "임지성(任至誠)"은 학문으로부터 이(理)에 계합하고, 자기 마음으로부터 천성에 이른다는 것이다. 소옹은 "선천의 학은 성(誠)을 주로하여, 지극한 성(誠)은 신통하여 밝아질 수 있고, 성(誠)하지 못하면 도를 얻을 수 없다."[85]라고 보았다. 다시 말해서 "이치에 지극한

---

84) 資性, 得之天也. 學問, 得之人也. 資性由內出者也, 學問由外入者也. 自誠明, 性也. 自明誠, 學也. 『이천격양집(伊川擊壤集)·심학(心學)』
85) 先天之學主乎誠, 至誠可以神通明, 不誠則不可以得道. 앞의 책.

학문〔至理之學〕"이면 반드시 천성과 합일하고 도와 합일함에 도달하니, "양심"은 반드시 자심(自心)으로부터 길러서 직접 천부된 본성을 체득하여 천지의 도에 도달하게 되며, 이렇게 하면 능히 신통(神通)에 도달할 수 있으며, 통하지 않는 것이 없게 된다는 것이다. 자기 마음으로부터 직접 천부본성과 천지의 도를 체득해야 한다는 소옹의 이러한 수양방법은 분명하게 불교의 체증불성(體證佛性)과 반귀본체(返歸本體)의 인상을 띠고 있다.

소옹 수양론의 또 다른 중요한 내용은 "신독(愼獨)"이다.

"신독"과 "양심(養心)"은 밀접한 관계가 있다. 어떤 의미에 있어서, "신독"은 "양심"의 중요한 하나의 부분을 조성한다. 그러나 소옹의 "신독"설은 또한 독특한 점이 있다. 그러므로 따로 논술할 필요가 있다.

소옹의 "신독"설은 이러한 일종의 이론적 기초에 바탕을 두고 있다. 즉, 인간의 선악은 언행에서 나타나며, 그때 남이 비로소 그것을 알 수 있다. 그러나 한 사람의 마음속에 선악의 생각이 싹틀 때 귀신(鬼神)은 이미 그것을 알고 있다. 그러므로 군자는 반드시 "신독"해야 한다.(『관물외편(觀物外篇)』에 상세히 설명하고 있음.) 그는 『추성음(推誠吟)』이라는 한 수의 시에 다음과 같이 읊고 있다.

> 하늘은 비록 말하지 않으나 사람은 능히 말한다. 틀림없이 때를 속일 수 있음에 하늘을 가히 속임이다. 하늘과 사람이 서로 멀지 않으니, 다만 사람의 마음에 있되 마음이 모를 따름이다. 사람 마음의 선천성은 하늘을 어기지 않고, 사람 몸의 후천성은 하늘의 때를 받든다. 몸과 마음이 서로 멀지 않으니, 다만 사람이 성(誠)을 갖추고 있되 사람이 찾지 않음이다.[86]

이 시에서 말하는 것은 천인(天人)과 신심(身心)이 서로 멀지 않아 마

---

86) 天雖不語人能語, 必可欺時天可欺. 天人相去不相遠, 只在人心心不知. 人心先天天弗違, 人身後天奉天時. 身心相去不相遠, 只是人誠人不推.

음(心)과 천(天) 모두를 속일 수 없다는 것이다. 인간의 정신은 천지의 정신이며, 인간이 자기를 속이면 천지를 속이는 것이기 때문이다. 그러므로 군사는 어쩔 수 없이 "신독"해야만 한다. 여기에서 소옹은 "마음"을 속일 수 없음과 "천(天)"을 속일 수 없음을 통일시켰다. 만약 소옹의 "천불가기(天不可欺)"설이 상당히 농후한 "상제임여(上帝臨汝), 무이이심(無二爾心)"의 종교적 색채를 띠고 있어서 "양심(養心)"설을 종교화했다고 할 수 있다면, 그의 "심불가기(心不可欺)"는 또한 "천불가기(天不可欺)"의 종교론을 윤리화하였다고 할 수 있을 것이다. 정확하게 말하여, 소옹의 "신독" 수양설은 일종의 종교론과 유가이론의 종합이며, 일종의 종교화이거나 혹은 더 정확하게 말하여서 일종의 불교화된 윤리철학이라고 할 수 있다.

제6장 이학(理學)과 불교 213

제3절 횡거(橫渠)의 학문과 불교

이학(理學)과 불교의 상호관계는 장재(張載)의 사상이 가장 대표적이다. 한편으로 장재는 불교의 "성공(性空)", "환화(幻化)", "적멸(寂滅)" 등 여러 설에 대하여 상당히 맹렬한 비난을 진행하였는데, 불교의 "성공", "환화"설은 "산하대지를 병으로 본다."[87]는 것이며, 이른바 "적멸"이란 것은 "나아가서 돌아오지 않는다.〔往而不返〕"고 보았다. 다른 한편으로는 사유양식, 수행방법 등의 방면에 있어서, 장재는 불교에서 실마리를 얻은 것이 대단히 많다. 이렇게 불교를 반대했을 뿐만 아니라 또 불교와 관계 있는 사상을 대량으로 흡수한 현상은 송명이학(宋明理學)의 공통된 특징이라고 할 수 있다. 송명이학가의 대다수가 반불(反佛)의 구호 아래, 수·당 불교의 불성론, 특히 불교불성론의 사유양식을 대량으로 융섭하였다.

본서의 제2장에서, 송명이학이 전통유학과 구별되는 가장 근본적인 것은 양자의 사유양식이 다르다는 것에 있으며, 또한 장재가 말한 "천지지성(天地之性)"의 본체론 성격에 있다고 이미 지적했었다. 여기서 우리는 한 걸음 더 나아가 장재의 윤리설 및 그 철학본체론이 어떻게 불교 사상의 영향을 받았는가를 살펴보기로 하겠다.

장재의 본체론 철학은 일반 교과서 가운데 통상적으로 "자연관(自然觀)"이라고 일컬어진다. 이러한 말은 "자연관"과 "본체론"은 두 개의 논

---

87) 以山河大地爲見病.『정몽(正蒙)·태화(太和)』

리 계층이 서로 다른 철학 범주라서 혼용하여 말할 수 없기 때문에 엄격하게 말한다면 적절하지 않다. 이러한 혼동을 조성할 수 있는 것은 장재철학의 본체론 성질을 보지 못하였거나 혹은 장재철학의 사유양식이 본체론이 아니라고 인식하기 때문이다. 학술적인 문제는 사람에 따라 보는 각도가 달라 남에게 강요할 수 없으므로, 다른 사람들처럼 이 문제를 논하지 않고, 장재의 철학 본체론과 불교와 관계 있는 것을 정면으로 설명하고자 한다.

장재의 철학 가운데 본체론 성격을 가장 잘 체현한 것은 "태허무형(太虛無形), 기지본체(氣之本體)"[88]의 명제이다. 그러나 장재철학의 본체론은 또한 왕필(王弼)이 단지 "이무위본(以無爲本)" 등 몇 개의 구절에 머물러 있는 것과는 달리, 그의 전체 학설 가운데 관철되며, 특히 "기론(氣論)" 가운데 체현하였다.

장재의 견해에서 보면, 천지만물은 오직 하나의 기(氣)일 뿐이다! 그러나 기는 여러 가지 존재형식이 있는데, 혹은 모였다 돌연 흩어지고, 혹은 숨었다 갑자기 나타난다. "기가 모이면 명(明)에서 멀어져 베풀어짐을 얻어 형(形)이 있게 되고, 기가 모이지 못하면 명에서 멀어져 베풀어짐을 얻지 못해 형이 없어진다."[89] 그러나 어떻든 모여서 형(形)이 있거나 혹은 흩어져서 형이 없거나 모두 기는 "변화의 객체적 형(形)일 뿐이다."[90] 기가 모여서 형이 있으면 세상의 만사만물이 되고, 기가 흩어져서 형이 없으면 장재가 칭한 "태허(太虛)"가 된다. "태허"와 "기", 그리고 "만물"의 상호관계를 장재는 "태허는 기가 없을 수 없고, 기는 모이지 않을 수가 없어서 만물이 되고, 만물은 흩어지지 않을 수가 없어서 태허가 된다."[91]라고 보았다. 다시 말하여, "태허", "기", "만물" 세 가지

---

88) 『정몽(正蒙)·태화(太和)』
89) 氣聚則離明得施而有形, 氣不聚則離明不得施而無形. 앞의 책.
90) 變化之客形爾. 앞의 책.
91) 太虛不能無氣, 氣不能不聚而爲萬物, 萬物不能不散而爲太虛. 앞의 책.

는 "하나로 통하지 둘이 아닌"92) 것이다. 그는 "얼음"과 "물"의 관계로 "태허"와 "기"의 관계를 구체적으로 설명하여, "기가 태허에서 모이고 흩어지는 것은 얼음이 물에서 응고하고 녹는 것과 같으니, 태허가 바로 기임을 알면 곧 무(無) 또한 없다.93)고 하였다. 다시 말하여 "기"는 곧 "태허"이며, "태허"는 바로 "기"로서 두 개가 하나이며, 단지 "응고하고", "녹는" 것이 다를 뿐이지, 도가(道家)에서 말하는 것처럼 만물은 "무(無)"로부터 발생되는 것은 아니다. 또한 불교에서 말하는 것처럼 "만물이 태허 가운데 이루어져 만물로서 보여지는 것"94)도 아니다. 만약 그렇다면 "참다움은 이른바 얼음이 어는 것과 같은 것"95)이다. 종합하면, 장재의 "기론"은 줄곧 이러한 하나의 기본사상, 즉 "태허"라는 것은 "기"의 체(體)이며, "만물"이란 것은 기의 용(用)으로, "기의 근본은 태허이니, 바로 하나에 빠져서 형(形)이 없는 것이다. 미혹하여 생함은 바로 상(象)이 있음이다."96)라는 사상이 관철된다. 이러한 사상이 본체론의 성질을 지니고 있음은 의심할 필요가 없다고 말할 수 있다.

이러한 원기본체론(元氣本體論)으로 철학 근거를 삼아서 인간과 인간의 본성, 인간과 인간 사이의 상호관계를 설명해 가는 장재는 상당히 정비된 윤리사상 체계를 세웠는데, 이 윤리사상 체계와 불교의 불성론은 상통하는 점이 매우 많다.

1. 천지지성(天地之性)과 진여불성(眞如佛性)

---

92) 通一無二 앞의 책.
93) 氣之聚散于太虛, 猶冰之凝釋于水, 知太虛卽氣卽無無. 앞의 책.
94) 萬物爲太虛中所見之物. 앞의 책.
95) 眞所謂凝冰者與.『정몽(正蒙)·대심(大心)』
96) 氣本之虛, 則湛一無形. 感而生, 則聚而有象.『정몽(正蒙)·태화(太和)』

우선, 장재는 인간과 천지만물이 똑같이 "기"의 응집으로부터 이루어진 것이며, 따라서 기의 본성이 천지만물의 본성이고, 또한 인간의 본성이다. 그리고 "기"는 태허(太虛)와 음양(陰陽)의 기, 두 가지 상태로 있기 때문에 "태허와 기가 합하여 성(性)의 이름이 있다."97)고 하며, "성(性)의 그 총체는 둘은 합한다."98)고 하였다.

장재가 여기서 말한 "성(性)"은 결코 인간만이 홀로 가지고 있는 것이 아니라 인간과 천지만물을 포괄하는 하나의 총체적 개념이기에 "성은 만물의 한 근원으로, 나의 사사로움을 얻음은 있지 않다."99)고 한다. 그것은 인성(人性)과 물성(物性)을 포괄하며, 인간과 천지만물의 공통적인 근원이다. 이러한 "성"의 특징은 "태어나 얻음이 없고〔生而無所得〕", "죽어 잃음이 없다.〔死而無所喪〕"고 하여 생멸에 상관이 없으며, 추상적, 보편적, 항구적인 존재이다. 장재는 이러한 "성"을 "천지지성(天地之性)"이라고 불렀다.

다음, 장재는 이러한 "천지지성"과 인간의 관계를 "바로 물의 성품이 얼음에 있는 것과 같이 얼고 녹는 것이 비록 다르나 그 물(物)은 하나이다."100)라고 보았다. 다시 말하여, 비록 사람마다 지니고 있는 체형질(體形質)은 다르지만, 이 "천지지성"을 가지고 있지 않은 자는 없다는 것이다. 장재의 이러한 추상적이고 보편적이며 각 사람의 신상에 존재하는 "천지지성"을 현대 철학용어를 써서 말하면 일종의 "인성일반(人性一般)"이며, 혹 "형이상(形而上)"의 "본성(本性)", "본체(本體)"라고 할 수 있다.

인간과 천지만물의 공성(共性)을 지적한 뒤에, 장재는 더 나아가 인간의 "유(類)"본성 및 각 개인의 특수한 본성까지 논술하였다. 장재는 인간

---

97) 合虛與氣, 有性之名. 앞의 책.
98) 性其總, 合兩也. 『정몽(正蒙)·성명(誠明)』
99) 性者, 萬物之一源, 非有我之得私也. 앞의 책.
100) 正猶水性之在冰, 凝釋雖異, 爲物一也. 앞의 책.

의 본성이 기품(氣稟)으로부터 결정되는 것이며, 이러한 "성"은 "형이하(形而下)", "형이후(形而後)"라고 보았다. 그것은 인류의 공통적인 본성 및 각 개인의 구체적이고 특수한 본성을 포괄하는 것으로, 장재는 이것을 "기질지성(氣質之性)"이라고 하였다.

"기질지성"은 두 가지 측면의 함의가 있다. 하나는 식욕과 성욕 등과 같은 인류의 공통적인 본성을 가리킨다. 그는

> 하나에 빠짐은 기의 근본이요, 나아가 취함은 기의 욕망이다. 입으로 음식을 먹고 코와 혀로 냄새 맡고 맛봄이 모두 나아가 취함의 성(性)이다. 덕을 아는 자는 싫어함에 속할 뿐으로, 바라는 욕망으로 그 마음을 얽매지 않으며, 적음으로 큼을 해치지 않으며, 말(末)로 본(本)을 상하지 않음이다.101)

> 식욕과 성욕은 모두 성(性)으로, 이것이 어찌 멸하겠는가? 그렇기 때문에 있고 없음이 모두 성이다. 이것이 어찌 상대가 없겠는가? 노장(老莊)과 불교가 이를 설한 지 오래되었으나 과연 진리를 드러내고 있는가?102)

라고 하였다.

이러한 "기질지성"은 인간의 자연적인 욕망이고 생리적인 요구로서 결여될 수 없고 소멸될 수도 없는 것이라고 보았다. 그는 노장과 불교에서 욕망은 성(性)이 아니라고 보는 관점에 반대하였다.

"기질지성"의 또 다른 측면의 함의는 하나 하나의 구체적인 본성을 가리킨다. 각각의 사람이 부여받은 기(氣)가 같지 않기 때문에 각 개인의 기질은 차이가 있어, "강함(剛)", "부드러움(柔)", "관대함(寬)", "소심함(褊)", "재능(才)", "재능이 없음(不才)" 등등이 있다. "천하의 사물은

---

101) 湛一, 氣之本, 攻取, 氣之欲. 口腹于飮食, 鼻舌于臭味, 皆攻取之性也. 知德者屬厭而已, 不以嗜欲累其心, 不以小害大, 末喪本焉爾. 앞의 책.
102) 飮食男女皆性也, 是烏可滅? 然則有無皆性也, 是豈無對? 老莊, 浮屠爲此說久矣, 果暢眞理乎? 『정몽(正蒙)·건칭(乾稱)』

두 개가 서로 비슷함이 없다. 마치 한 부모의 형제라고 할지라도 그 마음이 같지 않을 뿐만 아니라, 음성과 형상에 이르러도 또한 같음이 없다."103) 각 개인마다 부여받은 기가 서로 같을 수가 없기 때문에 기실(氣質)이 서로 같을 수가 없으며, 기질이 서로 같지 않아서, 어떤 사람은 착하고, 어떤 사람은 강하며, 어떤 사람은 부드럽고, 어떤 사람은 협소하고 이기적이며, 어떤 사람은 활달하고 도량이 넓은 것 등등, 기질의 성이 각각 다를 수 있는 것이다.

 이상 논술한 바에서, 장재가 말한 "인성"은 보편적이고 추상적이며 영구적인 순수지선(純粹至善)의 "천지지성"을 포괄할 뿐만 아니라, 인류의 공성(共性) 및 각 개인의 구체적인 본성을 논하는 "기질지성"도 포괄함을 알 수 있다. 여기에서 하나의 문제가 제시되는데, 그것은 이 두 가지의 "성" 사이에는 도대체 어떠한 관계가 있는가?

 장재의 인성론에서 "천지지성"과 "기질지성"은 결코 두 개의 독립병존하는 실체가 아니며, 두 가지가 같이 하나의 논리 단계에 있는 것이 아니라, 일종의 본체와 현상, 추상과 구체, 일반과 개별적인 관계이다. 인성은 본체로서의 추상적 "천지지성"과 현상으로서의 구체적 "기질지성"의 통일이다. 이러한 "인성론"은 중국 윤리학설사에 있어서 최초의 것이며, 이는 "성선론(性善論)", "성악론(性惡論)", "성삼품설(性三品說)" 등과 같은 중국 고대의 인성론에 비하여 보다 사변적 색채를 띠고 있고, 보다 고도의 이론이 있는 것이다. 이에 따라 보다 원만하게 중국 윤리사상사에 있어서 끊임없이 논쟁이 있었던 많은 문제를 해결하였다.

 예컨대, 맹자가 주장한 "성선론"은 맹자의 사상에 비추어 본다면, 인간이 능히 선할 수 있는 까닭은 인간이 "선단(善端)"을 지니고 있기 때문이라는 것인데, 선한 본성을 지니고 있다면 어떻게 악이 있을 수 있는가? 만약 악한 본성이 없고, 악단(惡端)도 없다면 악은 또한 어디로부터

---

103) 天下之物無兩個有相似者. 至如同父母之兄弟, 不惟其心之不似, 以至聲言形狀, 亦莫有同者. 『장자어록(張子語錄)』, 중.

오는 것일까? 더구나 맹자 본인도 현실사회에서 약탈로 생업을 삼는 도적, 정권을 노리는 정치가, 천성적으로 음탕한 남녀 등등, 분명히 수많은 악한 현상이 존재하고 있다는 것을 부인하지 않았다. 이러한 현상은 또 어떻게 해석을 할 것인가? 또한 맹자는 "풍년에는 자제들이 풍년에 힘입음이 많고, 흉년에는 자제들이 포악함이 많으니, 하늘이 재(才)를 내리는 것이 그렇게 다른 것이 아니다."104)라고 하였다. 이것은 그야말로 후천적인 환경에 의하여 인성의 선악을 논했는데, 분명하게 그의 "성선설"과는 상당히 거리가 있다. "성선론"이 이론상에 있어서 철저하지 못하게 그 자체를 부정하는 조건을 조성한 것은 마침내 순자의 "성악론"이 일어나게 한다.

순자의 "성악론"은 "인간의 본성은 악한 것이니, 선이란 인위적인 것이다."105)라는 것이다. 인성(人性)이 이미 악하다면 과연 어떻게 도덕행위를 할 수 있을까? 어떻게 착해질 수(成善) 있을까? 순자는 첫째, 반면(反面)적인 요구로 인하여서, 즉 자신의 몸에 무엇이 부족하면 그 무엇을 필요로 한다고 보아, "대체로 사람이 착하고자 하는 것은 그 본성이 악하기 때문이다. 대저 박함에 후함을 원하고 추함에 아름다움을 원함이다."106)라고 하였다. 둘째는 반드시 "사법(師法)의 교화와 예의의 가르침"107) 혹은 사회적 도야(陶冶)의 노력, 즉 이른바 "화성기위(化性起僞)" 하여야 한다고 보았다. 총체적으로 말하면 순자의 "성악론"은 맹자의 "성선론"보다 약간 원만하지만, 이론상에서 보면 "성악론"도 자체모순의 치명적인 약점이 존재하고 있다. 논리상에서 보면 내재된 반면(反面)요구라는 것은 실제상 선한 요구이므로로 순자의 "성악론"은 어느 틈에 성악(性惡)일원론에서 선악(善惡)이원론으로 발전되기 때문이다.

---

104) 富歲子弟多賴, 凶歲子弟多暴, 非天之降才爾殊也.『맹자(孟子)·고자(告者)』상.
105) 人之性惡, 其善者僞也.『순자(荀子)·성악(性惡)』
106) 凡人之欲爲善者, 爲性惡也. 夫薄願厚, 惡願美. 앞의 책.
107) 師法之化, 禮義之敎

순자, 맹자 이후, "성삼품설(性三品說)"은 물론 "성선정악설(性善情惡說)"까지 이론상에 있어서 모두 그 학설을 원만하게 하는 데 실패하였다. 예컨대 그들의 학설 가운데 "성선정악설"은 성은 모두 선하고 악은 정(情)에서 생긴다고 주장한다. 그러나 "정은 성으로 말미암아 생긴다.〔情由性而生〕"고 하는데 문제가 있다. 즉 성이 착하지 않은 것이 없는데, 성에서 생긴 정은 어떻게 악할 수 있을까?하는 것이다. 이 또한 이율배반에 빠지게 한다. 이러한 모순은 장재의 "천지지성"과 "기질지성"설에 이르러 겨우 비교적 합리적인 설명을 얻게 된다. 장재의 인성론에서, 인성은 추상적, 일반적인 "천지지성"과 특수적, 구체적인 "기질지성"의 통일이고, "천지지성"은 지순지선(至純至善)한 것이고, "기질지성"은 선악을 지니고 있다고 한다. 이렇게 인성, 특히 구체적인 각 개인의 인성은 바로 선과 악의 통일이라고 하였다.

여기서 우리들은 한 가지 문제에 부딪치게 되는데, 장재는 어떻게 이러한 인성이론을 제시할 수 있었을까? 조금의 의심도 없이 성선, 성악을 논함에 있어서 장재의 인성론 계통은 맹자, 순자 등의 여러 전유(前儒)에서 얻은 것이다. 그러나 만약 그 사유양식, 체용(體用)론의 각도에 관하여 말하거나 혹은 현대철학 용어를 사용하여 본체론의 각도에서 인성론을 논한다면 불교의 영향을 받았음은 의심할 여지가 없다. 장재의 "천지지성"에 관련된 논술을 보면, 이렇게 추상적이고 일반적인 본체의 성격을 가지고 있는 "본성"은 수·당 불교 불성론에서 말하는 일체중생 및 제불본체(諸佛本體)의 "진여불성(眞如佛性)"과 사유방법에 있어서나 구체적인 설명에 있어서 대단히 유사하다고 할 수 있다. 만약 장재의 "원기본체론(元氣本體論)"과 불교의 "진여본체론(眞如本體論)"이 무엇으로 본체를 삼는가 하는 점에 근본적인 차별이 있다고 한다면, 즉 하나는 추상적인 "진여"로서 본체를 삼고, 하나는 구체적인 "원기"로서 본체를 삼는다고 한다면, 인성론 상에 있어서 두 가지의 이러한 차별도 이미 다시 존재하지 않는다. 구체적으로 내포하는 것에 따르면, 장재의 "천지지성"

과 불교의 "진여불성"은 결코 어떤 원칙적인 구별이 없으며, 다른 점은 단지 명칭이 각각 다르다는 것일 뿐이기 때문이다.

2. 선반(善反)과 체성(體性)

장재 윤리학설의 다른 중요한 내용은 "잘 돌이키는 것은 바로 천지의 성을 보존하는 것이다."[108]이다.

이론상에서 보면, 장재가 이러한 "선반(善反)"의 수행론을 제시하여 논리에 결합시킨 것은, 이미 각 개인에 모두 지순지선한 "천지지성"이 존재하고 있는 이상, 수행의 최종 목표와 근본적인 경로는 물론 지순지선한 본성에 어떻게 돌아가는가 하는 것이기 때문이다. 그렇다면 어떻게 이 지순지선한 본성에 돌아갈 수 있을까? 이에 대하여 장재는 "변화기질(變化氣質)"의 수행론을 제시하였다.

우선, 장재는 "인간의 기질이 아름다운 것과 미운 것, 귀한 것과 천한 것, 장수와 요절의 이치를 모두 나누어 받아서 정해진 것이다."[109]라고 하였다. 다시 말하여 인간의 기질은 태어나면서 운명적으로 정해지며, 어떤 형태의 기질을 갖게 되고, 각 개인은 자기가 선택할 수 없으며, 어쩔 수도 없는 것이다. 그러나 인간의 기질은 결코 한 번에 이루어져서 변하지 않는 것이 아니고 그와 반대로 "만약 기질이 악하면, 배워서 능히 바꿀 수 있다."[110]는 것이다. 즉, 만약 한 사람이 품수(稟受) 받은 기질이 악한 것이면 배움을 통하여 능히 그것을 바꿀 수 있으며, 각 개인의 "기질지성"도 또한 그렇다는 것이다. 만약 품수 받은 "기질지성"이

---

108) 善反之則天地之性存焉. 『정몽(正蒙)·성명(誠明)』
109) 人的氣質美惡, 與貴賤壽夭之理, 皆是所受定分. 『경학이굴(經學理窟)·기질(氣質)』
110) 如氣質惡, 學卽能移. 앞의 책.

아름답지 못하면 "배워서 바꿀 수 있다."111)는 것이다. "성이 아름답고 배우길 좋아하지 않는 사람은 없지만, 배우기 좋아하나 성이 아름답지 않은 사람은 있다."112)고 하였다. 다시 말하면 성이 아름다운 사람은 모두 배우기를 좋아하지만, 배우기를 좋아하는 사람은 모두 성이 아름답다고 할 수 없다는 것인데, 이 말에는 배움만으로는 법(法)을 얻을 수 없다는 문제가 있다.

그러면 어떻게 배워야 법을 얻었다고 할 수 있고, 기질을 변화시킬 수 있을까? 장재는 "배움에 있어서 급한 것은 올바른 마음에서 이익을 구하는 것이다."113)라고 하였다. "정심(正心)"이란 것은 우선 반드시 "일지(壹志)"하여야 한다. 장재는 "뜻을 하나로 하면〔志壹〕" 기를 움직일 수 있다고 했는데, 즉 만약 심지(心志)를 전일(專一)하게 하면 기질을 변화시킬 수 있다는 것이다.

다음, 장재는 맹자의 "거이기(居移氣), 양이체(養移體)"를 계승하여 "변화기질"의 방법을 호연지기(浩然之氣)를 잘 기르는 데 있다고 보았다. 이러한 호연지기의 특징은 "엄정강대(嚴正剛大)"하여 자연계 가운데 존재하지 않지만, 배움에 의하여 도덕적 수양을 배양하고 강하게 함에 의하여 일어난다고 한다. 즉 "집의소생(集義所生)"에 의지한다는 것이다. "호연지기를 기르려면 반드시 의를 모아야 하며, 의를 모은 이후에 호연지기를 얻을 수 있는 것이다."114)라는 것이다.

그러면 무엇을 "집의(集義)"라고 하는가? "의(義)"에 대하여 장재는 "의는 극기이다."115)라고 하였다.

"의"를 "극기"로 해석한 것은 장재의 독특한 견해이다. 다시 말하여

---

111) 則學得亦轉了.『장자어록(張子語錄)』하.
112) 性美而不好學者無之, 好學而性不美者有之. 앞의 책.
113) 爲學所急, 在于正心求益.『성리십유(性理拾遺)』
114) 養浩然之氣須是集義. 集義然後可以得浩然之氣.『경학이굴(經學理窟)·학대원상(學大原上)』
115) 義者, 克己也. 앞의 책.

인간은 반드시 의리(義理)로서 사사로운 자기를 퇴치하고 무아무사(無我無私)하여야 한다는 것이다. "내가 없고서야 바르게 자기의 다함을 얻을 수 있다."116)고 하였다.

이밖에 장재는 또한 "집의"를 "적선(積善)"으로 해석하였다. 그는 집의를 "마치 적선과 같다고 말해야 한다."117)고 하였다. 이는 인간이 인(仁)에 거하며 의(義)로 말미암아 동작으로 하여금 모두 예의에 맞게 하며, 곳곳에서 남과 더불어 선을 행해야 한다는 것이다. 이러한 경지에 도달하면, "위와 아래가 천지와 함께 흐를 수 있다."118)는 것이다.

셋째, 장재의 "양심집의(養心集義)"설은 또한 중요한 내용이 하나 있는데 그것은 과욕론(寡欲論)이다. 그는 "기질지성"으로 인하여서 각 개인이 모두 이기적인 욕심의 마음이 있다고 보았다. 만약 사람이 힘을 다하여서 자아를 극복하고 통제할 수 없다면 각종 욕망을 감소시킬 수 없어서 인간 고유의 본연한 착한 성품을 모두 상실할 수도 있다. 따라서 "공부하는 사람은 과욕하여야 한다.〔學者要寡欲〕"는 것이다. 사상적인 측면에서 말하자면 이것은 분명히 맹자의 과욕설을 계승하였다.

장재의 "변화기질", "양심집의"에 관한 위의 논술로부터 본다면, 장재의 수양론은 확실히 유가 특히 맹자의 "존심양성(存心養性)"학설을 계승하였음을 알 수 있다. 그러나 장재의 윤리학설은 결코 여기에서 그치지 않고, 다시 진일보하여 또 다른 경지에 들어간다. 만약 맹자의 존심양성이 최종적으로 "지천(知天)", "사천(事天)"에 도달해야만 한다면, 장재의 윤리학설의 최종목표 혹은 최후의 경계는 결코 "지천", "사천"이 아니라 "반성(反性)", 즉 본래 자신에 존재하는 "천지지성"으로 돌아가는 것이다. 이것은 전통유학의 사상이 아니라 불교의 불성론에서 말하는 일체중생의 마음속에 존재하는 "불성", "인성(人性)", "심성(心性)"과 더욱 가깝

---

116) 無我然後得正己之盡.『정몽(正蒙)·신화(神化)』
117) 猶言積善也.『경학이굴(經學理窟)·학대원상(學大原上)』
118) 上下與天地同流.

다. 그리고 이른바 "반성"은 방법상에서도 불교의 "체성(體性)", "반관심성(反觀心性)"과 서로 같다. 만약 장재가 "배움(學)"을 강조한 것과 혜능의 남종에서 "돈오"를 강조한 것이 서로 완전히 같지 않다고 한다면, 신수(神秀)의 북종 계통에서 "불진간정(拂塵看淨)"을 통하여 여러 가지 많은 수행 뒤에 통견불성(洞見佛性)한다는 것과 같은 길을 걷고 있다고 할 수 있다. 그리고 장재가 말한 "집의(集義)", "일지(壹志)"는 북종이 섭심입정(攝心入定)을 강조한 것과도 서로 통하는 곳이 많이 있다.

3. 민포물여(民胞物與)와 만법유심(萬法唯心)

장재 윤리학설의 또 다른 중요한 내용은 "건곤부모(乾坤父母)", "민포물여(民胞物與)"설이다.

이른바 "건곤부모", "민포물여"를 장재는 다음과 같이 말한다.

> 하늘(乾)은 부(父)라고 하고, 땅(坤)은 모(母)라고 칭한다. 내가 이에 아득하니 혼란한 가운데 처하였다. 그러므로 천지의 보루(塞)를 내가 체(體)로 삼고, 천지의 장수(帥)를 내가 성(性)으로 삼았다. 백성은 나와 동포이며, 만물은 나와 함께 한다. 대군(大君)은 나의 부모의 종자(宗子)요, 그 대신(大臣)은 종자의 가문의 모습이다. 나이가 많음을 존중하니, 어른을 어른으로 삼는 까닭이요, 외롭고 약한 이를 사랑하니, 아이를 나의 아이로 삼는 까닭이다. 성인은 그 덕에 합하고, 현자는 그 덕이 빼어남이다. 무릇 천하의 병든 자, 불구자, 무자식, 홀아비, 과부 등은 모두 내 형제와 같고 의지할 데 없는 사람들이다. 이에 그들을 보살피니, 자식의 도리와 같다. 즐거우면서 또한 근심이 없는 순수한 효행이다.[119]

---

119) 乾稱父, 坤稱母. 予玆藐焉, 乃混然中處. 故天地之塞, 吾其體. 天地之帥, 吾其性. 民吾同胞, 物吾與也. 大君者, 吾父母宗子. 其大臣, 宗子之家相也. 尊高年, 所以長其長. 慈孤

장재의 이 학설에 관하여 송유(宋儒)들은 모두 입을 모아 칭찬을 하였다. 역대로 주(注)를 단 것이 여러 가지이고 또한 해석이 서로 다른데, 그 가운데 가장 올바르고 적절하게 주를 단 것은 남송(南宋)의 주희(朱熹)와 명(明)·청(淸) 때의 왕부지(王夫之)의 것을 들 수 있다. 주자가 이르길

> 『서명(西銘)』의 대요(大要)는 '천지의 보루(塞)를 내가 체(體)로 삼고, 천지의 장수(帥)를 내가 성(性)으로 삼았다'는 두 구절에 있다. 보루는 기를 말하고, …… 한 가정으로 말한다면 부모는 한 가정의 부모이다. 천하로 말하면 천지는 천하의 부모이다. 하나의 기에 통하여 처음에 간격(間隔)이 없다. 백성은 나와 동포이며, 만물은 나와 함께 한다. 만물이 모두 천지에서 생한 바이고, 사람은 오직 천지의 바른 기를 얻었다. 그러므로 사람이 가장 신령하다. 그러므로 백성이 한 동포이며, 만물이 곧 나의 동류이다.[120]

라고 하였다.

대강의 의미는 천지만물이 모두 한 기(氣)에서 흘러나온 것이며, 그 기가 모이고 흩어지는 태허(太虛)는 바로 만물과 인류의 본체이다. 천지만물이 모두 한 기의 모이고 흩어져 흘러나오는 것〔一氣之聚散流行〕이고, 인간이 모두 함께 이 기를 품수 받았다면, 그렇다면 사해(四海)의 자연은 모두 형제동포이며, 천하만물도 모두 동일한 일족(一族)의 류(類)이다. 그러므로 인간은 모든 사람을 사랑해야 할뿐만 아니라 또한 모든 사물을 사랑하여야 한다.

弱, 所以幼吾幼也. 聖其合德, 賢其秀也. 凡天下疲癃殘疾惸獨鰥寡, 皆吾兄弟之顚連而無告者也. 于時保之, 子之翼也. 樂且不憂, 純乎孝者也.『정몽(正蒙)·건칭(乾稱)』
120) 西銘大要, 在"天地之塞吾其體, 天地之帥吾其性"兩句. 塞是說氣, …… 自一家言之, 父母是一家之父母. 自天下言之, 天地是天下之父母. 通是一氣, 初無間隔. 民吾同胞, 物吾與也, 萬物皆天地所生, 而人獨得天地之正氣, 故人爲最靈. 故民同胞, 物則亦我之儕輩.『주자어류(朱子語類)』 98권.

다음은 왕부지의 주해를 보기로 하자.『장자정몽주(張子正蒙注)』에서 왕부지는 다음과 같이 말한다.

하늘(乾)은 부(父)라고 하고, 땅(坤)은 모(母)라고 칭한다. …… 대의를 따라 말하면 곧 건곤이 부모가 되어 사람과 만물을 함께 생한다. 천지의 덕에서 생함은 진실로 그러하다. 단적으로 말하면 따로 하늘이라고 할 바 없고, 부(父)가 곧 나를 낳은 하늘이다. 따로 땅이라고 할 바 없고, 모(母)가 곧 나를 이루는 땅이다. 오직 나를 낳은 것은 그 덕이 하늘을 이어 형(形)을 이룬다. 그러므로 부(父)라고 일컫는다. 오직 나를 이루는 것은 그 덕이 하늘을 따라 두터움에 일컬어 모(母)라고 한다. 그러므로『서경(書經)』에서 '오직 천지만물의 부모'라고 한 것은 만물을 통하여 말한 것이다. …… 공경을 다해 부(父)를 섬기면 곧 가히 하늘을 받드는 도리가 이에 있다. 사랑을 다해 모(母)를 섬기면 곧 가히 땅을 받드는 도리가 이에 있다. 몸을 지키고 부모를 섬김이 바로 존심양성하여 하늘을 받들 수 있는 것이 여기에 있다. 인(仁)과 효(孝)를 미루어, 형제의 은혜, 부부의 의리, 군신의 도리, 친구의 사귐이 있어, 곧 천지를 체득하고 백성에게 어질며 만물을 사랑할 수 있는 것이 여기에 있다. 사람이 하늘과 함께 하고, 이(理)와 기(氣)가 하나이다. 그를 계승함으로써 착해지고, 그를 이룸으로써 성(性)이 있다는 것은 부모가 나를 낳고 나로 하여금 형(形)과 색(色)이 갖추게 하여 천성을 지니게 한다는 것이다. 이(理)가 기(氣) 가운데 있고, 기는 부모가 나누어 준 것이니, 곧 부모에게 나아가 그를 거슬러 올라가면, 그 덕은 천지에 통하여 차이가 없다. 만약 부모를 버리고 천지를 가까이 한다면 비록 그 마음을 크게 넓혀 천지의 이치에 미치기를 도모하지만, 측은하여 자기의 사심을 용납하지 않는 마음이 있는 이가 아니면 어두어실 수 없는 곳에서 움직인다. 이러한 까닭에 부(父)에게서 건원(乾元)의 큼을 알고, 모(母)에게서 곤원(坤元)의 지극함을 알게 된다. …… 또한 '그것을 계승하는 것은 선이고, 그것을 이루는 것은 성이다' 라고 하였으니, 누가 하늘을 계승하여 나를 착하게 낳았으며, 누가 나를 이루어 성이 있게 하였는가? 곧 부모를 이름이다. 그것을 계승하고 이룸은 곧 일양일음(一陽一陰)의 도이니, 곧 부모를 외면하고 천지의 고명하고 후덕함을 뛰어넘어 그것과 함께 가까이 할 수 없으며, 부(父)는 건이 되고, 모(母)는 곤이 되니, 이를 떠나 천지의 덕을 구할 수 없음은 또한 분명하다.121)

왕부지의 주해는 더욱 자세하고 더욱 깊이 들어갔으며, 특히 그는 "만물일체(萬物一體)"와 "계선성선(繼善成善)"의 사상을 운용하여 인륜도덕을 설명함으로서 건곤과 부모를 연계시켰고, 부모는 천지를 이어서 나를 잘 태어나게 하였고, 나의 성을 이루었으므로, 모든 공경으로 아비를 섬기면, 즉 하늘을 섬길 수 있으며, 모든 사랑으로 어머니를 섬기면 땅을 섬길 수 있음을 지적하였다. 이러한 "부모를 섬기는 것이 바로 하늘을 섬기는 것이다.〔事親則事天〕"는 설은 마땅히 장재의 "건곤부모(乾坤父母)"설의 본의와 부합될 뿐만 아니라 또한 비교적 깊이 들어간 해석이라고 말할 수 있다. 전유(前儒) 서자융(徐子融)도 일찍이 장재 『서명(西銘)』의 뜻은 "사친즉사천(事親則事天)" 한 구절에 다 한다고 말하였다.

"건곤부모"설이 말하는 핵심이 "사친즉사천"의 효도(孝道)를 말한 것은 아니지만, 장재의 "민포물여(民胞物與)"설은 인민애물(仁民愛物)과 애필겸애(愛必兼愛)에 치중하였다. 장재의 원기본체론에서 본다면, 천지만물은 모두 한 기의 취산유행(聚散流行)이며 인간도 또한 이 기를 품수받았으므로 사해의 모든 존재는 형제동포이며, 천하만물이 모두 동일한

---

121) 乾稱父, 坤稱母. …… 從其大者而言之, 則乾坤爲父母, 人物之胥生, 生于天地之德也固然矣. 從其切者而言之, 則別無所謂乾, 父卽生我之乾. 別無所謂坤, 母卽成我之坤. 惟生我者其德統天以流形, 故稱之曰父. 惟成我者其德順天而厚載, 故稱之曰母. 故書曰, 唯天地萬物父母, 統萬物而言之也. …… 盡敬以事父, 則可以事天者在是. 盡愛以事母, 則可以事地者在是. 守身以事親, 則所以存心養性而事天者在是. 推仁孝而有兄弟之恩, 夫婦之義, 君臣之道, 朋友之交, 則所以體天地而仁民愛物者在是. 人之與天, 理氣一也. 而繼之以善, 成之以性者, 父母之生我, 使我有形色以具天性者也. 理在氣之中, 而氣我爲父母之所自分, 則卽父母而遡之, 其德通于天地也, 無有間矣. 若舍父母而親天地, 雖極其心以擴大而企之, 而非有惻怛不容已之心動于所不可昧. 是故于父而知乾元之大也, 于母而知坤元之至也. …… 又曰, "繼之者善, 成之者性." 誰繼天而養吾生? 誰成我而使有性? 則父母之謂矣. 繼之成之, 卽一陰一陽之道, 則父母之外, 天地之高明博厚, 非可躐等而與之親, 而父之爲乾, 母之爲坤, 不能離此以求天地之德, 亦昭然矣. 『장자정몽주(張子正蒙注)』 9권.

일족(一族)인 것이다. 따라서 인간은 모든 사람을 사랑해야 할뿐만 아니라, 마땅히 일체의 사물을 사랑해야 한다. 그는 "성(性)이란 만물의 한 근원으로, 나의 사사로움을 얻음은 있지 않다. 오직 대인만이 그 도를 다할 수 있는 까닭에 세움에 반드시 함께 서고, 앎에 반드시 두루 알고, 사랑함에 반드시 평등하게 사랑하고, 이룸에 홀로 이루지 않는다."122)라고 하고, "자기를 아끼는 마음으로 남을 아끼면 인(仁)을 다하는 것이다."123)라고 하였다.

여기서 언급할 문제는 바로 장재의 "민포물여"설과 묵자(墨子)의 "겸애(兼愛)"설과의 상호관계 및 그 가운데 내포된 사유양식의 구별이다.

송유(宋儒)를 포괄하여 일찍이 어떤 사람은 장재의 "민포물여"설과 묵자의 "겸애"설은 어떠한 차별이 없다고 보았는데, 예컨대 양시(楊時)는 이 관점을 지지하였다. 그러나 이러한 관점은 바로 정주(程朱)의 반박에 부딪혔다. 정이(程頤)는 양시가『서명(西銘)』을 논한 글에 대하여 편지를 보내서 다음과 같이 반론하였다.

> 『서명(西銘)』은 이치를 미루어 의(義)를 보존하여, 앞의 성인이 밝히지 못한 바를 펼침으로 맹자의 성선양기(性善養氣)와 함께 그 공이 같으니, 어찌 묵자에 비하겠는가.『서명』에서 이(理)는 하나이나 나뉘어져 다르다는 것을 밝혔고, 묵자는 바로 두 근본에 나뉨이 없고, 나누어 달라지는 것을 막아, 자기는 수승하되 인(仁)을 잃었다. 나뉨이 없는 죄는 겸애(兼愛)하되 의(義)가 없음이다. 나뉨을 세우고 이(理)가 하나임을 추구하는 것은 자기의 수승함에 머물지 않고 인(仁)으로 나아감이다. 겸애에 빠져 분별함이 없으면 아비 없는 극단에 이르러 의(義)를 해치게 된다. 자네가 비교하여 그 공이 같다고 함은 잘못된 것이다.124)

---

122) 性者, 萬物之一源, 非有我之得私也. 惟大人爲能盡其道, 是故立必俱立, 知必周知, 愛必兼愛, 成不獨成.『정몽(正蒙)·성명(誠明)』
123) 以愛己之心愛人, 則盡仁.『정몽(正蒙)·중정(中正)』
124) 西銘之爲書, 推理以存義, 擴前聖所未發, 與孟子性善養氣同功, 豈墨子之比哉. 西銘明理一而分殊, 墨氏則二本而無分, 分殊之蔽, 私勝而失仁. 無分之罪, 兼愛而無義. 分立而推

이 단락의 의미는 묵자의 겸애가 부모를 섬기는 공경을 잃고 부모가 없는 폐단으로 흐르지만, 장재의 『서명』은 "이(理)는 하나이나 나뉘어져 다르다는 것(理一分殊)"을 창도하고 섬기고 공경하는 방법을 밝혔기 때문에 두 가지를 함께 논할 수 없다는 것이다. 정이(程頤)의 이러한 관점은 주희(朱熹)의 대단한 찬양을 받았다. 주희는 『서명』의 명리일분수(明理一分殊)설에 대하여 진일보한 사상을 제시하였다. 그는

> 『서명(西銘)』의 지음은, …… 정자는 이일이분수(理一而分殊)를 밝힘으로 한 마디로써 그것을 포괄할 수 있었다. 하늘로 부(父)로 삼고, 땅으로 모(母)로 삼았으니, 생류(生類)는 그렇지 않은 것이 없어, 이른바 이치는 하나라는 것이다. 사람과 만물이 생함은 혈맥에 속함이다. 각각 그 부모를 부모로 하고, 그 자식을 자식으로 하니, 곧 그 나뉨이 또한 안정됨을 얻어 다른 것이 아니다. 하나로 통일되면서 만 가지로 다름이니, 비록 천하가 한 집이고 중국은 모두 한 사람이나 겸애의 폐단에 흐르지 않음이다. 만 가지로 다르면서도 하나로 관통되어, 비록 친함과 소원함이 정을 달리하고, 귀하고 천함이 등급을 달리하나 자기를 위한 사사로움에 얽매이지 않는다. 이것이 『서명(西銘)』의 큰 뜻이다.[125]

라고 하였다.

주희의 이 설은 철저하게 "이일분수(理一分殊)"에 입각하여 장재의 "건곤부모", "민포물여" 사상의 특징 및 묵자의 "겸애"설과의 차별을 밝혔다. 주희의 견해에서 보면, 묵자의 "겸애"는 "일(一)"은 있으나 "수(殊)"는 없는데, 예컨대 이는 반드시 "무부(無父)", "적의(賊義)"를 야기시킨다. 그리고 장재의 『서명』에서 제창한 것은 "일통이만수(一統而萬

理一, 以止私勝之流, 仁之方也. 無別而迷兼愛, 至于無父之極, 義之賊也. 子比而同功, 過矣. 『답양시론서명서(答楊時論西銘書)』, 『정이천문집(程伊川文集)』 5권.

125) 西銘之作, …… 程子以爲明理一而分殊, 可謂一言以蔽之矣. 盖以乾爲父, 以坤爲母, 有生之類, 無物不然, 所謂理一也. 而人物之生, 血脈之屬, 各親其親, 各子其子, 則其分亦安得而不殊. 一統而萬殊, 則雖天下一家, 中國一人, 而不流于兼愛之蔽. 萬殊而一貫, 則雖親疏異情, 貴賤異等, 而不牿于爲我之私. 此西銘之大指也.

殊)", "만수이일관(萬殊而一貫)"인데, 이것은 겸애의 폐단에 흐르지 않을 뿐만 아니라, 나를 위한 사사로움에 갇히지도 않는다.

만약 장재의 "건곤부모", "민포물여"설의 "대지(大指)"가 확실히 정주가 말한 것처럼 "이일분수(理一分殊)"에 있다면, 이 "이일분수" 사상 자체는 불교의 영향을 깊이 받은 산물이며, 특히 화엄종(華嚴宗)의 "해인삼매(海印三昧)", "월인만천(月印萬川)"사상의 영향을 깊이 받았다. 또한 만약 사유양식에서 말한다면, "이일분수(理一分殊)"의 기점은 "이일(理一)", 혹은 "체일(體一)"이라고 하는 데 있다. 장재의 『서명』을 총체적으로 보면, 그 학설은 "일체(一體)"사상, 즉 "만물일체(萬物一體)", "인류일체(人類一切)"의 기초 위에 세워진 것이다. 그리고 이러한 "일체"사상이 불교의 영향을 받은 것은 명백하고, 쉽게 짐작할 수 있다. 대승불교의 기본적인 특징은 바로 일체제법(一體諸法)이며, 중생과 부처를 포괄한 모든 것은 "실상(實相)"의 체현이라는 것이다. 중국불교는 "심성(心性)"을 말하여 제법(諸法)은 "심(心)"의 체현이며, "마음이 생기면 여러 가지 법이 생기고, 마음이 멸하면 여러 가지 법도 멸한다."[126], "본심의 본체는 본래 부처이다."[127]라는 이 "심성(心性)"도 일종의 본체이다. 따라서 천태종이 말하는 "일색일향(一色一香), 무비중도(無非中道)"이거나, 화엄종이 말한 "일체중생본래시불(一切衆生本來是佛)"이거나 아니면 선종이 말한 "본심본체본래시불(本心本體本來是佛)"은 어쨌거나 사유방법에 의하면 모두 하나의 의미이고, 일체제법은 중생을 포괄하며 제불은 모두 본체의 제현이므로, "제법도시실상(諸法都是實相)"이며 "중생함시불자(衆生咸是佛子)"이다. 장재의 "건곤부모", "민포물여"설은 구체적인 설법 상에서 비록 불교와 다른 점이 있으나, 사상적인 내용은 불교와 조금도 다르지 않다. 물론 두 가지 사상의 취지는 다르지만, 만약 불교의 "중생함시불자(衆生咸是佛子)"설이 일체중생은 모두 불성(佛性)이 있고 모두 성

---

126) 心生種種法生, 心滅種種法滅.
127) 本心本體本來是佛

불(成佛)할 수 있다는 것을 설명하기 위한 것이라면, 장재의 "건곤부모", "민포물여"설의 이론적 귀결점은 부모에 효도하고 하늘을 섬기며〔孝親事天〕, 백성에 어질고 사물을 아끼는 데〔仁民愛物〕 있다. 하나는 출세적이고 하나는 입세적이며, 하나는 종교적이고 하나는 윤리적이다.

　이상 논술한 바에서, 장재의 인성설은 완전히 유가 윤리학설을 불교의 불성이론과 함께 융합시킨 불교유학적인 윤리철학임을 볼 수 있다.

제4절 정주이학(程朱理學)과 불교

 이정(二程)128)은 불교에 대하여 양면적인 태도를 가졌는데, 불교를 반대하고 배척하였던 반면에 불교와 유관한 사상을 흡수하고 융섭하였다. 그들은 한편으로는 "만약 불교를 위하여 다한다면 천하에 인간이 없어지고 이치도 제거된다."129)고 하였으며, "양주(楊朱)와 묵자(墨子)의 해로움은 신불해(申不害)와 한비(韓非)보다 심하며, 불교와 노자의 해로움은 양묵보다 심하다. …… 불교와 노자의 말은 이치에 가까우나 또한 양묵에 비교가 되지 않는다. 이것이 양묵의 해로움보다 더 심한 해로움이 되는 까닭이다."130)라고 하였다. 또한 불교를 배우고자 하는 사람에 대하여 "모름지기 음탕한 소리와 미색을 멀리해야 한다."고 했고, 그렇지 않으면 "순식간에 그 속에 빠져든다."고 하였다.131) 다른 한편으로 이정은 불교의 사상에 대하여 상당히 존중을 표하였다. 어떤 사람이 장주(莊周)를 부처님과 비교하면 어떠냐고 물었을 때, 정이천(程伊川)은 "장자를 어찌 부처와 비교하겠는가. 부처의 설법은 실로 높고 미묘한 바가 있다. 장자의 기상은 대개 얕고 가볍다."132)라고 하였다. 이로부터 이정이 불교에 대하여서 배척하면서도 또한 존중하고 있었음을 알 수 있다.

---

128) 程顥, 程頤
129) 若盡爲佛, 天下却沒人去理.『이정유서(二程遺書)』2권, 상.
130) 楊墨之害, 甚于申韓; 佛老之害, 甚于楊墨. …… 佛老其言近理, 又非楊墨之比. 此所以爲害于甚楊墨之害.『근사록(近思錄)』315쪽.
131) 直須如淫聲美色以遠之. 駸駸然入于其中. 앞의 책, 319쪽.
132) 周安比得他佛. 佛說直有高妙處. 莊周氣象, 大抵淺近.『이정유서(二程遺書)』17권.

그러면 이정은 불교의 어떤 점을 존중하였을까? 그들은 또한 불교의 무엇을 반대하였을까? 관련된 자료를 살펴보면, 이정이 불교에 대하여 가장 반대의 입장을 보인 것은 그 출세(出世)사상이다. 그들은 만약 모두가 불교도들처럼 그렇게 출세하여 속세를 떠난다면 "천하에 인간이 없어지고 이치도 제거된다."133)고 생각하였다. 정이천은 또한 "불교를 배우는 자는 시비를 잊어야 한다."134)는 것에 반대하여, "시비를 어찌 잊을 수 있는가? 스스로 수많은 도리가 있는데 어떤 일을 잊을 수 있는가?"135)라고 하였고, 또 "사람이 일 많음을 싫어하나 세상사가 비록 많지만 모두 인간의 일이다. 인간의 일을 인간으로 하여금 하지 않으면 누구를 시켜 하겠는가?"136)라고 하였다.

그밖에 이정은 불교의 현원소활(玄遠疏闊)에 반대하여, 불교의 "산하대지의 설법은 나와 관계가 없다."137)라고 솔직하게 말했으며, 불교는 높고 심원하여 헤아릴 수 없고, 너무 넓어서 끝을 찾을 수가 없기 때문에 비록 궁신지화(窮神知化)할 수는 있어도 족히 개물성무(開物成務)할 수는 없다고 보았다. 후기 선종의 "공안(公案)", "기봉(機鋒)" 등에 대하여 이정은 또한 자못 반감을 지녔는데, "비록 내심을 바로 함에 경건함이 있으나, 방외(方外)로써 의(義)가 없기 때문에 말라빠지거나 방자함으로 흐른다."138)고 보았다. 그러나 불교의 수행법에 있어서 이정은 찬양하고 동의하였다. 그들의 치학(治學)과 수양의 세 가지, 즉 "정좌(靜坐)", "용경(用敬)", "치지(致知)"는 어떤 의의 상에서 불교의 "계(戒)·정(定)·혜(慧)" 삼학(三學)에서 유도해낸 것이다. "삼학" 중의 "정학(定學)"은 특히 이정의 존숭을 받았고, 또한 솔직하게 언표하고 있다. "배우는 자가 반드

---

133) 天下却沒有人去理.
134) 學佛者多要忘是非.
135) 是非安可忘? 自有許多道理, 何事可忘.
136) 人惡多事, 世事雖多, 盡是人事. 人事不叫人做, 更叫誰做.
137) 山河大地之說與我無關.
138) 雖有敬以直內, 然無義以方外, 故流于枯槁或肆恣.

시 해야 할 것은 마음의 뜻을 한결같이 하는 데 있다. 그 마음이 어지러울 때에는 마땅히 좌선하여 입정하라."139) 선종의 인성화된 불성론이 이정에 대하여 끼친 영향은 상당히 크다. 정이전은 "인성본명(人性本明)"의 설법을 동의했으며, "인성이 본래 밝음에 어찌 폐가 있겠는가."140)라고 하여, "이는 이치를 찾아 계합함을 필요로 한다."141)고 하였다. 유관 자료를 살펴보면, 이정은 선학에 대한 접촉이 상당히 많았으며, 또한 선리(禪理)에도 통하였기 때문에, 이명유(爾明儒) 고반룡(高攀龍)이 "선유(先儒)에 오직 명도선생만이 선서(禪書)를 투철하게 볼 수 있는데, 참다움과 허물을 알았다."142)고 말하였다. 이정의 제자들도 선에 많이 통하였다. 정자(程子) 문하에 제일인자라고 불리는 사량좌(謝良佐)에 대하여 주희는 그의 사상은 "분명히 선이다."143)라고 하였고, 명·청 학자들도 그는 "평생 동안 선의 설로써 유(儒)를 증명하였다."144)라고 말했으며, 정자 문하의 수제자 양시(楊時)도 역시 누누이 선학을 찬양하였다. 이러한 상황에 대하여 주희는 "정자 문하의 뛰어난 제자들, 사상채(謝上蔡), 유정부(游定夫), 양귀산(楊龜山) 등은 점차 모두 선학에 들어갔다."145)고 말하였다.

실제로 주희의 불교에 대한 태도와 불교의 관계는 대체로 이정과 비슷하다. 그리고 불교에 대한 존중과 불교의 영향을 받은 것에 있어서는 이정보다 더욱 심하다고 할 수 있다.

한편으로 주희도 불교를 반대하고 폄하하였다. 그는 "선학이 가장 도를 해치니, 의리(義理)를 끊음에 있어 노장은 오히려 다함이 없지만, 불교는 바로 인륜을 완전히 무너뜨린다. 선은 또한 많은 의리를 소멸시켜

---

139) 學者之必務, 在固心志, 其患紛亂時, 宜坐禪入定.
140) 人性本明, 因何有蔽.
141) 此須索理會也.『이정유서(二程遺書)』 18권.
142) 先儒唯明道先生看得禪書透, 識得弊眞.
143) 分明是禪.『송원학안(宋元學案)』 24권.
144) 終身以禪之說證儒.
145) 程門高弟, 如謝上蔡, 游定夫, 楊龜山, 下稍皆入禪學去.

남는 것이 없으므로 그 해로움은 가장 깊다."146)라고 하였고, 또한 "불교와 도가(道家)의 학을 깊이 밝히지 않고, 다만 삼강오상을 폐하는 것만으로도 이미 극대한 죄명으로, 그 나머지는 다시 설할 게 없다."147)고 하였다. 이것은 윤리학의 각도에서 불교를 반대한 것이다.

그밖에 주희는 불교의 심성설을 반대하였다. 우선 불교를 반대한 것은 "심(心)"과 "성(性)"을 함께 논할 수가 없는데 동일물로 보았다는 것이다. 나음은 그 공허한 심성설을 반대하여, "석씨는 다만 이 황홀한 사이에 조금 심성의 그림자를 보아 얻음으로 도리어 진실한 심성을 자세히 보아 얻지 못하였다. 따라서 이면의 수많은 도리를 전혀 보지 못하고, 다만 존양의 공이 있음에 이르게 하였다. 또한 단지 이러한 존양은 그가 보는 그림자를 얻음이니, 보는 바가 없다고 할 수 없으며, 또한 존양할 수 없다고 말할 수 없다. 다만 보는 바와 존양하는 바가 심성의 참다움이 아닐 뿐이다."148)라고 지적하였다. 이백련(李伯煉)에게 답장할 때 또한 "형(形)은 나고 죽음이 있으나 진성(眞性)은 상주함이다. 누가 이르기를, 성에는 거짓이 없으니 진(眞)을 말할 필요가 없으며, 일찍이 있지 아니함이 없으니 있다는 것을 말할 필요가 없다고 한다. 대개 이른바 성은 곧 천지가 만물을 생하는 이치이니, …… 어찌 일찍이 있지 않았겠는가? 그리고 어찌 자기의 사사로이 할 수 있는 바가 있겠는가?! 석씨가 이르는 진성(眞性)이란 것은 그것이 이것과 같은 것인가 아닌가 알지 못하겠다. 이것과 같다면 고인이 마음을 다하여 성을 알고 천(天)을 앎이니, 그 배움은 진실로 할 바가 있음이요, 죽어서도 항상 있기를 하고자 함이 아니다. 진실로 이것과 달리 하여 망심을 비워 진성을 보고자 하니,

---

146) 禪學最害道, 老莊于義理絶滅猶未盡至, 佛則人倫盡壞, 禪又將許多義理, 掃滅無余, 故其爲害最深. 『속근사록(續近思錄)』 242쪽.
147) 佛老之學, 不待深辨而明, 只是廢三綱五常這一事, 已是極大罪名, 其他更不消說. 앞의 책, 229쪽.
148) 釋氏只是恍惚之間, 見得些心性影子, 却不曾仔細見得眞實心性, 所以都不見里面許多道理, 致使有存養之功, 亦只是存養得他所見的影子, 而不可謂之無所見, 亦不可謂之不能養, 但所見所養, 非心性之眞耳. 앞의 책, 235쪽.

오직 두려운 것은 그를 잃음이니, 자기의 사리사욕이 아니고 무엇인가?!"149)라고 하였다. 이 두 단락에서 본다면, 주희는 결코 불교의 심성설 전체를 반대한 것이 아니라, 그 설의 심성은 참다운 것[眞]이 아니라고 반대하였다. 단지 심성의 그림자일 뿐이지 실재하는 심성이 아니라는 것이다. 주희는 옛날 성현(聖賢)이 심성을 논한 것은 모두 사실상에서 말하면, "성(性)을 다한다고 말함은 곧 임금과 신하, 부모와 자식 등 삼강오륜의 도리를 다해 얻어서 남음이 없음이며, 성을 기른다고 함은 곧 이 도를 길러 얻어서 해가 없음이니, 지극히 미묘한 도리이며 지극히 두드러지는 일로서, 하나로 꿰뚫어 남고 모자람 없음이니, 헛된 말이 아니다."150)라고 보았다. 이 말은 주자학과 불교가 분기하는 소재를 만들었다. 대체로 주자학이 중요시하는 것은 인륜사리(人倫事理), 도덕강상(道德綱常)과 심성(心性)의 존양(存養)이며, 또한 모름지기 이것들을 힘써 공부할 것이지, 여기에서 멀어져 심성을 시끄럽게 논하고, 허공을 망령되이 말하면 실제 추호의 이익도 없다는 것이다. 『송원학안(宋元學案)』에 주희의 다음과 같은 말이 실려 있다. 즉, "선비가 되고서 거할 곳을 생각하면 족히 선비가 될 수 없다. 홀로 이 사물을 지켜 한 방에서 문 닫고 홀로 앉아 있으면서 문득 가히 성현이 될 수 없는 것이다. 예로부터 사물에 밝지 못한 성현은 없으며, 또한 변화에 통달하지 못한 성현도 없으며, 또한 문 닫고 홀로 앉는 성현도 없다."151)고 하였다. 실제상 주희가 여기서 반대하는 것은 출세를 주장하는 전통불교 심성론으로, 당·송 이래 출세와 입세를 다 같이 중시하는 중국불교, 특히 선종의 심성론

---

149) 形有死生, 眞性常在, 某謂性無僞冒, 不必言眞, 未嘗不在, 不必言在. 盖所謂性, 卽天地所以生物之理, …… 曷嘗不在? 而豈有我之所能私乎?! 釋氏所云眞性, 不知其與此同乎否也. 同乎此, 則古人盡心以知性知天, 其學固有所爲. 非欲其死而常在也, 苟異乎此, 而欲空妄心, 見眞性, 唯恐其而失之, 非自私自利而何?! 앞의 책, 232쪽.

150) 如言盡性, 便是盡得此君臣父子三綱五常之道而無余, 言養性, 便是養得此道而不害, 至微之理, 至著之事, 一以貫之, 略無余欠, 非虛語也.

151) 士而懷居, 不足以爲士. 不是塊然守定這事物, 在一室閉戶獨坐便了, 便可以爲聖賢. 自古無不曉事之聖賢, 亦無不通變之聖賢, 亦無閉門獨坐之聖賢.

제6장 이학(理學)과 불교 237

은 아니다. 대체로 선종의 심성론은 사실 이미 인도불교의 출세전통과 추상적인 품격과는 멀어졌으며, 점차 출세와 입세를 일체로 융합시키고, 점차 심성을 구체화, 현실화시켰다. 예컨대 혜능으로부터 시작하여 후기의 선종은 모두 한편으로는 인도불교의 "진심(眞心)"을 현실의 인심(人心)으로 변화시켰고, 다른 한편으로는 점차 세속화된 길을 가게 된다. 예를 들면 송(宋)대의 계숭(契崇), 종고(宗杲) 등의 사상은 세속화의 경향이 이미 상당한 정도까지 발전되었다. 이러한 선사 및 그 사상에 대하여 주희는 대단한 경의와 존중을 표시하였고, 친히 그들에게 선학의 도를 물었으며, 또한 스스로 숨기지 않고 인정하였다. 주희 자신이 일찍이 "어렸을 때 또한 선을 배웠다."152)고 하여, "내가 석씨의 교설에서 일찍이 그를 스승으로 삼았으며, 그 도를 존중하고, 그를 구함에 절심함을 다하였다."153)고 말하였다. 뿐만 아니라 주희 본인이 불교의 수행론을 또한 많이 받아들였다. 예컨대 그가 "정신을 집중하여 사물에 유혹되는 바가 없었다."154), "지경(持敬)은 마땅히 정(靜)을 주로 삼고, 공부하지 않을 때 모름지기 자주 자주 체달하여 살핌이니, 이를 오래하면 스스로 익음이다. …… 만약 말이 많음을 느끼면 곧 모름지기 침묵하고, 생각이 거칠어지면 바로 세밀함을 더하고, 가볍고 얕아지면 곧 모름지기 깊게 침잠하여 중후하게 하라."155)라고 말한 것은 천태종 지의(智顗)가 말한, 만약 생각이 말(馬)이 땀 흘리며 달리는 것처럼 멈추지 않으면 마땅히 "지(止)"를 써서 날뛰는 것을 다스리며, 만약 혼미하여 잠자고 싶고, 정묵(靜默)할 수 없으면 마땅히 "관(觀)"을 닦아서 혼미하고 막힌 것을 깨뜨려야 하고, "지"를 닦은 지 오래되어도 개발됨이 없다면 "관"으로 바꾸고, "관"을 닦은 지 오래되어도 암장(暗障)이 제거되지 않는다면 "지"로

---

152) 少年亦曾學禪.
153) 某于釋氏之說, 盖嘗師其人, 尊其道, 求之切至矣.
154) 集中精神, 不被物欲所引誘.
155) 持敬當以靜爲主, 須于不做工夫時頻頻體察, 久則自熟. …… 若覺言語多, 便須簡默, 意志疏闊, 則加細密, 輕浮淺易, 便須深沈重厚.

바꾼다는 것과 조금도 다를 바가 없다. 선정(禪定)과 정좌(靜坐)에 대하여 주희는 몸소 수행하였으며, 또한 학생에게 반나절은 정좌하고 반나절은 독서하도록 가르쳤으므로, 안원(顔元)이 "주자(朱子)사람들에게 반나절은 정좌하고 반나절은 독서하라고 가르침은 반나절은 화상이 되고 반나절은 한유(漢儒)가 되도록 가르침과 다름이 없다."156)라고 하였다.

사상적인 측면에서 주희는 보다 많은 방면에서 불교와 유관한 내용을 흡수하였다. 그러므로 주자학의 많은 측면에 모두 농후한 불교색채를 띠고 있다. 예컨대 주희가 말한 "천리(天理)", "천명지성(天命之性)"은 불교, 특히 선종에서 말하는 "불성(佛性)"과 상당히 가깝다. 만약 선종에서 말한 "불성"이 불성 위에 인심(人心), 인성(人性)의 옷을 입힌 것이라면, 주자가 말한 "천리", "천명지성"은 일종의 불성화된 도덕본체이다. 겉은 다르지만 내포된 것은 크게 다를 바가 없다. 둘째, 주희가 말한 인물(人物), 천지(天地)는 동일본성(同一本性)이라는 천인일체(天人一體)사상은 불교에서 말하는 천지만물 내지 중생과 부처가 모두 "진여", "불성"이 체현된 본체론이라는 점에서도 서로 통하는 바가 있다. 주희가 『중용』의 "넓고 두터움은 땅에 짝하고, 높고 밝음은 하늘에 짝하니 유구함은 끝이 없다."157)는 것을 주(注)한 글에서 "이는 성인이 천지와 같은 체임을 말하고"158), "이는 우주의 커다란 변화의 도체를 이르고, 성인의 성체(性體)와 더불어 동일한 본체"159)라고 했으며, 『중용』의 "오직 천하에 지극한 성(誠)이 능히 그 성(性)을 다할 수 있다."160)는 것을 주한 글에서 "사람과 사물의 성은 또한 나의 성이다."161)라고 하여 천지와 인간, 인물과 나는 동일한 본성이라고 보았다. 이러한 설법과 선종이 말하는 자성

---

156) 朱子教人半日靜坐, 半日讀書, 無異于半日當和尙, 半日當漢儒.
157) 厚配地, 高明配天, 悠久無疆.
158) 此言聖人與天地同體
159) 此謂宇宙大化之道體, 與聖人之性體乃同一本體.
160) 唯天下至誠爲能盡其性
161) 人物之性, 亦我之性.

(自性)은 부처(佛)이므로 자성을 밖에서 찾아 헤매지 말라는 사상과 상통한다. 셋째, 주희가 "중화(中和)에 이르니 천지가 그에 머물고 만물이 길러진다."162)는 것을 주한 글에 "대개 천지만물은 나와 한 몸이니, 나의 마음이 바르면 곧 천지의 마음이 바르다. 나의 기가 순조로움에 천지의 기도 순조롭다. 그러므로 그 효험은 중화(中和)에 이른다. 이 학문의 지극한 공이며 성인의 능한 일이다. 처음부터 밖에 기대함이 아니며 수도의 가르침 또한 그 가운데 있다. 이에 그 체(體)와 용(用)이 비록 동정의 다름이 있으나 반드시 체가 선 후에 용이 행할 수 있다. 즉 그 실(實)은 두 가지가 있음이 아니다."163)라고 하였다. 따라서 주자학은 "대개 몸과 마음 성정에서 그를 돌이킨다."164)이다. 이것은 선종의 반오자심(反悟自心), 견성성불(見性成佛)과 실제로 차별이 거의 없다. 그가 말한 "정(靜)에서의 체(體)는 대체(大體)가 아직 발하지 아니한 때에 기상(氣象)이 분명함을 아는 것이다."165)라는 것은 선종의 반조심원(返照心源), 직지본심(直指本心)과 더욱 유사하다. 넷째, 주희가 이른바 성인은 인간에게 "천리(天理)를 보존하고, 인간의 욕심을 멸[存天理, 滅人欲.]"해야 한다고 가르친다는 것 등은 더욱 불교의 "거망증진(去妄證眞)"의 번역판이다. 명·청시대의 사상가 왕부지(王夫之)는 주자의 "합하연근발거(合下連根拔去)"의 설은 "석씨가 설한 현현한 번뇌를 조복하고, 근본번뇌를 모두 끊는다는 것의 별칭"166)이라고 지적하였다.

이상 말한 몇 가지는 주희의 인류학설의 한 측면이며, 이것이 비록 주자학설의 전모를 반영할 수는 없지만, 일부분으로 전체를 헤아려 보고, 이것을 빌어 또한 주자학이 어떻게 불교 불성론의 영향을 받아 점차 심

---

162) 致中和, 天地住焉, 萬物育焉.
163) 盖天地萬物同吾一體, 吾之心正, 則天地之心正焉; 吾之氣順, 則天地之氣順矣. 故其效驗至于此. 此學問之極功, 聖人之能事, 初非有待于外, 而修道之敎, 亦在其中矣. 是其一體一用, 雖有動靜之殊, 然必體立而後用有以行, 則其實亦非有兩事也.
164) 皆反諸身心性情.
165) 于靜中體認大體未發時氣象分明.
166) 釋氏所謂折服現行煩惱, 斷盡根本煩惱之別稱. 『독사서대전설(讀四書大全說)』 406쪽.

성본체(心性本體)에 관심을 갖게 되고, 반관심원(反觀心源)에 관심을 갖게 되는가를 가히 살펴볼 수 있다. 물론, 만약 단지 주자학만을 말한다면, 완전하게 불교의 심성론으로 귀결된다고는 말할 수 없을 것이다. 주자가 말한 심성은 선종과 구별이 있고, 선종이 논한 심성은 완전히 두 가지[心과 性]를 동일한 사물로 보아 삼세제불(三世諸佛)이 비밀히 서로 전하여 모두 이 마음의 본래면목(本來面目)을 깨닫는 데 있다고 주장한다. 그러나 주희는 심성을 그와는 다르게 해석하는데, 그는 아직 생기기 전[未生之前]을 성(性)이라고 하여 마음[心]에 있는 것이 아니라고 생각하였다. 마음은 기(氣)에 속하고 성(性)은 이(理)에 속하여, 심(心)과 성(性)은 동일한 물건이 아니라는 것이다. 이 분별은 주자학과 불교, 특히 선종의 불성론의 차별을 명백히 나오게 하였다. 그러나 이 분별은 육왕(陸王)의 심학(心學)이 신속하게 그 틈을 메웠기 때문에 결코 이학과 선학으로 하여금 서로 다른 길을 걷지 않게 하였다.

제7장
심학(心學)과 선학(禪學)

정주(程朱) 이학(理學)과 비교하여 말하자면 육왕(陸王)의 심학(心學)은 더욱 불교화, 선학화되었다고 할 수 있다. 만약 주(周), 장(張), 정(程), 주(朱) 등의 이학가(理學家)와 불교의 사이에 종이 한 장의 격이 있다고 한다면, 육구연(陸九淵)과 왕양명(王陽明)에 이르러 이러한 차이는 이미 존재하지 않았다. 그에 따라 주희조차도 심학은 "완전히 선학이다."[1]라고 질책을 하게 되었다.

제1절 육학(陸學)과 선학(禪學)

육구연(陸九淵)은 주자학(朱子學)에 대하여 "첩상가옥(疊床架屋)"의 혐의가 있다고 하였는데, 이는 주희가 "심(心)"과 "이(理)"를 두 가지로 본 것을 가리킨다. 주희에 있어서 "이(理)"는 일종의 "무인신적이성(無人身的理性)"이며, 이것이 몸 위에 "성(性)"으로 체현되므로 주희는 항상 "성"과 "이"를 같이 취급하였다. 그러나 "심"과 "이"의 관계에 있어서 주희는 엄격하게 구별하였는데, 인간의 몸을 주재하는 "심"으로서 영명지각(靈明知覺)의 작용이 있는 일종의 인식주체이지, 만물과 도덕의 본체적인 의미는 지니고 있지 않다고 보았다. "심"이 비록 모든 이치를 포괄하여 "이치가 만나는 자리〔理之所會之地〕"이나 "심"은 "이"와 다르며,

---

[1] 全是禪學. 『주문공문집(朱文公文集)』 47권, 『답여자약(答呂子約)』

"이"가 인격화된 "성"으로서, "심"과도 결코 같지 않다. 주희는 "심"을 "도심(道心)"과 "인심(人心)"으로 나누었다. "도심"은 "성명(性命)의 바름에서 근원〔原于性命之正〕"하여 "이(理)"에서 얻어지며 혹은 "성(性)"이라고 한다. 그리고 "인심"은 "형기(形氣)의 사사로움에서 발생〔生于形氣之私〕"하여 형체, 기질에서 근원한 까닭에 "기질지성(氣質之性)"이라고 칭한다. 주희의 학설에서 "심(心)"과 "성(性)", "이(理)"는 서로 관련이 있을 뿐만 아니라, 또한 서로의 차별도 있음을 알 수 있다. 만약 단지 "이"에 대하여 말한다면, 육학과 주자학은 그다지 커다란 구별이 없고, 두 사람 모두 "이"를 세계만물의 본체로 보고 있다. 육구연도 "우주를 포괄하는 하나의 이치일 뿐이다."2)라고 하였는데, 이 이치는 "천하에 두루하고 가득 차 있어서 조금도 비거나 부족한 데가 없다."3)고 한다. 그러나 "심"의 영역으로 한 걸음 더 들어가면, 두 가지의 분기점이 나타난다.

1. 심즉리(心卽理)와 심즉불(心卽佛)

주희의 "마음(心)"은 단지 일종의 인신주재(人身主宰)와 인식주체이며, 육구연의 "마음"은 일종의 천지의 범위와 고금을 포괄한 절대주체이다. 공간상에서 보면, "마음"은 영명(靈明)하여 체(體)가 없고, 광대하여 끝이 없으며, 천지가 그 안에서 포괄되고, 사시(四時)의 운행도 그 안에서 이루어지며, 바람, 비, 우뢰, 서리도 그 안에서 발생되며, 만사만물이 그 속에서 성립되기에 이른바 "만사만물이 마음에 있다."4)는 것이다. 시간상으로 말하면, "마음"은 영원히 변치 않으며, 오랜 시간이 지나도 항상 존

---

2) 塞宇宙一理耳. 『상산전집(象山全集)』 12권, 『여조영도(與趙詠道)』
3) 遍滿天下, 無些小空闕. 『상산전집(象山全集)』 35권, 『어록(語錄)』
4) 萬物森然于方寸之間. 『상산전집(象山全集)』 34권, 『어록(語錄)』

재하는 것이다. 아호(鵝湖)회상에서 육구연의 형 육구령(陸九齡)이 지은 시에 "아이 되어 사랑을 알고 어른 되어 공경을 아니, 옛 성인이 서로 전함이 다만 이 마음이다."5)라고 하였다. 육구연은 이 두 구절에 대하여 매우 불만을 표시하였다. 인간은 모두 "마음"이 있는데 어찌 오직 옛 성인만이 그것을 가지겠는가 라고 생각하였기 때문에 화답하는 시에 "죽은 무덤 기를 불어 흥하고 쇠하며 종묘를 공경하니, 사람들은 천고로부터 마음이 변치 않네."6)라고 하였다. 여기에서의 "마음"은 영원히 변하지 않고, 항상 존재하는 것을 말한다. "영원히 변치 않는 마음[千古不磨心]"에 관한 사상은 주희가 일찍이 화답한 시에 풍자하여 "도리어 말이 없는 곳에 이르러 인간에 고금이 있음을 불신할까 근심한다."7)라고 하였다. "심관고금(心貫古今)"의 사상에 있어서 육구연은 서슴없이 "마음은 단지 이 하나의 마음이니, 누구의 마음, 내 친구의 마음, 위로 천백 년 성현의 마음, 아래로 다시 천백 년 성현이 있으니 그 마음 또한 이와 같다."8)라고 하였다. 육구연 이후에 그의 제자 양간(楊簡) 등은 이에 대하여 여러 가지로 설명하고 있는데 그 가운데 "때에는 고금이 있지만 도에는 고금이 없으며, 형체에는 고금이 있지만 마음에는 고금이 없다."9)라고 하였다. 종합하여 말한다면, 육학의 마음(心)은 하나와 천지만물이 병존하고 고금을 통하여 항상 존재하는 절대본체이다. 육구연의 말에 따르면, "사방과 위아래를 일러 우(宇)라고 하며, 예로부터 지금에 이름이 주(宙)라고 한다. 우주가 곧 내 마음이요, 내 마음이 곧 우주이다."10)라

---

5) 孩提知愛長知欽, 古聖相傳只此心. 앞의 책.
6) 噓墓興衰宗廟欽, 斯人千古不磨心. 『상산전집(象山全集)』 25권, 『아호화교수형운(鵝湖和敎授兄韻)』
7) 却愁說到無言處, 不信人間有古今. 『주문공문집(朱文公文集)』 4권, 『아호사화육자정(鵝湖寺和陸子靜)』
8) 心只是一個心, 某之心, 吾友之心, 上而千百載聖賢之心, 下而千百載復有一聖賢, 其心亦只如此.『상산전집(象山全集)』 34권, 『어록(語錄)』
9) 時有古今, 道無古今, 形有古今, 心無古今.『자호유서(慈湖遺書)』 5권, 『오학강의(吳學講義)』
10) 四方上下曰宇, 往古來今曰宙. 宇宙便是吾心, 吾心便是宇宙.『상산전집(象山全集)』 22

는 것이다.

 육구연의 "마음"은 우주본체의 의미를 지닌 것 외에, 또한 그것은 인륜도덕의 본원이며, 이는 주자(朱子)와 육구연의 "마음"에 있어서의 또 다른 하나의 중요한 차별이다.

 주자가 논한 "마음"은 그 영명지각(靈明知覺)의 작용을 많이 강조하였고, 육구연의 "마음"은 도덕실체를 가리키는 경우가 많다. 육구연은 "본심(本心)"설을 주장하였다. 무엇을 "본심"이라고 할까? "측은하게 생각하는 것은 인(仁)의 실마리이며, 부끄러움은 의(義)의 실마리이며, 사양하는 마음은 예(禮)의 실마리이며, 옳고 그름을 가림은 지(智)의 실마리이다. 이것이 바로 본심이다."11)라고 하였다. 바로 "본심"이란 인의예지의 사단(四端)을 말하고 있는 것이다. 그러나 맹자가 일찍이 인, 의, 예, 지의 사단으로 "마음"을 말한 적이 있으므로 양경중(楊敬仲)은 또 "내가 어릴 때 이미 깨달아 얻었는데, 결국 무엇이 본심인가?"12)라고 물었다. 기록에 따르면 수 차례에 걸친 물음에 있어서도 육구연은 끝내 그 말을 바꾸지 않았고, 양간(楊簡)은 그 사상을 반박하려 하였으나 그 뜻을 이루지 못하였다고 한다. 어느 날 부채를 산 사람이 양간에게 와서 소송을 했는데, 양간이 당(堂)에 올라 판결을 내린 후에 또 육구연에게 "어떤 것이 본심인가?〔如何是本心.〕"를 물었다. 육구연은 네가 방금 부채의 판결을 내릴 때, 옳은 것은 그 옳은 것을 알고, 그른 것은 그 그른 것을 알았으니, 그것이 곧 너의 본심이라고 말하였다. 이 말을 듣고 양경중은 갑자기 크게 깨달았다. 이른바 "본심"이란 일종의 선천도덕본성적으로 자연히 흘러나오는 것으로 "측은한 때를 당하면 자연히 측은해지고, 부끄러운 때를 당하면 자연히 부끄러워지며, 관유하고 온유한 때를 당하면

  권,『잡설(雜說)』
 11) 惻隱仁之端也, 羞惡義之端也, 辭讓禮之端也, 是非智之端也. 此卽是本心.『상산전집(象山全集)』36권,『연보건도팔년(年譜乾道八年)』
 12) 簡兒時已曉得, 畢竟如何是本心.

자연히 관유하고 온유해지며, 강하고 굳건해질 때를 당하면 자연히 강하고 굳건해진다."13)는 것이다. 이것은 사람이 부모를 뵈면 자연히 효도할 줄을 알고, 윗사람을 보면 자연히 공경할 줄을 알고, 어린애가 우물에 빠지려는 것을 보면 자연히 놀라 불쌍한 마음이 생기는 것은 거짓으로 조작할 수 없고 꾸밈을 가할 수 없는 일종의 선천도덕본성이다.

사람들이 종종 육구연이 말한 "본심"과 "마음(心)"을 함께 논하여 둘을 하나로 보았는데, 실제로 이것은 일종의 오해이다. 육구연의 저술을 깊이 살펴보면 두 가지의 구별이 있다. 만약 "본심"이 일종의 선천된 도덕본능이라면, "마음"은 이러한 도덕의 본원과 근거이다. 다시 말하여 "본심"은 천연적인 도덕품성을 가리키며, "마음"은 일종의 도덕본체이다.

예컨대 육구연의 저작에서 "본심"은 인, 의, 예, 지 사선단(四善端)과 함께 "사단이라는 것은 인간의 본심"14)이며, "인간의 본심은 모든 선을 다 갖추고 있다."15)고 제시하였다. 더구나 모두 선천적으로 가지고 있는 것이기에, "사단의 모든 선은 모두 하늘에서 부여받아서, 인간이 공들여 치장할 수 없는 것이다."16), "사단은 모두 나의 고유한 것이며, 전혀 붙이고 더할 수 없다."17)고 한다. 그리고 이러한 선천된 도덕본성은 또 "인심에 뿌리내린 것"18)이며, "마음"은 천지만물 내지 인류도덕의 본체가 자연히 밖으로 드러나는 것이라고 한다. 다시 말하여, "본심"은 일종의 선천도덕본성이고, "마음"은 우주만물 내지 인류도덕의 본원, 본체이다.

육구연은 "마음"을 인류도덕의 본체로 보았는데, 피할 수 없는 하나의 문제에 부딪치게 된다. 즉 "마음(心)"과 "이(理)"의 관계를 어떻게 보았

---

13) 當惻隱時自然惻隱, 當羞惡時自然羞惡, 當寬裕溫柔時自然寬裕溫柔, 當發强剛毅時自然發强剛毅. 『상산전집(象山全集)』 35권, 『어록(語錄)』
14) 四端者, 人之本心. 『발팔잠(跋八箴)』
15) 人之本心, 萬善咸具. 앞의 책.
16) 四端萬善, 皆天之所予, 不勞人粧點. 『상산전집(象山全集)』 35권, 『어록(語錄)』
17) 四端皆我固有, 全無增添. 앞의 책.
18) 根乎人心. 『상산전집(象山全集)』 22권, 『잡설(雜說)』

을까? 육구연은 우주본체로서의 "이"를 천지만물 가운데 가득히 차서 하나의 물건도 그를 벗어날 수 없으며, 이러한 "이"가 "인간(人)"에 있게 되면 "그 마음 밖에 있지 못하게〔未外乎其心〕" 된다고 한다. 즉, "이"가 인간의 몸에 있으면 "마음(心)"에 집중적으로 체현되며, 바꾸어 말하면 도덕본체로서의 "마음"은 우주본체로서의 "이"의 인성화(人性化)된 것이다.

육구연의 사상체계 안에서 도덕본체로서의 "마음"과 우주본체로서의 "이"는 한 사물의 두 측면이다. "이"는 "마음"의 "이"이며, "마음"은 "이"의 "마음"이다. 그래서 인간은 모두 "마음"이 있고, "마음"은 모두 이러한 "이"를 지니고 있다. 따라서 "천만세 이전에 성인이 나셨어도 이 마음에 이 이치이며, 천만세 이후에 성인이 난다 해도 이 마음에 이 이치이며, 동서남북 어느 바다에 성인이 나신다 해도 이 마음에 이 이치일 것이다."[19]라고 하였다. 또한 이러한 "마음"과 "이"는 곧 우주만물의 본체이며, 인류(人類)도덕의 본원이다. 그러므로 육구연은 "지극히 당연함은 하나에 돌아가고, 정(精)과 의(義)는 둘이 없고, 이 마음과 이 이치는 실로 둘 있음을 허용하지 않는다."[20]라고 하였고, 마지막으로 육구연은 "마음이 바로 이치이다."[21]라는 결론을 얻어냈다.

종합한다면, "마음"과 "이(理)"를 나누면 둘이 되지만 "마음"과 "이"는 하나로 합해진다는 것을 제창하였는데, 이는 주자학과 상산(象山)의 학문이 근본적인 나뉘어지는 소재(所在)이다. 상산의 후학도 이 점을 깊이 이해하였기 때문에 "심즉리(心卽理)"의 입장을 굳게 지키려고 전력을 기울였다. 육구연의 대표적인 제자 양간(楊簡)은 "수많은 성인이 적절한 비유로 밝혀 알리니, 진실로 이 인심(人心)이 곧 도임을 바꿀 수 없다

---

19) 千萬世之前有聖人出焉, 同此心同此理. 千萬世後有聖人出焉, 同此心同此理. 東南西北海有聖人出焉, 同此心同此理.『상산전집(象山全集)』11권,『여리재(與李宰)』
20) 至當歸一, 精義無二, 此心此理, 實不容有二.『상산전집(象山全集)』11권,『여증택지(與曾宅之)』
21) 心卽理也.『상산전집(象山全集)』11권,『여리재(與李宰)』

."22)라고 수 차례 지적하였다. 원섭(袁燮) 등도 "성즉심(性卽心), 심즉리(心卽理)"를 끊임없이 논하였으며, 또한 그것을 학문을 세우는 근본으로 보았다. "심즉리"는 전체 남송 육학(陸學) 이론의 초석임을 볼 수 있다.

그렇다면 육구연의 "심즉리"의 이론은 우리가 육학과 선학의 상호관계에 대하여 고찰해 볼 때, 도대체 우리에게 어떠한 이해를 제공할 것인가? 한마디로 말하자면, 육구연의 "마음"과 선종이 말한 "마음"은 학술용어 상에서는 논할 것도 없고, 구체적인 내포(內包)적인 측면에 있어서 거의 다름이 없다. 육구연이 "마음"을 천지의 범위와 고금을 포괄하는 우주의 본체로 보았을 뿐만 아니라 모든 도덕의 본원으로 보았는데, 이것은 선종이 일체제법 내지 일체중생과 제불은 모두 하나의 "마음"으로 귀결된다고 하는 이 "마음"은 일체제법의 본원일 뿐만 아니라 중생이 성불하는 근거요, 추상적인 본체이며, 또한 중생이 직면한 현실의 "인심(人心)"이라는 것과 사유방법 상에서는 물론 사상 내용 면에서 모두 어떤 근본적인 구별이 없다. 만약 주희가 "마음(心)"과 "이(理)"를 나누어 둘로 본 것은 "마음"을 인간에게 국한시켜, 단지 "마음"을 일종의 인신주재(人身主宰)와 인식주체로 보아 결국 주자학과 선학으로 하여금 비교적 커다란 차별을 존재하게 하였다면, 육구연이 "마음"과 "이"를 하나로 융합시키고, 우주만물 내지 인류도덕의 본체를 직접 "마음"으로 이용한 것은 사유방법과 사상적인 측면에 있어서 주희와 선학의 차별을 철저하게 없애버린 것이며, 더욱 더 선학화(禪學化)시킨 것이라고 할 수 있다.

2. 절기자반(切己自反)과 도막외구(道莫外求)

---

22) 百聖之切諭明告, 誠無以易斯人心卽道.『자호유서(慈湖遺書)』15권,『가기구(家記九)・신론학(訊論學)』

육구연은 만단제선(萬端諸善)을 "본심(本心)"으로 귀결시킨 후, 더 나아가 도(道)를 배우는 자의 가장 긴요한 것은 절기자반(切己自反)하여 본심을 밝히는 것보다 더한 것이 없다고 보았다.
　사유방법에서 보면, 육구연은 근본을 대단히 중요시하며 전체를 연구하였다. 그러므로 도덕수양방면에 있어서 그는 "선립호기대(先立乎其大)"를 주장하고 "취본상리회(就本上理會)"를 강조하였다. 왜냐하면 모든 일은 모두 본말의 구분이 있어서 만약 본상리회(本上理會)로부터 하지 않고 지엽적인 것에 얽매이면 이익이 없을 뿐만 아니라 도리어 해가 되기 때문이라는 것이다. 따라서 그는

　　　누구든 학문의 관(觀)을 세울 때, 다만 항상 근본으로 나아가 이해할 것이다. …… 지금 이미 근본에서 아는 바가 있으면 가히 간략하기가 순풍에 불붙는 것이니, 때를 따라 건립하고 다만 화롯불로 아궁이를 삼지 말라.23)

라고 하였다.
　그런데 육구연이 "근본"을 중요시한 것이 너무 도가 지나쳤기 때문에, "'선립호기대자(先立乎其大者)'의 한 구절을 제외하고는 완전히 수단이 없다."라고 그를 비평하는 사람도 있었다. 육구연이 그를 듣고서, 변론하지 않고 오히려 흔쾌히 "참으로 그렇다."24)라고 대답하여 "입대(立大)"를 중시하는 것을 가히 볼 수 있다.
　그렇다면 육구연이 말하는 "대(大)"와 "본(本)"은 도대체 무엇인가? 그는 망망한 우주에 위는 하늘(天)이고, 아래는 땅이며, 인간은 중간에 거하며, 인간이 가장 긴요하게 할 것은 "마땅히 인간의 도리를 다하여"25),

---

23) 某乎時立學觀, 但常就本上理會. …… 今旣于本上有所知, 可略略地順風吹火, 隨時建立, 但莫去起爐作竈.『상산전집(象山全集)』35권,『어록(語錄)』
24) 誠然. 앞의 책.
25) 當盡人道. 앞의 책.

"모름지기 인간이 되면, 바야흐로 보람이 있고"26), "학자가 배우는 까닭은 사람이 되는 것을 배우는 것일 뿐이다."27)라고 하였다. 그런데 어떻게 하여야 인간이 될 수 있고, 인간의 도리를 다할 수 있을까? 그는 가장 중요한 것은 "마음(心)"에서 힘써 노력하는 것이라고 보았다.

"본심"의 한 가지 가장 중요한 특징은 "사단(四端)이 모두 나의 고유한 것이며, 전혀 더하고 붙일 수 없는 것"28)이기 때문에 덕성을 함양할 것이지 밖에서 사방으로 찾아 헤맬 필요가 없다는 것으로, 이는 바로 "도를 밖에서 찾지 말 것〔道不外索〕"을 말한다. 그는

> 나의 학문이 여러 견해들과 다른 것은 다만 내게 있어 전혀 잘못됨이 없음이니, 비록 천 마디 수많은 말들이 단지 남의 깨달음으로 나에게는 조금도 더할 수 없는 것이다.29)

> 옛 성현이 그 과정에 어려움을 맛보지 않았다면 그 문호(門戶)는 흩어지며, …… 사람이 누가 마음이 없으리오마는 도는 밖에서 찾을 것이 아니니, 근심이 죽음에 있을 뿐이며 놓아 잃어버리는 데 있을 뿐이다.30)

라고 하였다.

다시 말하여, 도를 행하고, 사람이 되는 것에 있어서 절대로 허구나 조작(造作)하지 말 것이며, 특히 자기의 몸과 자기의 마음 밖에서 찾아 헤매지 말아야 하며, 만약 그렇게 한다면 덕성 함양에 무익할 뿐만 아니라 자심(自心)과 자성(自性)을 해치는 것이라는 말이다.

육구연은 의리(義理)가 인간의 마음에 있는 것은 실로 하늘이 나에게

---

26) 須是做得人, 方不枉了. 앞의 책.
27) 學者所以爲學, 學爲人而已. 앞의 책.
28) 四端皆我固有, 全無增添.
29) 我學問與諸處異者, 只是在我全無杜撰, 雖千言萬語, 只是覺得他底在我不曾添得一些. 『상산전집(象山全集)』 34권, 『어록(語錄)』
30) 古聖先賢未嘗艱難其途徑, 支離其門戶, …… 人孰無心, 道不外索, 患在戕賊之耳, 放失之耳. 『상산전집(象山全集)』 5권, 『여서서미(與舒西美)』

부여한 것이기 때문에 민멸(泯滅)할 수 없는 것인데, 인간이 때때로 물욕의 가림을 당하여 의리(義理)를 어그러뜨리는 것은 돌이켜서 생각할 수 없는데 있다고 보았다. 만약 인간이 철저히 자기를 반성하고 심성을 돌이켜볼 수 있다면, 도는 나에게 있는 것이다. 따라서 어떤 사람이 그에게 "선생님의 학문은 마땅히 어디로부터 들어갑니까?"31)라고 묻자 그는 "자신을 바로잡고 스스로 반성하여 허물을 고쳐 착하게 하는데 지나지 않는다."32)고 대답하였다. 『등문원구서왕중도(鄧文苑求書往中都)』에서 그는 한 걸음 더 나아가

> 의리의 있는 바는 사람의 마음이 같아서 그러한 것이니, 비록 덮어 가리고 벗어남이 있으니 어찌 능히 끝내 마치리요, 근심은 사람이 능히 돌이켜 깊이 생각하지 못함에 있을 뿐이다. 이 마음을 진실로 보존하면 곧 수신, 제가, 치국, 평천하가 하나이고, 빈천, 부귀, 생사, 화복에 처함이 또한 하나이다.33)

라고 지적하였다.

이러한 "절기자반(切己自反)"의 수행방법에 관하여 육구연은 그것을 "역간공부(易簡工夫)"라고 칭하였고, 또한 스스로 매우 높게 보았는데, 그가 "역간공부는 영원하고 큰 것이며, 지리사업은 일시적인 것이다."34)라고 읊은 한 수의 시가 있다. 이른바 "지리사업(支離事業)"이란 그러한 "절기자반(切己自反)"에 중점을 두지 않고 격물궁리(格物窮理) 등의 학문에 혼신의 힘을 다해 노력하는 수행방법이다. 이러한 "역간공부"와 "지리사업"의 구별은 주자와 육구연의 사이에 있어서 또한 종종 "존덕성(尊

---

31) 先生之學, 當自何處入.
32) 不過切己自反, 改過遷善. 『상산전집(象山全集)』 34권, 『어록(語錄)』
33) 義理所在人心同然, 縱有蒙蔽移奪, 豈能終泯, 患人之不能反求深思耳. 此心苟存, 則修身齊家治國平天下一也, 處貧賤富貴生死禍福亦一也. 『상산전집』 권20.
34) 易簡工夫終久大, 支離事業竟浮沈. 『상산전집(象山全集)』 25권, 『아호화교수형운(鵝湖和教授兄韻)』

德性)"과 "도문학(道問學)"의 논쟁으로 체현된다.

주자는 "도문학"을 제창하여 강학(講學)과 궁리(窮理)를 강조하였다. 강학은 의론(議論)이 없을 수 없으며, 궁리는 곧 사색을 요구하며, 사색은 곧 의견(意見)이 없을 수 없다. 따라서 주자학은 경전을 해석하고 주(注)를 달아 고금을 의론하는 데 중점을 두었다. 육구연은 주희의 이러한 행동에 대하여 대단히 못마땅하게 생각하였고, 이것은 "경전, 문자 사이에서 좀먹는 벌레"35)라고 하였으며, "재주로써 세상의 명예를 얻기에 힘쓴다."36)고 하고, "학술로써 천하를 죽인다."37)고 하였다. 그리고 주희가 말한 "의론", "의견"에 대하여 그것을 배척하여 "사의견(邪意見)", "한의론(閑議論)"이라고 하였고, 그것은 학자의 병폐가 되며 "본심"을 가리게 된다고 하였다. 육구연은 "존덕성(尊德性)"과 "설인품(說人品)"을 제창하였다. 그는 "제방에서 학문에 밝은 듯이 말할 때, 나는 이곳에서 후학과 더불어 인품을 논한다."38)고 하였다. 주자와 육구연의 이러한 논쟁에 대하여 황종희(黃宗羲)는

    선생(陸九淵을 가르킴)의 학문은 존덕성(尊德性)을 종(宗)으로 삼는다. 이르기를, 먼저 그 커다람을 세우고, 그 뒤에 하늘이 나와 함께 하는 까닭은 적음에 빼앗기지 않기 위함이다. 대저 진실로 본체를 밝히지 못하고, 쓸데없이 밖으로 찾는데 노력한다면 이는 근원이 없는 물이다. 동시에 자양(朱熹를 가리킴)의 학문은 도문학(道問學)으로 주를 삼는다. 이르기를, 사물을 연구하여 이치를 찾음은 바로 우리가 성인의 경지에 들어가는 단계이고, 대저 진실로 믿는 마음 자체가 이것이니, 오직 생각이 미치는 바에 일을 따르면 이는 스승의 마음씀이라 하였다.39)

---

35) 蠹食蛆于經傳文字之間. 『상산전집(象山全集)』 1권, 『여질손예(與侄孫睿)』
36) 藻繪以務世取譽. 『상산전집(象山全集)』 14권, 『여손예지삼(與孫睿之三)』
37) 以學術殺天下. 『상산전집(象山全集)』 1권, 『여증택지(與曾宅之)』
38) 諸處方曉曉然談學問時, 吾在此處與後生說人品. 『상산전집(象山全集)』 30권, 『어록(語錄)』
39) 先生之學, 以尊德性爲宗, 謂先立乎其大, 而後天之所以與我者, 不爲小者所奪. 夫苟本體不明, 而徒致功于外索, 是無源之水也. 同時紫陽之學, 則以道問學爲主, 謂格物窮理, 乃

라고 평론하여 말하였다.

황종희의 이러한 평론에서 보면, 주자와 육구연의 수행방법의 분기는 실로 도덕본체의 구별에 근원한다. 주희는 "이(理)"로써 도덕본체를 삼아 강학과 의론에 중점을 두어 격물궁리(格物窮理)하여 진성지천(盡性知天)하였기 때문이며, 육구연은 "심(心)"으로써 도덕본체를 삼아 "절기자반(切己自反)"을 강조하여 자기의 몸과 마음에서 노력할 것을 강조했기 때문이다. 그리고 "본심"은 만단제선(萬端諸善)을 모두 다 갖추고 있기 때문에 이른바 자기의 몸과 마음에서 노력하라고 한 핵심은 바로 "본심을 밝히는 것〔發明本心〕"에 있다.

물론 육구연도 "본심"이 항상 각종의 기품물욕(氣稟物欲)과 의견사설(意見邪說)의 가림을 당할 수 있지만, 이러한 기품물욕과 의견사설을 제거하고 청명한 "본심"을 회복하는 방법은 결코 주희가 말한 그런 "의론"과 "학문"에 의해서가 아니고, 마땅히 "거욕(去欲)"과 "박락(剝落)"에 의하여야 한다고 보았다.

만약 "발명본심(發明本心)"이 주로 선천적으로 고유한 "선단(善端)"인 "본심"을 밝히는 것이라고 한다면, "거욕"과 "박락"은 후천적인 장애물과 물욕을 제거하기 위한 것이다. 육구연은 사람들에게 모두 이러한 일종의 일반적인 폐단이 있다고 보아 "초가집에 살면 기와집을 부러워하고, 옷이 남루하면 호화로운 옷을 부러워하며, 거친 밥을 먹으면 맛있고 기름진 것을 부러워한다."[40]고 하였는데, 이것이 바로 물욕이다. 그는 "내 마음을 해치는 까닭〔所以害吾心者〕"은 바로 이러한 물욕이며, 이러한 물욕을 만약 제거하지 못하면 사람은 "함정에 빠져있는 것 같고, 가시덤불 속에 있는 것 같고, 진흙탕 속에 있는 듯하며, 감옥의 형틀 속에 묶여있는 듯하다."[41]고 하였다. 왜냐하면 "욕심이 많으면 마음을 보존하는

吾人入聖人之階梯. 夫苟信心自是, 而惟從事于覃思, 是師心之用也.『송원학안(宋元學案)·상산학안어(象山學案語)』

40) 居茅茨則慕棟宇, 衣敝衣則慕華好, 食糠糲則慕甘肥.『상산전집(象山全集)』35권,『어록(語錄)』

자는 반드시 드물며, 욕심이 적으면 마음을 보존하는 자는 반드시 많다. …… 욕심을 제거하면 마음은 스스로 보존된다."42)고 보았기 때문이다. 물욕을 어떻게 제거하는가에 대하여, 육구연의 방법은 정주(程朱)와 다르게 불교, 특히 선종에 접근하였다. 그는 주희가 말한 "존천리(存天理), 멸인욕(滅人欲)"을 반대하였고, "하늘은 이치이고 인간은 욕심이라고 말한다면 또한 지극한 논이 아니다. 만약 하늘은 이치이고 인간은 욕심이라면 곧 하늘과 인간이 같지 않음이다."43)고 보았다. 이것은 천인(天人)을 둘로 나누어 성덕(性德)은 "천리(天理)"에 속하고, 물욕은 "인심(人心)"에 속한다고 할 수 없다는 것을 말한다. 이른바 "거욕(去欲)"을 육구연은 인심(人心)에 가려진 각종 사욕과 잡염(雜染)을 제거해버리고, 인심의 밝고 맑은 본래의 면목(面目)으로 회복시키는 것이라고 보았다. 이러한 방법은 주희가 모든 죄악을 인심에 속한 것으로 본 것과는 현저한 차이가 있으며, 『단경』에서 말하는 인성(人性)은 본래 깨끗하지만 단지 각종 물욕의 가림으로 인하여서 인심과 인성이 맑고 깨끗함을 얻지 못할 뿐인데, 이러한 물욕과 묻어 있는 때를 제거해내면 자심(自心)과 자성(自性)은 밝음을 얻을 수 있다고 말한 설법과 대단히 가깝다.

각종 장애와 물욕을 제거하는 방법을 육구연은 "박락(剝落)"이라고 칭하였다. 『귀계중수현학기(貴溪重修縣學記)』에서 육구연은

> 사람의 마음에 병 있음에 모름지기 박락(剝落)하여야 한다. 박락을 한 번 얻으면 곧 한 번 청명해진다. 뒤에 다시 병이 일어나면 다시 박락하여 또 청명해진다. 모름지기 이 박락을 얻으면 깨끗하여 다함이 바로 이것이다.44)

---

41) 如在陷阱, 如在荊棘, 如在泥涂, 如在囹圄械繫之中. 앞의 책.
42) 欲之多, 則心之存者必寡, 欲之寡, 則心之存者必多. …… 欲去, 則心自存矣.『상산전집(象山全集)』11권,『여이재(與李宰)』제2.
43) 天理人欲之言, 亦自不是至論. 若天是理, 人是欲, 則是天人不同矣.『상산전집(象山全集)』34권,『어록(語錄)』.
44) 人心有病須是剝落, 剝落得一番卽一番淸明, 後來起來又剝落又淸明, 須是剝落得淨盡方

라고 말하였다.

그밖에 경전을 주해하는 것을 좋아하고, "한의론(閑議論)"과 "사의견(邪意見)"을 발표하기 즐겨하는 것에 대하여 육구연은 "감담(減擔)"이라는 아주 독특한 방법을 제시하였다. 그는 세상의 치학(治學)이 경전의 주해를 대단히 좋아한 결과 경전의 주해는 갈수록 번잡해지고 논설은 갈수록 많아져, 부담도 갈수록 무거워져서 "능히 발휘됨이 없고, 다만 이로써 막힐 뿐이다."[45]라고 지적하였다. 그의 방법을 뒤집어 보면, "자기 본분은 다만 이 물욕의 밑바닥까지 없앰"[46]이고, "자기 본분이 본심에 이르면 다만 이 물욕이 다해 없어짐"[47]이다. 마땅히 일체의 의견과 사설을 모두 삭감하여 없애버리고, 일체의 기품물욕(氣稟物欲)의 가림을 모두 남김없이 없애버린다면 "본심"은 자연히 밝고 맑게 된다. "본심"이 한 번 밝아지면 모든 선(善)은 자연히 드러나게 되며, 이렇게 할 수 있으면 인간을 어찌 다시 구하겠는가!

이상에서 언급한 육구연의 수양방법에 대하여, 사람들은 아주 쉽게 혜능의 『단경』과 연계시킬 수 있다. "절기자반(切己自反)"과 "도불외색(道不外索)"은 물론 "박락(剝落)"과 "감담(減擔)"도 우리들이 모두 『단경』에서 거의 완전히 같은 설명을 찾을 수 있다. 『단경』의 기본 사상은 "도유심오(道由心悟)"를 제창한 것이다. 혜능이 학인(學人)들에게 간곡히 "자심에서 문득 진여본성을 현현하게 하라."[48]고 가르치고, 절대로 "자신의 밖에서 구[向身外求]"하지 말라고 한 것은 "보리는 단지 마음에서 찾을 것인데, 어찌 밖에서 오묘함을 구하는가?"[49]라고 본 것이며, 육구연의 "절기자반", "도불외색"과 혜능이 말한 것은 사상이 서로 가까울 뿐만

是.『상산전집(象山全集)』19권,『귀계중수현학기(貴溪重修縣學記)』
45) 無能發揮而祇以爲蔽.
46) 自家只是減他底.『상산전집(象山全集)』34권,『어록(語錄)』
47) 到某這里, 只是與他減擔.『상산전집(象山全集)』35권,『어록(語錄)』
48) 于自心頓現眞如本性.
49) 菩提只向心覓, 何勞向外求玄.

아니라 구체적인 설명도 유사하다. "박락", "감담"설에 있어서는 『단경』에서 제창한 "이상(離相)", "무념(無念)"설과 설명은 다르지만 실질은 다름이 없다. 물론 『단경』에서 말한 것처럼 만약 천성적으로 우둔한 자가 스스로 깨달을 수 없다면 선지식(善知識)이 해석한 최상승법(最上乘法)을 찾아 바른 길로 직시하는 것처럼, 육구연의 "발명본심(發明本心)"의 "박락"설도 밝은 스승의 지도와 좋은 친구의 탁마(琢磨)를 반대하지 않았다. 그는 "사람의 정(精)이 혈기에 합해지면, 그 오관에 드러난 것이 어찌 다 올바르겠는가? 밝은 스승과 벗의 탁마함을 얻지 못하면, 어찌 그 허위를 제거해 진실에 돌아가리요? 또한 어찌 능히 스스로 반성하고 깨닫고 제거함을 얻으리요?"50)라고 보았다.

육구연의 "존덕성(尊德性)"의 "역간공부(易簡工夫)"에 대하여, 주희는 상당히 예리한 비평을 가하여, "빈 뱃속에 마음만 높아 망령되이 스스로 존대하니 성현을 낮춰보고 예법을 멸시해버린다."51)고 배척하였다. "그 병은 도리어 강학을 다 폐하고 오로지 실천하는데 힘써 사람에게 성찰하여 본심을 깨달을 것을 요구함에 있으니, 이것이 병 됨은 큰 것이다."52)라고 하였다. 육구연이 세상을 떠난 후 그의 몇몇 제자들은 주희에게 가서 배웠는데, 주희는 "여러분 모두 육구연이 독서할 필요가 없다고 잘못 가르쳐 여러분의 일생을 그르치고, 이미 늙게 하였다. 이 마음이 답답함이 시골의 어리석은 벙어리와 장님 같구나. …… 아! 사람 그르침이여, 슬프고 아프다."53)라고 말하였다. 주희의 육구연에 대한 이러한 지탄을 객관적으로 본다면 약간 과장된 말이며, 공평함에 흠이 있다.

---

50) 人之精爽附于血氣, 其發露于五官者安得皆正? 不得明師良友剖剝, 如何得去其浮僞而歸于眞實? 又如何得能自省, 自覺, 自剝落.『상산전집(象山全集)』35권,『어록(語錄)』
51) 空腹高心, 妄自尊大, 俯視聖賢, 蔑棄禮法.『주문공문집(朱文公文集)』54권,『답조기도(答趙幾道)』제1.
52) 其病却在盡廢講學而專務踐履中要人提撕省察, 悟得本心, 此爲病之大者.『주문공문집(朱文公文集)』31권,『답장경부(答張敬夫)』제18.
53) 公們都爲陸子靜誤敎莫要讀書, 誤公一生, 使公至今已老, 此心悵悵然, 如村愚聾盲之人. …… 吁! 誤人誤人, 可悲可通.『주자어류(朱子語類)』124권.

실제로 육구연은 결코 완전히 강학을 폐하고, 독서를 반대한 것은 아니다. 그의 많은 서신(書信)과 문장에서도 누누이 독서와 학습을 언급하였다. 예컨대, 그는 "사람은 배우지 않을 수 없음이 마치 고기가 물 없이 살 수 없음과 같다."54)고 하였으며, "책을 보지 않고 담론함은 근거가 없다."55)고 하며, "만약 공부하는 여가에 책을 가까이 하면, …… 이익이 없지 않다."56)고 말하였다. 주희의 비평에 대하여, 육구연은 "내 어찌 일찍이 독서하지 않았으리요, 다만 다른 사람에 비해 조금 다르게 읽었을 뿐이다."57)라고 답변하였다. 독서하는 방법이 다르다는 것이다. 육구연의 독서방법은 도대체 어떤 특별한 점이 있었을까? 그는 "책 또한 반드시 급하게 많이 읽을 필요가 없으니, 독서는 정밀하고 완전히 이해함을 가장 중요하게 여긴다."58)고 하고, "독서하는 법은 모름지기 고요하고 담담하게 볼 것이며 자세히 음미하여 거칠게 하지 말라."59)고 하며, "독서는 진실로 문장의 뜻을 깨닫지 않으면 안 되니, 다만 문장의 뜻 밝힘을 옳음으로 삼는 것은 단지 아동의 학문이니, 모름지기 요지가 있는 바를 보아야 한다."60)라고 말하였다. 다시 말하여, 독서는 마땅히 정밀해야 하고, 그 요지와 의미를 가장 잘 파악해야 한다는 것이다. 육구연의 이러한 독서방법은 그가 "선립호기대(先立乎其大)"를 중시한 것과 "취본상리회(就本上理會)"를 강조한 사유방법과 일치하는 것이고, 선종에서 제창한 "귀재득의(貴在得意)"의 사상과도 서로 뜻이 통한다. ― 왜냐하면 "경은 부처님의 말씀이고, 선은 부처님의 뜻이다."61)라고 하였는데, "뜻

---

54) 人不可以不學, 猶魚之不可以無水.『상산전집(象山全集)』35권,『어록(語錄)』
55) 束書不觀, 游談無根.『상산전집(象山全集)』34권,『어록(語錄)』
56) 若事役有暇, 便可親書冊, …… 無不有益也.『상산전집(象山全集)』3권,『여조정지(與曹挺之)』
57) 某何嘗不讀書來, 只是比他人讀得別些子.『상산전집(象山全集)』35권,『어록(語錄)』
58) 書亦正不必遽而多讀, 讀書最以精熟爲貴.『상산전집(象山全集)』14권,『여서필선(與胥必先)』
59) 讀書之法, 須是平平談談去看, 仔細玩味, 不可草草.
60) 讀書固不可不曉文義, 然只曉文義爲是, 只是兒童之學, 須看意旨所在.『상산전집(象山全集)』35권,『어록(語錄)』

(意)"이 물(物)이 되는 것을 깨닫고 이해할 수는 있지만 언어로 설명하기는 어려우므로, 선종은 "뜻을 얻은 자는 헛된 말을 뛰어넘고, 이치를 깨달은 자는 문자를 초월한다."62)는 것을 강조하였고, "언어 문자에서 뜻을 계탁(計度)하지 말 것"63)을 주장하여 "직지묵계(直指默契)"를 제창하였고, 심지어는 경교문자(經敎文字)를 반대하였기 때문이다.

육구연의 수행방법은 "취본상리회(就本上理會)"를 중시한 것 이외에 "존심(存心)"과 "양심(養心)"의 방법으로 덕성을 함양할 것을 주장하였다. 그는 이 마음의 좋은 것[良], 인간의 고유한 것이 있지만, 인간들의 과실(過失)은 어떻게 그것을 보양(保養)하고 그것을 관개(灌漑)하는지를 몰라서 도리어 수단을 부리고, 그것을 해치며, 그것을 방치하는 데 있다고 보았다. 만약 사람들이 이 마음의 고유한 선단(善端)을 잘 보양하고 관개할 수 있다면, 성현에 이르는 것은 머지 않아 실현된다는 것이다. 그는 "옛사람이 사람을 가르침은 마음을 보존하고, 마음을 기르며, 마음 놓음을 구함에 지나지 않는다. …… 보양하고 더해줌은 학문을 이루는 문이며 덕으로 나아가는 자리이다."64)라고 하며, "이 마음의 밝음은 사람에게 한결같이 있는 바인데, 사람이 오직 보양하고 관개함을 알지 못한다. 그를 펼쳐 풍요롭게 하고 모든 곳에 미치게 함은 손발로 얼굴과 머리를 보살피는 것과 같은데, 어찌 어렵고 산란한 일이겠는가."65)라고 말하였다. "존심(存心), 양심(養心), 구방심(求放心)"의 방법을 써서 덕성을 함양하는 것은 손발로서 머리와 얼굴을 보호하는 것처럼 매우 수월한 것이며, 바로 이렇기 때문에 육구연은 그 수양방법을 "역간공부(易簡工夫)"라고 칭했고, 주자의 방법을 "지리사업(支離事業)"이라고 보았다.

---

61) 經是佛語, 禪是佛意.
62) 得意者越于浮言, 悟理者超于文字.
63) 莫向言語紙墨上討意度.
64) 古人敎人, 不過存心, 養心, 求放心. …… 保養灌漑, 此乃爲學之門, 進德之地.『상산전집(象山全集)』5권.
65) 此心之良, 人所固有, 人惟不知保養灌漑, 使之暢茂條達, 如手足之捍頭面, 則豈艱難支離事. 앞의 책.

만약 육구연의 "발명본심(發明本心)", "절기자반(切己自反)" 등의 방법이 상당한 정도에 있어서 선종의 수행론을 흡수하였다면, 이 "존심(存心), 양심(養心), 구방심(求放心)"설은 맹자의 수양론에 더욱 근접한다고 하겠다. 왕양명(王陽明)은 "육구연의 학문은 맹자의 학문이다."66)라고 지적했으며, 육구연 자신도 "『맹자(孟子)』를 읽어 마음을 스스로 얻었다."67)고 하였다. 또한 항상 공맹도통(孔孟道統)을 부흥시키는 현자로 자처하면서 "맹자가 죽고 우리의 도가 그 전함을 얻지 못하고, 노자의 학이 주(周)나라 말에 시작되어 한(漢)대에 성하였으며 진(晋)에 이르러 쇠퇴했다. 노자가 쇠퇴하고 불교의 학이 나오니, 불교는 양(梁)나라 달마에서 비롯해 당(唐)에서 성하고 지금에 이르러 쇠퇴했다. 큰 현자가 나와서 우리 도가 일어나게 되었다."68)라고 말하였다. 공맹의 학이 육구연에 이르러 광명을 얻었는지 못하였는지는 여기서 잠시 보류하여 논하지 않겠지만, 의심할 필요가 없는 것은 육구연의 학문이 불교의 깊은 영향을 받았을 뿐만 아니라 동시에 공맹, 특히 맹자의 심성(心性)설에 근원하고 있는 것이다. 따라서 정확하게 말한다면 육구연의 학문은 유학(특히 맹자의 학)과 불교(특히 선학)의 상호 융합된 산물이라고 하겠다.

3. 발명본심(發明本心)과 명심견성(明心見性)

육구연의 수양방법이 비록 유가적이며 불교적인 것이 있지만, 그 핵심적인 수양방법에 관해 말하면 바로 "절기자반(切己自反)"과 "발명본심

---

66) 陸氏之學, 孟氏之學也.『양명전서(陽明全書)』7권,『상산문집서(象山文集序)』
67) 因讀孟子而自得于心也.『상산전집(象山全集)』36권,『연보(年譜)』
68) 孟子沒, 吾道不得其傳, 而老氏之學始于周末, 盛于漢, 洎晋而衰矣. 老氏衰而佛氏之學出焉, 佛氏始于梁達磨, 盛于唐, 至今而衰矣. 有大賢者出, 吾道其興矣夫.『상산전집(象山全集)』35권,『어록(語錄)』

(發明本心)"에 있다. 그리고 선종의 수행법은 자세한 설도 많지만 가장 근본적인 것은 모두 "명심견성(明心見性)"해야 한다는 것이다. 여기서 전체적으로 한 걸음 더 나아가 육구연의 수양방법과 선종의 수행론의 상호관계를 탐구해볼 필요가 있다.

우선 육구연의 "마음"과 선종의 "마음"이 내포하고 있는 의미는 거의 차별이 없이 모두 일종의 우주만물과 인륜도덕의 본체임으로 말미암아, 둘은 어떻게 이 "마음"을 밝힐 것인가 하는 방법상에서 많은 상통점과 동일점을 갖게 한다. 예컨대 선종 사상의 가장 큰 특징은 일체를 자심(自心)과 자성(自性)으로 귀결시켜 일체제법(一體諸法)이 모두 마음에서부터 생기며, 마음에서부터 나왔다고 주장한다. 일심(一心)은 만법이 모두 통하는 곳이고 또한 만법을 모두 갖추고 있으며, "마음이 생하면 종종의 법도 생하고, 마음이 멸하면 종종의 법도 멸한다."69)고 하여, 제불(諸佛)도 예외 없이 마음에서 떠나지 않으면 부처가 있는 것과 다름이 없고, 자심(自心)은 곧 부처인 것이다. 따라서 만약 이 일심(一心)이 만법을 갖추어 밝히고, 자심(自心)은 곧 부처의 "진리(眞理)"일 수 있다면 제불(諸佛)의 경계와 다름이 없으니, 이른바 "명심견성(明心見性)"은 실제적으로 하나의 두 측면이라는 것이다. 오직 "명심(明心)"이 있어야 불성(佛性)이 본래 충분히 갖추어져 있는 것을 간파할 수 있는 동시에, 또한 오직 "견성(見性)"이 있어야 비로소 자심(自心), 자성(自性)이 본래 부처라는 것을 밝힐 수 있다는 것이다. 육구연의 "마음"도 천지의 범위와 고금을 포괄한 우주와 도덕의 본체이며, 일심(一心)은 사단(四端)을 갖추고 모든 선(善)을 다 갖추고 있다는 것이다. 따라서 인간을 위한 치학(治學)은 다른 것이 없고 오직 "발명본심(發明本心)"만 있을 뿐이며, 본심(本心)은 이미 밝아서 성현이 될 수 있다는 것이다.

다음은 육학(陸學)이 구체적으로 어떻게 "발명본심"하는가 하는 문제

---

69) 心生則種種法生, 心滅則種種法滅.

에 있어 선학의 "명심견성"의 방법과 가깝고 상통하는 점이 많이 있다. 육구연의 "발명본심"은 "도불외색(道不外索)"을 가장 강조하며, "절기자반(切己自反)"을 제창하여, 본심이 곧 나의 고유한 것이므로 본심을 밝히려면 바깥에서 찾아 헤매지 말고 자신의 신상(身上)에서 힘써 노력하면 충분하다고 하였다. 선종은 자성작불(自性作佛)과 불가외구(不假外求)를 강조한 측면에 있어서 표현이 더욱 드러난다. 선종은 부처라는 것은 본심본체가 본래 부처이지 결코 자심자성의 밖에 별도로 다른 부처가 있는 것이 아니며, 자성을 만약 깨닫지 못하면 범부이고, 자성을 한 번 깨달으면 중생은 곧 부처라고 보았다. 따라서 자성의 밖에서 미타(彌陀)를 찾지 말고, 자심의 밖에서 정토(淨土)를 찾지 말라고 하였고, 만약 이러한 도리를 이해하지 못하고 동서남북 사방으로 찾아 헤매면 부처가 될 수 없을 뿐만 아니라, 하나의 "소리를 찾아 메아리를 좇는 사람[尋聲逐響人]"이 되어 천생만겁(千生萬劫) 윤회의 고통을 받을 수 있다고 한다.

셋째, 선종 수행법의 한 가지 중요한 특징은 "직지인심(直指人心)"과 "불립문자(不立文字)"를 제창한 것이다. 이러한 방법은 달마(達磨)가 처음 제창하고 그 후에 몇몇의 선사가 대대로 서로 전하여 혜능(惠能)에 이르러 그것을 하나의 근본원칙으로서 크게 펼쳤다. 혜능은 "제불의 미묘한 도리는 문자에 걸리지 않는다."[70]고 하고, "만약 문자를 취하면 부처의 뜻이 아니다."[71]라고 하였다. 혜능 이후, 후기 선종의 선사들은 "십이부경(十二部經)"을 더욱 "식우지(拭疣紙)"로 보아서, 부처를 욕하고 경전을 불사르는 극단의 길을 걸었다. 그들은 "경전은 부처의 말씀이고, 선은 부처의 뜻"[72]이라고 하며, "뜻을 얻은 자는 헛된 말을 뛰어넘고, 이치를 깨달은 자는 문자를 초월한다."[73]하고, "부처의 근본은 자신의 마

---

70) 諸佛妙理, 非關文字.『경덕전등록(景德傳燈錄)』5권,『대정장(大正藏)』51권 35쪽.
71) 若取文字, 非佛意.『고승전(高僧傳)』3집, 8권.
72) 經是佛語, 禪是佛意.

음에서 지은 것이니, 어찌 문자에서 얻겠는가."74)라고 생각하였기 때문에 "언어문자에서 계탁(計度)하지 말 것"75)을 주장하였다. 육구연의 수양방법도 언어문자에 구속되지 않았다. 문자를 몰라도 본심을 보존하면 또한 성현에 이를 수 있다고 주장하였기 때문이다. 그는 "만약 내가 곧 한 글자도 알지 못한다 해도 또한 모름지기 나는 당당하게 공부한 사람이다."76)라고 하였고, 항상 사람에게 "언어로써 하늘의 도리를 무너뜨리지 말라."77)고 권하였다. 『연보(年譜)』에 육자(陸子)의 학문을 평술할 때 항상 "육구연이 학문을 닦고 사람을 가르침은 다시 언어문자로써 뜻을 삼지 아니 하였다."78)라고 지적하였다.

넷째, 선종은 수행방법에 있어서 "돈오(頓悟)"로서 중국불교사에 알려졌다. 선종에 있어서 경전으로 받들어지는 『단경(檀經)』의 근본사상에 관하여 말한다면 "즉심즉불(卽心卽佛)"과 "돈오견성(頓悟見性)"에 있다고 하겠다. 『단경』에서 혜능은 "자기의 마음에서 문득 진여본성이 나타난다."79)는 것을 누누이 언급하여 사람들에게 현재의 일념심(一念心)으로부터 "무생법인(無生法忍)"을 돈오할 것을 요구하였다. 후기 선종은 "돈오"에 있어서 더욱 철저해졌으며, 심지어는 "오직 돈오일문이 있어 곧 해탈을 얻을 수 있다."80)고 하여 "돈오"를 성불할 수 있는 유일한 법문으로 보았다. 육구연은 이 문제에 있어서도 선종의 영향을 깊이 받았다. 예컨대 그는 비록 마음을 가리고 있는 것을 하나 하나 "박락(剝落)"해야 한다고 보았지만, "깨달으면 곧 가히 고칠 수 있다."81)는 것을 더욱 주

---

73) 得意者越于浮言, 悟理者超乎文字.『대주선사어록(大珠禪師語錄)』하권.
74) 佛本是自心作, 那得向文字中求.『균주황벽산단제선사전심법요(筠州黃檗山斷際禪師傳心法要)』
75) 莫向言語紙墨上討意度.『대주선사어록(大珠禪師語錄)』하권.
76) 若某則不識一字, 亦須還我堂堂做個人.『상산전집(象山全集)』35권,『어록(語錄)』
77) 莫將言語壞天常.
78) 陸之治學教人, 不復以言語文字爲意.
79) 于自心中頓現眞如本性.
80) 唯有頓悟一門, 卽得解脫.『돈오입도요문론(頓悟入道要門論)』
81) 悟則可以立改.

장하여 "낱낱이 저울질 하면 돌덩이에 이르러 반드시 그르치고, 마디마디 헤아리면 전체 길이에 반드시 오차가 난다."82)고 지적하였다. 그리고 "크게 저울실 하면[石稱丈量]", "지름길이라 잃음이 적다.[徑而寡失]"83)하고, "하나가 옳으면 모두 옳고, 하나를 밝히면 모두 밝아진다."84)고 하였다. 이러한 설법은 직관돈오(直觀頓悟)가 하나하나 "박락"하는 것보다 더욱 "발명본심(發明本心)"할 수 있다는 것을 분명히 보이고 있으며, 이는 선종이 "돈오"를 점수(漸修)보다 더욱 근본적인 방법으로 본 것과 그 사상을 같이 하고 있다.

다섯째, 선종의 후기에 조사선(祖師禪)이 분등선(分燈禪)으로 바뀌었다. 분등선은 "평상심시도(平常心是道)"를 제창하여, 교학전도(教學傳道) 및 수행법에 있어서 "봉할(棒喝)"과 "기봉(機鋒)"이 성행하였다. 육구연은 강학활동에서도 자주 이러한 방법을 사용하였다. 예컨대 "단선송(斷扇訟)"으로써 양간(楊簡)으로 하여금 "본심"을 깨닫게 하고, "기립(起立)"으로써 첨부민(詹阜民)을 깨우쳐 "본심"을 이해시킨 것 등등이다. 장남헌(張南軒)은 일찍이 육자(陸子)의 학문은 "눈썹을 올리고 눈을 깜박이는 다양한 가풍"85)이라고 평하였다.

육학과 선학의 관계에 관하여 주희(朱熹) 및 후대의 유자(儒者)들의 많은 평론이 있는데, 그들은 상산(象山)의 학문은 "대체로 선가(禪家)의 종지(宗旨)를 쓰지만 겉으로는 도리어 공·맹의 말을 빌려 부처님의 뜻을 드러냈다."86)라고 하였다. 또한 "상산은 겉으로는 유가이지만 속으로는 불교이다."87)라고도 하였다. 이러한 평론은 기본적으로 육구연의 사상의 실제에 부합되는 것인데, 육학이 비록 맹자의 학문을 계승함을 표

---

82) 銖銖而稱, 至石必繆. 寸寸而度, 至丈必差.
83) 『상산전집(象山全集)』 10권, 『여첨자남(與詹子南)』 제1.
84) 一是卽皆是, 一明卽皆明. 『상산전집(象山全集)』 35권, 『어록(語錄)』
85) 多類揚眉瞬目之機. 『남헌문집(南軒文集)』 24권, 『답주원회(答朱元晦)』 제13.
86) 大抵用禪家宗旨, 而外面却又假托聖人之言, 牽就釋意. 『주문공문집(朱文公文集)』 35권, 『여유자징(與劉子澄)』
87) 象山陽儒陰釋. 『학부통변(學蔀通辨)』, 「자서(自序)」

방하여 유학도통(儒學道統)을 회복시키는 것을 자기의 임무로 여겼지만, 그 사유방법과 사상은 확실히 불교, 특히 선학에서 대량으로 취했기 때문이다.

제2절 왕학(王學)과 선학(禪學)

왕양명(王陽明)의 사상은 기본적으로 육구연의 노선을 따라 "심즉리(心卽理)"로부터 "심"은 천지만물의 본원이라고 지적하였다. 어떤 사람이 왕양명 학설의 요지가 무엇이냐고 물었을 때, 왕양명은 "너희들은 내가 세워 말한 종지를 알아야 한다. 내가 지금 설하니, 각각의 마음은 곧 이치이다."88)라고 대답하였다. 물론 왕양명은 결코 간단하게 육구연의 학설을 모방한 것이 아니라 자기의 사유과정을 거쳐서 받아들이고 있다. 황종희는 『명유학안(明儒學案)』에서 왕양명 사상발전의 과정을 언급하며, "그 학은 세 차례 변하여 그 문에 들기 시작하였다."89)라고 말하고,

> 처음 사장(詞章)을 두루 보았고, 이어서 주자의 글을 두루 읽고, 다음에 순서를 따라 물(物)을 궁리(窮理)하여, 물의 이치와 내 마음을 돌아봄에 끝내 판이하게 둘로 되어 깨달아 들어갈 바가 없다고 판단하였다. 이에 불교와 도가(道家)에 출입하기를 오래하여, 편안한 데 거하고 곤한 데 처하게 됨에 마음을 움직이고 성품을 참아 성인이 여기에 처한 것을 생각하니 다시 무슨 도가 있겠는가. 격물치지의 뜻과 성인의 도를 나의 성품에 스스로 족하여 밖에서 구함이 아님을 문득 깨달았다.90)

---

88) 諸君要識得我立言宗旨, 我如今說個心卽理. 『전습록(傳習錄)』중.
89) 其學凡三變而始得其門.
90) 始泛濫于詞章, 繼而遍讀考亭之書, 循序格物, 顧物理吾心, 終判爲二, 無所得入, 于是出入佛老者久之, 及至居夷處困, 動心忍性, 因念聖人處此, 更有何道, 忽悟格物致知之旨, 聖人之道, 吾性自足, 不假外求. 『명유학안(明儒學案)』 10권, 『요강학안(姚江學案)』

라고 하였다.

이는 왕양명이 과거에 응시하기 위하여 사장(詞章)으로 암송하는 것으로서 학문을 시작하여, 주자(朱子)를 독실히 믿고 "격물궁리(格物窮理)"에 힘을 다했으나, 주자의 심(心)과 이(理)를 둘로 나누는 것에 불만을 품고, 불노(佛老; 불교와 노장)에 출입하였으며, 또한 불교와 노장은 인륜물리(人倫物理)를 버린 것으로서 도가 부족하다고 생각하여 자신의 심성(心性)으로 전향하여 심학(心學)을 창립하였다. 이 "삼변(三變)"은 그 학설의 형성을 가리킨다. 학설의 형성 이후에 또한 세 차례의 발전 단계를 겪었다. 첫째는 "지엽을 다 제거하고 본원에 뜻을 한결같이 하여 묵좌하여 마음 맑히는 것으로써 학문 삼음"[91]이며, 둘째는 "오로지 '치양지(致良知)' 3자를 들어 묵묵함에 앉기를 빌리지 않고, 마음이 맑아지기를 기다리지 않고, 익히고 사려하지도 않고, 나아감에 스스로 천칙(天則)이 있음"[92]이며, 셋째는 "잡은 바를 더욱 성숙시키며 얻은 바를 더욱 깊이 하여 때때로 옳고 그름을 알고 때때로 옳고 그름이 없어, 말하면 곧 본심을 얻게 된다."[93]는 것이다. 이러한 사상의 역정에서 보면, 왕학(王學)은 "치양지(致良知)"와 "득본심(得本心)"으로 귀결을 삼았다.

"발명본심(發明本心)"의 사상은 본래 육구연이 제창한 것이지만, 원(元)대 이후 주자학(朱子學)이 "반드시 국가를 위해 옳음이니 학자는 존중해 믿어 감히 의심함이 없게 하라."[94]는 위치를 차지함에 따라 육학(陸學)은 점차 쇠퇴하게 되었다. 명(明)대에 이르러 통치자가 국민의 사상에 대한 통제를 강하게 하기 위하여 사상계에 "주자학을 하나의 종(宗)으로 삼아 학자로 하여금 오경·공맹의 서적이 아니면 읽지 못하게

---

91) 盡去枝葉, 一意本原, 以默坐澄心爲學.
92) 專提致良知三字, 默不假坐, 心不待澄, 不習不慮, 出之自有天則.
93) 所操益熟, 所得益化, 時時知是知非, 時時無是無非, 開口卽得本心. 『명유학안(明儒學案)』10권, 『요강학안(姚江學案)』
94) 定爲國是, 學者尊信, 無敢疑貳. 『도원학고록(道園學古錄)』39권, 『발제녕이장소각구경사서(跋濟寧李璋所刻九經四書)』

하고, 염계, 낙민학파의 학문이 아니면 강의하지 못하게"95) 하여, 점차 "주자는 옳고 육구연은 그르다.〔是朱非陸〕"는 설을 정론(定論)시켰다. 주자학이 비록 "광대함을 이루고 정미함을 다해 백대에 모든 학을 종합하였다."96)고 하지만, 육구연이 지적한 것처럼 그 격물(格物)설이 지리멸렬한 편폐(偏蔽)가 있다. 이러한 편폐는 후대로 와서 더욱 성행하게 되어 황간(黃幹) 문하의 동몽정(董夢程)과 황정(黃鼎), 호방평(胡方平) 등에 이르러서는 의리(義理)를 중시하는 주자학의 가법(家法)을 완전히 버리고, 주희의 저작만을 두루 보게 되어, "훈고의 학이 유행한다."97)고 하였다. 주자학은 더욱 지리멸렬해져 그 후학들은 단지 주자학에 의지하여서는 이미 성취를 얻기가 어렵다는 것을 깊게 인식하였기 때문에, 원(元)·명(明) 양 대의 많은 학자는 항상 공개적으로 주자학을 추숭하는 동시에 암암리에 육학(陸學)의 "선립호기대(先立乎其大)"의 "역간공부(易簡工夫)"를 이용하여 "화회주육(和會朱陸)"의 사상을 배태시켰고, 이 조류는 왕학(王學)이 출현할 수 있는 길을 마련해 주었다.

  왕양명(王陽明) 학설의 발생은 한편으로는 육구연(陸九淵)의 "심학(心學)"의 계승이며, 또 한편으로는 주학(朱學)과 육학(陸學)이 합해진 산물이다. 우선, 왕양명은 "주자가 옳고 육구연은 그르다는 천하의 논이 정해진 지 오래인"98) 상황 아래서 "천하의 비난〔天下之譏〕"의 위험을 무릅쓰고, 육구연을 위해 "사실이 아닌 무고〔無實之誣〕"를 일시에 씻어버리고, "심학(心學)"의 "성현지학(聖賢之學)"의 지위를 회복시켰다. 둘째, 왕양명은 "주자는 옳고 육자는 그르다.〔是陸非朱〕"는 설을 뒤집었으나, 주자학을 완전히 부정한 것은 아닐 뿐만 아니라 육학을 답습하지도 않았고, "시육비주(是陸非朱)"란 대전제 아래서 "겸종육주(兼綜陸朱)"하였다. 왕

---

95) 一宗朱子之學, 令學者非五經, 孔孟之書不讀, 非濂洛關閩之學不講. 『동림열전(東林列傳)』 2권, 『고반룡전(高攀龍傳)』.
96) 致廣大, 盡精微, 綜羅百代.
97) 流爲訓詁之學. 『송원학안(宋元學案)·개헌학안(介軒學案)』
98) 是朱非陸, 天下之論定久矣.

양명은 공개적으로 주희를 반대하지 않았을 뿐만 아니라, "나의 마음은 회암(晦庵)과 다르지 않다."99)고 분명히 밝혔다. 그리고 왕양명은 육자의 "심학"을 계승하는 동시에 육학에 대하여 많은 개조와 발전을 진행시켰다. 종합해보면, 왕양명은 주자와 육구연의 사이에서 주의 깊은 취사(取捨)와 종합을 진행하여 폭넓고 정밀한 왕학의 체계를 형성하였다. 예컨대 왕양명은 이른바 "영명(靈明)"과 "감응(感應)"설로서 주(朱)·육(陸)으로 비롯된 심물(心物)에 관한 분기를 통일할 수 있게 하였고, 이른바 "치양지(致良知)"로서 주·육의 지행(知行)방면에 관한 논쟁을 해결하였다. 그러므로 유종주(劉宗周)는 주·육의 학문은 "변설이 날로 일어남에 양명에서 양지를 구하였다."100)고 말하였다. 그리고 왕학 자체는 "주·육의 범주이지만 그것에 나아가고 물러났다."101)고 하고, "육학과 비슷하지만 육학보다 높다."102)고 하였다.

바로 우리가 본 장의 앞부분에서 지적한 바와 같이, 왕양명은 우선 주자학을 추앙하고 믿어 주자에 치우쳐 공부를 하였다. 실제로 왕양명은 주자의 글을 두루 읽었을 뿐만 아니라 일찍이 주희의 "격물"설이 말한 바에 비추어 실제로 대나무를 격물(格物)해 궁리(窮理)한 결과, 대나무의 "이(理)"를 격출(格出)해내지 못했을 뿐만 아니라 도리어 병만 격출(格出)하게 되었다. 이것이 왕양명으로 하여금 주희의 학설에 대하여 회의를 일으키게 하였고, 또한 나아가 사사물물(事事物物)에서 이치를 구하는 격물설을 비판하게 되었으며, 이것은 "세상의 유학이 지리멸렬함은 바깥으로 형명기수(刑名器數)의 지말에서 찾기 때문"103)이라고 보았다. 비유하자면 오직 그 부모에게서 효도의 이치를 구하는 것과 같다. 만약 그렇다면, 부모님이 돌아가신 후에는 어찌하여 효의 이치가 없어지지 않

---

99) 吾之心與晦庵未嘗異也.
100) 諸說日起, 于是陽明救之以良知. 『명유학안(明儒學案)』 62권, 『변학잡해(辯學雜解)』
101) 範圍朱陸而進退之. 『명유학안(明儒學案)』·사설(師說)』
102) 似陸而高于陸. 막진(莫晋), 『명유학안서(明儒學案序)』
103) 世儒之支離, 外索于刑名器數之末. 『상산선생전집서(象山先生全集叙)』

는가. 따라서 그는 효의 이치는 부모님에게 있는 것이 아니라 "마음〔心〕"에 있는 것이라고 보았다. "이러한 예로써 보면 만사만물의 이치가 그렇지 않은 것이 없다."104)고 하고, "물(物)의 이치는 내 마음의 밖에 있는 것이 아니며, 내 마음의 밖에서 물의 이치를 구하면 물의 이치는 없다."105)고 하였다. 사물 하나 하나의 이치를 구하는 격물(格物)설의 착오는 심(心)과 이(理)를 둘로 나누어 "내 마음이 곧 물의 이치〔吾心卽物理〕"라는 것을 알지 못한 데 있다는 것이다.

오심즉물리(吾心卽物理)"라는 기본적인 사상으로부터 왕양명은 한 걸음 더 나아가 "심외무물(心外無物)", "심외무사(心外無事)", "만화근원총재심(萬化根源總在心)"이란 사상을 설명하였다. 일반 사람들의 견해에 의하면, 사물의 존재 여부는 결코 내 "마음"에 관계하는 것이 아니라, 이는 실로 왕양명의 친구가 지적한 것처럼 "깊은 산 속의 꽃과 나무는 스스로 피고 지니 이것과 내 마음과 또한 무슨 관계가 있는가?106)라는 것이다. 그러나 왕양명은 꽃과 나무 등등의 만물은 단지 마음의 "영명(靈明)"한 "감응(感應)"을 통해야만 깨달을 수 있으며 나타날 수 있는 것이라고 보았다. 만약 내 마음이 없다면 꽃과 나무는 모두 "적(寂)"하기 때문에 산 속의 꽃과 나무는 모두 내 마음의 "영명"한 "감응"의 결과이다. 단지 꽃과 나무만 이러할 뿐만 아니라 세상의 만사만물이 모두 마음속의 "영명"한 체현(體現)이다. "하늘에 나의 영명(靈明)이 없다면 누가 그 높음을 우러르리요? 땅에 나의 영명이 없다면 누가 그 깊음을 굽어보리요? 귀신에 나의 영명이 없다면 누가 그 길흉화복을 판단해 가리요? 천지, 귀신, 만물이 나의 영명을 여의면 곧 천지, 귀신, 만물이 없음이다."107)고 하고, "나의 영명이 곧 천지, 귀신의 주재이다."108)라고 하였다.

---

104) 以是例之, 萬事萬物之理莫不然.『전습록(傳習錄)』중.
105) 物理不外于吾心, 外吾心求物理, 無物理矣. 앞의 책.
106) "花樹在深山中自開自落, 于我心亦何相關.
107) 天沒有我的靈明, 誰去仰他高? 地沒有我的靈明, 誰去俯他深? 鬼神沒有我的靈明, 誰去辯他吉凶灾祥? 天地鬼神萬物離却我的靈明, 便沒有天地鬼神萬物了.

그런데 이와 같이 "영명"과 만물의 상호관계를 논한다면 이론상 모종의 곤란에 부딪치는 것을 피할 수 없다. 예컨대 누군가 왕양명에게 "천지, 귀신, 만물이 옛날에도 있었는데 어찌 내 영명이 죽는다고 다 없어지겠는가?"109)라고 따져 묻자, 왕양명이 "지금 죽은 사람을 봄에 그의 이러한 정령이 흩어져 버렸는데, 그 사람의 천지만물은 어느 곳에 있는가?"110)라고 대답하였다. 이것은 사람이 죽은 뒤에 정령이 흩어져서 감응의 능력을 잃어버렸기 때문에 "그의 천지만물"은 다시 존재하지 않는다는 것을 말한다. 이러한 논리의 근거는 바로 "감응(感應)"이론이다.

이밖에 왕양명은 "감응지기(感應之幾)"를 빌려서 "영명(靈明)", "인간(人)" 및 "천지만물(天地萬物)", "동체(同體)" 등을 설명하였다. 누군가 왕양명에게 "인심(人心)과 물(物)이 동체(同體)라고 하는데, 내 몸과 같이 원래 혈기가 유통하여야 동체라고 말할 수 있는 것이다. 만약 사람에 있어서도 서로 다른데, 금수초목은 더욱 멀거늘 어찌 동체라 이르겠는가?"111)라고 물으니, 왕양명은 "너는 오직 감응의 기미에서 보라. 어찌 다만 금수초목이겠는가. 천지라 할지라도 나와 동체이며, 귀신도 나와 동체이다."112)라고 대답하였다. 이른바 "감응지기(感應之幾)"는 "영명"이 만물을 감지하는 그 찰나이며, 바로 "영명"과 만물이 서로 감응하는 한 순간을 통하여서 인간은 "마음"과 만물이 일체라는 것과 "나"와 천지가 동체라는 것을 깨닫게 된다. 여기서의 "영명"은 어느 정도에 있어서 육구연이 말한 "마음"에 상당하나, 왕양명의 "영명"은 육구연의 "마음"보다 더욱 신비화되었다. 왕양명이 "영명"으로서 육구연의 "마음"을 대치하고자 했던 것은 아마도 "마음"은 항상 "육단심(肉團心)"으로 이해되었던

---

108) 我的靈明, 便是天地鬼神的主宰.
109) 天地鬼神萬物千古見在, 何沒了我的靈明, 便俱無了.
110) 今看死的人, 他這些精靈游散了, 他的天地萬物尚在何處.
111) 人心與物同體, 如吾身原是血氣流通的, 所以謂之同體. 若于人便異了, 禽獸草木益遠矣, 而何謂之同體『전습록(傳習錄)』하.
112) 你只在感應之幾上看, 豈但禽獸草木, 雖天地也與我同體的, 鬼神也與我同體的. 앞의 책.

때문일 것이다. 물론 표현의 문제 때문에 왕양명의 "영명"이 내포한 것은 그렇게 확정적인 것은 아니나. 왕양명 철학사상 가운데 더욱 분명하고 성숙된 개념은 바로 "양지(良知)"이다.

1. 양지(良知)와 불성(佛性)

"양지(良知)"는 왕양명의 학설 가운데 가장 기본적이며, 가장 보편적이고 가장 핵심적인 개념이며, 그것은 육구연의 "본심(本心)"과 약간 유사하지만 더욱 광범한 의미를 가지고 있다. 일종의 선천(先天)적인 도덕관념을 가리킬 뿐만 아니라, 일종의 시비(是非)를 판별하는 마음을 가리키며, 일종의 선천지생(先天地生), 조화만물(造化萬物)의 우주본체이며, 신심(身心)을 주재하고 오상(五常)을 연생(衍生)하는 도덕본체이며, 무악무선(無惡無善)하고 지순지선(至純至善)한 것이다. 이것은 유가의 심성(心性)성분을 띠고 있고, 선종의 불성(佛性)의 색채는 더욱 풍부하다. 왕양명은 "양지"를 대단히 중시하여 일찍이 "나는 이 도를 규칙으로 삼고, 양지를 도덕으로 삼는다."113)고 하였다.

"양지"는 본래 맹자(孟子)의 용어로 선천적으로 부여받은 선험지식(先驗知識)과 도덕관념을 가리킨다. 왕양명은 "양지"의 개념을 빌려서 그 함의(含意)를 더욱 넓혔다.

왕양명 학설에서 "양지"의 가장 기본적인 의미는 일종의 선천된 도덕관념이다. 그는

> 양지의 배움은 천하 몇 백 년에도 밝히지 못했다. 세상의 학자가 보고

---

113) 吾將以斯道爲綱, 以良知爲綱. 『심어위전옹희명별호제(心漁爲錢翁希明別號題)』

듣는 습관에 가리어 천리(天理)가 내 마음에 있어 밖에서 빌림이 없음을 알지 못하고, 모두 가까움을 버리고 멀리서 구하였고, 쉬움을 버리고 어려움을 구했다. …… 아! 슬플 뿐이다.114)

양지는 천리(天理)의 밝고 신령하게 깨닫는 곳이다. 그러므로 양지는 곧 천리이다.115)

도심이란 양지를 이름이다.116)

아버지를 봄에 자연히 효를 알고, 형을 봄에 자연히 공경함을 알며, 어린애가 우물에 빠지려는 것을 봄에 측은한 줄 앎이 곧 양지이다.117)

라고 말하였다.

이상의 여러 단락들에서의 설명이 다르나 그 사상은 모두 "양지"는 "천리(天理)"이며, "도심(道心)"이며, 하늘이 나에게 부여한 "사단(四端)"임을 밝히고 있다. 여기에서 왕양명이 말한 "양지"는 일종의 선천된 도덕관념이며 도덕의식임을 알 수 있다. 또한 "양지"는 일종의 시비(是非)를 판별하는 표준이다. 왕양명은

양지는 다만 시비를 아는 마음이며, 시비는 다만 좋아함과 싫어함이다. 다만 좋아함과 싫어함은 바로 시비를 다한다.118)

네가 지니고 있는 그 양지야말로 너 자신의 준칙이 되는 것이다. 너의

---

114) 良知之學, 不明于天下幾百年矣. 世之學者, 蔽于見聞習染, 莫知天理之在吾心 而無假于外也, 皆舍近求遠, 舍易求難. …… 嗚呼! 可哀也已.『제국자조교설상철문(祭國子助敎薛尙哲文)』
115) 良知是天理之昭明靈覺處, 故良知卽天理.『답구양숭일(答歐陽崇一)』
116) 道心者, 良知之謂也.『답육원정서(答陸原靜書)』
117) 見父自然知孝, 見兄自然知弟, 見孺子入進自然知惻隱, 此便是良知.『전습록(傳習錄)』상.
118) 良知只是個是非之心, 是非只是個好惡. 只好惡, 就盡了是非.『전습록(傳習錄)』하.

생각과 뜻이 미치는 바가 곧 시(是)는 시(是)이고 비(非)는 비(非)라고 알아 사소한 속임수도 용납하지 않게 된다.119)

라고 하였다.

왕양명의 견해로 보면, "양지"는 "예컨대 불가(佛家)에서 말한 심인(心印)과 비슷하며, 참다운 시금석(試金石)이자 나침반"으로, 합(合)하면 옳고(是) 합하지 않으면 틀린(非) 것이다. 이러한 시비의 표준은 철학적이고 윤리적이며, 인식론적인 시비의 표준일 뿐만 아니라, 종교 도덕 준칙의 색채를 띠고 있다.

셋째, "양지"는 또 일종의 생천생지(生天生地)하고 조화만물(造化萬物)하는 우주본체이다. 왕양명은

> 양지는 조화의 정령이요, 이 정령이 하늘과 땅을 낳았고 귀신을 만들고 천제도 이루니 모두가 여기서 나온 것이다. 진실로 물(物)과 대립함이 없는 것이다.120)

> 천지와 만물은 모두 내 양지의 작용과 유행 속에 있으니, 어찌 한 물건이 양지를 뛰어 넘을 수 있겠는가.121)

라고 하였다.

만약 단독으로 왕양명의 이 두 단락의 논술을 본다면, "양지"와 천지만물의 관계는 전자가 후자를 만든 것 같은 관계이지만, 실제상 왕양명의 전체 철학사상은 "본원론(本源論)"의 범위를 넘어서는 일종의 "본체론(本體論)"이다. 따라서 여기서 말한 "생천생지(生天生地)"는 정확하게

---

119) 爾那一點良知, 是爾自家的準則, 爾意念着處, 他是便知是, 非便知非, 更瞞他一些不得. 앞의 책.
120) 良知是造化的精靈. 這些精靈, 生天生地, 成鬼成帝, 皆從此出, 眞是與物無對. 『전습록(傳習錄)』하.
121) 天地萬物, 俱在我良知的發用流行中, 何嘗又有一物超于良知之外. 앞의 책.

말하여 그 실제 함의는 "체현(體現)", "현현(顯現)"이다. 다시 말하면 천지만물은 모두 "양지", "본체"의 "체현"이며 "현현"인 것이다. "양지"를 "본체"라고 하는 것을 왕양명의 저작 가운데 명확하게 논술하였다. 예컨대 그는 다음과 같이 설하고 있다.

> 양지는 마음의 본체며 곧 전에 이른바 항상 비치는 것이다.122)

> 양지는 다만 하나의 천리가 자연히 밝게 깨달아 나타나는 곳이며, 다만 하나의 참다운 성(誠)과 측은(惻隱)이 곧 그의 본체이다.123)

이는 왕양명의 학설에서 "양지"를 하나의 "마음"보다 더 순수한 절대 본체이며, 그것의 특징은 "마음"보다 정신화 되어 더욱 기품(氣稟)과 물욕(物慾)의 폐단에 이끌리지 않음을 설명한다. 따라서 왕양명은 때때로 "양지"를 주희가 말한 "천리(天理)", "도심(道心)"에 비교한다. 그는 "이 마음의 본체는 원래 단지 하나의 천리이다."124)라고 하고, "천리는 곧 양지"125)이고, "도심이란 양지를 이름이다."126)라고 하였다. 그러나 왕양명의 "양지"와 주희가 말한 "천리", "도심"은 또 서로 완전히 같은 것은 아니다. 주희는 "성(性)"을 "천명지성(天命之性)"과 "기질지성(氣質之性)"으로 나누고, "심(心)"을 "인심(人心)"과 "도심(道心)"으로 나누었다. 왕양명은 이러한 분화에 반대하여, 성은 곧 하나(性卽一)이고, 마음은 곧 하나(心卽一)이며, 마음의 본체는 바로 성(性)이라고 보아, "성은 오직 하나 밖에 없다. 그 형체로부터 천(天)이라 이르고, 만물을 주재한다는 데서 이를 제(帝)라고 하며, 유행한다는 데서 이를 명(命)이라고도 하며, 사람

---

122) 良知者, 心之本體, 卽前所謂恒照者也. 『답육원정서(答陸原靜書)』
123) 良知只是一個天理自然明覺發見處, 只是一個眞誠惻怛便是他本體. 『답섭문울서(答聶文蔚書)』
124) 這心之本體, 原只是個天理. 『전습록(傳習錄)』 상.
125) 天理卽是良知. 『전습록(傳習錄)』 하.
126) 道心者, 良知之謂也. 앞의 책.

에게 주어진 것을 성이라고도 하며, 한 몸을 주재하여 마음이라고도 하는 것이다."127)고 하며, "마음의 체는 성(性)이고, 성은 곧 이치이다."128) 라고 하였다. 그러므로 이른바 "성(性)", "천명지성(天命之性)", "천리(天理)", "도심(道心)", "양지(良知)" 등등은 왕양명에게 있어서 동일한 물건의 다른 설명이며, 모두 우주만물 내지 인륜도덕의 본체를 가리키는 것이다.

여기서 왕양명의 "양지"와 선종의 "심(心)" 혹은 "불성(佛性)"을 한 번 대조해 본다면, 두 가지가 명칭이 다른 것 이외에 어떠한 구별이 있을까? 실제로 왕양명 본인은 이에 대하여 솔직하게 인정하고 있다. 왕양명은

양지의 체가 명경(明鏡)과 같이 밝아 티끌의 감춤도 없이 곱고 미움 그대로 사물을 따라 형상이 보여진다. …… 불가에 일찍이 이 말이 있어 그릇되지 않다.129)

선도 악도 헤아리지 않는 때 본래면목을 안다고 함은 부처님의 본래면목을 아직 알지 못한 자를 위하여 시설한 방편이다. 본래면목은 곧 나의 성문(聖門)에서 이른바 양지이다.130)

라고 하였다.

여기에서 말한 "본래면목(本來面目)"이란 바로 선종에서 말한 "불성(佛性)"을 가리킨다. 선종은 "자교오종(藉教悟宗)"의 여래선(如來禪)으로부터 "교외별전(教外別傳)"의 조사선(祖師禪)으로 발전되고, 다시 초불월

---

127) 性, 一而已, 自其形體也謂之天, 主宰也謂之帝, 流行也謂之命, 賦于人也謂之性, 主宰身也謂之心.『전습록(傳習錄)』상.
128) 心之體, 性也, 性卽理也. 앞의 책.
129) 良知之體皦如明鏡, 略無纖翳, 姸媸之來, 隨物見形. …… 佛氏曾有是言, 未爲非也.『답육원정서(答陸原靜書)』.
130) 不思善不思惡時, 認本來面目, 此佛氏爲未識本來面目者設此方便. 本來面目, 卽吾聖門所謂良知. 앞의 책.

조(超佛越祖)하는 분등선(分燈禪)에 이른 이후에 "자아(自我)"를 찾을 것을 강조하고, "본래면목"의 발견을 중시하였다. 이 "본래면목"은 어떤 의미에서 보면 중생의 본체(本體), 본원(本源)이다. 불교에 귀의하여 수행하는 최종 목표는 이러한 본체를 발견하고, 이러한 본체를 체증하며, 이러한 본체에 귀의하여, 이러한 본체와 합일하기 위한 것이며, 이와 같이 할 수 있다면 성불할 수 있는 것이다. 이는 왕양명의 "양지"설과 대단히 가깝다. 우선 천지만물, 인류도덕의 본체를 "양지"에 부여한 후, "양지"는 사람마다 모두 있는 것으로 어리석고 평범한 사람도 예외가 없으며, 어리석은 자와 성인의 구별은 다만 이 "양지"에 이를 수 있는가 없는가에 있어서, 도달할 수 있는 자는 성인이고, 도달하지 못하는 자는 평범하고 속된 사람이라는 것이다. 왕양명의 "양지"설과 선종의 불성론은 사상은 물론 구체적인 함의까지 어떠한 근본적인 구별이 없다. 따라서 왕양명도 자신의 "양지"는 곧 불가의 "본래면목"임을 인정하였다.

그밖에 이른바 "선을 생각하지도 악을 생각하지도 않는 때"[131]는 본연의 상태로서 어떠한 가함이 없는 것을 가리키는 것이지 "양지" 자체의 선과 악을 가리키는 것은 아니다. "양지" 자체의 선악의 문제에 관하여 왕양명의 다른 논술이 있다.

왕양명의 저작을 읽을 때, 세심한 사람은 "양지"의 선악문제에 관한 왕양명의 설명에 모순이 존재하고 있음을 발견할 수 있다. 한편으로 왕양명의 학설은 일찍이 그의 제자에 의해 "선도 없고 악도 없는 것이 마음의 본체이고, 선도 있고 악도 있는 것이 뜻의 움직임이며, 선을 알고 악을 아는 것이 양지이고, 선을 행하고 악을 제거하는 것이 격물(格物)이다."[132]라는 네 구절로 개괄되었다. 왕양명 자신도 "양지는 곧 아직 발하지 않은 가운데 있으며, 곧 밝아 크게 공정함이며 고요하여 움직임이

---

131) 不思善不思惡時.
132) 無善無惡是心之體, 有善有惡是意之動. 知善知惡是良知, 爲善去惡是格物.『전습록(傳習錄)』하.

없는 본체이다."133)라고 하였다. 아직 발하지 않은 중에서 고요히 움직이지 않는다면 자연히 선악이 없다고 말할 수 있다. 그러나 왕양명은 "지극한 선이란 마음의 본체인데, 어찌 선하지 못함이 있겠는가?"134)라고 여러 차례 지적하였다. 바로 여기서 모순이 나타난다. 양지는 무선무악(無善無惡)한 것일 뿐만 아니라 또한 지순지선(至純至善)한 것이다. 이 모순은 일찍이 그의 학생 왕기(王畿)와 전관(錢寬)의 논쟁을 야기시켰다. "여중(汝中; 王畿)이 말하기를, 이것은 도대체 화두가 아니다. 만약 심체(心體)는 무선무악(無善無惡)하다고 말한다면, 의(意) 또한 무선무악한 의이며, 지(知) 또한 무선무악한 지이며, 물(物) 또한 무선무악한 물이다. 만약 의(意)에 선악이 있다고 한다면 결국 심체에도 선악이 존재하게 된다고 하였다. 덕홍(德洪; 錢寬)이 말하기를, 심체(心體)는 천명(天命)의 성(性)이며, 원래 무선무악한 것이지만 인간이 마음을 익힘에 있어서 의념(意念)에서 선악이 있음을 볼 수 있으니, 격(格)·치(致)·성(誠)·정(正)·수(修) 이것이 바로 그 체성(體性)을 회복시키는 공부이다. 만약 원래 선악이 없다면 공부도 또한 말할 필요가 없다고 하였다."135)

단지 이론상으로 말한다면, 왕기의 추론이 비교적 논리에 맞는다. "의(意)"와 "물(物)" 등은 모두 "심지체(心之體)"에서 파생된 것이고, "심지체"는 이미 무선무악(無善無惡)한 것으로, "의"와 "물" 등도 자연히 무선무악한 것이기 때문이다. 전관은 그러나 "인간에게는 마음을 익힘이 있어[人有習心]" 의념(意念)에 선악(善惡)이 있음을 설명하고, 또한 이것으로서 닦고 익히는 공부의 필요를 설명하였다. 두 사람의 논쟁이 그치지 않아 최후에는 천천교(天泉橋) 부근에서 왕양명의 결재를 청하였다. 왕

---

133) 良知卽是未發之中, 卽是廓然大公, 寂然不動之本體.『전습록(傳習錄)』중.
134) 至善者, 心之本體, 哪有不善.『전습록(傳習錄)』하.
135) 汝中曰, 此恐未是究竟話頭. 若說心體是無善無惡, 意亦是無善無惡的意, 知亦是無善無惡的知, 物亦是無善無惡的物矣. 若說意有善惡, 畢竟心體還有善惡在. 德洪曰, 心體是天命之性, 原是無善無惡的, 但在人有習心, 意念上見有善惡在, 格致誠正修, 此正是復那體性的功夫. 若原無善惡, 功夫亦不消說矣.『전습록(傳習錄)』하.

제7장 심학(心學)과 선학(禪學) 279

양명은

두 사람 견해는 바로 서로 도와야 쓸모가 있으니, 한 편만을 고집해서는 안 된다. 내가 이곳에서 사람을 만났는데, 다음과 같은 두 종류가 있다. 지혜가 있는 사람은 직접 본원으로부터 깨달음에 들어가고, 마음의 본체는 원래 밝아서 막힘이 없는 것이요, 원래 아직 드러나지 않은 가운데 있는 것이다. 지혜가 있는 사람은 본체를 깨달음이 곧 공부요, 내외가 온전히 분명한 것이다. 두 번째로는 경험에 따른 후천적인 것을 지니고 있어서, 마음의 본체가 가려져 있는 사람이 있다. 그러므로 얼마동안 그 뜻과 생각에 있어 실제적으로 선을 행하고 악을 제거하도록 가르치게 되는 것이다. 수행이 무르익게 된 다음에 그 찌꺼기를 깨끗이 제거해 버리면 그 마음의 본체도 역시 아주 밝아지게 된다. 여중(汝中)의 견해는 방금 내가 말한 지혜가 있는 사람에 적용되고, 덕홍(德洪)의 견해는 방금 내가 말한 두 번째 사람들을 위하여 법도를 세울 때 적용되는 것이다. 따라서 두 사람이 상대방의 의견을 서로 취하고 응용한다면 중급인 사람도 그 이상인 사람도 그 이하인 사람도 모두 이끌어 도로 돌아가게 할 수 있을 것이다. 만약 각자가 한 쪽만을 고집한다면 눈앞에서 바로 사람들을 그르치게 될 것이며, 도의 본체에 대해서도 각자가 모두 완전치 못하게 될 것이다.[136]

라고 하였다.

이 단락의 의미를 아마도 어떤 사람은 난해하다고 하겠지만 불교, 특히 선학을 배운 사람은 이 단락의 의미에 대하여 일목요연하다고 말할 수 있을 것이다. 왕양명이 여기에서 말한 "본체를 깨달음이 곧 공부이다."[137]는 오로지 "깨달음(悟)"에 관한 말이다. "오(悟)"라는 것은 본체를

---

[136] 二君之見, 正好相資爲用, 不可各執一邊. 我這里接人, 原有二種. 利根之人, 直從本原上悟入. 人心本體, 原是明瑩無滯的, 原是未發之中. 利根之人, 一悟本體, 卽是功夫, 人己內外, 一齊俱透了. 其次不免有習心在, 本體受蔽, 故且敎在意念上實落爲善去惡, 功夫熟後, 渣滓去得盡時, 本體亦明盡了. 汝中之見, 是我這里接利根人的; 德洪之見, 是我這里爲其次立法的. 二君取爲用, 則中人上下, 皆可引入于道. 若各執一邊, 眼前便有失人, 便與道體各有未盡. 『전습록(傳習錄)』 하.

[137] 一悟本體, 卽是功夫.

인식하고 파악하는 가장 근본적이고 가장 최종적인 방법이다! 왜냐하면 "양지"는 "본체"에 속해 있기 때문에, 이 "양지"의 파악에 대하여 "오(悟)"는 가장 좋은 방법이며, 또 가장 근본적인 공부이다. — 물론 이것은 다만 지혜가 있는 사람〔利根之人〕만이 가히 할 수 있는 것이다. 따라서 이른바 "기차(其次)"란 즉 주로 "수(修)"를 가리킨다. 이러한 "수(修)"도 그 습(習)을 제거하고 폐단을 버리고, 선(善)을 행하고 악을 제거하는 것으로, 이는 신수(神秀)가 "때때로 부지런히 털고 닦아 진애가 끼지 않도록 하라."[138]고 말한 것처럼, 먼지를 제거하여서 깨끗해지면 본체는 자연히 명료해진다는 것이다. 실제상, 단적으로 이러한 점수(漸修)의 방법에 의하여 본체를 체증(體證)할 수 있는 것이 아니기 때문에, 왕양명은 두 가지를 마땅히 적절하게 이용할 것을 강조하였다. 왕양명의 본의는 아마 각종 근기(根機)에 있는 사람에 대하여 다른 방법을 쓰고자 하였던 것 같다. 근기가 뛰어난 사람에게는 "오(悟)"를, 근기가 둔한 사람에게는 "수(修)"를 썼으나, 실제로 근기가 둔한 사람의 "수(修)"가 만약 최후에 "오(悟)"에로의 도약이 없다면 본체에 도달할 수 없는 것이다. 이것은 왕양명이 말한 이 단락에서의 일층(一層)적인 의미이다.

이밖에 이 단락에서 제출된 "양지" 자체가 선한가 악한가 하는 문제에 관하여 더욱 구체적인 왕양명의 논술이 있다. 그는 "발용(發用)", "유폐(流弊)"설로서 어떻게 "심본체"는 선악이 없으며, "의(意)"에는 선악이 있는가를 설명하였다. 그는 다음과 같이 말한다.

> 성(性)은 일정한 체(體)가 없으며 ····· 성의 본체(本體)는 원래 선악이 없는 것이다. 작용의 발휘에 있어서도 원래 선이 될 수도 있고 선하지 않게 될 수도 있다. 그 폐단에 있어서는 원래가 반드시 선하다거나 반드시 악하다는 것으로 집착하는 면이 있다. ····· 맹자가 설한 성선설은 본성의 근원으로부터 이야기한 것으로 성이란 대체로 이러하다고 설했을 따름이

---

138) 時時勤拂拭, 莫使惹塵埃.

다. 순자의 성악설은 바로 그 폐단으로부터 나온 것으로 그것이 전혀 옳지 않다고 말할 수는 없다. 오직 그의 견해가 정밀하지 못할 따름이다.139)

이것은 본체로부터 보면, "양지"는 아직 미발(未發)한 상태이며, 선악의 영향을 받지 않는다는 것이다. 그러나 "발용(發用)"에서 말하면, 마음이 움직여서 의념(意念)이 생기고, 의념이 움직이면 곧 선악의 나뉨이 있다는 것이다. "원두(源頭)"와 "유폐(流弊)"로부터 본다면, "원두"는 수정처럼 빛나고 흠이 없으며 완전하여 지극히 선한 것이고, "유폐"는 선악이 있다는 것이다. 학생들에게 심체(心體), 의용(意用) 및 원두(源頭), 유폐(流弊)의 상호관계를 더욱 잘 이해하게 하기 위하여 왕양명은 화초로써 비유를 삼아 "천지가 만물을 자라나게 하는 뜻은 화초라든가 풀에 있어서도 마찬가지이다. 어찌 그것들에게 선과 악의 구별이 있겠는가? 네가 꽃을 보고자 하기 때문에 곧 꽃은 선한 것이고, 풀은 악한 것이라고 할 것이다. 만약 풀을 쓰고자 할 때에는 다시 풀을 선한 것으로 볼 것이다. 이러한 선과 악은 모두 너의 마음이 좋아하고 싫어하는 것으로부터 나오는 것이다."140)라고 하였다. 다시 말하여, 심체(心體)는 본래 선악이 없는 것으로, 선악은 모두 의념(意念)에서 생기며, 의(意)가 움직임으로 인하여 습기(習氣)가 오염되어 비로소 선악이 생긴다는 것이다.

이상에서 왕양명의 "양지무선무악(良知無善無惡)", "의념유선유악(意念有善有惡)"에 관한 설과 "선과 악을 생각하지 않을 때 본래면목을 인식한다."141)는 것에 관한 설 등은 만약 우리들이 『단경(壇經)』의 유관한 설법과 대조해 보면, 왕학(王學)과 선학(禪學)의 상호관계를 인식하는 데 도움이 됨은 의심할 필요가 없다. 『단경』 가운데 다음과 같은 일화가 실

---

139) 性無定體, …… 性之本體原是無善無惡的, 發用上也原是可以爲善, 可以爲不善的; 其流弊原是一定善一定惡的. …… 孟子說性, 直從原頭上說來, 亦是這個大槪如此. 荀子性惡之說, 是從流弊上說來, 也未可盡說他不是, 只是見得未精耳. 『전습록(傳習錄)』 하.
140) 天地生意. 花草一般, 何曾有善惡之分? 子欲觀花, 則以花爲善, 以草爲惡; 如欲用草, 復以草爲善矣. 此等善惡, 皆由汝心好惡所生. 『전습록(傳習錄)』 상.
141) 不思善不思惡時, 認本來面目.

려 있다. 혜명(惠命)이 혜능(惠能)에게 법을 구하기 위해 대유령(大庾嶺)에 도착했을 때, 혜능이 혜명에게 "혜명은 언하에 대오하라."142)라는 한 마디를 말하였다. 이 말은 "선과 악을 헤아리지 않고 올바를 때, 어느 것이 본래면목보다 밝겠는가?"143)라는 뜻이다. 그밖에 『단경』에 혜능을 살해하라는 명을 받은 자객이 혜능에게 『열반경(涅槃經)』의 "상(常)", "무상(無常)"의 뜻을 청하여 물었을 때, 혜능은 그에게 "무상이란 불성이다. 항상됨이란 곧 일체의 선악제법이고 분별심이다."144)라고 대답하였다. 왕양명의 "양지(良知)", "의념(意念)" 등의 선악설에 있어서, 그 사상이 선학과 서로 통할 뿐만 아니라, 많은 묘사와 서술에 있어서 또한 불가, 특히 선학과 서로 유사하다.

2. 치양지(致良知)와 오자심(悟自心)

왕양명의 "양지"설에 따르면, "양지"는 비록 "아직 발하지 않은 가운데 확 트여 크고 공평하며, 조용히 움직이지 않는 정체(整體)로 사람마다 함께 지니고 있는 것"145)이지만, 성인과 어리석은 사람은 종종 하늘과 땅만큼의 차이가 나타나는데, 그 원인이 어디에 있을까? 그는 성인이 성인으로 되는 까닭은 그 마음이 천리(天理)에 순수하여서 인욕(人欲)의 잡됨이 없기 때문이라고 하였다. 그는 이를 순금이 순수한 것은 그 색이 족하여 동과 납의 잡됨이 없기 때문인 것과 같으며, 또한 아주 맑은 날 구름의 가림이 없는 것과 거울의 깨끗함이 얼룩진 때가 없는 것에 비유

---

142) 惠明于言下大悟.
143) 不思善, 不思惡, 正與麼時, 哪個是明上座本來面目.
144) 無常者, 佛性也. 有常者, 卽一切善惡諸法也, 分別心也.
145) 未發之中, 是廓然大公, 寂然不動之整體, 人人所同具者也.

하였다. 그러나 평범한 사람은 그렇지 못하여 항상 사리사욕 등의 때에 가리고 얼룩지기 때문에 반드시 항상 배움으로 갈고 닦아서 그 폐단을 제거해야 하며, "성인의 마음은 본래 티끌도 용납하는 바 없어, 스스로 갈고 닦아 없앰이 아니다. 만약 보통 사람의 마음이 얼룩과 때가 뒤엉킨 거울과 같다면 모름지기 통절하게 한 번 갈고 닦아야 한다."146)라고 하였다.

평범한 사람과 어리석은 자의 마음은 무엇 때문에 오염이 되는 것일까? 왕양명은 그것을 평범한 사람은 칠정육욕(七情六欲)이 있기 때문이며, 칠정육욕은 일단 오염이 되면 "바로 양지를 가리게 됨"으로, 배우려는 자의 가장 긴요한 것은 "존천리(存天理), 멸인욕(滅人欲)"이라고 하였다.

"존천리, 멸인욕"은 이학가(理學家)들이 공통으로 제창한 것이지만, "천리(天理)"를 어떻게 보존하며, "인욕(人欲)"은 어떻게 멸할까? 각 이학가가 주장하는 방법은 각각 다르다. 정주(程朱)는 "거경(居敬)"과 "궁리(窮理)"를 강조하였고, 육구연(陸九淵)은 "박락(剝落)", "감담(減擔)", "존심거욕(存心去欲)"을 주장했으며, 왕양명은 "명심반본(明心反本)"과 "치양지(致良知)"를 제창하였다.

왕양명은 "명심반본(明心反本)"의 수양법의 근거를 제시하였다. 첫째, "마음(心)"은 천지만물의 주재(主宰)이므로, "마음"으로 말하면 천지만물이 모두 비추어지고 또한 간략하게 보이는 것이다. 그러므로 배우는데 마음에서 다하는 것 만한 것이 없다고 하는 것이다. 둘째, 인심(人心)은 본성을 갖추고 있어 털끝만큼의 흠집도 없으므로 군자의 학은 마음을 다하면 충분하고, 사방에서 찾을 필요가 없기 때문이다. 셋째, 인심(人心)은 본래 투명하고 밝은데 다만 물욕(物慾)에 가려지면 맑고 깨끗함을 얻지 못하게 되며, 습(習)을 버리고 폐단[弊]을 제거하면 마음은 다시 밝

---

146) 聖人之心, 纖翳自無所容, 自不消磨刮. 若常人之心, 如斑垢駁雜之鏡, 須痛加刮磨一番. 『답황종현응원충(答黃宗賢應原忠)』

아질 수 있으므로 "군자의 배움은 그 마음을 밝힘"147)이고, "군자의 배움은 오직 그 마음을 구함이다."148)라고 하였다.

어떻게 "반본(反本)"하며, 어떻게 "명심(明心)"하는가에 관하여, 왕양명은 일종의 "성찰극치(省察克治)"의 방법을 제시하며 다음과 같이 말하였다.

> 성찰과 극기의 노력은 한때도 방심해서는 안 된다. 마치 도둑을 몰아내듯 반드시 깨끗하게 쓸어내어 맑게 하려는 마음을 지녀야 한다. 일이 없을 때에 여색을 좋아하고 재물을 좋아하고 명예를 좋아하는 것 등의 사욕을 하나하나 찾아내어 그 병근을 뽑아냄으로써 영원히 재발되지 않도록 하지 않으면 안 된다. 이렇게 하여야 비로소 중심에 쾌감을 느끼는 것이다. 사욕을 찾아낼 때에는 마치 고양이가 쥐를 잡을 때처럼 항상 이목을 곤두세워야 한다. 조그만 일념이라도 고개를 들면 즉시 그것을 제압하되 조금이라도 허용해서는 안 된다. 마음에 머무르도록 해서는 안 된다. 출로를 개방해 두어도 안 된다. 진실로 수양의 공에 의해 극복해야 할 사욕이 없을 정도로 마음이 깨끗해진다면 힘들이지 않고서도 자연히 천리(天理)에 부합되는 때가 온다. 비록 무엇을 생각하고 무엇을 걱정하겠는가라고 말하지만 이는 초학자의 일이 아니다. 초학자는 성찰과 극기를 마음에 새겨야 한다. 성찰과 극기를 힘쓰는 것은 곧 성(誠)을 생각하는 것이며 하나의 천리를 생각하는 것이다.149)

이 단락에서 왕양명이 그렇게 많은 비유를 빌려 반복하여 강조한 것은 인간이 각종 물욕, 사념(私念)에 대하여 반드시 항상 반성하여야 하며, 일단 호색(好色), 호리(好利), 호명(好名) 등의 생각이 나타난 것을

---

147) 君子之學, 以明其心.『별황종현귀천태서(別黃宗賢歸天台序)』
148) 君子之學, 惟求得其心.『전습록(傳習錄)』하.
149) 省察克治之功, 則無時而可間, 如去盜賊, 須有個掃除廓淸之意. 無事時將好色, 好貨, 好名等私逐一追究, 搜尋出來, 定要拔去病根, 永不復起, 方始爲快. 常如猫之捕鼠, 一眼看着, 一耳聽着, 才有一念萌動, 卽與克去, 斬釘截鐵, 不可姑容與他方便, 不可窩藏, 不可放他出路, 方是眞實用功, 方能掃除廓淸, 到得無私可克, 自有端拱時在. 雖曰何思何慮, 非初學時事, 初學必須思省察克治, 卽是思誠, 只思一個天理.『전습록(傳習錄)』상.

깨달으면, 마땅히 단호하게 극치(克治)를 가함으로써 다만 각종 사심잡념(私心雜念)을 모두 제거하여 깨끗하게 되고, 천리가 자연히 드러나 "인욕을 없애면 곧 천리를 알게 된다."150)고 한다.

만약 왕양명이 말한 "극치(克治)"가 주로 "거욕(去欲)"을 가리킨다면, 이른바 "성찰(省察)"은 "반신이성(反身而誠)"의 의미를 띠고 있다고 할 수 있다. 왕양명의 사유방법은 기본적으로 내향형(內向型)이며, 심체(心體)를 향하여 노력하는 것을 중시하였다. 만약 심체(心體)가 밝고 깨끗해지면, 즉 일단 밝아지면 밝음이 구족되고, 일단 통하면 모두 통하게 된다고 하였다. 이것이 바로 "위학두뇌처(爲學頭腦處)"이다.

왕양명의 이러한 사상은 이후에 그의 제자가 한 걸음 더 나아가 "제욕막여반본(制欲莫如反本)"으로 더욱 명확하게 되었다. 『근계자집(近溪子集)』에 따르면, 나근계(羅近溪)는 안산농(顏山農)에게 자기는 어떤 병이 나도 생사에 관심이 없으며, 과거(科擧)에 실패해도 마음이 움직이지 않는다고 말하자, 안산농이 이것에 대하여 칭찬하지 않고, 이것은 "제욕(制慾)"이지 "체인(體仁)"이 아니라고 하였다. 또한 마땅히 천부 받은 사단(四端)을 어떻게 확충할 것인가라고 말하니, 나근계가 듣고서 크게 깨달았다고 한다. 태주(泰州)학파의 임춘(林春)도 유사한 깨달음의 경력이 있다. 그가 도덕수양을 시작했을 때, 매일 빨간 색과 검은 색 두 종류의 붓으로 점을 찍으면서, 착한 생각에는 빨간 점, 잡념에는 검은 점을 찍었다. 이후 비로소 "이 병을 치료하는 점이여, 어찌 그 반본(反本)이 아닌가?!"151)라고 깨달았다. 이러한 것은 모두 구체적인 상황에서 제욕과 거욕이 반신이성(反身而誠)하고 체오자심(體悟自心)하는 것보다 낫지 않다는 것을 말한다.

심체(心體)에서의 노력을 왕양명은 또 "치양지(致良知)"라고 칭하였다. 왕양명은 "치양지"를 대단히 중시하였는데, 일찍이 "나는 평생동안 단지

---

150) 去得人欲, 便識天理. 『전습록(傳習錄)』 상.
151) 此治病之標者也, 盍其反本乎. 『명유학안(明儒學案)·태주학안(泰州學案)』

치양지 세 자만을 강의하였다."152)라고 하고, "치양지 세 자는 참으로 성문(聖門)의 정법안장이다."153)라고 하였고, "치양지는 학문의 큰 두뇌이고, 성인 가르침의 제일의(第一義)이다."154)라고 하였다.

왕양명이 "치양지"를 지고무상한 지위에 놓은 것은 그가 "치양지"를 할 수 있는가 없는가에 따라 성인현자와 어리석은 사람으로 나뉘어진다고 보았기 때문이다. 그는

> 양지는 능히 어리석은 사람과 성인을 같게 하나, 다만 오직 성인만이 양지에 이르고, 어리석은 사람은 능히 이르지 못한다. 이것이 성인과 어리석은 사람으로 나뉘는 까닭이다.155)

라고 말하였다.

"치양지"는 성스러움과 어리석음을 구분할 수 있는 관건이기 때문이다. 인간은 단지 때때로 양지에서 깨닫고, 그것이 오래되면 "활연유견(豁然有見)"할 수 있다는 것이다. 그렇다면 "활연유견"은 무엇일까? 한 마디로 말하자면, 그 "본래면목(本來面目)"을 보고, 그 "청정본성(淸淨本性)"을 보는 것이다. 왜냐하면 왕양명의 학설에서 "양지"는 무엇이든지 다 할 수 있는 청정한 본성이나, 단지 사욕(私欲)의 폐단과 장애 때문에 본체가 밝음을 얻지 못하니, 이제 만약 "치양지"에 전념하여 이러한 폐단과 장애를 제거하고 깨끗해진다면 본성은 다시 맑음을 회복할 수 있기 때문이다. 본체가 맑아지고 청정한 본성을 볼 수 있게 되면, 자연히 성인과 다름이 없다. 왕양명의 이러한 "치양지"의 수양방법은 선종의 "명심견성(明心見性)"의 수행법과 대단히 비슷하다. 선종의 기본 사상 가

---

152) 吾平生講學, 只是致良知三字.『기정헌남수묵(寄正憲男手墨)』2권.
153) 致良知三字眞聖門正法眼藏.『연보(年譜)』
154) 致良知是學問大頭腦, 是聖人教人第一義.『전습록(傳習錄)』중.
155) 良知良能愚夫愚婦與聖人同, 但惟聖人能致良知, 而愚夫愚婦不能致. 此聖愚之所由分也.『답고동교서(答顧東橋書)』

운데 하나는, 불성(佛性)은 본래 청정한데 다만 번뇌와 고뇌에 덮임으로 인하여서 스스로 나타날 수 없게 되지만, 만약 상(相)을 여의고 무념(無念)하고, 마음을 밝혀 성(性)을 본다면(明心見性) 자기의 본래 면목을 알 수 있고, 성불하여 보살(菩薩)이 될 수 있다는 것이다. 혜능은 하늘이 항상 푸르고 해와 달이 항상 밝은데, 다만 먹구름의 가림으로 인하여서 밝음을 얻을 수 없음으로 비유하여 청정한 불성과 객진번뇌(客塵煩惱)의 상호관계를 설명하였다. 왕양명도 또한 "성인의 양지는 푸른 하늘에 떠 있는 해와 같고, 현인의 양지는 구름낀 하늘의 해와 같으며, 어리석은 사람의 양지는 음산한 날의 하늘에 떠있는 해와 같다."156)는 설명이 있는데, 이 두 가지는 사상이 서로 통할 뿐만 아니라 묘사한 용어도 같다.

왕양명이 "치양지"에서 자심을 깨닫고[悟自心], 자성을 보는 것[見自性]을 중시한 것은 그의 "격물(格物)"설에 관한 해석에서 체현되는데, 이 점은 이미 왕양명의 "심학"과 정주(程朱) 이학의 분기점으로 나타났고, 왕학(王學)이 선학의 "심(心)"으로 모든 수행의 출발점과 귀결점으로 삼는 사상에 접근하는 것으로 나타났다.

주희는 사물은 반드시 "격물(格物)"과 "궁리(窮理)"를 통하여 인식하고, 오늘 하나의 사물을 연구(格)하고, 내일 하나의 사물을 연구하여 어느 정도 연구하게 되면 활연관통(豁然貫通)할 수 있다고 주장하였으나 왕양명은 이러한 방법에 반대하였다. 그는 "격물"을 해석하여, 천하의 사물을 격(格)해야 한다면 천하의 사물이 이렇게 많은데, "어떻게 궁구하여 얻을 수 있겠는가? 또한 하나 하나의 초목이 모두 이치가 있다고 하는데 이제 어떻게 궁구하여 가겠는가? 비록 초목의 이치를 궁구하여 이르렀다 하더라도 그것이 어떻게 자신의 뜻에 성(誠)을 얻을 수 있겠는가?"157)라고 하였다. 이 글에서 보면, 왕양명은 귀결점을 또한 "성자가의

---

156) 聖人之知如青天日, 賢人如浮雲天日, 愚人如陰霾天日. 『전습록(傳習錄)』하.
157) 如何格得. 且謂一草一木亦皆有理, 今如何去格. 縱格得草木來, 如何反來誠得自家意. 『전습록(傳習錄)』하.

(誠自家意)"에 두었다. 실제로 왕양명은 귀결점을 "자가의(自家意)"에 두었을 뿐만 아니라 그 출발점도 자기의 "양지(良知)"에 두었다. 그는 이른바 "치지격물(致知格物)"을 깊이 연구하는 것이란 바로 "사사물물에서 내 마음의 양지에 이르고, ····· 내 마음의 양지에 이르는 것이란 앎에 이르는 것이다. 사사물물이 모두 그 도리를 얻는다는 것은 격물(格物)이다."158)라고 보았다. 이것은 분명히 주희의 사사물물에서 그 "이치"를 구하라는 것을 바꾸어서 자기의 몸과 마음에서 공부하라고 한 것이다.

3. 본체공부(本體功夫)와 돈오견성(頓悟見性)

왕양명의 수양방법은 거의 모든 방면이 선종의 수행법의 영향을 깊이 받았다. 그러한 근본적인 원인은 두 가지 수행법이 모두 본체론의 기초 위에 세워졌기 때문이다. ― 그리고 "본체공부(本體工夫)"는 바로 왕양명이 말한 것처럼 "일오진투(一悟盡透)"이다. 이 말은 두 수행법에 덧붙인 군더더기임을 알 수 있다. 물론 선종(禪宗)은 결국 불교이고, 왕학(王學)은 결국 유학에 속하기 때문에 깨닫는 대상의 칭호가 같지 않다. 선종에 있어서는 "마음(心)"이라 하고 "불성(佛性)"이라 하고 "조사서래의(祖師西來意)"라고 하는데, 왕양명에 있어서는 "양지(良知)"라 부르며, "오(悟)"란 "명심반본(明心反本)"과 "치양지(致良知)"를 말한다. 그러나 왕학과 선학의 이러한 차별은 왕양명의 "양지"의 내포(內包)가 선종의 "마음", "불성"과 이미 기본적으로 같기 때문에 명칭이 다른 것 이외에 실제상 그 둘의 구별을 찾기란 매우 어렵다.

본체론 및 돈오(頓悟)를 서로 연계시켜서 왕양명은 경전 등의 전적을

---

158) 致吾心之良知于事事物物. ····· 致吾心之良知者, 致知也. 事事物物皆得其理者, 格物也. 『답고동교서(答顧東橋書)』

대하는 태도도 자못 선종의 영향을 받았다. 선종이 경교전적(經敎典籍)을 대하는 하나의 기본적인 태도는 "교외별전(敎外別傳)"을 제창하여, 경전의 가르침에 의존하지 않고[不依經敎], 직지심원(直指心源)할 것을 주장했으며, 후기 선종은 12부경전을 더욱 쓸모 없게 생각하고 "주인옹(主人翁)" 찾기를 강조하였는데, 이러한 사상이 왕학에 대해서도 깊은 영향을 주었다. 왕양명은 경전에 대하여 "육경주아(六經注我)"의 태도를 지켰다. 그는 "육경은 내 마음의 복됨을 기록한 책"159)이며 "그러한 책에 의지하여 닦을 필요가 없음"160)을 말하여, 스스로를 믿을 것을 강조하고, "치양지는 덕성을 이루므로, 사람들을 속이는 책에 정신을 낭비하지 말 것"161) 등등을 주장하였다.

왕양명 자신의 사상에 있어서 말한다면, 그는 주로 혜능 남종(南宗)의 "즉심즉불(卽心卽佛)"의 불성론과 "명심견성(明心見性)"의 수행법에 영향을 받았다. 그러나 왕양명 후학에 이르러 이러한 상황은 약간의 변화가 일어났다. 후기 선종이 점차 "직지심원(直指心源)", "돈오견성(頓悟見性)"으로부터 "수연임운(隨緣任運)", "무증무수(無證無修)"의 방향으로 발전함에 따라서, 왕문(王門)의 후학 왕룡계(王龍溪), 왕심재(王心齋)로 내려 오면서 자연무위(自然無爲)의 풍조가 성행하였다. 그들은 모든 나무와 낙엽, 나는 새, 뛰노는 물고기가 천기(天機)의 움직임이 아닌 것이 없고, 꽃이 떨어지고 새가 울며, 산에 계곡이 있고, 개울에 물이 흐르는 것이 모두 양지(良知)의 나타남으로 보았다. 따라서 그들은 "본성을 따르는 공부는 본래의 자연이다. 자연의 밖에 다시 전할 것이 없다."162)고 하고, "칠정(七情)이 움직이지 않으면 본심은 편안하고, 한 생각이 싹틈에 비로소 뜻이 말처럼 치달린다."163)고 하며, "이 마음을 거둠에 곧 현자가

---

159) 六經是吾心祇記籍.
160) 不要揣摩依仿典籍.
161) 致良知成德性, 謾從故紙費精神.
162) 率性工夫本自然, 自然之外更無傳.
163) 七情不動天君泰, 一念才萌意馬狂.

되고, 거두어 무심에 이르면 성품이 곧 하늘임을 안다."164)라고 주장하였다. 사람에게 공부를 시키려면 마땅히 아무 것도 모르는 어린아이처럼 즐겁게 뛰놀며 춤추게 하라고 하고, 그러한 것은 모두 물고기가 뛰고 새가 나는 현상과 같다고 하고, 또한 "내 마음의 체(體)가 활발함이 원래 이와 같다."165)고 하였다.

　이상의 논술로부터 보면, 왕양명의 학설 내지 왕문(王門) 후학이 선의 영향을 받은 것은 마땅히 의심할 여지가 없다고 할 수 있으며, 이점은 당시에도 이러한 견해가 있었을 뿐만 아니라 전유(前儒)들도 또한 평술한 것이 많다. 명(明)대의 유종주(劉宗周)는 일찍이 "양지의 설은 선에서 나오지 않은 것이 적다."166)고 지적하였다. 청(淸)대 강희(康熙)연간의 학자 육롱기(陸隴其)도 "왕양명으로부터 양지의 설이 창도되니, 선의 내용으로써 유가의 이름을 빌렸다."167)라고 밝혔다. 뒷부분의 말은 상당히 왕학의 특징을 반영할 수 있는데, 즉 양명학(陽明學)이 대부분 유학의 학술용어와 범주로써 선종의 불성과 심성론을 설명한 것은 유학을 표면으로 하면서 선학을 그 내용으로 하여, 다른 학자들의 말을 빌리면 "양유음석(陽儒陰釋)"과 같은데, 이는 불교와 유학이 장기간에 걸쳐 서로 침투한 것이며, 서로 융합한 산물이다.

---

164) 此心收斂卽爲賢, 斂到無心識性天.
165) 吾人心體活潑, 原來如此.
166) 良知之說, 鮮有不流于禪者.『명사(明史)·유종주전(劉宗周傳)』
167) 自陽明王氏倡爲良知之說, 以禪之實, 而托儒之名.『어당문집(漁堂文集)·학술변(學術辨)』

제3절 송원선학(宋元禪學)

"육왕심학(陸王心學)"의 선학화(禪學化)가 비록 그 개인적인 인연과 학문의 사승(師承) 등 주관적인 원인이 있지만, 한층 더 깊이 말하자면 시대적인 상황에 의한 것이다.

불교사를 살펴보면, 중국불교는 일찍이 수(隋)·당(唐) 양대에 불교의 제종파(諸宗派)가 성행하였으나 당(唐) 무종(武宗)의 멸불(滅佛)로부터, 특히 오대(五代)의 전란을 겪은 후 사원경제가 파괴를 당하면서 경전과 문물의 산실이 몹시 심해졌다. 이로 말미암아 각 종파가 모두 쇠퇴하게 되었다. 그때 많은 경전과 의궤(儀軌) 등을 필요로 하지 않고, 수행법도 대단히 간편한 선종(禪宗)만이 법맥(法脈)을 보존할 수 있어, 오대(五代) 말기에 다시 "다섯 가지에 꽃을 피워[一花開五葉]", "오조분등(五祖分燈)"이 나타났다. 따라서 송·원시기에 이르러 선종은 당시 중국불교의 주류 혹은 대표가 되었다. 이러한 시대상황에서 육구연에서부터 왕양명에 이르기까지 그들이 직접 접촉할 수 있었던 것은 대부분 선학(禪學)이었다. 이는 아마도 "육왕심학"의 불교화가 주로 선학화된 하나의 중요한 원인일 것이다.

수·당 양대 불교가 학문적으로 두드러진 것에 비하여 송·명시대의 불교는 상대적으로 소침해졌음은 분명하며, 이때의 유학은 다시 사회의 주류와 통치사상으로 되었다. 그러나 유학이 성하고 불교가 쇠퇴하였다고 하여 결코 불교가 사상계에서 사라졌다는 의미는 아니다. 비록 총체적으로 보면 송·명시대의 불교가 이미 이전처럼 유·도 양 교와 정족(鼎足)을 이루는 세 개의 사회사조는 될 수 없었지만, 이 시기의 불교는 결코 역사의 무대에서 완전히 사라진 것은 아니며, 특히 당시 중국불교의 대표로서의 선종은 계속 존재했을 뿐만 아니라, 당시 사회의 각 방면에 광범하고 깊은 영향을 주었다. 따라서 이 시기의 사상과 문화를 해석하려면 절대적으로 선종을 고려하지 않을 수가 없다. 이 시기 선학의 역사발전과 사상의 특징에 대하여 탐구하려 한다면, 당시의 사회사조를 이해하여야 하고, 불교과 유학, 심지어 불교와 노장(老莊)의 상호관계를 이해해야 하는 것이 상당히 필요한 것이다.

1. 육조혁명(六祖革命)에서부터 오조분등(五祖分燈)까지

중국 선종의 역사발전은 크게 보아 전기와 후기로 나눌 수 있다. 만약 전기 선종이 "육조혁명(六祖革命)"으로서 상징된다면, "오조분등(五祖分燈)" 이후의 선종을 일반적으로 후기 선종이라고 칭한다.

이른바 "오조분등(五祖分燈)"은 선종이 당(唐)말로부터 오대(五代) 이후까지 점차 각각 특징적인 다섯 개의 종파로 분화되는데, 이는 위앙(潙仰), 조동(曹洞), 임제(臨濟), 법안(法眼), 운문(雲門)의 다섯 종파이다. 그 가운데 위앙종(潙仰宗)은 당(唐)말에 장립하여 오대(五代)까지 번영히였고, 가장 먼저 개종하여 가장 일찍 쇠망하였다. 전후가 겨우 4대(代)이며, 앙산혜적(仰山慧寂) 이후의 법계(法系)가 분명하지 않다. 법안(法眼)은 다섯 종파 가운데 창립이 가장 늦으며, 오대 말에서 송(宋)초까지 흥성하고 송 중엽에 이르러 쇠망하였다. 운문(雲門)은 오대(五代)에 발흥하여, 송초에 크게 떨쳤으며, 설두중현(雪竇重顯)에 이르렀을 때 종파의 위세가 가장 성하였다. 조동종(曹洞宗)은 운거도응(雲居道膺) 이후부터 추세가 쇠미하다가 부용도해(芙蓉道楷) 이후 종파의 위세를 다시 떨치고, 단하자순(丹霞了淳) 이후 굉지징각(宏智正覺)이 나와 "묵조선(默照禪)"을 제창하였는데, 이것이 조송(趙宋) 일대 선학의 가장 대표적인 것이다. 임제(臨濟)는 다섯 종파 가운데 전해져 내려오는 기간이 가장 길며 영향도 가장 커서 "임천하(臨天下)"라는 말까지도 있었다. 임제종은 석상초원(石霜楚圓) 아래로부터 황룡(黃龍)과 양기(楊岐) 두 계열이 갈라져 나와 송 중엽에 크게 성하였고, 불과극근(佛果克勤)에 이른 이후 대혜종고(大慧宗杲)가 "간화선(看話禪)"을 제창하여 일대를 풍미하였고, 후세에 대한 영향이 가장 깊고 크다. 전법세계(傳法世系)상에서 보면 이 다섯 종파는 모두 혜능 문하에서 나와 남종선(南宗禪)에 속하며, 선종 자체의 발전사에서 보면 이 다섯 종파는 모두 "분등선(分燈禪)"에 속한다. 송대 선학의 사상적 특질을 더욱 잘 파악하기 위하여, 먼저 이 시기의 선학이 이전의 선학과 비교하여 어느 방면에 변화가 일어났는지를 살펴볼 필요가 있다.

(1) "불립문자(不立文字)"에서부터 "불리문자(不離文字)"까지

송·원 선학은 전기 선종과 다른 중요한 점이 하나 있는데, 그것은 수많은 『어록(語錄)』, 『등록(燈錄)』, 심지어는 "평창(評唱)", "격절(擊節)" 등이 나타난다는 것이다. 만약 전기 선종이 "교외별전(敎外別傳)", "불립문자(不立文字)"를 제창하여 중국 불교계에 독특한 상징을 세웠다면, 이 시기의 선종은 "불립문자"로부터 "불리문자(不離文字)"로 변하였다.

송·원 선학이 제창한 "불리문자"의 근원을 소급한다면, 각종 "공안(公案)" 및 "공안"에 대한 주해(注解)를 집성한 것으로부터 시작된다.

이른바 "공안(公案)"이란 본래 관청의 공문서를 가리키는데, 선종이 그것을 빌어 선배 조사(祖師)의 언행범례(言行范例)를 가리켰으며, 또한 그것을 직면한 시비의 판단 준칙으로 삼거나, 혹은 이 기연어구(機緣語句)로써 "고덕(古德)"의 선취(禪趣)를 탐구해 나갔다. 예컨대 중봉(中峰)

화상이 『산방야화(山房夜話)』에서

> 혹 묻기를, 불조기연(佛祖機緣)을 세상에서 공안이라 일컬음은 어째서인가? 환(幻)이 이르기를, 공안은 바로 관청의 문서에 비유한 것이다. 법의 소재가 왕도(王道)의 어지러움 다스리는 계통이다. 공(公)이란 바로 성현의 한결같은 행적으로, 천하가 함께 그 길로 나아가 이치에 이른다. 안(案)은 바로 성현이 이치로 삼음을 기록한 정문(正文)이다. 무릇 천하가 있음에 관청이 없지 않고, 관청이 있음에 공문서가 없지 않다. 대개 이를 취하여 법으로 삼음은 천하의 바르지 못함을 끊고자 함이다. …… 무릇 불조기연을 지목해 공안이라고 말함은 또한 그러하다.168)

라고 하였다.

극근(克勤)선사는 『벽암록(碧岩錄)』 제98칙 평창(評唱)에서도 "옛사람이 가르치기를 얻을 수 없어 근기에 따라 보인 것을 뒷사람이 공안이라 불렀다."169)라고 하였다. 이른바 "두기봉(斗機鋒)"이란 역시 "공안"에 대한 의참(疑參)이며, 선사나 혹은 사도(師徒)들 사이에서 각종 은어(隱語), 비유, 암시, 심지어는 가차없이 때리거나, 봉할을 사용하여 선을 말하였다. 중국 선종사에서의 "공안"은 『벽암록』의 삼교노인서(三教老人序)에 의하면, "당(唐)대에 제창되고 송(宋)대에 성행하여 그 전함을 숭상하였다."170)라고 하였다. 다시 말하여 "공안"은 후기 선종이 제창한 것이 아니라 초기에도 있었는데, 다만 조송(趙宋)에 이르러서 크게 성행하였을 뿐이다. 중국선종사를 살펴보면 이 말은 실제에 적합한 것이다.

『오등회원(五燈會元)』에 따르면, 이조(二祖) 혜가(慧可)가 일찍이 "마

---

168) 或問, 佛祖機緣, 世稱公案者何耶? 幻曰, 公案, 乃喻乎公府之案牘也. 法之所在, 而王道之治亂系焉. 公者, 乃聖賢一其轍, 天下同其途之至理也. 案者, 乃記聖賢爲理之正文也. 凡有天下者, 未嘗無公府; 有公府者, 未嘗無案牘. 盖欲取以爲法, 而斷天下之不正者也. …… 夫佛祖機緣目之曰公案亦爾.『산방야화(山房夜話)』상권.
169) 古人事不獲已, 對機垂示, 後人喚作公案.
170) 唱于唐而盛于宋, 其來尚矣.

음이 아직 편안하지 못하오니 스승님께서 편안하게 하여 주십시오."171) 라고 하니, 달마가 "마음을 가져오너라. 너에게 편안하게 해주리라."172) 고 하자, 한참 있다가 혜가가 "마음을 찾지 못하겠습니다."173)고 하자, 달마는 "내가 너에게 안심의 경계를 주었다."174)고 하였다. 이것도 또한 후대에서 말하는 "공안"이다. 즉, 암시를 통하여 선을 설명하는 것이다. 이밖에 남악회양(南岳懷讓)은 기와를 갈아 거울을 만들 수 없음을 통하여 마조도일(馬祖道一)을 깨우치고 있다. 좌선(坐禪)만으로는 성불할 수 없는 것도 이러한 것에 속한다. 마조도일 이후 이러한 방법으로 선을 설명하는 것이 점차 성행하였다. 황벽희운(黃檗希運)에 이르렀을 때 대단히 성행하여, 희운선사가 마침내 "만약 대장부라면 모름지기 하나의 공안을 참구하라."175)고 말하게 되었다. 이러한 "공안"은 송(宋) 때에 이미 수천칙(數千則)에 이르고 있으며, 당시의 선사가 그것들을 모아서 집성하게 됨으로서 수만 자에 달하는 각종 『어록(語錄)』, 『등록(燈錄)』 등이 나타나게 되었다. 이에 대하여 『문헌통고(文獻通考)』에서 일찍이 선종을 "본래 그 시작에는 스스로 직지인심(直指人心), 불립문자(不立文字)라고 하였으나, 지금은 네 가지 전등록과 선어록이 모두 백이십 권이며 수천만 자(字)이니, 바로 불리문자(不離文字)라고 하겠다."176)라고 평하였다. 다시 말하여 선종은 송대에 이르러 이미 원래의 "불립문자"에서 "불리문자"로 발전하였다고 할 수 있다.

송대 선종의 "공안"이 비록 문자가 있으나, 이러한 문자는 대단히 간략하고 회삽(晦澁)하며, 의미가 지극히 모호하였다. 그런 까닭에 조송(趙宋) 이후 많은 선사들이 이러한 "공안"에 대하여 주석을 달기 시작하였

---

171) 心未寧, 乞師與安. 『오등회원(五燈會元)』 1권.
172) 將心來, 與汝安.
173) 覓心了不可得.
174) 我與汝安心竟.
175) 若是丈夫漢, 須看個公案.
176) 本初自謂直指人心, 不立文字, 今四燈總一百二十卷, 數千萬言, 乃正不離文字耳. 『문헌통고(文獻通考)』 227권.

다. 관련된 자료에 따르면 가장 일찍 "공안"에 주석을 단 것은 임제(臨濟)·존장(存獎) 계통의 분양선소(汾陽善昭)선사이다. 그는 『송고백칙(頌古白則)』을 지어 공안에 대하여 주석을 하였다. 그후 천동정각(天童正覺), 투자의청(投子義靑), 단하자순(丹霞子淳), 설두중현(雪竇重顯) 등의 네 선사가 모두 송고(頌古)를 내고 있어 역사에서는 "선종송고사가(禪宗頌古四家)"라고 부른다.177) 이 사가(四家)는 설두중현만이 운문(雲門)에 속하고, 그 외에 천동정각, 투자의청, 단하자순은 모두 조동(曹洞)에 속한다.

이른바 "송고(頌古)"는 일반적으로 최소한 두 부분을 포함한다. 첫째는 "염고(拈古)"이고, 둘째는 "송고(頌古)"이다. "염고"란 "고칙(古則: 공안)"을 골라내는 것을 말하며, "송고"는 이렇게 골라낸 "공안"에 대하여 평송(評頌)을 더하는 것이다. 예컨대 분양선소선사의 『송고백칙』에서 우선 혜가(慧可)가 달마(達磨)에게 입설단비(立雪斷臂)하고 안심(安心)을 구한 "고칙"을 골라낸 후, 다시 "9년 면벽에 큰 법을 받을 근기를 기다림에, 눈이 허리에 차도록 눈썹도 까딱 않고 공손하게 안심의 자리를 원하나 찾을 마음도 얻을 것이 없고서야 비로소 의심이 없었다."178)라는 평창을 덧붙였다. "염고" 또한 선종사에 있어서 일찍이 있었는데, 예컨대 운문문언(雲門文偃)선사가 "세존이 탄생하시자 한 손으로 하늘을 가리키고 한 손으로 땅을 가리켜 일곱 걸음을 걸으며 사방을 돌아보고, 천상천하에 오직 내가 홀로 존귀하다고 하였다."179)는 고사를 골라낸 후, "당시 만약 내가 보았다면 한 주먹에 쳐죽여 개에게 먹여 도리어 천하의 태평함을 꾀했으리라."180)고 하였다. 이 가운데 먼저 석가모니부처님께서 탄생하셨을 때, 한 손으로 하늘을 가리키고, 다른 한 손으로 땅을 가리킨

---

177) 담(譚), 『낙절로인송고직주서(箬絶老人頌古直注序)』(『속장경(續藏經)』 1집, 2편, 12, 3책, 253쪽)에 자세히 나타남.
178) 九年面壁待當機, 立雪齊腰未展眉, 恭敬願安心地決, 覓心無得始無疑.
179) 世尊初生下, 一手指天, 一手指地, 周行七步, 目顧四方, 云, 天上天下, 唯我獨尊.
180) 我當時若見, 一棒打殺給狗子吃, 却圖天下太平. 『오등회원(五燈會元)』 15권.

고사는 "염고"에 속한다. 따라서 어떤 사람[예를 들자면 태허(太虛)]은 "송고"의 풍이 운문문언(雲門文偃)에서 시작되었다고 보았다. 선사들이 자신의 이해에 따라 "공안"에 대하여서 평송을 붙인 다음에, "공안"은 자연히 비교적 분명하고 쉽게 이해될 수 있게 되었다. 그러나 이러한 선사의 평송은 종종 간략한 언어로 되어 있고 그 의미가 매우 함축적이어서 많은 평송 자체가 또한 쉽게 이해할 수 없는 것이었다. 이러한 "공안"을 더욱 분명하고 쉽게 이해할 수 있게 하기 위하여 어떤 선사들은 다시 "평송"을 바탕으로 한 걸음 더 나아가 본래의 "공안" 및 "평송"에 대하여 다시 "평창(評唱)"과 "격절(擊節)"을 하였다. 이 방면에 가장 영향을 주었던 선사는 조송(趙宋)의 원오극근(圜悟克勤)과 송·원 시대의 만송행계(萬松行季)를 들 수 있다. 원오는 『벽암록(碧岩錄)』으로 선종사에 이름을 남겼는데, 이밖에도 그는 『격절록(擊節錄)』 2권이 있다. 『벽암록』은 운문(雲門)의 설두중현(雪竇重顯)의 『송고백칙(頌古百則)』에 "평창"을 가한 것이고, 『격절록』은 바로 설두의 『염고백칙(拈古百則)』에 "격절"을 붙인 것이다. 두 가지는 모두 설두의 "송고"와 "염고"에 대한 주석이며, 이른바 "설두의 『송고백칙』에 원오는 다시 각주를 붙인 것"[181]이다. 『벽암록』은 『송고백칙』에 대한 주석으로, 앞에 "수시(垂示)"[즉, 總綱]를 더하고, 송(頌) 가운데 "착어(着語)"[즉, 夾注]를 붙이는 동시에 다시 "평창"[즉, 구체적인 설명]을 가하여, "공안"을 더욱 분명하고 쉽게 이해할 수 있도록 편제한 것이다.

만송행계(萬松行季)의 "평창"은 주로 천동정각(天童正覺)의 『송고백칙(頌古百則)』을 주석한 것이다. 그는 『종용암록(從容庵錄)』 6권이 있는데, 정각의 『송고백칙』의 바탕에서 "시중(示衆)", "착어(著語)", "평창(評唱)"을 덧붙여서 정각이 "염고"하고 "송고"한 "공안"을 더욱 쉽게 이해하게 한 것이다.

---

181) 雪竇頌百則, 圜悟重下注脚.

"평창", "격절"의 성행은 당시 선종에 적어도 두 가지의 결과를 가져왔다. 첫째, 선사들이 문자기교에 치중하여 글장난의 길을 감으로써 선종 "불립문자"의 본색을 잃었다. 둘째, "평창", "격절"의 목석은 사람으로 하여금 쉽게 이해할 수 있게 하기 위한 것이었는데, "선" 자체는 다만 뜻으로 만날 수 있는 것으로, 말로 전할 수 없는 것이고, 의리(義理)로 해석할 수 없는 것으로, 예컨대 대혜종고(大慧宗杲)선사는 참선은 "한번에 뛰어넘어 여래의 자리로 바로 들어가는 것"이며, "모름지기 직심, 직행"하며 "헤아려 사량하면 이미 왜곡되어버린다."고 말하였다.182) "평창", "격절" 자체는 "경은 부처의 가르침이고, 선은 부처의 뜻이다."183)는 사상과 서로 위배됨을 알 수 있다. 따라서 문자기교를 중시하고, 의리해석을 강조한 "평창"과 "격절"은 매우 자연스럽게 그리고 점차적으로 선사들의 심한 억제와 반대를 받게 되었다. 우선 이러한 문자, 의리의 선을 반대하기 시작한 것은 『벽암록』의 작자인 불과극근(佛果克勤)의 수제자 대혜종고(大慧宗杲)이다.

송(宋)대의 정선(淨善)이 다시 편집한 『선림보훈(禪林寶訓)』에 따르면, "천희(天禧)년간에 설두선사가 변설과 박학의 재주로써 뜻을 미화시켜 달라지게 하고, 새로운 기교를 구하여 학인들을 농락하니, 학풍이 이로 말미암아 일변되었다. 체선(逮宣)년간에 원오선사가 또 자기의 뜻을 붙여 그와 달리하여 『벽암록』이라 하였다. …… 소흥(紹興) 초에 대혜선사가 민강(閩江)에 가서 학인들이 그에 끄달려 돌이키지 않고 나날이 심하게 빠저들어 폐단을 이루는 것을 보고, 곧 『벽암록』을 불사르고 그 설을 금지시켰다."184)라고 하였다. 원(元)대의 포릉(布陵)은 『중간환오선사

---

182) 是一超直入如來地. 須是直心, 直行. 擬議思量已曲了也. 『대혜보각선사종문무고(大慧普覺禪師宗門武庫)』
183) 經是佛語, 禪是佛意.
184) 天禧間雪竇以辯博之才, 美意變異, 求新琢巧, 籠絡當是學者, 學風由此一變矣. 逮宣政間, 圜悟又出己意. 離之爲碧岩錄, …… 紹興初, 佛日入閩, 見學者牽之不返, 日馳月鶩, 浸漬成弊, 卽碎其板, 辟其說.

벽암집후서(重刊圜悟禪師碧岩集後序)』에서 종고(宗杲)는 "후학이 근본을 밝히지 못하고 오로지 언어만 숭상하여 말자랑만 꾀할까 염려하고, 이로 말미암아 그를 불사르고 그 폐단을 없앴다."185)라고 말하였다. 종고가 책을 없앤 행동은 어느 정도에 있어서 바로 "사물이 극에 달하면 뒤집어지는[物極則反]" 현상의 체현이다. 『벽암록』은 확실히 "평창"과 "송고"를 극에 달하도록 하여 선의 직지(直指)의 취지와 너무 거리가 멀게 하였기 때문이다.

"공안"을 문자로써 이해하는 데 반대하여, 대혜종고(大慧宗杲)가 일종의 새로운 방법을 제시한 것은 바로 "공안"에서 한 어구(語句)를 택하여, 화두(話頭)로써 그에 대하여 집중적으로 참구(參究)하는 것인데, 이것이 바로 송·원 이후 선학에 깊은 영향을 주었던 "간화선(看話禪)"이다.

(2) "불리문자(不離文字)"로부터 "단거화두(但擧話頭)"까지

"간화선(看話禪)"에 대하여, 명(明)대 고음정금(古音淨琴)의 상당히 시사하는 바가 있는 평술이 있어 먼저 살펴보기로 하겠다.

> 무릇 공부하는 것은 마땅히 번잡함을 여의고, 모든 인연을 끊어 잡념을 모두 쉬고, 다만 본래 참구하는 화두만을 들어 행주좌와(行住坐臥), 고락(苦樂)에 이르는 모든 상황에서도 잃지 않고, 이를 생각하고 이에 머물러, 온 마음 바른 뜻으로 간절히 생각하며, 생각마다 스스로 참구해 자기를 돌이켜보면, 이렇게 능히 찾고 묻는 것은 어떤 사람인가? 만약 능히 이와 같이 의심하고, 의심이 오고 감에 산수(山水)가 다하는 곳, 나무가 쓰러지고 등녕쿨이 마른 곳, 의심이 도달하지 못하는 곳, 마음이 인연을 끊는 곳에 이르면, 홀연히 의심덩어리가 흩어지고 마음의 꽃이 밝게 발하여 큰 깨달음이 눈앞에 나타난다.186)

---

185) 因 …… 慮其後不明根本, 專尙語言以圖口捷, 由是火之, 以救斯弊也. 『대정장(大正藏)』 48권, 224쪽.

이 글은 대략 다음과 같은 몇 가지 의미를 포함한다. 첫째, "간화선"은 이전의 "송고"와 "평창"처럼 뜻을 풀어 이해하고 "공안"에 주석을 다는 것과는 다르게, 고금을 헤아려 논하여 하나의 "화두"에 단참(單參)하는 것이다. 둘째, 이러한 "화두"의 참구에 있어서는 반드시 행주좌와(行住坐臥)에 걸쳐 행해야 하며, 때때로 일깨워서 전심전력하고, 생각 생각마다 잊지 않는 것이다. 셋째, 참구하는 과정에서 마땅히 자기를 반성해 돌아보고 의정(疑情)을 일으키는 것이다. 넷째, 이 의심은 반드시 일단 의심하면 철저히 하며 아주 깊은 곳까지 의심하여 "대사일번(大死一番)"하는 것이다. 다섯째, 갑자기 의심덩어리〔疑團〕가 깨지면, 밝고 크게 깨달아 생사심(生死心)이 끊어지고 제불(諸佛)이 현전(現前)한다는 것이다. 앞으로 우리는 이러한 사로(思路)를 따라 대혜종고의 "간화선(看話禪)"에 대하여 비교적 깊은 분석을 하기로 하겠다.

단거화두(但擧話頭)

대혜종고 "간화선"의 출발점은 "단지 하나의 화두를 간(看)하는 것〔只看個話頭〕"이다. 『대혜보각선사어록』에서 이 말은 도처에서 볼 수 있는데, 혹은 "다만 생각이 일어나지 아니한 곳에 나아가 하나의 화두를 참구하라고 가르친다."187)라고 하고, 혹 "다만 이곳에서 하나의 화두를 참구하라."188)고도 하며, 혹은 "잡념이 일어날 때 다만 화두를 들어라."189)고도 한다. 그리고 그가 가장 자주 들었던 "화두"는 조주(趙州)선사의 "개에게도 불성이 있는가 없는가."190)이다. 『대혜보각선사어록』 14권에

---

186) 凡作工夫, 當離喧鬧, 截斷衆緣, 屏息雜念, 單提本參話, 至于行住坐臥, 苦樂逆順, 一切時中, 不得忘失, 念玆在玆, 專心正意, 切切思思, 念念自究, 返觀自己, 這箇能追能問的, 是箇什麼人? 若能如是下疑, 疑來疑去, 疑到水窮山盡處, 樹倒藤枯處, 擬議不到處, 心忘絶緣處, 忽然疑團進散, 心花朗發, 大悟現前.
187) 只教就未撥處看個話頭. 『대혜보각선사어록(大慧普覺禪師語錄)』 21권.
188) 只就這里看個話頭. 앞의 책.
189) 雜念起時, 但擧話頭. 앞의 책, 2권.
190) 狗子還有佛性也無.

따르면, "대혜선사는 다만 사람들에게 개에게 불성이 없다는 화두와 죽비자(竹篦子)화두를 참구하게 하여, 단지 말 붙이지 말고, 사량하지 말고, 드는 곳을 향해 알려고 하지 말고, 입 여는 곳에 나아가 참견하지 말 것을 가르쳤다. 개에게 불성이 있습니까, 없습니까? 없다. 다만 이렇게 사람들에게 참구하게 하였다."191)라고 하였다. 다시 말하여 참선은 이전의 "송고"나 "평창"처럼 언어, 문자 상에 전념하여 참구(參究)하고, 인심(人心)을 우회하여 가리키고 성을 논하여 성불을 말하는 것이 아니라는 것이다. 또한 오늘 하나의 화두를 참구하고, 내일 또 다른 화두를 참구하는 것이 아니라 마땅히 오로지 하나의 화두를 오래도록 진실하게 참구하여야 하고, 아직 "부모에게서 나기 전의 면목을 꿰뚫어 봄"192)에 도달하지 못하였다면, "본참화두를 놓치 않기를 서원"193)해야 한다고 한다. 짧은 시간에 참구하여 얻지 못한다면 일년을 참구하고, 일년을 참구하여 얻지 못한다면 일생을 참구하여야 한다. 죽을 힘을 다하여 화두를 참구하며, 조금도 늦추지 말 것이며, 한 번 참구하면 철저하게 한다. 물론 참구하는 화두는 "구자불성(狗子佛性)"에 국한되지 않으며, 또한 "부모가 아직 낳기 전에 무엇이 본래면목인가?"194)를 참구할 수도 있다. 향엄지한(香嚴智閑)선사처럼 위산(潙山)선사의 "부모가 아직 낳기 전에 무엇이 본래면목인가?"를 수년간 참구한 뒤에 마침내 "우연히 기와장을 던짐에 대나무를 치는 소리에 홀연 깨달았다."195)고 하였다. 그리고 종고(宗杲) 이후의 고봉원묘(高峰原妙)는 "모든 법은 하나로 돌아오는데, 하나로 돌아옴은 어느 곳인가?"196)를 참구하였으며, 원묘선사는 『개당보설(開堂普說)』에서 그가 이 화두를 힘들게 참구하였던 상황을 다음과 같이 묘사하

---

191) 和尚只教人看狗子無佛性話, 竹篦子話, 只是不得下話, 不得思量, 不得向擧處會, 不得去開口處承當. 狗子還有佛性也無? 無. 只恁麽教人看.
192) 洞見父母生前面目.
193) 誓不放舍本參話頭.
194) 父母未生之前, 如何是本來面目.
195) 偶抛瓦礫, 擊竹作聲, 忽然省悟.『오등회원(五燈會元)』9권.
196) 萬法歸一, 一歸何處.

였다.

　　산승이 옛날에 쌍경사 선당(禪堂)에서 머물 때, 한 달이 못 미쳐 홀연 잠자는 가운데 만법은 하나로 돌아오는데 하나로 돌아옴은 어느 곳인가를 의심하게 되었다. 이로부터 의심이 문득 일어나 잠도 자지 않고, 먹는 것도 잊어 동서도 가리지 못하고 밤낮도 몰랐다. 자리에 앉아 발우를 펴고 똥오줌 누고 움직이고 멈춤과 말하고 침묵함에 이르기까지 모두 이 일귀하처(一歸何處)의 화두뿐, 다시 털끝만큼도 다른 생각이 없었다. …… 마치 빽빽하게 모인 군중 가운데 한 사람도 없는 것과 같아서, 아침부터 저녁까지, 저녁부터 아침까지 맑고 고요하며, 높고 뛰어나 한 점의 망념도 없어 한 생각이 만년(萬年)으로 경계도 쉬고 사람도 잊으니 어리석고 바보같이 깨닫지 못하여 제6일에 이르러 대중을 따라 삼탑(三塔)에서 독경할 때에 머리 들어 홀연 오조(五祖) 연(演)화상의 진영(眞影)을 봄에 문득 전에 앙산(仰山)노화상이 물었던 타사시구자(拖死尸句子)의 화두가 촉발되니, 곧 허공이 부숴지고 대지가 꺼져, 물(物)과 나를 같이 잊어버려 거울이 거울에 비치는 듯 하더라.197)

　고봉선사의 이러한 참선법은 일종의 전형적인 "간화선"이다. 물론 그처럼 단지 육일의 시간 동안에 깨달음을 얻은 것은 선종사에 있어서 아마 많지 않을 것이다.

시시제시(時時提撕)
　대혜(大慧) "간화선"의 두 번째 특징은 "시시제시(時時提撕)"해야 한다는 것이다. 이른바 "시시제시"란 시시처처(時時處處), 행주좌와(行住坐臥)

---

197) 山僧昔年在雙徑歸堂, 未及一月, 忽于睡中, 疑着萬法歸一, 一歸何處? 自此疑情頓發, 廢寢忘食, 東西不辨, 晝夜不分, 開單展鉢, 屙屎放尿, 至于一動一靜. 一語一默, 總只是個一歸何處, 更無絲毫異念. …… 如在稠人廣衆中, 如無一人相似. 從朝至暮, 從暮至朝, 澄澄湛湛, 卓卓巍巍, 絶淸絶點, 一念萬年, 境寂人忘, 如痴如兀. 不覺至第六日, 隨衆在三塔諷經次, 抬頭忽睹五祖演和尚眞, 驀然觸發日前仰山老和尚問拖死尸句子, 直得虛空粉碎, 大地平沈, 物我俱忘, 如鏡照鏡. 『고봉화상선요(高峰和尚禪要)』, 『속장경(續藏經)』 제1집, 2편, 27, 4책.

에서 하나의 화두를 목숨걸고 전념하여 조금도 방일하지 않는 것이다.
『대혜보각선사어록』에서 종고는 다음과 같이 말한다.

> 항상 생(生)함에 온 곳을 알지 못하고 죽음에 가는 곳을 알지 못하니, 두 가지를 코끝에 붙여두고 차 마시고, 밥 먹고, 고요한 곳, 시끄러운 곳에 생각생각 긴박하게 히여 항상 백만관전(百萬貫錢)이 빚을 갚지 못한 것 같이 할지니, 벗어날 길이 없으며 가슴이 답답하여 회피할 문이 없고, 살고자 하여도 얻지 못하고 죽고자 하여도 얻을 수 없어, 이러한 때를 당하여 선악의 길이 차례로 끊어진다. 이 같음을 느낄 때 바로 힘쓸지니 다만 여기에서 나아가 화두를 참구하라. 승려가 조주에게 묻기를, 개에게도 불성이 있습니까 없습니까? 조주가 말하기를, 없다(無)고 하니, 참구할 때 널리 사량하지 말고, 해석을 붙이지 말고, 알음알이를 얻으려 하지 말며, 입 여는 곳에 나아가 참견하지 말고, 드는 곳을 향해 도리를 짓지 말고, 공적한 곳에 떨어지지 말며, 마음에 깨달음을 기다리지 말고, 종사(宗師)를 향해 짐작하지 말며, 일이 없는 곳에 떨어져 있지 말라. 다만 행주좌와(行住坐臥)에 때때로 일깨우되, 개도 불성이 있습니까 없습니까? 없다! 일깨워 익음을 얻으면 의론하고 사량함이 못미쳐, 마음속에 일곱이 오르면 여덟을 놓아버린다. 마치 쇳덩이를 씹는 것 같아 재미없을 때, 절실하게 그 뜻을 잊지 말 것이니, 이와 같이 얻은 때가 도리어 좋은 소식이 있을 것이다.[198]

이 단락의 문자 가운데, 종고는 "불용(不用)"을 아홉 번이나 사용하였다. 실제로 그는 아홉 번 심지어는 구십 번의 "불용"자를 쓸 수도 있다. 종합하면, 사량(思量)할 필요가 없고, 알음알이(知解)를 구할 필요도 없

---

198) 常以生不知來處, 死不知去處, 二事貼在鼻孔尖上, 茶里飯里, 靜處鬧處, 念念孜孜, 常似欽却人百萬貫錢債, 無所從出, 心胸煩悶, 回避無門, 求生不得, 求死不得, 當憑麼時, 善惡路頭, 相次絶也. 覺得如此時正好著力只就這里看個話頭. 僧問趙州:狗子還有佛性也無? 州云, 無. 看時不用博量, 不用注解, 不用要得分曉, 不用向開口處承當, 不用向擧起處作道理, 不用墮在空寂處, 不用將心等悟, 不用向宗師處領略, 不用掉在無事匣里. 但行住坐臥, 時時提撕: 狗子還有佛性也無? 無! 提撕得熟, 口議心思不及, 方寸里七上八下, 如咬生鐵饌, 沒滋味時, 切勿忘志, 得如此時, 却是個好消息. 『대혜보각선사어록(大慧普覺禪師語錄)』21권.

이, 단지 한 마음으로 그 재미없는 화두를 참구하여, 불방일(不放逸)하고, 재미없다고 생각되어질수록 더욱 방일하지 않게 하여 오래 지나면 좋은 소식이 뒤에 있다는 것이다. 종고의 이러한 "시시제시"에 대하여 후대의 선사는 그것을 "마치 닭이 계란을 품듯[如鷄捕卵]" 하고 "고양이가 쥐를 잡듯[如猫捕鼠]" 하고 "굶주린 사람이 음식을 생각하듯[如飢思食]" 하고 "목마른 사람이 물을 찾듯[如渴思水]" 하고 "아이가 엄마를 찾는[如兒思母]" 것에 비교하여 한시도 방일할 수 없는 것으로, 그렇지 않으면 깨달음을 눈앞에 두고 실패한다고 하였다. 동시에 이 "시시제시"는 반드시 하나의 화두에 전일(專一)하여 만약 "무(無)"자를 참구하면 엄중히 "왜 개는 불성이 없는가"에 힘써야 하며, "만법귀일(萬法歸一), 일귀하처(一歸何處)"를 참구하면 엄중히 "일귀하처(一歸何處)"에 전주(專注)하여야 한다. 만약 염불(念佛)을 참구하면, "염불하는 사람은 누구인가?"에 집중하여 다른 생각으로 흐르지 못하게 하고, 오늘 하나의 화두를 참구하고 내일 다른 화두를 참구한다면, 영원히 깨달음에 이를 수 없다. 특히 참선하다 기진맥진하고 맥이 빠져 실망하였을 때, 제발 중도에서 그만두지 말아야 하는데, 이때 아마도 바로 크게 깨닫는 전조일 수 있기 때문이다. 이는 『대혜보각선서(大慧普覺禪書)』에서 "제시(提撕)를 얻어, 앉음에도 일깨우고, 오고 감에도 일깨우고, 재미가 없을 때, 바로 좋은 곳이며 놓아버리지 않으면 홀연 심화(心花)가 밝아져 시방을 비추리니, 바로 능히 하나의 털 끝에 보배가 나타나며, 티끌 같은 법 속에 대법륜을 굴리리라."199)라고 한 것과 같다고 할 수 있다.

제기의정(提起疑情)

대혜종고 "간화선"의 세 번째 특징은 어떤 하나의 화두를 절실하게 참구할 때, 반드시 끊임없이 의정(疑情)을 제기하는 것이다. "간화선"에

---

199) 得提撕, 坐也提撕, 提撕來, 提撕去, 沒滋味, 那時便是好處, 不得放舍, 忽然心花發明, 照十方刹, 便能于一毛端, 現寶玉刹, 法微塵裏, 轉大法輪.

따르면, "의심은 믿음으로써 체(體)를 삼고, 깨달음은 의심으로써 용(用)을 삼는다. 믿음이 십분 있으면 의심이 십분 있으며, 의심이 십분 있으면 깨달음을 십분 얻는다."200)고 하며, "언구를 의심하지 않는 것이 큰 병이 된다."201)고 하며, "큰 의심 아래 반드시 큰 깨달음이 있다."202)고 한다. 이는 의심이 깨달음의 전제조건이며, 깨달음에 반드시 거쳐야 할 과정이며, 이른바 "의심하지 않으면 깨달음이 없고, 조금 의심하면 조금 깨닫고, 크게 의심하면 크게 깨닫는다."203)는 것을 말한다. 물론 "간화선"의 "의(疑)"는 또한 결코 "믿음(信)"을 완전히 부정하는 것이 아니라, "믿음"과 서로 체용(體用)이 되어, "의심은 믿음으로써 체를 삼는다."204)는 것이다. 따라서 고봉선사는 참선(參禪)에 갖추어야 할 세 가지 조건이 있다고 하였다. 즉 첫째는 대신근(大信根)이고, 둘째는 대분지(大憤志)"이며, 셋째는 대의정(大疑情)이다. 이 가운데 이른바 "믿음" 혹은 "대신근(大信根)"은 실제상 첫째 자기를 믿고, 둘째 어떤 하나의 화두를 목숨걸고 참구함을 믿는다면, 결국엔 깨달을 수 있다는 것이다. 만약 이러한 "대신근"이 없다면, 삼일 고기를 잡고 이틀은 그물을 말리거나, 혹은 오늘 하나의 화두를 참구하고 내일 다시 또 다른 화두를 참구하면 자연히 성공의 희망이 없어져, 고봉선사의 말을 빌려서 말하면 "비유컨대 다리 잘린 솥은 마침내 폐품이 되어버린다."205)는 것이다. 이른바 "대분지(大憤志)"는 반드시 용감하게 나아가는 정신과 한 번 마음먹으면 끝까지 해내는 의지가 있어, "태산이 앞에서 무너져도 심장이 뛰지 않으며, 칼날을 목에 들이대도 얼굴 색이 변하지 않는다."206)는 것이다. 이렇게 할

---

200) 疑以信爲體, 悟以疑爲用. 信有十分, 疑有十分; 疑有十分, 悟得十分. 종고(宗杲), 『시신홍거사(示信洪居士)』, 『속장경(續藏經)』 1집, 17, 4책.
201) 不疑言句, 是爲大病. 『오등회원(五燈會元)』 19권.
202) 大疑之下, 必有大悟. 『선가귀감(禪家龜鏡)』
203) 不疑不悟, 小疑小悟, 大疑大悟.
204) 疑以信爲體
205) 譬如折足之鼎, 終成廢器.
206) 泰山崩于前而心不跳, 刀劍加于項而色不變.

수 있으면, "정해진 기간에 공을 이루려고 한다면 독 속에 있는 자라가 달아남을 겁내지 않는 것과 같다."207)는 것이다. 이른바 "대의정(大疑情)"은 비교적 복잡한데, 적어도 다음과 같은 두 가지 함의가 있다. 첫째 무엇을 의심하는가와 둘째 어떻게 의심하는가 이다. 이에 대하여 먼저 선사들이 어떻게 말했는지 살펴보기로 하자.

『고봉화상선요(高峰和尙禪要)』에서 원묘(原妙)선사는 다음과 같이 말하였다.

> 먼저 육정(六情; 六根), 육식(六識), 사대(四大), 오온(五蘊)과 산하대지, 삼라만상을 모두 하나의 의단(疑團)으로 포용하여, 문득 눈앞에 두고, ····· 걸어감에도 다만 이 하나의 의단이며, 앉음도 다만 이 의단이며, 옷 입고 밥 먹음에도 다만 이 의단이며, 똥오줌 눌 때도 다만 이 의단이며, 보고 듣고 느껴 앎에 이르러서도 모두 다만 이 의단이다. 의심이 오고 감에, 의심하여 힘 더는 곳에 이르면 곧 힘 얻는 곳이다. 의심하지 않아도 스스로 의심되며, 들지 않아도 절로 들리니 아침부터 저녁에 이르기까지 머리부터 발끝까지 투철하여 한 조각으로 이룬다. 의심에 털끝만치도 틈이 없으니 흔들어도 동하지 않고, 쫓아도 달아나지 않는다. 밝고 신령하여 항상 눈앞에 있다.208)

이 단락의 의미는 먼저 속과 겉의 사정을 하나의 의심덩어리〔疑團〕에 넣은 이후에 죽을 힘을 다해 이 의심을 되새기며, 행주좌와, 대소변을 볼 때, 심지어 땅이 진동하고 산이 흔들리며, 산이 무너지고 땅이 갈라져도 늦추지 말라는 것이다. 이러한 설법은 거의 비교적 추상적이어서 쉽게 파악할 수가 없다. 어떤 선사의 해석은 비교적 구체적인데, 예컨대

---

207) 管取克日成功, 不怕瓮中走鼈.
208) 先將六情六識, 四大五蘊, 山河大地, 萬象森羅, 總溶作一個疑團, 頓在眼前, ····· 行也只是個疑團, 坐也只是個疑團, 著衣吃飯也只是個疑團, 屙屎放尿也只是個疑團, 以至見聞覺知, 總只是個疑團. 疑來疑去, 疑至省力處, 便是得力處, 不疑自疑, 不擧自擧, 從朝至暮, 粘頭綴尾, 打成一片, 無絲毫疑縫, 撼也不動, 趁也不去, 昭昭靈靈, 常現在前.『속장경(續藏經)』1집, 2편, 27, 4책.

명(明) 말기 무이원래(無異元來)선사가 지은 『박산화상참선경어(博山和尙參禪警語)』에 "공부함에 의심 일으킴을 귀하게 여기니 무엇을 일러 의정(疑情)이라 하는가? 생(生)이 어디로부터 온 것임을 모름에 온 곳을 의심하지 않을 수 없고, 죽어서 가는 곳을 알지 못하니 갈 곳을 의심하지 않을 수 없다."209)라는 구절이 있다. 다시 말하여, "제기의정(提起疑情)"이란 무엇을 의심할 것인가? 의심이 생기는 것이 도대체 어디에서 오는 것인가? 죽으면 또한 어디로 가는 것인가를 제기한 후에 이 화두를 단단히 붙잡고 오래도록 진실되게 참구하라는 것이다. 또한 예컨대 고봉(高峰)선사의 "만법귀일(萬法歸一), 일귀하처(一歸何處)"란 의심도 한 가지 예이다. 만법은 하나로 돌아오는데, 하나로 돌아오는 곳은 어디인가? "문득 나아가 일귀하처(一歸何處)에서 동서로 부딪치며 찾고, 종횡으로 때리며 업신여기고 다그치고, 다그침이 오고 감에 다그쳐 머물 곳이 없고, 어찌할 곳이 없는데 이르면 정말로 맹렬히 힘 쏟아야 할 것이니, 몸을 뒤집어 던져버리면 진흙덩이까지도 모두 성불한다."210)는 것이다. 이른바 "다만 분명하게 뜻에 두어 의심함이 중요하니, 의심하여 정(情)을 잊고 마음이 끊어지는 곳에 이르면, 황금닭이 한 밤중에 하늘을 나를 것이다."211)를 말하는 것이다. 위의 두 단락은 만약 "일귀하처(一歸何處)"가 무엇을 의심할 것인가를 가리킨다면, "동서로 부딪치며 찾고 종횡으로 때리며 업신여기고 다그침"212) 및 "다만 분명하게 뜻에 두어 의심함이 중요하니, 의심하여 정(情)을 잊고 마음이 끊어지는 곳에 이름"213)은 "어떻게 의심할 것인가."를 설명하는 것이다. 물론 "어떻게 의심할 것인가."하는 문제에 대하여 "간화선"의 논술이 많으며, 사상도 상당히 깊고

---

209) 做工夫, 貴在起疑情. 何謂疑情? 如生不知何來, 不得不疑來處, 死不知何去, 不得不疑去處.
210) 便就在一歸何處上東擊西敲, 橫拷竪逼, 逼來逼去, 逼到無栖泊, 不奈何處, 誠須重加猛利, 飜身一擲, 土塊泥團, 悉皆成佛. 『박산화상참선경어(博山和尙參禪警語)』
211) 只貴惺惺著意疑, 疑到情忘心絶處, 金鷄夜半徹天飛. 앞의 책.
212) 東擊西敲, 橫拷竪逼.
213) 只貴惺惺著意疑, 疑到情忘心絶處.

풍부하다. 따라서 반드시 한 걸음 더 깊이 들어가 탐구해야 할 것이다.

대사일번(大死一番)

"대사일번"은 어떻게 의심하고, 의심을 어디까지 하는가에 대한 하나의 매우 형상(形象)적인 설법이다. "대사일번"은 송·원시대에 중봉(中峰)화상의 『시운남복원통삼강주(示雲南福元通三講主)』에서 제시되었다. 중봉화상은 다음과 같이 말하였다.

> 근대 종사(宗師)들은 학인을 위해 베푸는 견문이 너무 많으며, 더구나 순일하게 통절히 생사를 문제 삼지 않는 까닭에 하나의 의미 없는 화두를 만들어 팔식(八識) 가운데 던져두기를, 마치 밤송이 삼킨 듯, 독약에 중독된 것처럼 한다. 다만 몸과 목숨 버림을 귀하게 여겨, 침식을 잊고 크게 죽기를 한 번 하여 문득 씹어 깨트리면 조금의 서로 응함이 있다. 네가 만약 이 방편을 알지 못하고, 화두를 참구하여 의정을 일으키면, 일체의 심식(心識)이 움직임과 고요함을 헤아리고, 망령되이 견문(見聞)을 인식하면 맹렬하게 구함과 취하고 버리는 구덩이에 빠져 앉음이니, 혹은 잠시 생각이 일어나지 않으면 집착하여 기뻐하고, 혹은 혼침과 산란이 증가해 오래도록 물러가지 않아 근심하니, 모두 공부하는 취지를 알지 못함이다.214)

중봉선사가 여기에서 말한 "대사일회(大死一回)"는 주로 화두를 참구하는데 마땅히 일체의 심식계량(心識計量)과 견문취사(見聞取捨)를 버리고, 마땅히 밥 먹고 잠자는 것도 잊은 채 죽도록 화두를 참구하여 되새기며, 거의 목숨을 버리듯 하고, 바보같이 어리석은 듯이 참구해야 하는 것을 가리킨다. 이러한 형태를 묘사한 더욱 생동감 있는 고봉화상의 논

---

214) 近代宗師, 爲人涉獵見聞太多, 況是不純一痛爲生死, 所以把個無義味話頭, 抛在伊八識田中, 如吞栗刺蓬, 如中毒藥相似. 只貴拌舍形命, 廢忘寢食, 大死一番, 驀忽咬破, 方有少分相應. 你若不知此方便, 于看話頭起疑情之際, 將一切心識較量動靜, 妄認見聞, 坐在馳求取舍窠臼中, 或得暫時心念不起, 執以爲喜, 或昏散增加, 久遠不退, 承以爲憂, 皆不識做工夫之旨趣也.『천목중봉화상광록(天目中峰和尙廣錄)』4권, 상.

술이 있다. 『고봉화상선요(高峰和尙禪要)·시중(示衆)』에서 그는

> 바로 가슴을 비우도록 노력하고 넓어져 확 트이도록 하여 털끝만치도 걸림이 없게 하라. 다시 한 법에 해당됨이 없으니, 처음에 한 생각이 생하는 것과 다름이 없다. 차를 마시되 차를 모르고, 밥을 먹되 밥을 모르고, 가도 가는 줄 모르고, 앉되 앉음도 알지 못하여, 정식(情識)이 문득 깨끗하여 계교를 모두 잊음이 흡사 하나의 기식(氣息)은 있되 죽은 사람과 같고, 또한 진흙으로 빚고 나무로 조각한 상과 비슷하다.215)

라고 하였다.

여기서 후반부의 부분은 형상(形象)과 핍진(逼眞)이며, 이른바 "대사일번(大死一番)"은 화두를 참구함에 반드시 마치 "기식(氣息)은 있되 죽은 사람[有氣的死人]"과 "진흙으로 빚고 나무로 조각한 상[泥塑的木雕]"처럼 일체의 상식, 견문, 계교(計較)를 완전히 없애고, 마치 바보처럼 차를 마셔도 차를 알지 못하고, 밥을 먹어도 밥을 알지 못하는 것을 말한다. 불과극근(佛果克勤) 등의 선사는 "마치 어린애 기르듯이 하면 순화됨이 맑은 물과 같다."216)하고 "아침 내내 어리석은 듯하고, 저녁이 다하도록 어린애와 다름없다."217)고 하였다. 또한 달마가 참선하는 것 같이 마음을 벽과 같이 하며, 부자(夫子; 공자)가 세 달 동안 입맛을 잊었고, 안회(顔回)가 종일 어리석은 듯이 행하였던 것을 말한다. "간화선"을 창도한 선사들은 다만 이렇게 "대사일번"을 겪은 뒤에 겨우 모종의 한 기연(機緣)을 빌려 마치 "영운이 복숭아꽃을 보고, 향엄이 대나무 치는 소리에, 장경이 커텐을 걷는 동작에, 현사가 발가락으로 찌르는데"218) 깨달음을

---

215) 直得胸次中, 空勞勞地, 虛豁豁地, 蕩蕩然無絲毫許滯碍, 更無一法可當, 情與初生無異. 吃茶不知茶, 吃飯不知飯, 行不知行, 坐不知坐, 情識頓淨, 計較都忘, 恰如個有氣底死人相似, 又如泥塑木雕底相似. 앞의 책.
216) 養得如嬰嬰兒相似, 純和沖淡. 『시성도뢰공열거사(示成都雷公悅居士)』
217) 終朝兀兀如痴, 與昔嬰孩無異. 『고봉원묘(高峰原妙)·시중(示衆)』
218) 靈雲桃花, 香嚴擊竹, 長慶卷簾, 玄沙堅指.

얻었듯이, "절박한 후 다시 소생〔絕後復蘇〕"하게 된다는 것이다. 그리고 이 가운데 관건은 의심덩어리를 "맥연교파(驀然咬破)"해야 한다는 것이다.

맥연교파(驀然咬破)

"맥연교파"는 참선(參禪) 가운데 대단히 중요한 하나의 고리이다. "간화선"의 입장에서 보면, 참선자의 제기의정(提起疑情)과 대사일번(大死一番) 자체는 결코 목적이 아니며, 목적은 의심덩어리를 깨뜨리고〔看破疑團〕 절박한 후 다시 소생〔絕後復蘇〕하는 것이다. 이것은 "의정을 깨뜨리지 못하면 생사가 더해지며, 의정을 만약 깨뜨리면, 생사의 마음이 끊어지기"[219] 때문이다. 그리고 의심덩어리를 깨뜨리는데 가장 중요한 것은 화두에서 노력하는 것이며, 이것이 바로 대혜종고가 말한 "천만가지 의심이 다만 하나의 의심이다. 화두에서 의심을 파하면 천만 가지 의심이 일시에 깨어진다. 화두를 파하지 못하면 곧 의심에 갇히게 된다. 만약 화두를 포기하고 도리어 문자에 나아가 의심을 일으키거나 경교(經敎)에서 의심을 일으키고, 옛 사람의 공안에서 의심을 일으키거나 일상생활에서 의심을 일으킨다면 모두 삿된 마군의 권속이다."[220]와 같은 것이다. 이것은 우리가 위에서 언급한 "단거화두(但擧話頭)"와 "시시제시(時時提撕)"이며, 마음대로 화두를 바꿀 수 없으며, 중도에서 그만둘 수 없다는 것이다. 그리고 마땅히 오로지 이 화두에 전주하여 직접 이 화두를 간파(看破)하여 멈추는 것이다.

물론 더욱 중요한 것은 어떻게 간파하느냐 하는 것이다. "간화선"은 화두를 간파(看破)하는데 있어 이론이나 의해(義解)로는 할 수 없다고

---

219) 疑情不破, 生死交加, 疑情若破, 則生死心絶矣. 『대혜보각선사어록(大慧普覺禪師語錄)』 28권.
220) 千疑萬疑, 只是一疑. 話頭上疑破, 則千疑萬疑一時破; 話頭不破, 則且就上面與之廝崖. 若棄了話頭, 却去別文字上起疑. 經敎上起疑, 古人公案上起疑, 日用塵勞中起疑, 皆是邪魔眷屬. 앞의 책.

보았다. 만약 "언구(言句)에서 길잡이를 삼고, 경계와 사물에 알음알이를 내면 곧 깊은 샘 가운데 떨어져 마침내 더듬어 찾지 못함이다."221)라고 한다. 왜냐하면 "도는 무심을 귀하게 여기고, 선은 명리를 끊는다."222)고 하고, "오직 생각을 잊어 완전히 없애면 가히 빛을 돌이켜 뼛속까지 밝혀 체(體)를 벗어나 통하리니 다시 헤아리고 의심함을 용납하지 않고 곧 바로 통 밑바닥까지 요달한다. ····· 한번 밝아짐에 모두 밝아진다."223)고 하기 때문이다. 이른바 "곧바로 통 밑바닥까지 요달하고, 한번 밝아짐에 모두 밝아진다."224)는 것을 통상적인 말로 표현하면 "활연관통(豁然貫通)"이고, 선종의 용어를 사용하면 "돈오(頓悟)"이며, "간화선" 자체의 용어를 사용하면 대혜종고가 말한 바와 같이 "문득 깨쳐 드러나면 하늘이 놀라고 땅이 흔들림이 관우장군의 손에서 큰 칼을 빼앗은 것 같아 부처를 만나면 부처를 죽이고 조사를 만나면 조사를 죽이며, 생사의 경계에 크게 자재하니 대도를 향해 육도사생(六度四生) 가운데 삼매를 즐긴다."225)는 것이다. 혹은 고봉선사가 말한 바와 같이 "뛰어 오고 뛰어 감에 사람과 법을 모두 잊음에 이르면 심식(心識)의 길이 끊기고, 단번에 대지를 밟아 뒤집고 허공을 쳐부수면 원래 산이 곧 자기요, 자기가 곧 산이다."226)라는 것이다. 간화선의 선사들이 사용했던 "맥연(驀然)", "맥홀(驀忽)", "폭지일성(爆地一聲)", "분지일발(噴地一發)", "홀연폭지단(忽然爆地斷)", "홀연쵀지파(忽然啐地破)" 등 많은 용어는 의심덩어리가 타파되는 상황을 표시한 것이고, 의미는 의심덩어리가 타파된 것이 결코

---

221) 于言句上作路布, 境物上生解會, 則墮在骨董袋中, 卒撈摸不着. 『시찬상인(示璨上人)』. 『속장경(續藏經)』1집, 2편, 25, 4책.
222) 道貴無心, 禪絶名理. 앞의 책.
223) 唯忘懷泯絶, 乃可趣向回光骨燭, 脫體通透, 更不容擬議, 直下桶底子. ····· 一瞭一切瞭. 앞의 책.
224) 直下桶底子, 一瞭一切瞭.
225) 驀然打發, 驚天動地, 如奪得關將軍大刀入手, 逢佛殺佛, 逢祖殺祖, 于生死岸頭得大自在, 向大道四生中游戱三昧. 『대혜보각선사어록(大慧普覺禪師語錄)』16권.
226) 跳來跳去, 跳到人法俱忘, 心識路絶, 驀然踏飜大地, 撞破虛空, 元來山卽自己, 自己卽山. 고봉원묘(高峰原妙), 『시중(示衆)』. 『속장경』1집, 2편, 27, 4책.

의리분석이나 이성적인 사유에 의하여서 된 것이 아니라, 사유의 중단 혹은 "비약(飛躍)"에 의하여서 된 것임을 나타낸다. 다만 이러한 "비약"을 통하여서만 대철대오(大徹大悟)하고, 초불월조(超佛越祖)할 수 있다. 의심덩어리를 간파하는 관건, 혹은 "간화선"의 관건은 곧 "깨달음"에 있고, 더욱 정확하게 말하면 "돈오"에 있다는 것을 알 수 있다.

수시오득(須是悟得)

"선에는 문자가 없어 모름지기 깨달아 얻어야 한다."[227] 이것은 종고(宗杲)가 "간화선"에 대하여 화룡점정(畫龍點睛)한 개괄이라고 할 수 있다. 우리는 앞에서 말한 모든 것, 예컨대 "단거화두(但擧話頭)", "시시제시(時時提撕)", "제기의정(提起疑情)", "대사일번(大死一番)" 등등은 모두 "맥연교파(驀然咬破)" - 활연관통(豁然貫通)하여 대철대오(大徹大悟)하는 최후의 목표에 도달하기 위한 것이다. 물론 이 대철대오의 도래(到來)는 절대로 그 자연에 따르는 것이지, 구하여 갈 수 있는 것은 아니다. 다시 말하여 추호도 "대오지심(待悟之心)"이 있을 수 없으며, "쓸모 없는 나무덩이 같은 알음알이로 찾아 구하지 말 것이니, 재주로 구하면 곧 그림자를 붙잡는 것과 같다."[228]는 것이다. 그리고 "반드시 자연스럽게 무심삼매(無心三昧)에 들어간다."[229]는 것이다.

"간화선"의 기본 사상에 비추어보면, "선은 네가 알 도리가 없음이다. 만약 선을 안다고 말하면 곧 선을 비방함이다. …… 만약 미묘한 깨달음이 없다면 비록 말로 해석하기를 바다의 모래와 같이 하고, 설법하기를 솟는 샘과 같이 해도, 모두 사량분별이요, 선을 설함이 아니다."[230]라고 한다. 다시 말하여 선법(禪法)은 사량(思量)과 분별로 해석할 수 있는

---

227) 禪無文字, 須是悟得.『대혜보각선사어록(大慧普覺禪師語錄)』16권.
228) 切忌作柣解求覓, 才求, 卽如捕影也.『시찬상인(示璨上人)』
229) 必須自然入于無心三昧.『속장경(續藏經)』1집, 2편, 20, 4책.
230) 禪無你會底道理. 若說會禪, 是謗禪也. …… 若不妙悟, 縱使解語如塵沙, 說法如涌泉, 皆是識量分別, 非禪說也.『천목중봉화상광록(天目中峰和尙廣錄)』5권, 하.

것이 아니며, 참선 역시 일체의 사유로 미칠 수 있는 것이 아니며, 공부를 하는 것은 일종의 학문이 아니고, 또한 말로서 표현할 수 없으며, 특히 이론적으로는 할 수 없으며, 의해(義解)는 더욱 용납이 안 되고, "마땅히 알라. 선은 모든 경전이 설하는 바에 의하지 않고, 닦아 증득한 바에 의하지 않으며, 모든 견문의 아는 바에 의하지 않고, 모든 문과 길의 드는 바에 의하지 않는 까닭에 교외별전(敎外別傳)이라고 이른다."[231]는 것이다.

지금까지 우리는 이러한 일종의 현상을 살펴보았다. 만약 오조분등(五祖分燈) 이후의 선종이 점차 "불립문자(不立文字)"에서 "불리문자(不離文字)"에로 전향하는 경향이라고 한다면, 대혜(大慧)가 창도한 "간화선(看話禪)"은 또 하나의 전기(轉機)라고 할 수 있다. 즉, "문자선(文字禪)"으로부터 이탈하여 직지견성(直旨見性)을 제창하기 시작하였으며, 만약 초불월조(超佛越祖)의 분등선(分燈禪)이 전기 선종에 비교하여서 심오언(心悟言)을 중시하고, 더욱 "순임자연(純任自然), 무증무수(無證無修)"를 주장하였다고 한다면, 종고(宗杲) 이후의 "간화선"은 바로 "돈오(頓悟)"를 강조하기 시작하였다고 할 수 있다. 물론 이러한 "돈오"는 어떤 하나의 공안, 화두에 오로지 참구하고 "대사일번(大死一番)"을 통한 이후에 "맥연(驀然)"하게 얻어지는 것이다.

그러나 "간화선"이 중국 선종의 선풍(禪風)에 중대한 변화를 일으켰지만, 송·원시대의 선종이 "간화선"으로 천하를 통일하였다고는 절대로 말할 수 없다. 실제로 조송(趙宋) 일대에 대혜종고가 창도한 "간화선" 이외에 당시의 선종은 또 다른 하나의 선풍도 상당히 유행하고 있었는데, 그것은 바로 굉지정각(宏智正覺)이 창도한 "묵조선(默照禪)"이다.

---

231) 當知禪不依一切經法所詮, 不依一切修證所得, 不依一切見聞所解, 不依一切門路所入, 所以云敎外別傳.『천목중봉화상광록(天目中峰和尚廣錄)』11권, 상.

(3) 달마의 "면벽(面壁)"으로부터 굉지의 "묵조(默照)"까지

"묵조선(默照禪)"의 가장 큰 특징은 간심정좌(看心靜坐)를 근본으로 삼는 것으로, 문자언어를 필요로 하지 않으며, 다만 묵묵히 정좌(靜坐)하여 반야지혜(般若智慧)가 싹틀 수 있게 제법(諸法)의 본원(本源)을 통찰하는 것이다. 이는 굉지정각의 『묵조명(默照銘)』과 『어록(語錄)』에서 말한 것과 같이 "묵묵히 말 잊음에 밝게 현전한다."[232]고 하며, " 밝게 트여 신령스러움에 본래의 광명이 스스로 비추고 고요히 응함에 대용(大用)이 현전한다."[233]는 것이다.

어느 각도에서 보면 "묵조선"은 전통선학으로 복귀하는 색채를 띠고 있다. 그것은 달마(達磨)의 "면벽이좌(面壁而坐), 종일묵묵(終日默默)"과 서로 유사하며, 다른 것은 "묵조선"도 공안을 염고(拈古)하고 송고(頌古)하여, 예컨대 굉지(宏智) 자신에게 『송고백칙(頌古百則)』이 있어 세상에 전하고 있고, 상당한 영향을 끼쳤다. 물론 후대의 "묵조선" 선사들이 공안의 참구를 그다지 중시하지 않고 섭심정좌(攝心靜坐)와 잠심내관(潛心內觀)을 더욱 중시하고 있고, 아마도 바로 이러한 원인으로 후대에 "간화선"에서 "묵조선"에 대한 비판과 공격을 야기하였다.

개인적인 교류의 측면에서 보면, 대혜종고와 굉지정각의 관계는 좋은 편이었고, 굉지가 임종 전에 일찍이 후사를 종고에게 부탁하였다. 그러나 선학사상의 측면에서 보면 두 사람은 상당한 차이가 있다. 따라서 두 선학 사이에 결국 논쟁과 상호비판이 나타났고, 종고 본인은 일찍이 직접 "묵조선"을 비판하였다. 그는 "근래 몇 년 동안, 하나의 삿된 스승이 있어 묵조선을 설하고 사람을 가르치기를, 12시(時) 가운데 모든 일에 상관하지 말고 쉬고 비우라고 하며, 소리도 짓지 말라, 지금 때에 떨어질까 두려워한다고 함에 가끔 사대부가 총명함과 지혜 있음에 이끌려

---

232) 默默忘言, 昭昭現前.
233) 廓爾而靈, 本光自照, 寂然而應, 大用現前.『굉지정각선사광록(宏智正覺禪師廣錄)』 1권.

말이 번다한 것을 싫어하여, 잠시 삿된 스승들의 가르침에 따라 고요히 앉아 도리어 힘이 덜 드는 것을 보고, 바로 옳다고 하여 다시 미묘한 깨달음을 구하지 않고 다만 묵묵함을 최종의 법칙으로 삼는다."234)라고 하였다. 『오등회원(五燈會元)』에서도 종고가 묵조선을 공격한 글이 실려 있다.

> 달마가 소림에 9년 동안 냉랭히 앉았지만 신광(神光)에게 그 엿봄을 당하였다. 요즘 옥과 돌을 구분하기 어려워 다만 문자 속에서 얻으니, ⋯⋯ 달마의 9년 공이 말에 떨어지니, 당시에 그 허물을 살피지 않음이 애석하도다. 지금에 이르러 묵조의 무리는 귀신굴에서 오랜 세월 헛되이 앉았구나.235)

종고의 이 글은 "묵조선"을 "달마선"과 연계시키는 것이 틀리지 않다고 하고 있다. 바로 앞에서 지적한 것과 같이 "묵조선"은 확실히 달마의 "면벽이좌(面壁而坐), 종처묵묵(終處默默)"하는 특징을 띠고 있다는 것이다. 더욱 심한 것은 종고가 "묵조선"은 다만 이승(二乘), 심지어 외도(外道)의 경계에 떨어질 수 있다고 질책한 것이다. 『답진소경서(答陳少卿書)』에서 종고는 "삿된 스승의 무리가 사대부들로 하여금 마음을 거두고, 고요히 앉아 모든 일에 관계하지 말고, 쉬고 비우라고 가르치니, 어찌 마음으로 마음을 쉬고, 마음으로 마음을 비우고, 마음으로 마음을 씀이 아닌가. 만약 이와 같이 수행하면 어찌 외도(外道) 이승선(二乘禪)의 적단견(寂斷見)의 경계에 떨어지지 않으며, 어찌 자심(自心)의 밝고 묘한 쓰임과 구경(究竟)의 안락함과 여실한 청정함, 해탈변화의 미묘함을 분명히 얻겠는가?"236)라고 지적하였다. 이 단락에서 보면, 하나는 "섭심정

---

234) 近年以來, 有一種邪師說默照禪, 教人十二時中是事莫管, 休去歇去, 不得做聲. 恐落今時, 往往士大夫爲聰明利根所使者, 多是厭惡鬧處, 乍被邪師輩指令靜坐却見省力, 便以爲是, 更不求妙悟, 只以默默爲極則. 『대혜보각선사어록(大慧普覺禪師語錄)』 26권.

235) 少林九年冷坐, 剛被神光覷破; 如今玉石難分, 只得麻纏紙裹. ⋯⋯ 老胡九年話墮, 可惜當時放過; 致令默照之徒, 鬼窟長年打坐. 『오등회원(五燈會元)』 19권.

좌(攝心靜坐)"를 중시하고, 또 하나는 "자심명묘수용(自心明妙受用)"을 강조하고 있다. 만약 이를 선종사에서 고찰해 본다면 전자는 의심할 것 없이 비교적 전통적인 "선정(禪定)"에 가깝고, 후자는 의심할 것 없이 중국화된 선종의 "도유심오(道由心悟)"에 더욱 가깝다.

 지금까지 우리는 송·원시대 선학의 발전에 대한 기본적인 흐름을 간결하게 고찰해 보았다. 만약 전기 선종이 일찍이 "이심전심(以心傳心)"과 "불립문자(不立文字)"로 중국불교계에 하나의 독특한 상징을 세웠다면, 송·원 선학은 많은 "공안(公案)"과 "기봉(機鋒)"이 출현하고, 이러한 "공안"과 "기봉"에 대한 주해를 가한 "평창(評唱)"과 "격절(擊節)"이 나옴에 따라서 이 시대의 선학은 전기 선학의 반대적인 측면으로 나가게 되어 의해(義解)를 중시하고, 불리문자(不離文字)의 "의리선(義理禪)", "문자선(文字禪)"이 출현하게 되었다. 그러나 이른바 "선(禪)"이란 본래 "불의(佛意)"에 속하는 것으로, 다만 뜻으로 계합(意會)할 수는 있어도 말로 전할〔言傳〕수는 없으며, "깨달을 수〔悟得〕" 있으나 "이해(理解)"할 수는 없는 것이다. 그러므로 "의리선"과 "문자선"은 상당히 선종의 "이심전심(以心傳心)"의 본색을 잃었기 때문에, 후에 대혜종고가 "간화선"을 제창하였다. 만약 만당(晚唐) 오대(五代)에 출현하여 조송(趙宋) 때 성행하였던 분등선(分燈禪)이 어떤 의미에서 전기 혜능(惠能)의 조사선(祖師禪)에 대한 부정〔예컨대, 불성론과 수행법 등〕이라고 한다면, 대혜의 "간화선"은 이러한 부정에 대한 재부정이며, 전기 주사선이 "도유심오(道由心悟)"를 중시하고, "직지견성(直旨見性)"의 수행법을 제창한 것에 대한 복귀라고 할 수 있다. 물론 조송(趙宋) 일대의 선학은 "간화선"만으로 그치지 않는다. 굉지정각이 창도한 "묵조선"은 "간화선"과 상당한 차별이 있으며, 심지어 대립적인 선법이다. ─ "간화선"이 "조사선"으로 복귀한 것과는 다

---

236) 邪師輩教士大夫攝心靜坐, 事事莫管, 休去歇去, 豈不是將心休心, 將心歇心, 將心用心. 若如此修行, 如何不落外道二乘禪寂斷見境界, 如何顯得自心明妙受用, 究竟安樂, 如實清淨, 解脫變化之妙.

르게 "묵조선"은 "달마선(達磨禪)"으로 복귀하는 색채를 띠고 있다. 사상적인 영향에 관하여 논한다면, 범위와 심도에 있어서 "묵조선"은 모두 "간화선"에 미치지 못하며, 송·원 이후의 선학에 대하여 비교적 커다란 영향을 끼친 것은 마땅히 "간화선"이라고 할 수 있다. 그리고 "간화선"의 흥성과 유행은 중국 선종으로 하여금 송·원 이후부터 더욱 비이성주의(非理性主義)적인 길을 걷게 하였다.

2. 유학화된 조사선과 노장화된 분등선

"간화선"과 "묵조선"이 비록 후기 선종의 양대 중요한 대표이지만, 그것들이 결코 후기 전체 선종을 개괄할 수는 없다. 후기 선종의 여러 학파는 교학(敎學), 수행법 등의 방면에서 각각 특징을 가지고 있는데, 이것이 바로 유칙(惟則)선사가 오가(五家)의 종풍(宗風)을 평가할 때 지적한 것이다. 임제(臨濟)는 통쾌하고, 위앙(潙仰)은 근엄하고, 조동(曹洞)은 세밀하고, 운문(雲門)은 고고하고, 법안(法眼)은 상세하고 밝다는 것이다.237) 또한 양기(楊岐)의 오조(五祖) 법연(法演)도 임제는 "오역문뢰(五逆聞雷)"238)라고 하고, 운문은 "홍기섬삭(紅旗閃爍)"239)이라고 하고, 위앙은 "단비횡고로(斷碑橫古路)"240)라고 하고, 조동은 "치서불도가(馳書不到家)"241)라고 하고, 법안은 "순인범야(巡人犯夜)"242)라고 하였다. ― 그러나 이것은 또한 단지 하나의 측면일 뿐이다. 또 다른 하나의 측면은

---

237) 유칙(惟則), 『종승요의(宗乘要義)』에서 인용.
238) 顯其警絶; 경계와 절도를 보임.
239) 顯其微露; 작은 것을 드러냄.
240) 顯其深奧; 그 심오함을 드러냄.
241) 顯其回頭; 돌아봄을 드러냄.
242) 顯其隱微; 은밀함을 드러냄.

이러한 종파는 또한 모두 분등선(分燈禪)에 속하기 때문에 각 종파 사이에 많은 공통점이 있으며, 원(元) 중봉명본(中峰明本)선사의 말을 빌리면, "이른바 다섯 종파는 오가의 그 사람이지 그 도가 다섯은 아니다."243)라고 하였다. 명본(明本)은 선문 오종은 "종파의 취지가 다른 것이 아니며, 특징도 대동소이하다."고 말하였다. 같은 것은 "소실(少室)문하의 한 등(燈)"이라는 것이며, 다른 것은 "언어기경(言語機境)의 만남이 다르다."는 것이다. 천여유칙(天如惟則)선사도 "오가 종파가 흥하고 쇠함이 같지 않은 것은 대체로 사가기용(師家機用)의 살고 죽음이 같지 않기 때문일 뿐이다."244)라고 지적하였다. 총체적으로 본다면, 후기 선종은 수행법에 있어서 도대체 어떠한 공통점이 있을까? 그것은 전기의 조사선과 비교하여 또한 어떤 특수한 점이 있을까? 선종사에 있어서 이러한 변화는 도대체 또 어떤 원인에 의하여 조성되었을까? 이러한 문제에 대하여 여러 전문가들의 진일보한 사색과 연구가 진행되기를 기대하는 바이다.

(1) 돈오견성(頓悟見性)과 무증무수(無證無修)

이른바 "조사선"은 『경덕전등록(景德傳燈錄)』에서 그 용어가 나왔다. 『전등록』 11권, 「앙산혜적선사(仰山慧寂禪師)」장 및 『오등회원』 9권, 「향엄지한선사(香嚴智閑禪師)」장에 따르면 다음과 같이 말하고 있다.

> 앙산이 향엄지한에게 '요즘 사제의 견처가 어떠한가?'라고 물었다. 향엄은 '내가 갑자기 설하지 못하나 게송에 작년 가난은 가난이 아니고, 금년 가난이 비로소 가난이다. 작년 가난은 송곳 세울 땅이 없었으나 금년 가난은 송곳조차 없다.'고 하였다. 앙산이 '너는 다만 여래선을 얻었으나 조사선은 얻지 못하였다.'고 하였다. 뒤에 향엄이 다시 한 게송을 지으니, 이르기

---

243) 所謂五家宗派者, 五家其人, 非五其道. 『천목중봉화상광록(天目中峰和尙廣錄)』
244) 『천여유칙선사어록(天如惟則禪師語錄)』 2권.

를 '나에 하나의 기틀이 있으니, 눈 깜박임이 이와 같다. 만약 아직 모르면 사미를 불러 물으리라.'고 하였다. 앙산이 그를 들은 후 바로 긍정하여 말하기를, '또한 기쁘니 지한사제가 조사선을 깨달았다.'고 하였다.245)

선종사(禪宗史)에서 여래선(如來禪)과 조사선(祖師禪)에 있어서 말하면, 근대의 승려 태허(太虛)법사는 다음과 같이 해석하였다.

여래선과 조사선의 차이는 도대체 어디에 있을까? 다음과 같이 생각해 보자. …… 이른바 '작년의 가난은 아직 가난한 것이 아니고, 올해의 가난이 비로소 가난한 것이다.(去年貧未是貧, 今年貧始是貧)'라는 것은 도출수증(道出修證)의 단계이고, 이른바 '아직 모른다면 사미에게 물어 보아라.(若還不識, 問取沙彌)'라는 것은 명료본래현성(明瞭本來現成)과 당하즉시(當下卽是)를 가리키는 것이다. 따라서 여래선은 점차(漸次)에 떨어진 것이고, 조사선은 돈오(頓悟)의 본연인 것이다.246)

앙산(仰山)과 향엄(香嚴)의 문답과 태허(太虛)법사의 해석은 적어도 우리에게 "조사선"이 계점(階漸)에 떨어지지 않은 돈오(頓悟)선법임을 말해준다.

선종사에서 불락계점(不落階漸)의 돈오법문을 창도한 것은 육조(六祖) 혜능 및 그가 창립한 남종(南宗)이다. 남종과 북종의 한 가지 중요한 차이는 수행법의 돈(頓)과 점(漸)이다. 북종의 특징은 "불진간정(拂塵看淨), 방편통경(方便通經)", 즉 경전의 가르침을 빌려 여러 가지 방법을 통하여 점차 수행하는 것이며, 남종의 특징은 "교외별전(敎外別傳)", "직지견성(直旨見性)"이며, 이심전심(以心傳心)으로 돈오견성(頓悟見性)을 주장

---

245) 仰山問香嚴智閑, 師弟近日見處如何? 香嚴曰, 某甲卒說不得, 乃有偈曰, 去年貧, 未是貧, 今年貧, 始是貧. 去年貧無卓錐之地, 今年貧, 錐也無. 仰山曰, 汝只得如來禪, 未得祖師禪. 後香嚴復作一偈, 曰, 我有一機, 瞬目似伊, 若還不識, 問取沙彌. 仰山聽後, 方首肯曰, 且喜閑師弟會祖師禪也.
246) 『태허대사전서(太虛大師全書)·법장(法藏)』

하는 것이다. 남종은 신회(神會)의 "몸과 생명도 아끼지 않은(不惜身命)" 절대적인 지지를 통하여 후대 중국선종의 정통이 되었으며, 제창한 돈오법문도 혜능 후학의 한 걸음 더 나아간 명백한 해석으로 말미암아 선종의 주요한 수행법이 되었다.

남종은 그 발전과정에서, 점차 지나친 돈오의 작용은 나아가 돈오의 극치에 달하도록 하여, 오직 "돈오 일문이 있어 해탈을 얻을 수 있다."247)고 주장하게 되었다. 마치 사물이 일단 극에 이르면 변화가 발생하는 것처럼, 남종의 수행법은 마조도일(馬祖道一)에 이르러 또 한번 변하여 직지심원(直指心源), 돈오견성(頓悟見性)으로부터 수연임운(隨緣任運), 무증무수(無證無修)의 경향이 나타나기 시작하였다. 예컨대 마조(馬祖)는

　　도는 닦음을 쓰지 않으니, 다만 오염되지 말라. …… 다만 생사의 마음이 있어 조작하고 좇아가면 모두 오염이다. 만약 바로 그 도를 알고자 하면 평상심이 도이다. 무엇을 평상심이라 이르는가? 조작, 시비, 취사(取捨), 단상(斷常), 범성(凡聖)이 없음이다. 경에 이르기를, '범부의 행함도 아니며 성현의 행함도 아님이 보살행이다.'라고 하였다. 다만 지금 행주좌와(行住坐臥)하고 근기에 따르고 사물을 접함이 모두 도이다.248)

라고 하였다.

마조의 "평상심시도(平常心是道)" 사상은 후학을 위하여 방편(方便)의 문을 크게 열었고, 그 제자 회해(懷海)는 한 걸음 더 나아가 "닦음이 있고 증득함이 있음은 …… 요의(了義)가 아니고, 닦음이 없고 증득함이 없음은 …… 요의이다."249)라고 하였다. 일체의 수증(修證)을 방편시설

---

247) 有頓悟一門, 卽得解脫. 혜해(慧海), 『돈오입도요문론(頓悟入道要門論)』
248) 道不用修, 但莫汚染. …… 但有生死心, 造作趣向, 皆是汚染. 若欲直會其道, 平常心是道. 何謂平常心? 無造作, 無是非, 無取舍, 無斷常, 無凡無聖. 經云, 非凡夫行, 非聖賢行, 是菩薩行. 只如今行住坐臥, 應機接物, 盡是道. 『경덕전등록(景德傳燈錄)』 28권.
249) 有修有證, …… 是不了語, 無修無證, …… 是了義教語. 『고존숙어록(古尊宿語錄)』 1권.

(方便施設)로 보았고, 무증무수(無證無修)를 구경(究竟), 요의(了義)로 보았다. 회해(懷海)의 제자 희운(希運)은 더욱이 "중생이 본래 부처요, 수행을 필요로 하지 않는다."250)라고 하고, "당체(當體)는 곧 옳음이요, 생각이 움직임은 바로 어그러짐이다.251)는 것을 창도하여, "어묵동정(語默動靜), 일체성색(一切聲色)이 모두 다 불사(佛事)이다."252)라고 보았다. 회해 문하에서 갈라져 나온 위산영우(潙山靈佑), 앙산혜적(仰山慧寂)과 희운(希運)의 제자 임제의현(臨濟義玄) 등에 이르러서는 더욱 멀어져, 공안을 참구하고 기봉(機鋒)으로 기치를 세운 "분등선(分燈禪)"으로 진입한다.

혜능의 다른 한 계통인 청원행사(青原行思), 석두희천(石頭希遷)도 또 다른 길에서 돈오선법을 끊임없이 전진시켰다. 홍주선(洪州禪)과 서로 유사한 석두선(石頭禪)은 천황도오(天皇道悟), 약산유엄(藥山惟儼) 이후, 또한 임성소요(任性逍遙)를 제창하고, 어떠한 수증(修證)도 설하지 않는 경향이 나타났다. 약산(藥山)은 일찍이 "구름은 하늘에 있고, 물은 병에 있다."253)는 한 구절로 선종사에 이름을 날렸으며, 천황도오(天皇道悟)는 더욱 "성품에 따라 소요하고 인연을 따라 널리 자유자재한다."254) 하고, "다만 평범한 마음을 다한다면 따로 성인의 알음알이가 없다."255)는 것을 제창하였다. 단하(丹霞)선사는 "성품은 스스로 천연적인 것이어서 지어 만듦을 빌리지 않는다."256)를 주장하여, "천연(天然)"을 이름으로 삼고, "소불(燒佛)"로서 이름을 날렸다. 조주대전(潮洲大顚)은 "눈 깜박이고 눈썹 올림은 바람 부는데 맡기며, 어묵동정은 그윽하고 깊은 이치를 묘하게 드러낸다."257)라고 하였다. 이 계통에서 발전해 나온 동산양개(洞山

---

250) 衆生本來是佛, 不假修行.『완릉록(宛陵錄)』
251) 當體便是, 運念卽乖.『종릉록(鍾陵錄)』
252)『완릉록(宛陵錄)』
253) 雲在天, 水在瓶.
254) 任性逍遙, 隨緣放曠.
255) 但盡凡心, 別無聖解.
256) 性自天然, 不假雕琢.

良价), 조산본적(曹山本寂)과 운문문언(雲門文偃), 법안문익(法眼文益) 등은 부처를 "몽둥이 한방으로 때려죽여 개에게 먹여, 천하가 태평하길 꾀하겠다."258)라고 하였다.

중국의 선에는 또 하나의 계통이 있는데 그 이전에는 그다지 중시되지 못하였다. 하지만 최근 몇 년 동안 어떤 학자[예컨대 인순(印順)]의 연구를 통하여, 이 계통의 선법은 상당한 중요성이 있으며, 또한 여기에 중국선(中國禪)의 근원이 있다고 주장하였다. ― 그것은 바로 우두법융(牛頭法融)이 창립한 우두선(牛頭禪)이다. 인순(印順)은 『중국선종사(中國禪宗史)』에서 다음과 같이 지적하였다.

> 인도선이 중국선종으로 변하여 중화선(中華禪)을 이룬 것을 호적(胡適)은 신회(神會)로부터라고 하였다. 사실 그것은 단지 신회가 아닐 뿐 아니라 혜능(惠能) 역시 아니다. 중화선의 근원, 중화선의 건립자는 우두(牛頭)이다. 마땅히 '동하(東夏)의 달마(達磨)'는 바로 법융(法融)인 것이다.259)

여기에서 호적(胡適)과 인순의 주장에 대하여 평론을 가할 생각은 없지만, 우두선이 후대 "분등선"에 끼친 영향을 한번 고찰해보기로 하겠다.

우두선의 근본사상은 "허공위도본(虛空爲道本)", "망정이위수(忘情以爲修)"이다. 혹은 "무심합도(無心合道)", "무심용공(無心用功)"이라고 한다. 종밀(宗密)의 『중화전심지선문사자승습도(中華傳心地禪門師資承襲圖)』의 해석에 의하면,

> 우두의 종지는 제법이 꿈같고 본래 일이 없으며, 심경(心境)이 본래 공적하여 이제 비로소 공적해짐이 아님을 체득함이다. …… 이미 본래 일이 없음을 요달하면 이치에 마땅히 자기를 잃고 정(情)을 잊음이다. 정을 잊

---

257) 揚目瞬眉, 一任風顚, 語默動靜, 妙闡幽玄.
258) 一棒打殺給狗子吃, 却圖天下太平.
259) 인순(印順), 『중국선종사(中國禪宗史)』, 128쪽.

음은 곧 고통의 원인이 끊어지고 일체의 고액(苦厄)을 제도한다. 이것이 정을 잊음으로 닦음을 삼는 것이다.260)

라고 하였다.

대도(大道)는 본래 허공이고, 제법은 마치 꿈과 같으며, 일체의 모든 고통은 정식(情識)에서 얽히는 것으로, 만약 정(情)을 잊고 자기를 잃어버리고 본래 일이 없게 되면 하나 하나가 본래 부처라는 것이다. 이러한 사상에 비추어보면 일체의 수증(修證)은 의심할 것도 없이 모두 헛된 노력이다. 『경덕전등록(景德傳燈錄)』에서 도신(道信)이 법융(法融)에게 전해준 "법요(法要)"는 "마음에 맡겨 자재하고 관행(觀行)을 짓지 마라. 행주좌와(行住坐臥)와 눈으로 보고 연(緣)을 만남이 모두 부처의 묘용이다. 쾌락하여 근심이 없으므로 이름이 부처이다."261)라는 것이다. 이러한 사상과 조사선의 "도유심오(道由心悟)"는 상당히 취지가 다르지만, 분등선의 무증무수(無證無修) 사상과는 더욱 가깝다. 실제로 사상적인 연원에서 말하면, 초불월조(超佛越祖)의 분등선은 결코 완전히 혜능의 조사선에서 나온 것이 아니라, 상당한 정도에 있어서 우두선의 사상을 흡수하였다.

이른바 분등선(分燈禪)은 주로 오조분등(五祖分燈) 이후의 선법을 가리킨다. 이러한 선법의 중요한 하나의 특징은 수행법에 있어서 무증무수(無證無修)를 주장하고, 수연임운(隨緣任運), 순임자연(純任自然)을 제창한다는 것이다. 선종 분등 이후의 오가(五家)는 비록 종풍(宗風)에 있어서 차이는 있지만, 그것들은 성자천연(性自天然), 불가조작(不加造作)을 주장하고 순임자연(純任自然), 무증무수(無證無修)를 제창하는 점에 있어

---

260) 牛頭宗意者, 體諸法如夢, 本來無事, 心境本寂, 非今始空. …… 旣達本來無事, 理宜喪己忘情. 情忘則絶苦因, 方度一切苦厄. 此以忘情爲修也. 『속장경(續藏經)』 1집, 2편, 15, 5책.
261) 任心自在, 莫作觀行, 行住坐臥, 觸目遇緣, 總是佛之妙用. 快樂無憂, 故名爲佛. 『경덕전등록(景德傳燈錄)』 4권.

서는 공통적이다. 예컨대 임제의현(臨濟義玄)은 "불법은 노력할 바가 없는 것이며, 단지 평상적이고 일이 없는 것"262)이며, "대소변을 보고 싶으면 보고, 옷을 입고 밥을 먹고, 졸리면 자는 것"263)이라고 주장하였다. 또한 "경교(經敎)를 보는 것은 모두 업을 짓는 것"264)이며, 경전을 보지 않고, 선을 배우지 않아야 "모두 이와 같이 가르쳐 부처를 이루고 조사를 지어간다."265)고 하였다. 위산영우(潙山靈佑)도 수증(修證)을 빌리지 말아야 한다고 주장하여 또한 "수(修)와 불수(不修)는 두 가지의 말"266)이라고 하였다. 백장회해(百丈懷海)는 그 선풍(禪風)을 평하여 "위산의 물소를 몰아내니, 아무도 코뚜레 잡아채지 못하네. 버들가지 푸르고 풀 향기 싱그러운 봄바람 부는 언덕에, 눈을 감고 높이 누워 자재를 얻었네."267)라고 하였다. 장경대안(長慶大安)선사는 "위산에 삼십 년 있으면서, 위산에서 밥을 먹고, 위산에서 똥을 쌌지만, 위산선(潙山禪)을 배우지 않았고, 다만 한 마리 암컷 물소(水牯牛)를 보았을 뿐이다."268)라고 하였다. 위산의 제자 향엄지한(香嚴智閑)도 굴지격죽(掘地擊竹)하여 활연히 깨달음을 얻었기 때문에, "한번 치는 소리에 아는 바를 잊으니, 다시 닦음을 빌리지 않고, 움직이는 용모마다 옛 자취 드러내어, 어리석은 근기에 떨어지지 않았다."269)라는 게송을 지었다. 복주(福州) 영운지근(靈雲志勤)선사도 일찍이 위산 문하에서 도화(桃花)를 보고 도를 깨달아, "삼십 년을 찾은 신통한 검객이여, 몇 번이나 낙엽지고 가지 새로 났는가! 한 번 복숭아 꽃 본 후로, 바로 지금에 이르기까지 다시 의심 없구나."270)라는 게송을 지었다. 동산선(洞山禪)에 있어서는 더욱 "홍주(洪

---

262) 佛法無用功處, 只是平常無事
263) 屙屎送尿, 著衣吃飯, 困來卽眠
264) 看經看敎, 皆是造業
265) 總敎伊成佛作祖去.『고존숙어록(古尊宿語錄)』5권.
266) 修與不修, 是兩頭話
267) 放出潙山水牯牛, 無人堅執鼻繩頭, 綠楊芳草春風岸, 高臥橫眠得自由.
268)『오등회원(五燈會元)』4권.
269) 一擊忘所知, 更不假修治, 動容揚古路, 不墮悄然機.『경덕전등록(景德傳燈錄)』11권.

州), 석두(石頭)에서 나와 우두(牛頭)에 가깝고 또한 한 걸음 더 나아가 발전하였다."271)고 하였다. 동산양개(洞山良价)는 우두법융의 "무심합도(無心合道)"에 의지하여 "도는 무심으로 사람에 합하고, 사람은 무심으로 도에 합하니, 이 도리를 알고자 한다면, 하나 늙으면 하나는 늙지 않네!"272)라는 게송을 지었다. 이는 도체(道體)는 없는 곳이 없으며, 또 몸과 마음에 두루 있어서, 사람은 용심(用心)할 필요 없이 자연히 도에 합해짐을 말한다. 이것은 실제로 우두의 "무심합도(無心合道)", "무심용공(無心用功)" 사상의 재판(再版)이다. 운문종(雲門宗)의 문언(文偃)선사는 몽둥이로 부처를 죽여 개에게 먹이겠다는 것으로 이름을 날렸다. 이러한 아불매조(啊佛罵祖)하는 작풍(作風)은 당시 성행한 순임자연(純任自然)을 주장하고 주본원자성천진불(做本源自性天眞佛)을 강조한 사상과 일치한다. 이미 부처는 사람마다 본래 천연적인 것이기 때문에 어떠한 독경수행(讀經修行)과 구불구조(求佛求祖)도 모두 스스로 얽매게 하는 것이고, 헛되게 고통을 받게 하는 것이기 때문이다. 바로 이 사상에 기초하여 오조분등 후의 선종은 항상 절학무위(絶學無爲)를 제창하는 동시에 많은 아불매조(啊佛罵祖)가 나왔고, 심지어 "부처를 만나면 부처를 죽이고, 조사를 만나면 조사를 죽인다."는 말까지 출현하였다.

여기에서 전, 후기 선종의 수행법에 대하여 간략하게 비교해 보도록 하겠다. 전기 혜능으로 대표되는 조사선 선법이 가장 중요시한 것은 "도유심오(道由心悟)"이며, "직지심원(直指心源), 돈오견성(頓悟見性)"을 강조하였다. 이 가운데 가장 관건은 "심오(心悟)"이다. 이것이 바로 혜능이 말한 바와 같이 "자기 마음속으로부터 문득 진여본성이 나타난다."273)는 것이며, "깨닫지 못하면 평범한 사람이고, 깨달으면 부처"라는 것이다.

---

270) 三十年來靈劍客, 幾回落葉幾抽枝. 自從一見桃華後, 直至如今更不疑. 『경덕전등록(景德傳燈錄)』11권.
271) 인순(印順), 『중국선종사(中國禪宗史)』409쪽.
272) 道無心合人, 人無心合道, 欲識個中意, 一老一不老.
273) 于自心中頓現眞如本性.

이러한 수행법은 조사선이 일체를 자심자성(自心自性)에 귀결시킨 것과 나눌 수 없는 것인데, 자심(自心)은 일체를 모두 갖추고 있어서 자심에서 노력하면 충분하기 때문이다. 그리고 자심에서 노력하는 가장 좋은 방법은 "깨달음〔悟〕"이므로, 조사선의 수행법은 거의 "도유심오(道由心悟)"로써 포괄한다고 할 수 있다. 이와는 다르게 분등선이 가장 중요시한 것은 "본자천연(本自天然)"이다. 이미 일체는 천연(天然)을 갖추고 있는데, 인간이 어째서 수증(修證)으로 "깨달음"을 구하겠는가? 모든 일은 인연을 따르고 흐름에 맡김〔隨緣任運〕으로 충분하니, 따라서 순수하게 자연에 맡기고〔純任自然〕, 조작을 가하지 않아〔不可造作〕 본원자성천진불(本源自性天眞佛)을 이루는 것이다. 한 걸음 한 걸음, 움직임과 멈춤 등 일체의 모든 동작들이 모두 보리도량(菩提道場)이고, 물 긷고 장작 나르는 것이 모두 미묘한 도가 아님이 없으며, 옷을 입고 밥을 먹는 것이 모두 부처의 일이라고 하였다.

(2) 즉심즉불(卽心卽佛)과 만류지중(萬類之中), 개개시불(個個是佛)

조사선은 심오(心悟)를 중시하고 분등선은 자연을 숭상하여, 두 선이 수행법에서의 한 가지 다른 점이 있는데, 만약 한 걸음 더 나아가 그 근원을 찾아보면, 대개 두 선의 불성론이 다른 것에 비롯된다. 조사선의 불성론이 "심즉불(心卽佛)", "일체중생실유불성(一切衆生悉有佛性)"으로 기초를 삼는다면, 분등선은 또 이 기초 위에서 한 걸음 더 나아가 "무정유정(無情有情)", "만류지중(萬類之中), 개개시불(個個是佛)"을 근본으로 삼았다.

조사선은 "즉심즉불(卽心卽佛)"을 주장하여 일체제법을 자심자성(自心自性)에 귀결시켰는데, 이 점은 이미 학계에 널리 알려진 바이다. 그러나 만약 막연하게 "심즉불(心卽佛)"을 말한다면 결코 조사선의 특징을 개괄할 수 없다. 인도의 불교경전은 말할 것도 없이 중국불교의 화엄(華嚴)

과 천태(天台) 두 종이 모두 부처를 마음[心]에 귀결시킨 많은 설법이 있기 때문이다. 예컨대, "마음과 부처, 중생의 셋은 차별이 없다."274), "마음이 생하면 종종의 법이 생하고, 마음이 멸하면 종종의 법도 멸한다."275), "부처는 깨달음으로 이름하고, 성품은 마음으로 이름한다."276), "마음 마음에 부처 지으니 한 마음도 부처의 마음 아님이 없다."277) 등이다. 여기서 지적하고자 하는 것은 조사선이 말한 "마음[心]"과 인도의 불교경전 내지 중국불교의 천태와 화엄 두 종에서 말한 "마음"의 차별이다. 바로 이것이 조사선의 불성론 및 수행법과 전통 불교와의 차별이고, 또한 후대의 분등선과도 차별을 불러왔다는 것이다.

학계에서 일반적으로 모두 "육조혁명"에 있어서 중요한 하나의 내용은 일체제법 내지 중생, 제불을 자심(自心)에 귀결시켜 "즉심즉불(卽心卽佛)"을 제창하였다는 것으로 본다. 실제로 이러한 설법은 단지 반만 맞는다. — 왜냐하면 "육조혁명"의 핵심 혹은 근본점을 말하면, 결코 "즉심즉불"을 제창한 데 있지 않기 때문이다. 혜능은 "마음" 자체에 대하여 근본적인 변혁을 하였으며, 또한 전통불교에서 말한 "진심(眞心)"을 중생의 눈앞에 당면한 현실의 인심(人心)으로 변화시켰던 것이다.

전통적인 견해로는 선종이 말한 "마음"은 인도 불교경전에서 말한 "마음"과 같이 모두 "진심(眞心)"과 "여래장자성청심(如來藏自性淸心)"을 가리킨다고 하지만, 필자는 이러한 견해가 비록 어느 정도 도리는 있지만, 선종에서 말한 "마음"에 대하여 총체적으로, 일률적으로 말할 수는 없으며, 마땅히 구체적인 분석과 구체적인 분별을 해야 한다고 본다. 여기에서의 구체적인 분석과 구체적인 분별이란 주로 선종 전, 후기의 "마음"을 섞어서 함께 논하지 말고, 더욱 나아가 선문 각 종파의 "마음"을

---

274) 心佛與衆生, 是三無差別.
275) 心生則種種法生, 心滅則種種法滅.
276) 佛名爲覺, 性名爲心. 혜사(慧思), 『대승지관법문(大乘止觀法門)』 2권.
277) 心心作佛, 無一心而非佛心. 법장(法藏), 『화엄경탐현기(華嚴經探玄記)』 1권.

모두 하나로 보지 말아야 하며, 서로 다른 시대와 다른 전적(典籍)에서 말한 "마음"을 똑같이 보지 말아야 함을 가리킨다. 만약 후기 선종이 말한 "마음"은 확실히 일종의 항상하고 편재(遍在)하는 "진심(眞心)"을 가리킨다고 한다면, 전기의 조사선이 말한 "마음"은 주로 눈앞에 당면한 현실의 인심(人心)을 가리킨다고 하겠다. 이에 대하여 졸저 『중국불성론(中國佛性論)』 제6장에서 이미 다섯 방면에 걸쳐 구체적으로 논술을 하였기 때문에 여기에서는 거론하지 않겠다.

혜능이 바로 눈앞 현실의 마음으로 불성을 말한 것은 필연적으로 하나의 결과를 불러온다. 즉, 전기 선종의 불성은 유정중생(有情衆生)에 대하여 많이 논하고 무정물(無情物)에 대하여는 그다지 언급하지 않고 있다. 이 점은 조사선의 적전(嫡傳)인 신회(神會)에게서 특히 두드러지게 나타난다. 『신회어록(神會語錄)』에 따르면, 우두종의 산원(山袁)선사와 신회는 다음과 같은 문답을 하였다.

> 문: 불성이 일체처에 두루하는가?
> 답: 불성이 일체의 유정(有情)에 두루하고, 일체의 무정(無情)에 두루하는 것은 아니다.
> 문: 선배 대덕이 모두 도를 말하기를, '푸르고 푸른 대나무가 모두 법신이며, 활짝 핀 노란 꽃이 반야 아님이 없다.' 하는데, 지금 선사는 무슨 까닭으로 도를 말하면서 불성이 오직 일체의 유정에만 통하고 일체의 무정에는 두루하지 않는다고 하는가?
> 답: 어찌 푸른 대나무가 공덕법신과 같으며, 어찌 활짝 핀 꽃이 반야의 지혜와 동등하리요? 만약 푸른 대나무와 노란 꽃이 법신, 반야와 같다면 여래가 어떤 경에서 푸른 대나무와 노란 꽃에 수기를 주었는가? 만약 푸른 대나무와 노란 꽃으로 법신, 반야와 동등하게 한다면 이는 곧 외도의 설이다. 무슨 까닭인가? 『열반경(涅槃經)』에 불성이 없는 것은 이른바 무정물이라고 밝힌 글이 있다.[278]

---

278) 問: 佛性遍一切處? 答: 佛性遍一切有情, 不遍一切無情. 問: 先輩大德皆言道, 青青翠竹,

신회의 말은 조사선의 즉심즉불(卽心卽佛)에 대한 하나의 절묘한 주석이다. 만약 혜능이 말한 "마음"이 항상 편재(遍在)하는 "진심(眞心)"을 가리킨다면 신회는 이와 같이 대답할 수 없었을 것인데, 바로 혜능이 말한 "마음"은 주로 유정중생의 "마음"을 가리키기 때문이다. 따라서 신회는 "취죽법신(翠竹法身)"과 "황화반야(黃花般若)"설을 반대하였다. 조사선이 말한 "마음"은 각성(覺性)과 오성(悟性)을 갖추고 있는 유정중생의 "마음"을 가리키며, 또한 이것을 불성으로 삼는다.

조사선과는 다르게 분등선의 불성에 대한 이해는 또 다른 양상이다.

관련된 자료에 따르면, 혜능의 후학 남악(南岳)계통이 마조도일(馬祖道一)로부터 일어나, "일체의 법은 모두 불법이다."279)라는 경향이 나타나기 시작하였다. 종밀(宗密)의 『중화전심지선문사자승습도(中華傳心地禪門師資承襲圖)』에서 마조도일의 선법을 평하여 "홍주선의 뜻은 마음을 일으키고 생각을 움직이며, 손가락을 튕기고 눈을 움직이고, 짓는 바와 하는 바가 모두 불성 전체의 용(用)이요, 다시 다른 용이 없다."280)라고 하였다. 『원각경대소초(圓覺經大疏鈔)』에서 종밀은 또한 홍주선(洪州禪)이 "성재작용(性在作用)"을 강조하였다고 지적하여 "마음을 일으키고 생각을 움직이며, 손가락을 튕기고 기침을 하고, 짓는 바와 하는 바가 모두 불성 전체의 용(用)이요, 다시 두 번째의 주재하는 것은 없다."281)라고 하였다. 이러한 "성재작용(性在作用)"의 사상이 비록 "무정유성(無情有性)"은 아니지만, 이미 불성을 보편화, 일상화하고 세속화시키기 시작하였다. 혜능 후학의 또 다른 한 계통이 석두희천(石頭希遷)에서 나와

盡是法身, 郁郁黃花, 無非般若. 今禪師何故言道, 佛性獨通一切有情, 不遍一切無情? 答: 豈將青青翠竹同于功德法身? 豈將郁郁黃花等于般若之智? 若青竹黃花同于法身般若, 如來于何經中說與青竹黃花授菩提記? 若是將青竹黃花同于法身般若, 此即外道說也. 何以故? 涅槃經具有明文, 無佛性者, 所謂無情物也.『하택신회선사어록(荷澤神會禪師語錄)』

279) 一切法皆是佛法.
280) 洪州禪意, 起心動念, 彈指動目, 所作所爲, 皆是佛性全體之用, 更無別用.
281) 起心動念, 彈指謦咳, 揚眉瞬目, 所作所爲, 皆是佛性全體之用, 更無第二主宰.『원각경대소초(圓覺經大疏鈔)』2권.

"무정유성(無情有性)"을 논하기 시작하였다.『오등회원(五燈會元)』에 따르면, 도오(道悟)가 "불법의 대의(大意)가 무엇인가?"라고 물었을 때, 희천은 "알지 않으면 안 된다.〔不得不知〕"고 하였다. 도오가 다시 "향상하여 다시 구르는 곳이 있는가 없는가?〔向上更有轉處也無?〕"라고 물으니, 희천은 "긴 하늘에 흰 구름 떠감에 장애가 없다.〔長空不碍白雲飛〕"라고 답하고, 다시 "무엇이 선인가?"라고 물으니, 희천은 "벽돌(磚磈)"이라고 하였고, "무엇이 도인가?"라고 물으니, 희천은 "나무!(木頭)"라고 답하였다.282) 이와 동시에 선종의 또 다른 한 계통인 우두선(牛頭禪)이 당(唐) 중기 이후부터 또한 "무정유성(無情有性)"을 논하기 시작하였다. 우두종 산위(山威)선사의 제자 혜충(慧忠)이 "무정유성"을 명확하게 주장하였다. 『지월록(指月錄)』에 의하면, 어떤 승려가 혜충에게 "어느 것이 불심(佛心)이냐?"고 물으니, 혜충이 "담장의 기왓장이 그렇다."283)고 하였다. 승려가 "경전과 크게 서로 위배된다.『열반경(涅槃經)』에 이르길, '담장의 무정물을 떠나므로 불성이라고 이름한다."284)고 하였는데, 이제 불심은 아직 분명하지 않은 마음과 성(性)이 다른가 다르지 않은가?"라고 물으니, 혜충이 "깨닫지 못하면 다르고, 깨달으면 다르지 않다."라고 하였다. 승려가 "경전에 이르길, 불성은 항상하고, 마음은 무상하니, 이제 다르지 않다고 하는 것은 무엇인가?"라고 물으니, 혜충은 "너는 다만 말에 따르고, 뜻에 따르지 않는다. 예컨대 추운 날 물이 얼어 얼음이 되고, 따뜻한 때가 되면 얼음이 녹아 물이 된다. 중생이 깨닫지 못할 때 성(性)이 모아져 마음을 이루고, 중생이 깨달았을 때 마음이 풀려 성(性)이 된다. 만약 무정무불성(無情無佛性)에 집착한다면 경전에서 마땅히 삼계유심(三界唯心)이라고 하지 않았을 것이다. 이는 네가 경에 어두운 것이지 내가 틀린 것이 아니다."285)라고 하였다. 혜충의 이러한 말은 비록 뜻에 의하

---

282)『오등회원(五燈會元)』5권.
283) 墻壁瓦礫是.
284) 離墻壁無情之物, 故名佛性.

여 "무정유성(無情有性)"을 말했지만, 여전히 "어리석음(迷)"과 "깨달음(悟)"을 빌리고 있다. 오조분등(五祖分燈) 이후의 선종은 "무성유성"을 논할 때 더욱 단도직입적이다.

분등선이 "화두(話頭)"와 "공안(公案)"을 성행시켰으며, 가장 치열하게 논한 것은 "무엇이 조사가 서쪽에서 온 뜻인가?"[286)]와 "무엇이 불법의 대의인가?"[287)]이며, 이것에 대한 대답은 오화팔문(五花八門)이다. 어떤 선사는 "뜰 앞의 잣나무〔庭前柏子樹〕"라 하고, 어떤 선사는 "봄이 오니 풀이 절로 푸르러진다.〔春來草自靑〕"고 하고, 어떤 선사는 "산하대지(山河大地)"라고 하고, 어떤 선사는 "담장의 기왓장〔墻壁瓦礫〕"이라고 하였다. 상황은 갈수록 악화되어 어떤 선사는 "변기 구멍〔厠孔〕"이 부처이고, "마른 똥막대〔干屎橛〕"가 부처라고 하였다. 종합하면, 이 시대의 선사들 눈에는 한 송이 꽃과 한 줄기 가지가 불성(佛性)으로부터 자연히 유출되지 않는 것이 없으며, 하나의 색(色)과 향(香)이 모두 지시심요(指示心要)하고 묘오선기(妙悟禪機)할 수 있을 뿐만 아니라, 또한 가장 냄새나고 더러운 "측공(厠孔)"과 "간시궐(干屎橛)" 등조차도 모두 진여불성(眞如佛性)의 체현이라고 하였다. 이것은 조사선에서 청죽법신(靑竹法身), 황화반야(黃花般若)를 반대한 사상과 실제로 상당히 그 취지가 다르다.

조사선과 분등선의 불성 사상의 다른 점을 지적하는 것은 어떤 의미에서 말하면 비교적 쉽지만, 더욱 중요한 것은 마땅히 한 걸음 더 나아가 왜 이러한 다른 점이 나타났는가? 그 근본적인 원인이 무엇인가를 분명히 밝혀내는 데 있다.

중국 선종사(禪宗史)를 살펴보면, 분등선이 불성 사상에서 이러한 변화가 일어날 수 있었던 까닭은 주로 분등선이 말하는 "불성"과 전기 선종이 설하는 "불성"이 이미 다르기 때문이다. 전기 선종이 설하는 "불

---

285) 『지월록(指月錄)』 6권.
286) 如何是祖師西來意.
287) 什麽佛法大意.

성"은 주로 유정중생(有情衆生)의 눈앞에 당면한 현실의 인심(人心)을 가리키며, 후기 선종이 말하는 "불성"은 주로 항상편재(恒常遍在)하는 "진심(眞心)"을 가리킨다. 이 차이는 실로 양종 선법이 수행론과 불성론에 있어서 나타나는 차별의 근본원인을 조성하는 것이다. 전기 선종이 "인심(人心)"으로 "불성"을 삼고, 이 마음에는 각성(覺性)과 오성(悟性)이 있으며, 따라서 "불도를 구하려면 모름지기 이 마음을 깨달아야 한다."288)는 것을 강조하고, "도유심오(道由心悟)"와 "명심견성(明心見性)"을 중시하며, 단지 유정(有情)이 있어야 불성이 있다고 주장하여, "청죽법신(青竹法身)"과 "황화반야(黃花般若)"설을 반대하였다. 이와는 다르게 후기 선종의 불성으로서의 "진심(眞心)"은 일체 만물에 편재(遍在)하는 것으로, 따라서 논리적으로 "만류지중(萬類之中), 개개시불(個個是佛)"과 "성자천연(性自天然), 불가조탁(不假雕琢)"의 결론을 얻어낼 수 있었다.

물론 더욱 중요한 것은 아마도 어째서 조사선이 "인심(人心)"으로써 불성을 삼았고, 그리고 분등선은 어째서 "진심(眞心)"으로 불성을 삼았는가에 있는 것이다.

(3) 조사선의 유학화와 분등선의 노장화

사람들은 중국(中國)이 문명고국(文明古國)이고, 각종 전통문화가 면면히 전해 내려오며, 찬란하고 다채롭다는 것을 알고 있다. 일찍이 선신(先秦)시대에 제자(諸子)가 출현하여 백가(百家)가 쟁명(爭鳴)하는 상황이 나타났다. 비록 선진제자의 학설이 후대에 대다수 사라지지만, 양가(兩家)의 학설은 날로 발전하여 중국 고대 학술 문화의 양대 사상조류를 이루었는데, 이것이 공맹(孔孟)으로 대표되는 유학(儒學)과 노장(老莊)으로 대표되는 도가(道家)문화이다.

---

288) 欲求佛道, 須悟此心. 『속장경(續藏經)』 1집, 2편, 15, 5책.

유학의 가장 큰 특징은 "인(人)"을 중시하여 그 출발점과 귀결점이 모두 "인간"이며, 일종의 "인간"으로 중심을 삼는 인본주의(人本主義) 사조(思潮)이다. 사상에 관하여 말하면, 유학의 주지(主旨)는 사람과 사람 사이의 상호관계를 탐구하는 것으로, 일종의 인륜도덕을 연구하는 윤리철학(倫理哲學)이다. 이러한 윤리철학은 자사(子思)와 맹자(孟子)로부터 시작하여, 인륜도덕 및 그 수양(修養)을 심성(心性)에 귀결시키는 경향이 나타났다. 『맹자(孟子)』에 이미 "그 마음을 다하는 것은 그 성품을 아는 것이요, 그 성품을 아는 것은 바로 하늘을 아는 것이다."[289]라는 말이 있으며, 『중용(中庸)』은 "천명은 성을 가리킴이요, 성에 따름은 도라고 한다."[290]는 것을 강조하고, 『순자(荀子)』는 "마음이란 도의 주재하는 것이다."[291]를 주장하며, 『대학(大學)』은 "정심(正心)"과 "성의(誠意)"를 논하고 있다. 이러한 것은 진심견성(盡心見性)으로 말미암아 천도(天道)에 도달하고, 수심양성(修心養性)으로 말미암아 전범입성(轉凡入聖)함을 제창하고 있는 것이다. 유가의 이러한 사상은 후대의 중국불교에 깊은 영향을 끼쳤으며, 남북조(南北朝) 이후의 중국화의 색채가 비교적 짙은 불교 종파는 심성(心性)을 중시하기 시작하였다. 천태종(天台宗)의 학설이 비록 중도실상(中道實相)을 기치로 삼고 성구선악(性具善惡)을 특징으로 하지만, 최후에는 실상(實相)을 일념심(一念心)에 귀결시켜, "마음은 제법의 근본이고 마음이 바로 모든 것이다."[292]라고 보았다. 불성은 즉 "각심(覺心)"이며, 수행의 관건은 "반관심원(反觀心源)"과 "반관심성(反觀心性)"할 수 있는 데 있다고 주장하였다. 화엄종이 비록 『화엄경(華嚴經)』을 종본(宗本)으로 삼고 불성연기(佛性緣起)를 주장했지만, 그 연기론을 구체적으로 설명할 때 점차로 "심(心)"의 지위와 작용이 두드러져 "각유

---

289) 盡其心者, 知其性也, 知其性則知天矣.
290) 天命之謂性, 率性之謂道.
291) 心者道之主宰.
292) 心是諸法之本, 心卽總也. 지의(智顗), 『법화현의(法華玄義)』 1권, 상. 『대정장(大正藏)』 33권, 685쪽.

심현고(各唯心現故)"와 "수심회전(隨心回轉)" 등의 설법으로 중생과 불(佛), 제법이 상호 융합하는 것을 논술하고 있다. 선종은 중국화의 색채가 짙을 뿐만 아니라, 그 자체가 일종의 중국화된 불교이다. 그러한 선종은 유가의 심성(心性)설의 영향을 가장 깊고 가장 강렬하게 받았다. 선종의 조사(祖師)는 "즉심즉불(卽心卽佛)"과 "명심견성(明心見性)"을 제창하였는데, 여기서 말하는 "심"은 유가에서 말한 도덕주체로서의 "인심(人心)"에 가깝고, 전통불교에서 말하는 추상본체로서의 "진심(眞心)"과는 서로 완전히 같다고 할 수 없다. 여기서 말하는 "성(性)"도 농후한 인륜도덕의 색채를 띠고 있는 유정중생(有情衆生)의 인성(人性)이며, 전통불교에서 말하는 일체제법의 추상본체로서의 "진여불성(眞如佛性)"과는 다르다. 사실 조사선에서 심성의 강조 및 그 심성에 대한 함의(含意)의 변화는, 즉 본래 추상본체로서의 "심(心)"과 "성(性)"을 "인심화(人心化)"하고 "인성화(人性化)"한 것은 이미 상당한 정도에 있어서 그 불성론과 수행론으로 하여금 다만 "중생유성(衆生有性)"을 주장하고 "도유심오(道由心悟)"를 중시하게 결정하였다. 당(唐) 말기와 오대(五代)에 이르러 이러한 상황에 변화가 일어나기 시작하였다. 유가의 부흥으로 말미암아, 특히 송(宋)대에 이르러 신유학(新儒學)의 출현으로 말미암아 수·당 불교가 유가로부터 흡수해온 사상을 다시 신유학이 섭취해가고, 불교의 기반이 크게 축소되고, 신유학은 "현학(顯學)"으로 상승하게 되었다. 그리고 "심성론"에 대하여 말하자면, 그것은 본래 유가의 "도전(道傳)"으로, 이 시대의 불교는 유가의 "심성론"과 뒤섞여 불교 자체의 특색을 드러내기가 매우 어려웠다. 따라서 송·원 이후의 선종은 사유양식에 있어서 다시 방향을 바꾸어 도가(道家)에 접근하여, "인심(人心)"을 중시하던 것에서 "자연(自然)"을 숭상하게 되었고, 그에 따라 "성자천연(性自天然)"과 "불가조작(不加造作)"을 창도하였던 것이다.

　도가(道家)사상의 가장 큰 특징은 "자연"을 강조한 것이다. 노자(老子)는 이미 "사람의 법은 땅이고, 땅의 법은 하늘이며, 하늘의 법은 자연이다."293)와 "만물의 자연을 도와 감히 함이 없다."294)라는 설법이 있으며, 장자(莊子)는 한 걸음 더 나아가 노자의 "도법자연(道法自然)" 사상을 해석하여, "도(道)"를 보편화·물화(物化)·자연화하여, "도"는 무지무위(無知無爲)하고 무소부재(無所不在)한 것으로 보았으며, 소요방임(逍遙放任)과 좌망성진(坐忘成眞)을 주장하였다. 노장(老莊)철학을 그 발전과정에 있어서 다음과 같은 몇 개의 사회사조에 대해 깊은 영향을 끼쳤다. 첫째는 도교(道敎)이고, 둘째는 현학(玄學)이며, 셋째는 중국불교(中國佛敎)이다. 그리고 중국불교에 대한 영향은 또한 주로 위진(魏晉) 반야학(般若學)과 후기 선종[후대 분등선(分燈禪)의 주요 사상의 근원이 된 우두선(牛頭禪)을 포괄함]에 대한 영향으로 나타난다.

노장(老莊)과 현학(玄學)의 우두선(牛頭禪)에 대한 영향은 인순(印順) 법사의 『중국선종사(中國禪宗史)』와 저백사(褚柏思)의 『중국선종사화(中國禪宗史話)』에서 비교적 상세하게 논술하였다. 그들은 우두선을 "현학화(玄學化)한 우두선"이라고 일컬었다. 이러한 평판은 적절하고 합리적이다. 우두법융(牛頭法融) 및 그 제자의 선법을 살펴보면, 기본적인 사상이 노장, 현학과 서로 가까울 뿐만 아니라, 많은 용어도 서로 유사하다. 예컨대 법융의 "망정위수(忘情爲修)"와 "무심합도(無心合道)"는 장자의 "소요방임(逍遙放任)"과 "좌망성진(坐忘成眞)"과 매우 근접한다. 법융의 후학 유칙(遺則)의 사상은 더욱 노장화 되었는데, 예컨대『송고승전(宋高僧傳)』에 유칙이 서술한 자오(自悟)에, "바로 이미 충(忠)의 도를 전함에 정밀하게 관한 지 오래이다. 천지가 무물(無物)임에 나도 무물(無物)이다. 비록 무물이나 일찍이 물(物)이 없는 것이 아니다. 이런 즉 성인은 그림자 같고 백성은 꿈 같은데, 누가 나고 죽는가? 지인(至人)은 이로써 능히 홀로 비추고, 능히 만물의 주가 되니 내 이를 알았다."295)라고 하였

---

293) 人法地, 地法天, 天法自然.『노자(老子)』25장.
294) 輔萬物之自然而不敢爲.『장자(莊子)·천도(天道)』.
295) 則旣傳忠之道, 精觀久之, 以爲天地無物也, 我無物也, 雖無物而未嘗無物也. 此則聖人如影, 百姓如夢, 孰爲死生哉? 至人以是能獨照, 能爲萬物主, 吾知之矣.

다. 이 가운데 "천지(天地)", "지인(至人)", "여몽(如夢)", "독조(獨照)"는 모두 노장의 용어이며, 노장사상의 영향을 받았다는 것을 한번에 알 수 있다.

분등선이 노장사상의 영향을 더욱 깊게 받았고, 그 불성이 "개개시불(個個是佛)"에 편재(遍在)한다는 사상은 노장의 "도무소부재(道無所不在)"의 사상과 상통할 뿐만 아니라, 설법에서도 상당히 유사하다. 예컨대 분등선이 "장벽와력(墻壁瓦礫)"으로써 불성을 말했을 뿐만 아니라, 심지어 "측공(厠孔)", 혹은 "간시궐(干屎橛)"이라고 하였다. 『장자(莊子)·지북유(知北游)』에 다음과 같은 글이 있다.

> 동곽자(東廓子)가 장자에게 '이른바 도(道)는 어느 곳에 있습니까?'라고 물었다. 장자는 '없는 곳이 없다.'고 답하였다. 동곽자가 말하기를, '분명하게 지적하여 주십시오.'라고 하자, 장자는 '땅강아지나 개미에게 있다.'고 하였다. 동곽자는 '어째서 그렇게 천한 데 있습니까?'라고 묻자 장자는 '잡초 속에 있다.'고 대답하였다. 동곽자가 묻기를, '어째서 점점 낮아집니까?'라고 하자 장자는 '기와나 벽돌에 있다.'고 하였다. '어째서 더욱 더 낮아집니까?'라고 하자 '똥이나 오줌에 있다.'고 하였다.296)

분등선에서 불성을 논한 것이 장자가 도의 무소부재(無所不在)를 논한 것과 어떻게 서로 비슷할까!

분등선의 또 하나 중요한 사상은 순임자연(純任自然)과 불가조작(不加造作)을 주장한 것인데, 이는 노장이 "자연무위(自然無爲)"를 강조한 것과 더욱 비슷하다. 노자가 "만물의 자연을 도와 감히 함이 없다."297)는 것을 주장하고, 장자가 "비어 고요하며 안정되어 담담하고, 고요하고 편

---

296) 東廓子問于莊子曰: 所謂道惡乎在? 莊子曰: 無所不在. 東廓子曰: 期而後可? 莊子曰: 在螻蟻. 曰: 何其下邪? 曰: 在稊稗. 曰: 何其愈下耶? 曰: 在瓦甓. 曰:何其愈甚邪? 曰: 在屎溺.
297) 輔萬物之自然而不敢爲.

안하여 함이 없다."298)는 것을 제창하였는데, 두 사람 모두 조탁부착(雕琢斧鑿), 조지조교(造智造巧)를 반대하고 소요방임(逍遙放任)과 반박귀진(返朴歸眞)을 주장하였다.

분등선의 또 하나의 특징은 "봉할(棒喝)"과 "기봉(機鋒)", 권타각척(拳打脚踢) 심지어는 참사살묘(斬蛇殺猫), 소불소경(燒佛燒經)이 성행하였다는 것인데, 이는 장자의 "고분이가(鼓盆而歌)"와 현학가(玄學家)의 방랑형해(放浪形骸)와 또한 서로 유사하고 상통하는 점이 많이 있다.

종합하면, 분등선이 노장과 현학의 영향을 깊이 받은 것은 바로 조사선이 유가학설의 영향을 깊이 받은 것과 마찬가지로 의심할 바가 없는 것이다. 만약 조사선이 유가 심성설의 영향을 받음으로 말미암아 "즉심즉불(卽心卽佛)"과 "도유심오(道由心悟)"을 제창하였다고 한다면, 분등선은 노장 자연철학의 영향 아래 불성편재(佛性遍在)와 순임자연(純任自然)의 길을 걷게 되었다고 하겠다.

---

298) 虛靜恬淡, 寂漠無爲. 스즈끼 다이세스(鈴木大拙), 『선과 중국문화(禪與中國文化)』, 145쪽.

제8장
불유융합(佛儒融合)과 인간불교(人間佛敎)

어떤 의미에서 말하면, 송명이학(宋明理學)은 정주(程朱)로부터 육왕(陸王)에 이르기까지 그 학설이 불교의 영향을 받았으며, 불유융합(佛儒融合)의 산물임은 더 말할 필요도 없이 분명하다. 왜냐하면 송·명시대 학술사조의 발전의 흐름을 보면, 유학이 불교의 영향을 받았을 뿐만 아니라 불교도 유가학설의 영향을 깊이 받았기 때문이다. 보다 확대하여 말한다면, 이 시대의 유·불·도 삼교는 모두 자기의 입장에 서서 기타 두 종교의 사상을 적극적으로 흡수하고 용섭하여, 자기로 하여금 더욱 폭넓고 방대한 사상체계를 지니게 하려고 힘써 노력하였으며, 새로운 상황에서 생존과 발전을 하고자 하였다. 이러한 삼교합류의 결과 유가에서 삼교를 하나에 담은 송·명 신유학이 나타났고, 불가에서는 불교의 유학화가 나타났다. 불교의 유학화는 위에서 언급한 불교의 심성화 이외에 불교가 점차 인간화됨을 의미하며, 마지막에는 선종으로 대표되는 "인간불교"가 나타났다.

제1절 선종의 인간화

중국불교의 인간화는 "육조혁명(六祖革命)"에서부터 시작된다고 할 수 있다. 『단경(檀經)』의 기본 사상의 하나는 "세간에 입각하여 해탈을 구함"[1]을 제창한 것이다. 이 "즉세간구해탈(卽世間求解脫)" 사상의 제시는 전통불교가 "인간불교"로 향하기 시작하였음을 보이고 있는 것이다.
　『단경』에서 혜능은 불교를 출세(出世)로부터 세간(世間)으로 향하는 것에 대해 많은 논술을 하고 있는데, 예컨대 그는

> 만약 수행하고자 한다면, 재가도 또한 얻을 수 있어, 출가에 말미암지 않는다. 재가에서 청정함을 닦으면 곧 서방정토이다. 불법이 세간에 있고, 세간의 깨달음을 여읨이 아니다. 세간을 여의고 깨달음을 구함은 토끼의 뿔을 구함과 다르지 않다.2)

라고 하였다.
　이러한 작풍(作風)은 오조(五祖) 이전의 각 선사가 둔세잠수(遁世潛修)를 중시하던 것과 이미 그 취지가 판이하게 다르다. 혜능 선법의 이러한 변화를, "일숙각(一宿覺)"이라고 불리는 현각(玄覺)은 『영가증도가(永嘉證道歌)』에서

> 강과 바다를 건너고 산과 계곡을 지나 스승 찾아 도를 물어 참선하니, 스스로 조계의 길 체득하여 생사가 서로 상관이 없음을 요달하였다.3)

라고 창도하였다.
　이것은 혜능 이후에 생사(生死)와 열반(涅槃), 출세(出世)와 세간(世間)이 이미 점차 하나로 융합됨을 말한다. 현각의 이 설명은 역사적 실제와 서로 부합되는 것이다. 중국선종사상사를 살펴보면 혜능 이후부터 선사들의 수행의 풍격(風格)이 이미 본래의 혈처암거(穴處岩居)와 산림시탁(山林是托)을 중시하던 것에서부터 점차 선식도(先識道)하고 후거산(後居

---

1) 卽世間求解脫.
2) 若欲修行, 在家亦得, 不由在寺. 在家修淸淨, 卽是西方. 佛法在世間, 不離世間覺, 離世覓菩提, 恰如求兎角.
3) 游江海, 涉山川, 尋師訪道爲參禪, 自從認得曹溪路, 瞭知生死不相關.

山)하는 것으로 발전하였으며, 나아가 홍진(紅塵)의 세간에서뿐만 아니라 봉우리 정상에서도 출세하고 다시 입세하는 "인간불교"로 더욱 발전하였다.

현각은 『답우인서(答友人書)』의 편지 가운데서 일찍이 이렇게 말하였다.

> 대저 현묘한 이치를 탐구함은 실로 용이치 않다. …… 그 미혹한 마음은 아직 길을 통하지 못하여 경계에 닿아 막힘을 이루고, 시끄러움을 피하고 고요함을 구하고자 하는 자는 세상이 다하여도 그 방법이 없다. 하물며 울창한 숲과 깎아 내린 듯이 솟은 바위와 새, 짐승의 울음소리, 솔대나무 곧은 숲, 돌에 부딪치는 시냇물 소리, 나뭇가지 스치는 스산한 바람, …… 어찌 시끄러움이 아닌가! 그러므로 소견의 미혹함이 오히려 얽매어 경계에 부딪쳐 걸림을 알라. 이로써 마땅히 먼저 도를 알고 후에 산에 거함이다. 아직 도를 알지 못하고 먼저 산에 거함은 다만 그 산만 보고 반드시 그 도를 잊으니, …… 도를 잊은 즉 산 모습이 눈에 어지럽다. 이로써 도를 보고 산도 잊은 자는 세상이 또한 고요함이요, 산만 보고 도를 잊은 자는 산중이 바로 시끄러운 곳이다. 반드시 능히 오음(五陰)과 무아(無我)에 명료하면 곧 내가 없으니 누가 인간에 있음인가.4)

현각의 이 "선식도후거산(先識道後居山)"설은 당시 불교계의 은세잠수(隱世潛修)와 입세수행(入世修行)의 상호관계에 대한 태도를 어느 정도 반영하고 있다. 즉, 수행의 관건이 고서원둔(孤栖遠遁)에 있지 않고 개오식도(開悟識道)에 있으며, 식도(識道)하지 못하면 산 속도 역시 시끄럽고, 식도개오(識道開悟)하면 인간세상도 또한 고요하니, 따라서 불법을 배우고 수행함이 인간세상에서 멀리 떨어질 필요가 없이, "문 앞이 시끄러워

---

4) 夫欲采妙探玄, 實非容易. …… 其或心徑未通, 囑物成壅, 而欲避喧求靜者, 盡世未有其方. 況乎郁郁長林, 峨峋聳峭, 鳥獸鳴咽, 松竹森梢, 水石哾嶸, 風枝蕭索. …… 豈非喧雜耶! 故知見惑尙紆, 觸途成滯耳. 是以先須識道, 後乃居山. 尙未識道而先居山, 但見其山, 必忘其道. …… 忘道則山形眩目. 是以見道忘山者, 人間亦寂也; 見山忘道者, 山中乃喧也. 必能瞭陰無我, 無我誰在人間. 『답우인서(答友人書)』제9.

도 나는 또한 편안히 잠을 자고, 골목이 떠들썩해도 나는 놀라는 기색이 없다."5)고 하여 그것이 일등공부이고 상승법문이라는 것이다.

헌긱과 대략 비슷한 시기에, 소계선(曹溪禪)의 직계인 신회(神會)선사는 불교의 인간화 측면에서도 혜능의 노선을 따랐다. 그는 "만약 세간에 있다면 곧 부처가 있음이요, 세간이 없다면 곧 부처도 없음이다."6)라고 하고, "의념(意念)을 움직이지 않으면 피안에 넘어서고, 생사를 버리지 않으면 열반을 증득한다."7)고 여러 차례 지적하였다. 선문(禪門)의 후학들은 또한 대체로 혜능이 개척한 인간불교의 노선을 따랐으며, 대주혜해(大珠慧海)는 다시 해탈은 세간에서 떨어진 것이 아님을 강조하여, "세간을 여의지 않고 해탈을 구한다."8)고 하였으며, 황벽희운(黃蘗希雲)선사는 더욱 세간과 출세, 중생과 제불을 "원래 동일한 일체"라고 보고, 한 걸음 더 나아가 세간과 출세간을 하나라고 하였다.

후기 선종에 이르러 불교의 인간화, 세속화는 한 걸음 더 나아가 불성(佛性)의 물화(物化), 범화(汎化)로 발전하여, 이른바 한 송이의 꽃, 나무 한 가지가 모두 불성으로부터 나오지 않은 것이 없으며, 일색일향(一色一香)이 모두 지시심요(指示心要)이고 묘묘선기(妙妙禪機)라고 하였다. 이 때의 선종은 세간과 출세간의 한계가 불명확할 뿐만 아니라, 유정(有情)과 무정(無情)의 차별이 거의 없었다. 또한 은둔심산(隱遁深山)과 출세잠수(出世潛修)를 제창하지 않았을 뿐만 아니라, 법법시심(法法是心), 진진시도(塵塵是道), 직지편시(直指便是), 운념즉괴(運念卽乖)를 크게 선양하였다. 이른바 "무명의 공성(空性)이 곧 불성이요, 환화(幻化)의 공신(空身)이 법신이요, 법신을 깨달으니 한 물건도 없어, 본원자성이 천진한 부처이다."9)라는 것이며, "누런 얼굴 깎은 머리 속진에 물듦이 없고, 화

---

5) 門前擾擾, 我且安眠, 巷里云云, 余無警色.『광홍명집(廣弘明集)』24권.
6) 若在世間卽有佛, 若無世間卽無佛.
7) 不動意念而超彼岸, 不舍生死而證泥洹.『하택신회선사어록(荷澤神會禪師語錄)』
8) 非離世間而求解脫.『대주선사어록(大珠禪師語錄)』
9) 無明空性卽佛性, 幻化空身卽法身, 法身覺瞭無一物, 本源自性天眞佛.

려한 저자거리에서 천진(天眞)을 즐긴다. 황금닭 울음에 옥 누각 꿈 깨어 한 나무 꽃 피니 영겁의 봄이로다."10)는 것이다. 이러한 모든 것은 이 시기의 선종이 학불불리세간(學佛不離世間), 즉 세간에서 해탈을 구하는 것을 제창했을 뿐만 아니라, 혼속화광(混俗和光)하여 하나의 본원자성천진불(本源自性天眞佛)이 될 것을 주장했으며, 더러운 진흙 속에 처해도 오염되지 않는 하나의 삼악도(三惡道) 중의 해탈인이 될 것을 선양하였다.

---

10) 土面灰頭不染塵, 華街柳巷樂天眞, 金鷄唱曉瓊樓夢, 一樹花開浩劫春.

제2절 근, 현대의 인간불교(人間佛敎)

선종은 당(唐)·송(宋)으로부터 중국불교계의 주류를 이룬 이후, 원(元)·명(明)·청(淸) 각 시대에 선과 정토[禪淨]가 결합하여 불교의 조류를 이끄는 국면이 나타났다. 정토신앙은 비교적 강렬한 출세적인 색채를 띠고 있으므로, 정토신앙의 유행에 따라 만청(晚淸)시대에 이르러, 불교계에 불교와 세간이 서로 멀어지는 경향이 나타났다. 그 시기의 불교도는 혹은 은둔정수(隱遁靜修)하고 혹 뇌불구활(賴佛求活)하여 불교가 인간생활에 관심이 없었고, 사회에 개입하지 않았을 뿐만 아니라 세상과 날로 멀어져, 불교는 불교이고 사회는 사회였다. 불교가 상당한 정도에 있어서 "초망송사(超亡送死)"하는 종교로 변하였다. 이러한 상황은 당시 불교계에 의식 있는 스님들의 강렬한 불만을 불러일으켜, 불교를 개혁하자는 호소가 점차 일어났다. 혹은 "오늘날 과학이 이렇게 발달한 시대에 불교가 방식을 고치지 않으면 오늘의 중국에서 생존할 수 없다."[11]라고 하고, 혹은 "옛날에 불교의 승가제도가 점점 변해서 농사를 지어 스스로 먹을 것을 해결하는데 힘쓰지 않으면 이 시대에 존립하기가 어렵다."[12]라고 하고, 혹은 "오로지 우리 중국불교에 나아가 관찰하니, 진실로 크게 정돈하지 않으면 충분히 시세의 추세를 따를 수 없으니, 기연의 마땅한 바에 적응하여야 한다."[13]라고 하였다. 그리고 솔선하여 불교에 대하여

---

11) 『태허대사기념집(太虛大師紀念集)』 103쪽.
12) 舊時佛敎之僧伽制度, 非漸變爲農林工作以自食其力, 勢難存立. 태허(太虛), 『건설인간정토(建設人間淨土)』

과감하게 개혁을 단행한 스님이 바로 태허(太虛)대사이다.

태허의 불교개혁에 있어서 기본적인 사상은 대승불교의 이생(利生)과 제세(濟世)의 정신으로써 현대사회에서 인심(人心)과 정사(正思)를 인도하는 것이다.

이른바 "대승정신(大乘精神)"이란 태허의 설법에 비추어 보면, "소승의 구경은 오직 무여열반을 얻는 데 있으니, 이른바 멸진(滅盡)이 그것이다. 대승의 구경은 곧 세간에 수순하여 중생에게 이익과 즐거움을 주어 미래를 다하는 데 있다."14)라는 것이다. 이는 대승 불법이 이세(離世)적인 것이 아니고 입세(入世)적인 것을 말하며, 단지 은둔잠수(隱遁潛修)만을 생각할 것이 아니라 마땅히 세간(世間)에 따르고 중생의 이익을 위해야 한다는 것을 말한다.

이른바 "인심(人心)과 정사(正思)를 인도하는 것"에 대하여 태허가 보다 체계적으로 해석한 것이 있다. 예컨대 『불타학강(佛陀學綱)』에서 그는 "현재 불법을 강의하는데, 마땅히 민족적인 심리의 특징이 어디에 있는가, 세계인류의 심리가 어디에 있는가를 살펴서, 이 두 가지를 분명히 보아야 인심(人心)이 흐르는 살아있는 불교를 세상에 드러낼 수 있다. 현재 세계인의 마음은 인생문제를 중시하는데, …… 마땅히 이러한 기초 위에서 불교를 창도하고 불교를 건설하여, 인간을 불학광명(佛學光明)의 길로 인도하여야, 인생이 계발(啓發)됨으로 인하여 부처에 이른다. 소승불법은 세간을 떠나고 인생을 부정하기 때문에 적합하지 않다."라고 말하였다. 『구승운동(救僧運動)』에서 태허는 근대사상이 인간으로 근본을 삼고 있어, 고대에 혹은 천신(天神)으로 근본을 삼거나 혹은 성인(聖人)의 도(道)로 근본을 삼는 것과 다르다고 명확하게 지적하였다. 근대사상과 현세 인심(人心)에 대한 고찰을 토대로 하여 태허는 불교개혁의 필

---

13) 專就我中華佛敎觀之, 固非有大加整頓, 不足應時勢之所趨, 而適機緣之所宜也. 『해조음문고(海潮音文庫)』 21권, 7쪽.
14) 小乘之究竟, 惟在取得無余涅槃, 所謂滅盡是; 大乘之究竟. 則在隨順世間, 利樂衆生, 盡于未來. 『불승종요론(佛乘宗要論)』

요성을 분명히 파악하고, 또한 그것은 반드시 "인간불교(人間佛敎)"의 길을 가야 한다고 제시하였다. ― "말법시대(末法時代) 불교의 주류는 반드시 인간생활에 밀접하여야 하고, 사람들의 믿음을 잘 선도하여 증진시켜 인간이 성불에로 나아가는 인생불교(人生佛敎)가 되어야 한다."15)고 하였다.

사상적인 측면에서 보면 태허의 불교개혁은 중요한 두 가지 특징이 있다. 하나는 인생을 중시하고 사람으로 근본을 삼을 것을 강조한 것이며, 둘째는 입세(入世)를 제창하여 출세(出世)뿐만 아니라 입세도 강조한 것이다.

일반사람들은 대부분 불교는 인간생활과 무관한 것이라고 생각하는데, 태허는 이것은 오해라고 하였다. 태허는 대승불법을 그 "본의(本義)"에서 본다면 "인생을 발달시키는 것"이고 "생명을 발달시켜 생활을 풍부하게 하는 것"으로 일종의 "구경(究竟)의 인생관"이라고 보았다. 태허는 불교가 허현(虛玄)의 공구로 변하는 것에 대단히 반대했으며, 불교는 마땅히 인간세상의 실제생활을 교화하도록 시설(施設)되어야 한다고 주장하였으며, 불법을 배우는 사람이 만약 인생을 이해하지 못하고 현실생활을 이해하지 못하면, 그로 하여금 천경만론(千經萬論)을 읽게 해도 "매독환주(買櫝還珠; 구슬 상자를 사고 주옥을 되돌려주는 것)"와 다름이 없다고 하였다. 이러한 사상을 토대로 하여 태허는 불법을 배우는 것은 마땅히 먼저 인간이 되는 것에서부터 시작해야 한다고 보았다.

이른바 불교를 배우는 것이 먼저 인간이 되는 것에서부터 시작해야 한다는 것은, 즉 학불(學佛)의 첫걸음은 우선 인격이 잘 다져져야 하고, 생활을 잘하는 사람이 되고, 인격이 있는 사람이 되는 데 있다는 것이다. 먼저 훌륭한 사람이 된 이후에야 학불(學佛)을 논할 수 있지, 만약 인간이 되지 않았는데, 어떻게 초범입성(超凡入聖)을 하여 불타(佛陀)가 될

---

15) 『즉인성불적진현실론(卽人成佛的眞現實論)』

수 있겠는가?!16) 이러한 설법은 말이 평범하고 소박하지만 내포하고 있는 의미는 대단히 깊은 것이다. 이는 인간에게서 멀리 떨어져서 희망하여도 미칠 수 없는 불교를 인생에 직접 뿌리내리게 하고, 인간의 현실생활에 직접 뿌리내리게 하여, 과거의 불교가 인생과의 조화를 잃어 불교는 불교이고 인생은 인생이라는 현상을 고쳐서, 사람으로 하여금 다만 현실생활 속에서 훌륭하고 인격이 있는 사람으로 되게 한 이후에 다시 점차로 향상시켜 "불성을 증진(增進)시키고", "불성을 진화(進化)"시킬 수 있다는 것이다.

그러나 태허의 불교학설에서는 불교를 오승(五乘), 즉 인승(人乘), 천승(天乘), 성문승(聲聞乘), 독각승(獨覺乘), 불승(佛乘)으로 교판(教判)된다. 이러한 오승에서 본다면, 인승과 불승의 사이에 천, 성문, 독각 등의 세 단계가 있는데, 인간이 어떻게 이 세 단계를 초월하여 불승에 직접 도달할 수 있겠는가? 태허는 천, 성문, 독각의 삼승은 인간이 가지 않아도 삼종과(三種果)를 얻을 수 있으며, 결코 인간이 불(佛)에 이르는데 반드시 이 세 단계를 지나지 않아도 된다고 보았다. 인간과 불(佛)의 관계에서 보면 인간은 하나의 소우주(小宇宙)에 비교되고, 부처는 "전우주의 진상(眞相)"이며, "인간 본성의 실현"이며, "최고인격의 실현"이다. "인류가 최고의 깨달음을 얻으면 부처"이고, "인간의 본성을 실현해 내면" 곧 부처이다. 그러므로 인간은 천, 성문, 독각의 삼승을 초월하여 직접 성불할 수 있는 것이다. 또한 인간이 성불하는 관건은 훌륭한 인격에 있다고 하였다.

태허의 "인간불교"에 있어 또 하나 중요한 특징은 출세와 입세를 다 같이 주장하는 것이다.

대승불교가 소승불교와 구별되는 중요한 점은 소승불교는 속진, 세속을 떠나라고 말하고, 출가하여 청정하게 수도하고 해탈을 구하는 것을

---

16) 『불타학강(佛陀學綱)』과 『나는 어떻게 일체불법을 보는가(我怎樣判攝一切佛法)』에 자세히 논술하고 있음.

중시하지만, 대승불교 특히 선종은 "불법은 세간에 있으며, 세간을 떠나지 않고도 깨달을 수 있다."고 제창하고, 세간법(世間法)이 바로 불법이며, 세간과 불법은 하나도 아니고 둘도 아니며, 세간과 출세간에 융통무애(融通無碍)할 것을 주장하였다는 것이다. 바로 당시 태허의 불교개혁을 옹호하는 어떤 법사가 말한 것처럼 "세상에 들어가 중생을 제도함은 세간을 떠나지 않음이요, ····· 만약 세간을 떠나 대승불교를 논한다면 곧 마구니의 일일 뿐으로 외도의 이승(二乘)일 뿐이다."17)고 한 것과 같다. 태허 본인은 더욱 단도직입적으로 설득하여 "세법이 모두 불법이며, 불법은 불법이 아니며, 이 뜻을 잘 알면, 어떤 경론(經論)도 모두 읽을 수 있다."18)라고 말하였다. 태허는 또 인간을 배우고 중생을 믿으라고 간곡하게 가르쳤다. 불법은 결코 은둔청한(隱遁淸閑)을 즐기는 것이 아니고, 사람에게 일하지 말라고 가르치는 것도 아니며, 마땅히 국가와 사회에 대하여 은혜를 알고 은혜에 보답하여야 하기 때문에 각 개인은 모두 마땅히 정당한 사업을 해야 한다는 것이다. 예컨대 자유로운 사회에서는 채광, 농공, 의약, 교육, 예술 등에 종사할 수 있고, 평화로운 시기에는 경찰, 변호사, 관리, 의원, 장사 등등을 하고, 이러한 행위로 성불의 인행(因行)이 된다고 한다. 『부흥중국응실천금보살행부(興中國應實踐今菩薩行)』에서 그는 보살행(菩薩行)을 실행하려는 자는 모두 마땅히 사회 각 부분의 일에 참가하여야 한다고 하였다. 출가자는 여러 가지 문화계, 교육계, 자선계 등의 일에 참가할 수 있으며, 재가자는 정치계, 군사계, 실업계, 금융계, 노동계 등에서 일할 수 있어, 국가, 사회, 민중으로 하여금 모두 이익을 얻을 수 있게 하여야 한다고 호소하였다.

 태허대사의 견해에서 보면, 이른바 보살은 비록 출범입성(出凡入聖)한 초인(超人)이지만, 속진 세속에서 멀리 떨어져 인간이 먹는 익힌 고기를

---

17) 入世度生不離人間, ····· 若離人間而談大乘佛敎者, 直魔事耳, 或仍不出外道二乘也. 법방(法舫), 『인간불교사관(人間佛敎史觀)』
18) 호박안(胡朴安), 『태허대사불가급(太虛大師不可及)』에서 인용.

먹지 않는 것이 절대로 아니라, 마땅히 동시에 "사회도덕가"이며 "사회개선가"여야 한다는 것이다. 보살의 입속(入俗)은 논할 것도 없이, 불타(佛陀)의 응세(應世)는 그 근본이 "자기를 버리고 남을 이롭게 할 뿐〔能舍己利他耳〕"이라는 것이다. 그러므로 "인간불교"는 "자(慈), 비(悲), 희(喜), 사(捨)"의 "사무량심(四無量心)"을 "남을 사랑하고〔愛他〕", "남을 불쌍하게 여기며〔憫他〕", "남을 이끌어 주고〔贊他〕", "남을 돕는〔助他〕" 것으로 해석한다. 한 마디로 말하면 "남을 이롭게 하는 것〔利他〕"이다! 또한 그것을 전체 불법의 기초로 보고 있다.

"이타(利他)"정신을 당시 사회에서 실천하여, "인간불교"는 학불(學佛)이 마땅히 구국구민의 사업을 해야 할 것을 제창하였다.『어떻게 인간불교를 건설할 것인가(怎樣建設人間佛敎)』등의 글에서, 태허는 문도(門徒)들에게 이를 반복하여 가르쳤다. 현재 국가가 바로 위난에 처해 있으면, 무릇 국민 모두 마땅히 구국구민을 위해 한 부분씩 책임을 져야 한다. 어떤 사람이 그에게 "당신이 이끄는 신불교(新佛敎)운동에 어째서 어떤 학생은 사원에 기거하지 않고 다른 일에 종사하느냐?"고 물었을 때, 태허는 "내가 그들에게 단지 그들이 진정으로 국가와 인민을 위해 행복을 도모할 수 있다면 그렇게 하는 것이 사원에 기거하는 것보다 훨씬 낫다고 교육시켰다."고 대답하였다.19) 일본의 침략시기에 태허는 불문(佛門) 제자가 적극적으로 항전의 물결에 투신할 것을 호소하고, 자기는 불교단체를 이끌고 월남, 인도, 태국 등을 방문하여 항전의 결심을 표시하였다.

종합하면, 출세뿐만 아니라 입세를 주장하고, 현실생활에 등지지 말고 현실적인 불사(佛事)를 행할 것을 제창하고, 수순세간(隨順世間)하고 이락유정(利樂有情)을 강조하여, "이타(利他)"와 "제세(濟世)"를 학불(學佛)의 근본으로 삼았는데, 이는 근, 현대 "인간불교"의 하나의 큰 특색이다. 태허가 창도한 이러한 "인간불교"는 후대에 중국불교계의 한결같은 지지

---

19) 양동방(楊同芳),『만방유난곡허공(萬方有難哭虛公)』에서 인용.

를 받았다. 중화인민공화국 성립 후에 대륙 불교계에서 제출한 구호는 "장엄국토(莊嚴國土), 이락유정(利樂有情)"이며, 또한 조국건설(祖國建設)을 불교의 중요한 임무의 하나로 삼았다. 대만(臺灣) 불교계도 태허 불교개혁의 방향을 따라 발전하여 "인간불교"를 크게 제창하고, 세속화, 인간화된 "인간불교"로 하여금 근, 현대 중국불교의 주류를 이루게 하였다.

제3절 인간불교와 불유융합(佛儒融合)

여기서 하나의 문제에 부딪치게 되는데, 즉 중국불교는 어떻게 당(唐)·송(宋) 이후에 "인간불교"의 방향으로 발전할 수 있었을까 하는 것이다. 만약 과학적으로 이 문제에 대답하려면 자연히 역사 및 근, 현대 이래의 경제, 정치, 사상 등등을 포괄한 중국의 특정한 사회적, 역사적 조건과 연계가 될 수밖에 없는 것이다. 하지만 본서에서는 토론의 범위를 한정하여 다만 사상, 문화적인 배경에서 가능한 탐구해보기로 하겠다.

역사상의 불교가 어떻게 점차 인간화, 세속화 될 수 있었는가 하는 문제에 있어서, 특히 선종의 세속화와 인간화 문제에 대하여 본서는 "불성(佛性)과 인성(人性)", "출세(出世)와 입세(入世)" 등의 문제를 논술할 때 이미 설명을 하였고, 여기서는 한 걸음 더 나아가 고찰하고자 하는 것은 근, 현대 "인간불교"의 문화적 배경의 문제이다.

만약 이 문제에 대답을 하려면 우선 근, 현대 "인간불교"의 창도자인 태허(太虛)와 그의 학문을 살펴보아야 할 것이다.

관련된 자료에 따르면 태허는 사서(四書), 오경(五經), 『노자(老子)』, 『장자(莊子)』, 『순자(荀子)』, 『묵자(墨子)』 내지 강유위(康有爲), 양계초(梁啓超), 엄복(嚴復), 장태염(章太炎) 등의 글을 읽지 않은 것이 없으며, 중국 전통 문화에 대하여 깊이 이해하고 있었다고 한다. 그는 유가의 윤리설에 대하여 특히 정통하였고 깊이 찬양하였는데, 중국 이천여 년 이래 문화의 주류가 유가에 있었으며, "중국문화의 특징을 말한다면, 인간의 정(情)을 조제(調劑)하는 인륜도덕에 있다."고 보았다.20) 또한 유가의 이러한 윤리설과 불교의 사상은 서로 배척할 이유가 추호도 없을 뿐만 아니라 서로 계합(契合)할 수 있는 것이고, 심지어는 "물과 우유가 서로 융합"한 것이기 때문에, "공학(孔學)과 불학(佛學)은 서로 칭찬함이 마땅하며, 서로 배척하고 헐뜯는 것은 마땅하지 않다."고 지적하였다.21)

태허가 많은 저술에서 이러한 기본사상을 반복하여 강조한 것은 바로 공자는 인승(人乘)의 지성(至聖)이고, 유학은 불교, 특히 "인간불교"의 기초로 삼을 수 있으며, 또한 유학은 중국 이천여 년 문화의 주류이기 때문에 중국에서 "이러한 인생불교(人生佛敎)가 유행하지 않을 수가 없다."고 보았기 때문이다. 동시에 이렇게 유가 윤리설로 기초를 삼은 "인간불교"는 "또한 세계 각국에서 창도하기에 가장 적절"하였으며, 서양으로 공부하러 가는 학생들에게 간곡하게 마땅히 중국문화의 인륜도덕을 "사해에 펼치고〔披四海〕", "천하에 드리워야〔垂天下〕"한다고 충고하였다고 한다. 태허의 유가 도덕의 학문에 대한 존숭을 가히 알 수 있다.

태허가 창도한 "인간불교"는 "국민성의 도덕정신"을 실업, 교육, 군경, 정치, 법조계에 관철시키는 것을 대단히 중시하였고, 또한 그것을 "강격(綱格; 표준)"과 "유제(惟制; 규격)"로 삼았다. 이것은 중국인민이 자력갱생하는 유일한 방법이라고 보았다. 그리고 이른바 "국민성의 도덕정신"을 태허는 "유·불·도 삼원소의 융합정신"이라고 보았다. 이 "유·불·도 삼원소의 융합정신"을 태허는 삼교가 한 화로(火爐)에서 하나로 합해진 "송명화(宋明化)의 국민덕성", 즉 송·명 "신유학(新儒學)"이라고 지적하고 있다.

"신유학(新儒學)"은 비록 "새롭지만〔新〕" 결국 유학의 학문이다. 물론 정확하게 말한다면 불·도 사상을 흡수하고 융합한 유가학설이다. 어쨌거나 송·명 "신유학"에 관해 말하거나, 혹은 "인간불교"에 관하여서 말하

---

20) 『부서구장이군담화후(附書仇張二君談話後)』
21) 『정리승가제도론(整理僧伽制度論)』

거나, 두 가지는 모두 불교와 유학이 장기간에 걸쳐 서로 침투하고, 서로 영향을 주고받고, 서로를 흡수하고 융합한 산물이다. 상당한 기간 동안 중국철학사 연구에 종사한 학자들은 이러한 역사적 사실로부터 점차로 다음의 사실, 즉 불교를 이해할 수 없다면 중국철학에 대하여 깊이 연구할 수가 없다는 것을 인식하게 된다. 여기에 한 마디 보충하고 싶은 것은 중국불교를 연구하려는 사람이 만약 중국 고대철학, 특히 유학을 이해하지 못한다면, 그가 알고 있는 중국불교도 한 부분일 뿐이다! 그리고 그 진행하는 중국불교학 연구도 똑같이 깊이 들어가기가 매우 어렵다는 것이다!

주요참고문헌

『金剛經』姚秦 鳩摩羅什 譯 圓明講堂印行 1985年版
『維摩詰所說經』姚秦 鳩摩羅什 譯 臺灣大悲印經會 1990年版
『妙法蓮華經』姚秦 鳩摩羅什 譯『大正藏』第九卷
『大方廣佛華嚴經』唐 實叉難陀 譯『大正藏』第十卷
『解深密經』唐 玄奘 譯『大正藏』第十六卷
『大般涅槃經』北凉 曇无讖 譯『大正藏』第十二卷
『成唯識論』唐 玄奘 譯『大正藏』第三十一卷
『大乘入楞伽經』唐 實叉難陀 譯 金陵刻經處刻本
『大乘起信論』陳 眞諦 譯 圓明講堂印行 1986年版
『弘明集』梁 僧祐 編『中國佛敎史傳叢刊』第四冊 建康書局 1958年版
『廣弘明集』唐 道宣 編『中國佛敎史傳叢刊』第四冊 建康書局 1958年版
『法華玄義』隋 智顗 撰『大正藏』第三十三卷
『摩訶止觀』隋 智顗 撰『大正藏』第四十六卷
『華嚴經旨歸』唐 法藏 撰 石峻等 編『中國佛敎思想資料選編』第二卷, 第二冊
『華嚴經義海百門』唐 法藏 撰 同上 第二冊
『華嚴一乘敎義分齊章』唐 法藏 撰『大正藏』第四十五卷
『華嚴原人論』唐 宗密 撰 石峻等 編『中國佛敎思想資料選編』第二卷, 第二冊
『禪源諸詮集都序』唐 宗密 撰 同上 第二冊
『壇經』唐 惠能 撰 同上 第四冊

『楞伽師資記』唐 淨覺 撰 同上 第四冊
『頓悟入道要門論』唐 慧海 撰 同上 第四冊
『永嘉證道歌』唐 玄覺 撰 同上 第四冊
『黃蘗斷際禪師宛陵錄』唐 希運 撰 同上 第四冊
『論語』中華書局 1974年版
『孟子』中華書局 1954年版
『大學』中華書局 1983年版
『中庸』中華書局 1983年版
『荀子』中華書局 1954年版
『春秋繁露』漢 董仲舒 撰 上海古籍出版社 1986年版
『復性書』唐 李翱 撰 四部叢刊本
『二程集』宋 程頤, 程顥 撰 中華書局 1981年版
『正蒙』宋 張載 撰 中華書局 1975年版
『朱子語類』宋 朱熹 撰 中華書局 1986年版
『象山全集』宋 陸九淵 撰 四部叢刊本
『傳習錄』明 王陽明 撰 四部備要本
『宋元學案』清 黃宗羲 編著 中華書局 1986年版
『明儒學案』清 黃宗羲 編著 中華書局 1985年版
『皇極經世・觀物內篇』宋 邵雍 撰 四部叢刊本
『皇極經世・觀物外篇』宋 邵雍 撰 四部叢刊本
『周子全書』宋 周敦頤 撰 万有文庫本
『佛陀學綱』太虛 著 臺灣新文豊出版公司 1985年版
『整理僧伽制度論』太虛 著 臺灣新文豊出版公司 1985年版
『隋唐佛教史稿』湯用彤 著 中華書局 1982年版
『中國佛教原流略講』呂澂 著 中華書局 1979年版
『中國佛教史』(一, 二, 三) 任繼愈 主編 中國社會科學出版社 1988年版
『漢唐佛教思想論集』任繼愈 著 人民出版社 1981年版

『中國哲學大綱』張岱年 著 中國社會科學出版社 1982年版
『東方文化及其哲學』梁漱溟 著 商務印書館 1922年版
『中國倫理學說史』蔡元培 著 上海商務印書館 1937年版
『中國禪宗史』印順 著 江西人民出版社 1991年版
『中國哲學史稿』孫叔平 著 上海人民出版社 1981年版
『從西方哲學到禪佛教』傅偉勳 著 臺灣東大圖書公司 1986年版
『佛教與中國傳統文化』蘇淵雷 著 湖南教育出版社 1988年版
『壇經對勘』郭朋 著 齊魯書社 1981年版
『佛教與現代人的精神修養』樓宇烈 撰 1990年 "現代佛學" 國際學術會議論文集 佛光出版社 1991年版
『中國倫理學說史』沈善洪 著 浙江人民出版社 1985年版
『先秦倫理學概論』朱伯昆 著 北京大學出版社 1984年版
『慧遠及其佛學』方立天 著 中國人民大學出版社 1984年版
『吉藏』楊惠南 著 臺灣東大圖書公司 1986年版
『二十世紀的中日佛教』藍吉富 著 新文豐出版公司 1991年版
『中國佛性論』賴永海 著 上海人民出版社 1988年版
『佛道詩禪』賴永海 著 中國青年出版社 1990年版
『湛然』賴永海 著 臺灣東大圖書公司 1992年版
『朱熹哲學研究』陳來 著 中國社會科學出版社 1988年版
『有无之境』陳來 著 人民出版社 1991年版
『禪與日本文化』日 鈴木大拙 著 三聯書店 1989年版
『海潮音文庫』臺灣新文豐出版公司 1985年版
『現代佛教思想研究叢刊』張曼濤 編 臺灣大乘出版社 1980年版

역자후기

"중국불교를 연구하려는 사람이 만약 중국 고대철학, 특히 유학을 이해하지 못한다면, 그가 알고 있는 중국불교도 한 부분일 뿐이다! 그리고 그 진행하는 중국불교학연구도 똑같이 깊이 들어가기가 매우 어렵다는 것이다!"

이 책의 마지막 구절이다. 역자는 라이용하이(賴永海) 교수님의 이러한 의견에 전적으로 동의하고 있다. 사실 중국불교, 특히 중국화된 중국선은 중국철학에 대한 전반적인 이해가 없으면 완전하게 이해하기 곤란한 부분이 많다. 또한 반대로 중국불교에 대한 전반적인 이해가 없다면 중국철학, 물론 불교가 중국에 전래된 이후의 중국철학에 대한 이해 역시 일부분에 지나지 않을 것이다.

이 책은 그러한 중국불교와 중국철학의 주류를 이룬 유학과의 관계를 논한 라이용하이(賴永海) 교수님의 『佛學與儒學』을 번역한 것이다. 『불학(佛學)과 유학(儒學)』은 바로 라이(賴) 교수님께서 주편(主編)한 『선학(禪學)과 현학(玄學)』, 『선(禪)과 노장(老莊)』, 『선(禪)과 예술(藝術)』, 『선(禪)과 시학(詩學)』, 『여래선(如來禪)』, 『조사선(祖師禪)』, 『분등선(分燈禪)』 등으로 이루어진 선학총서 가운데 하나이다. 이 책이 출판된 이후 중국철학계에 커다란 반향을 일으켰다. 수많은 학술지에 이 책에 대한 찬반의 서평(書評)이 실리고 많은 연구논문에서 이 책에 대한 동의와 비판이 나타나고 있다. 분명히 이 책은 여러 측면에서 문제의 소재를 제공해 주고 있다. 그 가운데 역자가 가장 관심을 가진 문제는 바로 본체론(本體論) 자체에 관한 부분이고, 중국불교를 과연 본체론으로 파악하는 것이 옳은가 하는 것이다. 본체론에 관한 문제는 지금 중국철학계에서 끊임없이 논의가 진행되고 있고, 남경대 철학과의 박사과정 수업시간에 역시 그 용어와 개념에 대한 논의가 계속되고 있다. 역자는 어쩌면 본체론을 서양철학적인 개념과는 무관하게 새로운 개념적 정의를 가한다면 라이(賴) 교수님께서 이 책에서 전개하는 본체론을 이해하는 데 있어서 문제가 없을 것으로 생각된다. 하지만 용어가 내포하는 함의의 문제로 인하여 또다시 어려움이 발생하므로 그에 대한 계속된 연구가 필요하다고 하겠다.

　그러한 문제를 떠나서 이 책이 지니고 있는 가치는 상당히 크다고 말할 수 있다. 주의 깊은 독자들은 목차를 보는 것만으로도 이 책의 가치를 짐작할 수 있을 것이다. 불교와 유학의 관계를 사상사적인 관점에서 전면적으로 이렇게 명확하게 논술한 책은 지금까지 매우 드물었고, 그 관점의 공정함과 정확함, 그리고 논리의 명쾌함은 바로 라이(賴) 교수님의 방대한 학식과 그의 학풍을 짐작할 수 있는 것이다. 역자는 이 책이 중국철학과 중국불교, 특히 중국선에 관심이 있는 독자들에게 상당한 만족과 새로운 문제의 계시(啓示)를 줄 것임을 확신한다.

　이 책은 지금은 어여쁜 딸의 엄마가 된 나의 아내 류화송과 함께 번역하였다. 사실 서로 긴장된 유학생활에서 각자 틈나는 대로 번역을 하였기 때문에 어느 부분이 누구의 번역이라고 할 수가 없다. 하지만 최종적인 교정과 교열은 역자가 하였기 때문에 마땅히 번역에 대한 책임은 역자에게 있음이다. 번역을 함에 있어서 최대한 저자의 견해와 원문에 충실하려고 하였고, 학술용어와 한글로 풀어쓰면 그 함의를 잃을 수 있는 것은 그대로 한자어로 실었다. 아쉬움으로 남는 것은 저자가 인용한 수많은 인용문에 대한 대조를 완전히 하지 못했다는 것이다. 인용 전거에 대한 불명확함이 많은 중국 출판관행으로 분명히 조금 잘못된 인용 표기가 있을 것이라고 짐작하면서도 여러 가지 사정상 철저하게 대조하지 못했음을 독자들에게 양해를 구하는 바이다. 부디 잘못된 부분을 지적해 주시기를 독자제위께 간절히 바라는 바이다.

마지막으로 난해한 인용문의 번역에 자문을 해주신 충남대 한문학과의 학산(鶴山) 조종업(趙鍾業) 선생님께 이 지면을 빌어 진심으로 감사를 올리고, 번역을 도와준 남경대 철학과 석사과정에 유학중인 지엄(智嚴)스님께도 감사를 드린다. 그리고 중국 유학의 인연을 만들어 주시고 저희 부부의 연을 지어주신 동국대 정각원장(正覺院長)이신 법산(法山)스님의 사은(師恩)에 깊은 감사의 예를 올린다. 또한 운주사의 전 직원들과 김시열선생의 우정어린 관심으로 이 책이 출판되게 된 것에 감사를 보내며 이 글을 마친다.

1999. 3. 2.
중국 남경대학교 철학과에서
김진무

저자●**라이용하이(賴永海)**●1949년생, 현재 남경대학南京大學 철학과 교수, 박사생지도 교수, 남경대학 중화문화연구원장. 1991년 중화인민공화국 국무원國務院 학위學位위원회와 국가교육위원회에서 "중국에서 가장 공헌한 바가 있는 박사"로 선출되었음. 주요저작:『중국불성론中國佛性論』『불도시선佛道詩禪 – 중국불교문화론中國佛教文化論』『불전집요佛典輯要』『담연湛然』『유마힐경역석維摩詰經譯釋』등.

역자●**김진무**●동국대 선학과를 졸업하고, 동대학원에서「동산법문의 선사상연구」로 석사학위를, 중국 남경대학 철학과에서『佛學與玄學關係硏究』(中文)로 박사학위를 취득하였다. 공저로『나, 버릴 것인가 찾을 것인가』,『근대 동아시아의 불교학』,『동아시아 불교, 근대와의 만남』,『한국불교문화사전』등이 있고, 번역서로『선학과 현학』,『선과 노장』,『분등선』,『조사선』,『지장』I·II 등이 있으며, 논문으로는「道生의 頓悟成佛論과 그 意義」,「『壇經』의 '三無'와 老莊의 '三無'思想의 비교」,「禪宗에 있어서 頓悟의 受用과 그 展開」,「楊文會의 佛學思想과 金陵刻經處」등이 있다. 현재 동국대 불교문화연구원에서 부교수로 재직하고 있다.

역자●**류화송**●충남대학교 한문학과를 졸업하고, 동대학원에서「가차문자연구」로 석사학위를, 중국 남경대학 중문과에서『朱熹詩集傳注釋詩通假字研究』(中文)로 박사학위를 취득하였다. 주요 논문으로「論徐復教授의 訓詁學說」,「試論韓國詩話之聲律問題」,「朝鮮佛教通史에 나타난 李能和의 諺文 認識 고찰」,「이학규의 성운설소고」등이 있다. 현재 충남대학교에서 강사로 재직하고 있다.

불교와 유학

초판 1쇄 발행 1999년 3월 30일 | 초판 2쇄 발행 2010년 4월 10일
지은이 라이용하이 | 옮긴이 김진무·류화송 | 펴낸이 김시열
펴낸곳 운주사 (136-036) 서울 성북구 동소문동 6가 25-1 청송빌딩 3층
전화 (02) 926-8361 | 팩스 (02) 926-8362
ISBN 89-85706-39-X 04150 값 15,000원
http://www.buddhabook.co.kr